Beck'scheReihe

BsR 4019

W0087395

Dieses Lesebuch zur Ethik versammelt Texte aus allen Zeiten und Regionen. Die außereuropäischen Ethiken Indiens und Chinas sind ebenso vertreten wie altägyptische Weisheitslehren und das ethische Denken im alten Babylon, die christliche Ethik steht neben den Ethiken anderer Religionen. Mit sicherer Hand führt Otfried Höffe den Leser durch Antike und Mittelalter, Renaissance und Aufklärung, den Deutschen Idealismus und das 19. und 20. Jahrhundert bis zur unmittelbaren Gegenwart. Wer über die grundlegenden Fragen der Ethik in der Geschichte und heute informiert sein will, findet in diesem Buch kompetente Auskunft.

Otfried Höffe ist o. Professor an der Universität Tübingen. Zahlreiche Publikationen zur philosophischen Ethik. Bei C.H.Beck sind von ihm erschienen: „Aristoteles" (1996); „Immanuel Kant" (⁴1996); „Lexikon der Ethik" (⁵1997). Er ist Herausgeber der Reihe „Denker" und der Bände „Klassiker der Philosophie"(³1994).

Otfried Höffe (Hrsg.)

Lesebuch zur Ethik

Philosophische Texte
von der Antike bis zur Gegenwart

VERLAG C.H. BECK

Die Deutsche Bibliothek – CIP-Einheitsaufnahme

Höffe, Otfried:
Lesebuch zur Ethik / : philosophische Texte von der
Antike bis zur Gegenwart / Otfried Höffe. Limitierte
Sonderaufl. München : Beck, 1998
 (Beck'sche Reihe; 4019)
ISBN 3 406 42919 X

ISBN 3 406 42919 X

Limitierte Sonderauflage
Umschlagentwurf: Uwe Göbel, München
© C. H. Beck'sche Verlagsbuchhandlung (Oscar Beck), München 1998
Gesamtherstellung: C. H. Beck'sche Buchdruckerei, Nördlingen
Gedruckt auf säurefreiem, alterungsbeständigem Papier
(hergestellt aus chlorfrei gebleichtem Zellstoff)
Printed in Germany

Inhalt

D. Indische Ethik

E. Chinesische Ethik

F. Der Koran

G. Archaisches Griechenland

II. Griechenland und Rom

III. Patristik und Mittelalter

IV. Renaissance, Humanismus, Aufklärung

V. Kant und der Deutsche Idealismus

VII. Zwanzigstes Jahrhundert

Vorwort
Ethik: ein gemeinsames Erbe der Menschheit

Der Ausdruck „Ethik" geht zwar auf die Griechen zurück, als Titel einer philosophischen Disziplin auf Aristoteles. Die Sache, die dabei verhandelt wird, ist aber den anderen Kulturen ebenso vertraut. Der Grund liegt auf der Hand: Von seiner biologischen Ausstattung her nicht auf eine bestimmte Lebensweise festgelegt, sieht sich der Mensch allerorten aufgefordert, seine Lebensweise selbst zu bestimmen. Die mit dieser Aufforderung zusammenhängenden Überlegungen machen die Ethik aus. Weil deren Auftreten von den Bedingungen des Menschseins, der Conditio humana, her bestimmt ist, finden sie sich in so gut wie allen Kulturen und Epochen: *Daß* der Mensch Ethik betreibt, gehört zum gemeinsamen Erbe der Menschheit.

Der Menschheit ist nicht nur die Herausforderung der Ethik gemeinsam, also der Umstand, daß die Lebensweise weder für Gruppen noch für Individuen vorgegeben ist (vgl. Nr. 204). Gemeinsam ist auch die Fähigkeit, mit deren Hilfe der Mensch auf die Herausforderung antwortet; es ist die Sprach- und Erkenntnisfähigkeit, die Vernunft. Wegen der doppelten Gemeinsamkeit gehört nicht nur das Daß, sondern auch manches Was zu dem uns bekannten Menschheitserbe. Es gibt sowohl gemeinsame Grundfragen in der Ethik als auch Gemeinsamkeiten in der Antwort.

Bevor wir darauf eingehen, sind aber die einschlägigen Ausdrücke zu klären: Das der „Ethik" zugrundeliegende Wort *êthos* hat drei Bedeutungen. Es meint den gewohnten Ort des Lebens, die Gewohnheiten, die an diesem Ort gelebt werden, schließlich eine personale Entsprechung zu den (sozialen) Gewohnheiten: die Denkweise und Sinnesart, den Charakter. Entsprechend umfangreich fällt der Themenkreis einer Ethik aus. Befaßt mit der Art und Weise, wie Menschen ihr Leben führen, interessiert sich eine Ethik im weiten Sinn sowohl für das soziale wie für das personale Ethos. Im Verlauf einer philosophiegeschichtlich sehr früh einsetzenden Ausdifferenzierung werden beide Seiten aber relativ selbständig. Unbeschadet vielfältiger Wechselwirkungen erörtert die Sozialphilosophie zusammen mit der Politischen Philosophie (einschließlich der Rechts- und Staatsphilosophie) die sozialen Institutionen, in denen die Menschen leben, die Ethik im engeren Sinn dagegen die Verantwortung von Personen. Dieses Lesebuch schlägt einen mittleren Weg ein. Ohne sich auf jene Fülle der sozial-, rechts- und staatsphilosophischen Probleme einzulassen, die schon quantitativ gesehen den Rahmen einer einbändigen Sammlung überschreiten würden, gibt sie sich nicht mit einer bloß personalen Ethik zufrieden. Sie berücksichtigt jene Zwischenphänomene, die wie die Gerechtigkeit und die Freundschaft (z. B. Nr. 26 und 67) mit der personalen Ethik verquickt sind, ohne in ihr aufzugehen, ferner Themen wie Herrschertugenden (Nr. 103), Staatsutopie (Nr. 105) und gerechter Krieg (Nr. 107), Hobbes' Wort vom Krieg aller gegen alle (Nr. 115), den Gedanken eines ewigen Friedens (Nr. 149), den der Toleranz (Nr. 127 und 134) und der Menschenrechte (Nr. 176, vgl. Nr. 138).

Eine so kreative und zugleich anpassungsbereite Sprache wie das Deutsche schafft sich ein Problem. Einerseits nimmt sie eine eigene Übersetzung vor, sagt für das *êthos* im Plural „Sitten" und leitet davon „sittlich" und „Sittlichkeit" ab. Andererseits bewahrt sie in Fremdwörtern sowohl den griechischen Ausdruck auf – „Ethik" und „ethisch" – als auch die lateinische Übersetzung: „Moral", davon abgeleitet „moralisch" und „Moralität". Aus diesem Nebeneinander verschiedener Ausdrücke und Übersetzungen entsteht eine gewisse Verwirrung: es gibt drei Ausdrücke, die etymologisch gesehen in etwa dasselbe bedeuten. Der *Entwirrung* dient nun folgende Unterscheidung: Unter „Ethik" verstehe man eine – teils mehr, teils weniger ausgearbeitete – Lehre von Moral und Sitten, die Moralphilosophie, unter „Moral" und „Sitten" aber ihren Gegenstand.

Nicht nur bei den Griechen und seit ihnen denkt man über das gute Leben, über eine gelungene und glückliche Existenz nach und weiß um daraus folgende Verbindlichkeiten, um (1) Verbindlichkeiten des Menschen gegen sich und (2) Verbindlichkeiten gegen andere, häufig auch (3) Verbindlichkeiten gegen Gott, nicht zuletzt (4) Verbindlichkeiten gegen die Natur. Und nicht nur in der von den Griechen mitbestimmten Kultur unterscheidet man innerhalb der Verbindlichkeiten außer den genannten Adressaten auch zwei Verbindlichkeitsarten, die aufeinander aufbauen, deshalb als zwei Verbindlichkeitsstufen anzusprechen sind: Bei gewissen Verbindlichkeiten schulden die Menschen einander die Anerkennung, andere wiederum gehen über das Geschuldete hinaus. Dort, bei den elementaren Verbindlichkeiten, einer Minimalethik, spricht man von Gerechtigkeit (vgl. Nr. 133, 181–182, 194, 209 und 216) und gründet sie vor allem im Gedanken der Wechselseitigkeit (vgl. die Texte aus der Sokratik, Nr. 56 und 57 u. v. a.). Hier, beim verdienstlichen Mehr, spricht man von Nächstenliebe (vgl. für unseren Kulturraum das Samaritergleichnis, Nr. 21 und die Bergpredigt, Nr. 22, ferner Nr. 23, 89, für Indien Nr. 26 und für China Nr. 31) bzw. von Mitleid oder Wohltätigkeit (z. B. Smith, Nr. 133, Schopenhauer, Nr. 166, Feuerbach, Nr. 169, Nietzsche, Nr. 183, und Spaemann, Nr. 211).

Eine idealtypische Betrachtung der geschichtlichen Entwicklung kennt die Ethik in zwei Grundformen: In der vorphilosophischen Ethik stellt sie sich als eine Lebensweisheit dar, formuliert in religiösen bzw. göttlichen Geboten oder in Klugheitsregeln, die sowohl das persönliche Leben als auch den „vernünftigen" Ausgleich verschiedener Personen betreffen. Teils in Texten der Religion, teils des Rechts, teils der Literatur niedergeschrieben, findet sich diese vorphilosophische Ethik in fast allen Kulturen. Weil auch die andere, in der Regel jüngere, die philosophische Grundform in der vorphilosophischen Ethik ihren Ausgang nimmt, überdies die vorphilosophische Ethik weiterhin lebendig bleibt, fängt dieses Lesebuch mit ihr an, streut außerdem zwischen die philosophischen Texte immer wieder einen vor- und außerphilosophischen Text ein.

Während sich die vorphilosophische Ethik bald als eine in der Lebensart einer Kultur geronnene Erfahrung, bald als ihr Gegenbild verstehen läßt, wird die philosophische Ethik durch Situationen der Kritik und Krise herausgefordert und stellt sich, sobald sie auf diese Herausforderungen antwortet, als praktische Philosophie dar (vgl. Aristoteles Nr. 62). Dabei kann sie weder das von alters her Gewohnte und Bewährte bekräftigen noch schlicht mit einem Gegenentwurf auftreten. Von der Idee eines sinnvollen Lebens geleitet, sucht sie auf methodischem Weg und ohne eine letzte Berufung auf politische oder religiöse Autoritäten allgemein gültige Aussagen. Ihretwegen reicht sie über die geschichtliche Situation, durch die sie herausgefordert wird, weit hinaus. Philosophische Ethik bildet allgemeine Begriffe, entwickelt ebenso allgemeine

Argumente und wägt konkurrierende Argumente gegeneinander ab. Ob sie durch dieses Vorgehen tatsächlich Allgemeingültigkeit erreicht oder ob sie, dann freilich à contre cœur, noch an kultur- und epochenbedingte Vorgaben zurückgebunden bleibt, ist eine andere Frage. Der Intention nach ist jedenfalls keine bloß kulturspezifische, sondern eine universale Gültigkeit gesucht. Ihretwegen bietet sich die philosophische Ethik für den heute unerläßlichen, interkulturellen Ethikdiskurs an.

Interkulturell heißt ein Ethikdiskurs, der weder in der eigenen Kultur allein stattfindet noch sich an deren besondere Voraussetzungen bindet. Gerichtet gegen die Gefahr, andere Kulturen am Maßstab der eigenen zu messen („Ethnozentrismus"), insbesondere gegen die Neigung, von der europäisch-amerikanischen Kultur her alle anderen Kulturen als defizient: als primitiv, barbarisch oder als zurückgeblieben („unterentwickelt") abzuwerten („Eurozentrismus"), nimmt ein interkultureller Diskurs andere Kulturen in ihrer unverwechselbaren Besonderheit ernst. Durch die Unterscheidung der Universalität von Uniformität räumt sie allen Kunden ein Recht auf Eigenarten ein, ohne deshalb jenem ethischen Relativismus zu verfallen, der in der Geschichte der Ethik durchaus auftritt (s. z.B. die Chinesische Ethik, Nr. 38, Herodot, Nr. 73, Westermarck, Nr. 188).

Schon durch den Pluralismus der Neuzeit: die Vielfalt der Religionen, Konfessionen und Werte, herausgefordert, gewinnt der interkulturelle Diskurs in der Gegenwart eine neue Dringlichkeit. Sowohl die Globalisierung der Lebensverhältnisse als auch das wachsende Selbstbewußtsein anderer Kulturen, nicht zuletzt die weltweiten Wander-(Migrations-)Bewegungen, die die bisherigen kulturellen Grenzen teils verschieben, teils aufsprengen, rufen nach einem Ethik-Diskurs, der nicht auf kulturspezifische Voraussetzungen, sondern auf das gemeinsame Ethik-Erbe der Menschheit zurückgreift, und hier sowohl auf die Minimalethik der Gerechtigkeit als auch auf die Optimalethik von Mitleid und Wohlwollen. Zur Begründung beider Verbindlichkeitsstufen greift der interkulturelle Diskurs nicht auf kulturspezifische, sondern auf kulturübergreifend gültige, allgemeinmenschliche Prämissen zurück. In einem derartigen Diskurs liegen aber die Aufgabe und die Leistung der genuin philosophischen Ethik. Auch die Überprüfung und die gegebenenfalls notwendige Verbesserung der Begründung bildet einen integralen Bestandteil der Philosophie als Philosophie.

In der näheren Bestimmung gibt es freilich erhebliche Unterschiede. Ein Großteil der uns vertrauten Ethik widmet sich der Frage: „Was soll ich tun?" Hier geht es um Regeln (Normen) und deren Grundsätze, um uneingeschränkt gültige (kategorische) Imperative und entsprechend kategorische Pflichten. Letztlich kommt es auf Gut und Böse (vgl. Nr. 82, 88, 92 und 165) und auf die entsprechende Fähigkeit, die Willens- und nicht bloß die Handlungsfreiheit, an (vgl. Nr. 82, 91, 92, 98, 121, 124, 144 und 145). Nicht minder wichtig sind aber die Fragen: „Wer will ich sein, wie will ich leben?" „Was ist eine gelungene, eine glückende und glückliche Existenz?" (Hierzu sind die im Lesebuch versammelten Beispiele zu zahlreich, um einige herauszuheben.) Und ergänzt werden beide Fragen durch eine dritte: „In welcher gesellschaftlichen und politischen Umgebung, in welchen (sozialen) Institutionen wollen wir und sollen wir leben?" Alle drei Fragen sind im ursprünglichen Begriff der Ethik bereits enthalten. Dazu kommen nicht etwa erst in der Gegenwart Fragen des Tierschutzes (Nr. 86 und 110).

An der – allerdings nur relativen – Konkurrenz der zwei ersten Fragen tritt eine Epochendifferenz zutage: In der griechischen und römischen Antike (aber auch in Indien: Nr. 25) überlegt man sich, wie das selbstverständliche Leitziel allen menschlichen Handelns, wie das „Glück" oder „Glückseligkeit" (eudaimonia, beatitudo) genannte höchste Gut, zu erreichen sei: Auf welche Lebensform oder Existenzweise soll man sich einlassen: auf ein Leben der Lust oder des Reichtums oder der Ehre und Macht oder eher auf ein sittlich-politisches oder auch ein wissenschaftlich-philosophisches Leben? Weiterhin: Welche vorbildlichen Einstellungen oder Haltungen, welche Tugenden, muß man erwerben, und entsprechend: welche Laster vermeiden, wenn man der glückstauglichen Lebensform folgen will? Nach dem griechischen Wort für Glück(seligkeit), Eudaimonia, spricht man hier von einer eudämonistischen Ethik. Auf sie verkürzen darf man die antike Ethik zwar nicht; unser Lesebuch läßt deshalb auch andere Fragen zu Wort kommen; einen gewissen Brennpunkt bilden die erstgenannten Fragen aber doch.

Im Christentum bleibt der eudämonistische Ansatz gegenwärtig. Er wird jedoch um jene religiöse oder theologische Dimension erweitert (für den Islam vgl. Nr. 93), die schon der vorphilosophischen Ethik weithin vertraut war, in der philosophischen Ethik der Antike aber stark in den Hintergrund tritt, oft genug sogar vollständig verschwindet. Die heutzutage geforderte „Ethik ohne Metaphysik" – mit der man auch eine Ethik ohne Religion und Weltanschauung meint – versteht sich für die philosophische Ethik eines Aristoteles geradezu von selbst. Auch andere Denker der Antike haben mit der heute verlangten säkularen, mit der weltlichen, rein von der menschlichen Vernunft inspirierten Ethik keine Schwierigkeit. Aus diesen und weiteren Gründen erstaunt es nicht, daß sich gerade antike Moralphilosophen, und hier vornehmlich Aristoteles, für die heutige Ethik-Debatte als anregende Gesprächspartner erweisen.

Über der genannten Gemeinsamkeit der christlichen mit der vorphilosophischen Ethik darf man freilich diesen Unterschied nicht übersehen: Soweit in den vorphilosophischen Texten miteinander verknüpft wird, was wir später als diesseitige Moral und (jenseitsorientierte) Religion trennen, liegt eine ungeschiedene Einheit, gewissermaßen eine noch undifferenzierte Verbindung vor. Dafür, daß die glücksorientierte Lebensweisheit häufig von religiösen bzw. sakralen Momenten durchwirkt ist, bietet ein deutliches Beispiel die indische Ethik. In Gestalt einer „Lehre von den Verhaltenspflichten" (dhárma-shastra) gehört sie grundsätzlich in einen religiösen Zusammenhang und dient ähnlich wie die Medizin als Hilfsmittel zur Befreiung von „leidhafter" Existenz.

Die noch älteren und trotzdem schon weithin säkularen ägyptischen Lebens- oder Weisheitslehren belegen aber nicht bloß die Vielfalt archaischer Ethik. Sie zeigen auch, daß sie eine zumindest relative Autonomie der Ethik von Religion bzw. Theologie schon sehr früh kennt. Die entsprechenden Lehren erscheinen nicht als göttliche oder sakrale Gebote; sie verdanken sich vielmehr der Überlieferung und der Lebenserfahrung. Ihre Übertretung bedeutet keine Sünde, die über das Heil des einzelnen oder des Volkes entscheidet. Es handelt sich auch nicht um rechtliche Gebote, deren Mißachtung von Gerichten geahndet wird, sondern um Ratschläge. Sie sagen vor allem dem Heranwachsenden, wie er das erreicht, was er ohnehin will: ein Leben mit Erfolg und frei von unnötigen Schwierigkeiten und Fehlschlägen. Im Hintergrund steht allerdings die generelle Überzeugung, daß Gott der Welt eine Ordnung gegeben hat, die sowohl die Natur als auch das Sozialleben umfaßt und, Ma'at genannt, in ungeschiedener Einheit sowohl Ordnung und Wahrheit als auch Recht, Gerechtigkeit und Gesinnung bedeutet. Eine Gesellschaft ist dann „gerecht", wenn ihre Mitglieder, statt „träge", „taub" oder „habgierig" zu sein, aneinander denken, aufeinander hören und füreinander handeln.

Im Sinne der relativen Autonomie setzen die Zehn Gebote von Alt-Israel (Nr. 18) die erste Tafel der genuin religiösen von der zweiten Tafel der „weltlichen" Verbindlichkeiten klar ab, und das erste der weltlichen Gebote beruft sich auf ein aufgeklärtes Selbstinteresse („auf daß du lange lebest"). Nach dem islamischen Denker Averroes sind die Gebote Gottes zugleich vernünftige ethische Prinzipien (Nr. 93). Christliche Denker übernehmen nun die aus der griechisch-römischen Antike bekannten Bedingungen des (diesseitigen) Glücks, beispielsweise die vier Kardinaltugenden Tapferkeit, Besonnenheit, Gerechtigkeit und Weisheit (s. Platon, Nr. 60), ergänzen und überbieten sie aber mit den theologischen Tugenden: Glaube, Hoffnung und Liebe (s. schon Paulus, Nr. 23) oder sehen in der „Rückkehr zu Gott" das Lebensziel (Nr. 85).

Zu dem veränderten, im Prinzip aber schon bekannten „eudämonistischen" Brennpunkt kommt in der christlichen Ethik als ein neuer Brennpunkt das Thema Freiheit hinzu. Ganz neu ist das Thema zwar nicht, da über bewußtes und freiwilliges Handeln auch die Antike, beispielsweise Aristoteles, nachdenkt (s. Nr. 70). Ohnehin spielt in der griechischen Antike die politische Freiheit eine große Rolle. Jene freie Entscheidung für das Gute oder Böse, die für die jüdisch-christliche Vorstellung eines Sündenfalls unverzichtbar ist, kennt sie aber nicht. Darauf bezogen, erhält namentlich durch Augustinus die Freiheit eine neue Tiefendimension (s. Nr. 82). Sie bleibt dem philosophischen Denken seitdem gegenwärtig und findet sich etwa bei Duns Scotus und bei Wilhelm von Ockham wieder. Bei Kant gewinnt sie nicht bloß ein überragendes Gewicht für die ganze Ethik. Statt eine Ergänzung zum Eudämonismus zu sein, wird sie jetzt zur strengen Alternative; das Prinzip Freiheit tritt an die Stelle des Prinzips Glück.

Systematisch gesehen beginnt die neue, nicht mehr eudämonistische, sondern autonome Ethik mit einem veränderten Begriff menschlichen Handelns. Ob bewußt oder unbewußt: die eudämonistische Ethik versteht das Handeln als ein Streben (griechisch: orexis). Folgerichtig besteht das schlechthin höchste Prinzip und Maß, das Moralprinzip im Sinne eines Superlativs, im Inbegriff der Erfüllung allen Strebens, im Glück. Allerdings denkt man dabei weder an das zu kleine Glück, an das „Glück haben" im Sinne eines Lottoglücks, noch an das utopische Glück, das Glück als vollständige Erfüllung aller je auftretenden Interessen und Sehnsüchte. Gemeint ist ein Glück, das man nicht passiv an sich herankommen läßt, sondern das man sich aktiv und mit guter Erfolgschance erarbeitet. Nach der Ethik der Autonomie oder Willensfreiheit dagegen, nachdrücklich bei Kant, erfolgt das typisch menschliche Handeln nach der Vorstellung von Gesetzen. Es wird zu einem Handeln nach Gesetzen, dessen Grundlage und Anfang der Wille abgibt. Der dazu gehörige Superlativ liegt in Gesetzen, deren Anfang nicht außerhalb des Willens liegt, sondern in diesem selbst. Folgerichtig besteht das schlechthin höchste Prinzip und Maß, das Moralprinzip, im Willen, der sich selber die Gesetze gibt, kurz: der Auto-nomie (Selbstgesetzgebung) im Gegensatz zur Hetero-nomie (Fremdgesetzgebung).

Dieser handlungstheoretisch ansetzende Unterschied hat die gravierende Folge, daß es durchaus noch Klugheitsregeln geben kann sowie Regeln über den rationalen Ausgleich von Interessen. Beide Regelarten gehören auch noch zur Ethik in einem weiteren Sinn; Kant spricht von Klugheitsgeboten oder pragmatischen Imperativen. Aus der Ethik im engen und strengen Verständnis, aus der Lehre der genuin moralischen Verbindlichkeiten, scheiden sie jedoch aus. Eine weitere Folge besteht in einem provokativen Gegensatz: wirkliche Moral kontra bestenfalls scheinbare Moral, Pflicht kontra Neigung. Nicht minder provokativ ist der Gedanke, daß die autonome Moral nicht einem „moral sense", Moralsinn oder moralischen Gefühl, entspringt (Hume, Nr. 128, und Adam Smith, Nr. 133), sondern der reinen praktischen Vernunft, die wiederum zu einer nicht mehr sinnlichen (phänomenalen), sondern geistigen (noumenalen) Welt gehört.

Unstrittig ist die neue, autonome Ethik jedoch nicht. Die entsprechende Skepsis ist in diesem Lesebuch durch Friedrich

Nietzsche (Nr. 179) vertreten. Er will die autonome Ethik von – angeblich – lebensfeindlichen Elementen – oder sind es nur Reste? – freisetzen.

Diese Hinweise zeigen, daß die in der Philosophie üblichen Kontroversen sich in der Ethik „natürlich" wiederfinden. Umstritten ist nicht erst das Moralprinzip: Eudämonie (Glück) oder Autonomie (Freiheit des Willens). Kontrovers war vorher schon das Thema „Glück" bzw. „höchstes Gut" oder die Frage nach dem Ort der Lust im guten Handeln (vgl. Platon, Nr. 59, Aristoteles, Nr. 68, die Stoa, Nr. 73, Epikur, Nr. 71 usw., in der Neuzeit Bentham, Nr. 136 und Mill, Nr. 170). Außerdem finden die genannten Gemeinsamkeiten im ethischen Erbe der Menschheit gelegentlich Einspruch. Ein Teil der Kontroversen hat den Charakter von Feindebatten. Beispielsweise nehmen im Rahmen desselben Ansatzes, des Utilitarismus, Mill (Nr. 170) und Sidgwick (Nr. 177) gegenüber Bentham (Nr. 136) Korrekturen vor. Andere Kontroversen sind jedoch grundlegender. John Rawls, der sich zunächst an der Verbesserung des Utilitarismus beteiligte, versteht am Schluß seine Gerechtigkeitstheorie (Nr. 209) als Alternative zum Utilitarismus.

Dort, wo die philosophische Ethik das Moralprinzip als Glück bestimmt, beläßt sie der Lebensweisheit ein philosophisches Recht. Herrscht dagegen das Prinzip Freiheit vor, wird der Pflichtgedanke wichtiger. Allerdings könnte es auch sein, daß in den moralischen Pflichten die Lebensweisheit sich erfüllt. Denn die Vernunft, auf die es nach eudämonistischen Ethikern wie Aristoteles ankommt, wird nach dem neuzeitlichen Moralprinzip der Autonomie erst dort ausgeschritten, wo man sich der Alternative Gut-Böse stellt, sich gegen das Böse entscheidet, aus dieser Entscheidung heraus sein ganzes Leben führt und auf diese Weise entweder – mit Spinoza (Nr. 122) – schon glücklich ist oder zumindest des Glücks würdig wird. Im übrigen verliert in der Neuzeit zwar die traditionelle Form der Lebensweisheit, der Ratschlag für das gelungene Leben, die Klugheitsregel, an moralischem Gewicht. Statt ganz bedeutungslos zu werden, lebt sie aber in veränderter Weise fort: als kunstvoller Essay, den wir etwa von Montaigne (Nr. 109) und Bacon (Nr. 111) kennen, oder als Maximen und Reflexionen von La Rochefoucauld (Nr. 119), Goethe (Nr. 155), Schopenhauer (Nr. 167) und Nietzsche (Nr. 185), oder als „moralische Splitter", als Minima Moralia, von Adorno (Nr. 203).

Vergleicht man die Lebensweisheit der Moderne mit der der vorphilosophischen Ethik oder der der Stoa, so fällt ein – relativ – neues Element auf. Die neuzeitliche Lebensweisheit verbindet sich mit jener Ethik als Entlarvung, der Moralkritik, die die vorherrschende Moral auf einen verborgenen Zweck oder eine unbewußte Triebfeder hinterfragt. Eine derartige Moralkritik wirkt legitimierend, wenn sie auf einen Grund stößt, der die Moral rechtfertigt. In der Regel ist die Moralkritik aber kompromittierend gemeint; sie macht nämlich auf Triebfedern aufmerksam, die die Moral wie einen Falschspieler bloßstellen. Schlechthin neu ist diese Moralkritik zwar nicht, weil wir sie schon aus der Antike kennen, etwa von den Sophisten Thrasymachos (Nr. 58.1) und Kallikles (Nr. 58.2). Obwohl die Moralkritik auf den ersten Blick nur destruktiv aussieht, liegt ihr in der Regel ein konstruktives, überdies moralisches Interesse zugrunde. Im Durchgang durch die Kritik der alten Moral soll sich eine neue Moral abzeichnen, entweder schon diese Moral selbst, zumindest aber ein neues Fundament.

Wer einmal anfängt, über die eigene Epoche und Kultur hinauszuschauen und das größere Ethik-Erbe der Menschheit kennenzulernen, stößt rasch auf einen Reichtum von Zeugnissen, der jede Auswahl erschwert. Der hier vorgelegten Sammlung liegt kein anderes Interesse zugrunde, als auf begrenztem Raum möglichst viele und vielfältige, bald sich bekräftigende, bald sich widersprechende Gedanken vorzustellen. Gegen die Neigung der Neuzeit und innerhalb der Neuzeit die Neigung der letzten zwei, drei Generationen, sich zu überschätzen, kommen dabei auch die anderen Epochen breit zu Wort.

Um einen Einblick in die entsprechende Entwicklung zu erlauben, sind die Texte geschichtlich geordnet, zusammengefaßt in Epochen. Daß deren genaue Abgrenzung umstritten ist, braucht uns nicht zu bekümmern; wichtiger ist, daß die verschiedenen Epochen gegenwärtig sind.

Ein letztes Wort zu der doch erstaunlichen Aktualität der moralphilosophischen und, genereller, ethischen Vergangenheit: Vom Gegenstand der theoretischen Philosophie, dem Sein, der Natur und der Erkenntnis, erwartet man, daß er sich über die verschiedenen Epochen hinweg gleichbleibt. Daß man darüber mit früheren Philosophen noch immer systematisch diskutieren kann, ist daher wenig erstaunlich. Anders sieht es mit der Ethik aus. Bei ihrem Gegenstand, dem guten und gerechten Leben, rechnen wir mit derart grundlegenden Veränderungen seit der Moderne, daß wir schon für das Mittelalter, mehr für die Antike und noch einmal mehr für die archaische Welt eine uns fremde Ethik erwarten. Umso überraschender ist, daß sich auch die früheren Texte noch als lebens- und philosophieanregend erweisen. Das in der Philosophie generell gültige Phänomen, eine eigentümliche Gegenwart der Vergangenheit, trifft auf die Ethik noch besonders zu: Sozialgeschichtlich trennen uns von den Sklaven, die an Ägyptens Pyramiden oder in Athens Silberminen arbeiteten, Welten. Philosophiegeschichtlich sind uns Platon und Aristoteles, in anderer Weise Augustinus und Thomas von Aquin, in wieder anderer Weise etwa Hobbes, Kant, Nietzsche, für andere sogar die ägyptische, indische oder chinesische Weisheit sowie, hier namentlich für elementare Konflikte, die griechischen Tragödiendichter, noch Zeitgenossen: Bei entsprechend kreativer Lektüre verstehen sie uns unmittelbar zu inspirieren. Wenn die Sammlung derartige Leser finden sollte, wäre sie wie eine zwar kleine, aber gute Bibliothek: kein Archiv des Ethikerbes der Menschheit, sondern deren aktuelle Gegenwart.

Tübingen im Juli 1997   *Otfried Höffe*

I. Außereuropäische und vorphilosophische Ethik

A. Altägyptische Weisheitslehren

1. Habgier

Wenn du willst, daß deine Lebensführung gut sei,
dann mach dich frei von allem Bösen.
Hüte dich vor der Verführung zur Habgier,
denn sie ist eine schlimme, unheilbare Krankheit.
Bei ihr hat man keinen Vertrauten mehr.
Sie verbittert einen Freund,
sie entfremdet einen Vertrauten von (seinem) Herrn,
sie pflegt Väter und Mütter zu entzweien,
sie vertreibt die Ehefrau eines Mannes;
ein Sack ist sie, voll von allem Hassenswerten,
ein Bündel von allem Übel.
Fort dauert ein Mann, dessen Lebenswege gerade sind.
Wer seine Schritte richtig setzt,
der kann über sein Vermögen verfügen,
doch für den Habgierigen gibt es nicht einmal ein Grab.

2. Vergeltung

Ein Schlag wird mit einem ebensolchen vergolten,
das ist die Verschränkung (wörtlich: Verfugung) aller Taten!

3. Selbstbeherrschung

Die Schätze eines Ungerechten haben keinen Bestand,
seine Kinder finden keinen Rest davon.
Der Harte führt das Ende seines Lebens herbei,
und dann sind keine Kinder von ihm da mit Herzensbindung.
Wer sich selbst bezwingt, hat Angehörige,
aber es gibt keinen Erben für den Haltlosen.
Großes Ansehen genießt, wer sein Temperament zügelt,
aber wer viele Worte macht, gilt als übel.

4. Großzügigkeit

Iß nicht, während ein anderer dabeisteht
und du nicht auch für ihn deine Hand nach dem Brot ausstreckst.

Das Brot, das ist immer vorhanden,
aber der Mensch ist es, der nur eine Generation währt.
Der eine ist reich, der andere ist arm,
der eine *schwindet dahin,* der andere bleibt bestehen,
und das Brot verdoppelt sich ihm.
Wer letztes Jahr reich war,
der ist dies Jahr ein Vagabund.
Sei nicht gierig, dir deinen Bauch zu füllen,
denn niemand kennt sein Ende,
und so kann es geschehen, daß einer, der (jetzt) nicht soviel hat
  wie du, dir Reste abgibt.

5. Hilfsbereitschaft

Hilf jedermann.
Befreie einen, wenn du ihn in Banden findest;
sei ein Beschützer des Elenden.
Gut nennt man den, der nicht die Augen zumacht.
Wenn eine Waise sich an dich wendet,
die hilflos ist, da ein anderer sie verfolgt,
um sie zu Fall zu bringen,
so fliege zu ihr hin und unterstütze sie,
sei der Retter für sie.
Das wird gut sein im Herzen Gottes,
und die Menschen loben es.

6. Gottesliebe

Verehre deinen Gott ohne Unterlaß,
daß er dir gnädig sei jeden Tag,
daß er die Knochen in deinem Leibe dem Gottesacker zuweise.
Opfere ihm aus liebendem Herzen,
damit er dir Nahrung gebe als seine Spende.
Ein Mensch liebt den, der für ihn handelt,
und ebenso tut Gott.

7. Rechtschaffenheit

Verrücke nicht den Markstein auf den Grenzen der Felder
und verschiebe nicht die Meßschnur von ihrer Stelle.

Sei nicht gierig nach einer Elle Ackers
und vergreife dich nicht an den (Feld-)Grenzen einer Witwe.
Die Furche zum Treten, die schon die Zeit verringert hat,
wer sie für (sein) Feld verwischt
und sie sich mit falschen Eiden erhascht,
der wird durch eine Erscheinung des Mondes eingefangen.
Du erkennst den, der solches tut, schon auf Erden:
Er ist ein Bedrücker des Schwachen,
ein Widersacher, darauf aus, dich zu zerstören.
Aus seinem Auge blitzt Verderben,
sein Haus ist ein Feind für die (ganze) Stadt.
Seine Vorratsräume werden zerstört,
sein Besitz wird seinen Kindern verweigert
und seine Habe einem anderen gegeben.
Hüte dich (also), Ackergrenzen zu verletzen,
damit dich nicht ein Schrecken hole. [...]
Hänge dein Herz nicht an Schätze:
Es gibt keinen, der nicht um Bestimmung und Geschick wüßte.
Wirf dein Herz nicht hinter Äußerlichkeiten her:
Jedermann hat seine (ihm bestimmte) Stunde.
Mühe dich nicht, nach Mehr zu suchen,
dann bleibt dein Bedarf dir sicher.
Wenn die Schätze durch Betrug zukommen,
so bleiben sie nicht über Nacht bei dir.
Wenn es tagt, sind sie nicht mehr in deinem Hause.
Man kann noch ihre Stelle sehen, aber sie sind nicht mehr da. [...]
Halte deine Zunge heil vor verderblicher Rede,
dann werden dich die Leute lieben,
dann findest du deinen Platz im Innern des Tempels,
dann hast du teil an den Opferbroten deines Herrn
und wirst als Geehrter in deinem Sarg verborgen sein,
bewahrt vor der Macht (= Zorn) des Gottes.
Rufe nicht „Verbrechen!" gegen einen Mann,
wenn die Umstände (seiner) Flucht unbekannt sind.
Ob du Gutes oder Böses hörst (Klatsch),
weise es ab, laß es ungehört sein.
Gib (selber) nur gute Rede auf deine Zunge,
während eine böse in dir verborgen bleibe.

8. Goldene Regel

Tu niemandem etwas Böses an,
um nicht heraufzubeschwören, daß ein anderer es dir antue.

9. Selbstbeherrschung

Die Anweisung, nicht gierig zu sein, damit du dich nicht der
  Armut gesellen mußt.
Wer so töricht ist, sich (beim Essen) nicht zu beherrschen, wird
  wegen seiner Gier noch Mangel haben.
Der Törichte, der Macht ausübt, dem wird es schlecht ergehen.
Gott ist es, der den Wohlstand schenkt, aber es ist der
  Weise, der ihn bewahrt.
Die Tugend eines Weisen ist es, ohne Geiz zu sammeln.
Der Ruhm eines Weisen ist Selbstbeherrschung in seiner
  Lebensführung.
Der Tor steht in der Öffentlichkeit in schlechtem Geruch
  wegen (seiner) Eßgier;
in mehr als einer Weise gerät er ins Unglück.
Mancher kann nicht essen, wünscht sich aber in seinem
  Herzen, viel zu essen.
Mancher ist noch krank von gestern und verlangt dennoch
  nach Wein.
Mancher mag Geschlechtsverkehr nicht und gibt doch alles,
  was er übrig hat, für Frauen aus.
Mancher geht durch Verbrechen in den Tod wegen seiner Gier.
Das Übel, das auf den Toren kommt, bringen ihm sein Bauch
  und sein Phallus.

10. Schicksal

Mancher lebt bescheiden, um zu sparen, und wird doch arm.
Mancher versteht es nicht (zu sparen), und das Schicksal gibt
  ihm Reichtum.
Es ist nicht (notwendig) der sparsame Weise, der einen
  Vorrat vorfindet.
Es ist nicht immer ein Vergeuder, wer in Armut lebt.
Gott gibt (auch) reichen Vorrat ohne Einkommen
  und Armut in der Börse ohne Vergeudung.
Geschick und Glück, die kommen – Gott ist es, der sie sendet.

11. Großzügigkeit statt Geiz

Sei nicht geizig, damit dein Name nicht anrüchig werde.

Hypothekenschulden aus Geiz sind wie Kohlen, die ihren
  Besitzer verbrennen.

Diebstahl aus Geiz bringt rechtmäßigen Tod (Hinrichtung).

Gott gibt dem weisen Mann Reichtum durch Großzügigkeit.

Reichtum aus Großzügigkeit ist größer als Reichtum aus Geiz.

Geiz bringt Kampf und Streit ins Haus.

Geiz tilgt Ehrgefühl, Mitleid und Vertrauen aus dem Herzen.

Geiz bringt Leid in die Familie.

Der Geizige gibt selbst dem nicht gern, der ihm gegeben hat.

Er denkt nicht an morgen, denn er lebt für den Augenblick.

Er ißt sich an nichts satt in seiner Dummheit.

Geld zusammen mit Geiz – solches Übel findet kein Ende.

Geld ist die Schlinge, die Gott auf Erden ausgelegt hat für den
  Gottlosen, damit er täglich in Sorge sei.

Seinem Liebling aber gibt er es, damit die Sorge in seinem
  Herzen aufhöre.

Wer großzügig ist, mit seinem Geld Almosen zu spenden, dem
  teilt es das Geschick zu.

Reichtum kommt zu dem, der damit Almosen spendet.

12. Vergeltung

Glück, Segen und Macht gehorchen seinem (Gottes) Befehl.

Er mißt die Strafe zu für ein Vergehen und gibt Belohnung für
  eine gute Tat.

Er schickt Hunger nach der Sättigung und wiederum
  Sättigung nach dem Hunger.

Man kann dem Gott und der Vergeltung nicht entgehen, wenn
  er sie einem zuweist.

Wer darauf brennt, allerlei Leid (zu tun), den brennt Gott mit
  Leid.

Wer einen kleinen Fehler durchgehen läßt, läßt Abneigung verschwinden und ist zufrieden.

Gewalt, Not, Kränkung und Unbarmherzigkeit hören
  niemals, niemals auf.

13. Die Vortrefflichkeit des Herzens

Mein Herz war es, das mich dazu antrieb,
(meine Pflicht) zu tun entsprechend seiner Anleitung.
Es ist für mich ein ausgezeichnetes Zeugnis,
seine Anweisungen habe ich nicht verletzt,
denn ich fürchtete, seine Anleitung zu übertreten und gedieh
   deswegen sehr.
Trefflich erging es mir wegen seiner Eingebungen für mein
   Handeln,
tadelsfrei war ich durch seine Führung.
[…] die Menschen [sagen],
ein Gottesspruch ist es (= das Herz) in jedem Körper.
Selig der, den es auf den richtigen Weg des Handelns geführt hat.

B. Babylon

14. Aus dem Codex Hammurapi

Als Marduk mich beauftragte, die Menschen zu lenken und dem Lande Sitte angedeihen zu lassen, legte ich Recht und Gerechtigkeit in den Mund des Landes und trug Sorge für das Wohlergehen der Menschen.

Damals (gab ich folgende Gesetze):

Wenn ein Bürger einen (anderen) Bürger bezichtigt und ihm Mord vorwirft, ihn jedoch nicht überführt, so wird derjenige, der ihn bezichtigt hat, getötet.

Wenn ein Bürger einem (anderen) Bürger Zauberei vorwirft, ihn jedoch nicht überführt, so wird derjenige, dem Zauberei vorgeworfen ist, zum Fluß(gott) gehen und in den Fluß(gott) eintauchen. Wenn der Fluß(gott) sich seiner bemächtigt, so wird derjenige, der ihn bezichtigt hat, sein Haus erhalten. Wenn der Fluß(gott) diesen Bürger für unschuldig erklärt und er unversehrt zum Vorschein kommt, so wird derjenige, der ihm Zauberei vorgeworfen hat, getötet. Derjenige, der in den Fluß(gott) eingetaucht ist, erhält das Haus desjenigen, der ihn bezichtigt hat.

Wenn ein Bürger vor Gericht zu falschem Zeugnis auftritt und seine Aussage nicht beweist, so wird, wenn dieses Gericht ein Halsgericht ist, dieser Bürger getötet.

Wenn er zu einem Zeugnis über Getreide oder Geld auftritt, muß er die jeweilige Strafe dieses Prozesses tragen. […]

Damit der Starke den Schwachen nicht schädigt, um der Waise und der Witwe zu ihrem Recht zu verhelfen, habe ich in Babel, der Stadt, deren Haupt Anu und Enlil erhoben haben, in Esagil, dem Tempel, dessen Grundfesten wie Himmel und Erde fest sind, um dem Lande Recht zu schaffen, um die Entscheidung(en) des Landes zu fällen, um dem Geschädigten Recht zu verschaffen, meine überaus wertvollen Worte auf (m)eine Stele geschrieben und vor meiner Statue (namens) „König der Gerechtigkeit" aufgestellt.

Ich, der König, der unter den Königen hervorragt – meine Worte sind erlesen, meine Tüchtigkeit hat nicht ihresgleichen. Auf Befehl des Sonnengottes, des großen Richters des Himmels und der Erde, möge meine Gerechtigkeit im Lande sichtbar werden, auf das Wort meines Herrn Marduk mögen meine

Aufzeichnungen keinen finden, der sie beseitigt, in Esagil, das ich liebe, möge mein Name dankbar ewig ausgesprochen werden.

15. Rat des Schuruppag

Du sollst nichts stehlen [...]!
In ein Haus sollst du nicht einbrechen [...]!
Der Dieb ist ein Löwe, nachdem er ergriffen worden ist,
    ist er ein Sklave!
Mein Sohn, du sollst keinen Mord begehen!
Du sollst nicht dich selbst mit einer Axt ,spalten'! [...]
Mit einer verheirateten jungen Frau sollst du kein Spiel
    treiben: Die üble Nachrede ist überaus groß!
Mein *Sohn*, niemals sollst du dich bei einem verheirateten
    Manne niederlassen!
Du sollst keinen Streit entstehen lassen, du sollst dich selbst
    nicht in Mißachtung bringen! [...]
Du sollst dich nicht lobend äußern: Dein Wort liegt (dann)
    fest!
Du sollst nicht widersprechen: Ein ,schweres Auge' kannst du
    nicht ertragen! [...]
Mit niemandem zusammen sollst du gestohlene
    Lebensmittel verzehren,
(auch wenn) deine Hand *offen* ist, wird sie sie *jeweils* nicht
    zurückerstatten können! [...]
Du sollst keine *Gemeinheit* reden:
Nachher wird es sich wie eine Falle nach dir ausstrecken!

16. Lebensweisheit

Überprüft sei deine Rede, diszipliniert dein Sprechen,
das ist die Würde eines Mannes; sehr kostbar seien (dir) deine
    Lippen!
Frechheit (und) Gehässigkeit sei dir ein Greuel!
Eine Verhöhnung sprich nicht aus, einen ungerechten Gedanken!
Der Spötter ist ja sehr gering geachtet!
Zum Gericht gehe nicht, um nur dabeizustehen;
wo Streit entbrannt ist, treib dich nicht herum!
Wo sie sich streiten, halten sie Schlimmes für dich bereit,

auch wirst du für sie als Zeuge benannt, und zu einem dich
    nicht betreffenden Prozeß bringen sie dich hin, um (für sie)
    zu zeugen.
Angesichts eines Streites geh davon, kümmere dich nicht!
Sollte der Streit dich betreffen, so lösche das Entfachte!
Denn der Streit ist wie eine weitgeöffnete Grube,
eine nicht stabile Mauer, die ihre Feinde zudeckt;
an von ihm Vergessenes denkt er und bezichtigt den Menschen.
Mit dem, der Streit mit dir sucht, verfeinde dich nicht
    (noch mehr),
dem der dir Böses antut, vergilt mit Gutem!
Dem, der dir übel will, halte die Gerechtigkeit entgegen!
Deinem Feind begegne dein Sinn strahlend (freundlich),
ist er aber dein Neider, dann gib ihm überreichlich […]!
Nicht trachte dein Sinn nach Bösem,
    denn das gefällt den Göttern,
Böses aber […] ist ein Greuel für Marduk!
[*Unbill* aber sich zu] merken, ist ein Greuel für Ninurta.

C. Altes und Neues Testament

17. Versuchung und Fall

Aber die Schlange war listiger als alle Tiere auf dem Felde, die Gott der HERR gemacht hatte, und sprach zu dem Weibe: Ja, sollte Gott gesagt haben: ihr sollt nicht essen von allen Bäumen im Garten? Da sprach das Weib zu der Schlange: Wir essen von den Früchten der Bäume im Garten; aber von den Früchten des Baumes mitten im Garten hat Gott gesagt: Esset nicht davon, rühret sie auch nicht an, daß ihr nicht sterbet! Da sprach die Schlange zum Weibe: Ihr werdet keineswegs des Todes sterben, sondern Gott weiß: an dem Tage, da ihr davon esset, werden eure Augen aufgetan, und ihr werdet sein wie Gott und wissen, was gut und böse ist.

Und das Weib sah, daß von dem Baum gut zu essen wäre und daß er eine Lust für die Augen wäre und verlockend, weil er klug machte. Und sie nahm von der Frucht und aß und gab ihrem Mann, der bei ihr war auch davon, und er aß. Da wurden ihnen beiden die Augen aufgetan, und sie wurden gewahr, daß sie nackt waren, und flochten Feigenblätter zusammen und machten sich Schurze. Und sie hörten Gott den HERRN, wie er im Garten ging, als der Tag kühl geworden war. Und Adam versteckte sich mit seinem Weibe vor dem Angesicht Gottes des HERRN unter den Bäumen im Garten. Und Gott der HERR rief Adam und sprach zu ihm: Wo bist du? Und er sprach: Ich hörte dich im Garten und fürchtete mich; denn ich bin nackt, darum versteckte ich mich. Und er sprach: Wer hat dir gesagt, daß du nackt bist? Hast du nicht gegessen von dem Baum, von dem ich dir gebot, du solltest nicht davon essen? Da sprach Adam: Das Weib, das du mir zugesellt hast, gab mir von dem Baum, und ich aß. Da sprach Gott der HERR zum Weibe: Warum hast du das getan? Das Weib sprach: Die Schlange betrog mich, so daß ich aß.

Da sprach Gott der HERR zu der Schlange: Weil du das getan hast, seist du verflucht, verstoßen aus allem Vieh und allen Tieren auf dem Felde. Auf deinem Bauche sollst du kriechen und Erde fressen dein Leben lang. Und *ich will Feindschaft setzen zwischen dir und dem Weibe und zwischen deinem Nachkommen und ihrem Nachkommen; der soll dir den Kopf zertreten, und du wirst ihn in die Ferse stechen.*

Und zum Weibe sprach er: Ich will dir viel Mühsal schaffen, wenn du schwanger wirst; unter Mühen sollst du Kinder gebären. Und dein Verlangen soll nach deinem Manne sein, aber er soll dein Herr sein.

Und zum Manne sprach er: Weil du gehorcht hast der Stimme deines Weibes und gegessen von dem Baum, von dem ich dir gebot und sprach: Du sollst nicht davon essen –, verflucht sei der Acker um deinetwillen! Mit Mühsal sollst du dich von ihm nähren dein Leben lang. Dornen und Disteln soll er dir tragen, und du sollst das Kraut auf dem Felde essen. Im Schweiße deines Angesichts sollst du dein Brot essen, bis du wieder zu Erde werdest, davon du genommen bist. Denn *du bist Erde und sollst zu Erde werden.*

Und Adam nannte sein Weib Eva; denn sie wurde die Mutter aller, die da leben. Und Gott der Herr machte Adam und seinem Weibe Röcke von Fellen und zog sie ihnen an. Und Gott der Herr sprach: Siehe, der Mensch ist geworden wie unsereiner und weiß, was gut und böse ist. Nun aber, daß er nur nicht ausstrecke seine Hand und breche auch von dem Baum des Lebens und esse und lebe ewiglich! Da wies ihn Gott der Herr aus dem Garten Eden, daß er die Erde bebaute, von der er genommen war. Und er trieb den Menschen hinaus und ließ lagern vor dem Garten Eden die Cherubim mit dem flammenden, blitzenden Schwert, zu bewachen den Weg zu dem Baum des Lebens.

18. Die zehn Gebote

Und Gott redete alle diese Worte:

Ich bin der Herr, dein Gott, der ich dich aus Ägyptenland, aus der Knechtschaft, geführt habe. Du sollst keine anderen Götter haben neben mir. Du sollst dir kein Bildnis noch irgendein Gleichnis machen, weder von dem, was oben im Himmel, noch von dem, was unten auf Erden, noch von dem, was im Wasser unter der Erde ist: Bete sie nicht an und diene ihnen nicht! Denn ich, der Herr, dein Gott, bin ein eifernder Gott, der die Missetat der Väter heimsucht bis ins dritte und vierte Glied an den Kindern derer, die mich hassen, aber Barmherzigkeit erweist an vielen Tausenden, die mich lieben und meine Gebote halten.

Du sollst den Namen des HERRN, deines Gottes, nicht mißbrauchen; denn der HERR wird den nicht ungestraft lassen, der
seinen Namen mißbraucht.

Gedenke des Sabbattages, daß du ihn heiligest. Sechs Tage
sollst du arbeiten und alle deine Werke tun. Aber am siebenten
Tage ist der Sabbat des HERRN, deines Gottes. Da sollst du
keine Arbeit tun, auch nicht dein Sohn, deine Tochter, dein
Knecht, deine Magd, dein Vieh, auch nicht dein Fremdling, der
in deiner Stadt lebt. Denn in sechs Tagen hat der HERR Himmel und Erde gemacht und das Meer und alles, was darinnen
ist, und ruhte am siebenten Tage. Darum segnete der HERR den
Sabbattag und heiligte ihn.

Du sollst deinen Vater und Mutter ehren, auf daß du lange
lebest in dem Lande, das dir der Herr, dein Gott, geben wird.

Du sollst nicht töten.

Du sollst nicht ehebrechen.

Du sollst nicht stehlen.

Du sollst nicht falsch Zeugnis reden wider deinen Nächsten.

Du sollst nicht begehren deines Nächsten Haus.

Du sollst nicht begehren deines Nächsten Weib, Knecht,
Magd, Rind, Esel noch alles, was dein Nächster hat.

19. Herrschaft des Messias

Und es wird ein Reis hervorgehen aus dem Stamm Isais und
ein Zweig aus seiner Wurzel Frucht bringen. Auf ihm wird ruhen der Geist des HERRN, der Geist der Weisheit und des Verstandes, der Geist des Rates und der Stärke, der Geist der Erkenntnis und der Furcht des HERRN. Und Wohlgefallen wird
er haben an der Furcht des HERRN. Er wird nicht richten nach
dem, was seine Augen sehen, noch Urteil sprechen nach dem,
was seine Ohren hören, sondern wird mit Gerechtigkeit richten die Armen und rechtes Urteil sprechen den Elenden im
Lande, und er wird mit dem Stabe seines Mundes den Gewalt-
tätigen schlagen und mit dem Odem seiner Lippen den Gottlosen töten. Gerechtigkeit wird der Gurt seiner Lenden sein und
die Treue der Gurt seiner Hüften. Da werden die Wölfe bei
den Lämmern wohnen und die Panther bei den Böcken lagern.
Ein kleiner Knabe wird Kälber und junge Löwen und Mast-
vieh miteinander treiben. Kühe und Bären werden zusammen

weiden, daß ihre Jungen beieinander liegen, und Löwen werden Stroh fressen wie die Rinder. Und ein Säugling wird spielen am Loch der Otter, und ein entwöhntes Kind wird seine Hand stecken in die Höhle der Natter. Man wird nirgends Sünde tun noch freveln auf meinem ganzen heiligen Berge; denn das Land wird voll Erkenntnis des HERRN sein, wie Wasser das Meer bedeckt.

20. Goldene Regel

Alles nun, was ihr wollt, daß euch die Leute tun sollen, das tut ihnen auch! Das ist das Gesetz und die Propheten.

21. Vom barmherzigen Samariter

Und siehe, da stand ein Schriftgelehrter auf, versuchte ihn und sprach: Meister, was muß ich tun, daß ich das ewige Leben ererbe? Er aber sprach zu ihm: Was steht im Gesetz geschrieben? Wie liesest du? Er antwortete und sprach: „Du sollst Gott, deinen Herrn, lieben von ganzem Herzen, von ganzer Seele, von allen Kräften und von ganzem Gemüte und deinen Nächsten wie dich selbst.“ Er aber sprach zu ihm: Du hast recht geantwortet; tue das, so wirst du leben.

Er aber wollte sich selbst rechtfertigen und sprach zu Jesus: Wer ist denn mein Nächster? Da antwortete Jesus und sprach: Es war ein Mensch, der ging von Jerusalem hinab nach Jericho und fiel unter die Räuber; die zogen ihn aus und schlugen ihn und gingen davon und ließen ihn halbtot liegen. Es begab sich aber von ungefähr, daß ein Priester dieselbe Straße hinabzog; und da er ihn sah, ging er vorüber.

Desgleichen auch ein Levit; da er kam zu der Stätte und sah ihn, ging er vorüber. Ein Samariter aber reiste und kam dahin; und da er ihn sah, jammerte ihn sein, ging zu ihm, goß Öl und Wein auf seine Wunden und verband sie ihm und hob ihn auf sein Tier und führte ihn in eine Herberge und pflegte sich. Des andern Tages zog er heraus zwei Silbergroschen und gab sie dem Wirte und sprach zu ihm: Pflege sein, und so du was mehr wirst dartun, will ich dir's bezahlen, wenn ich wiederkomme. Welcher dünkt dich, der unter diesen dreien der Nächste sei gewesen dem, der unter die Räuber gefallen war? Er sprach:

Der die Barmherzigkeit an ihm tat. Da sprach Jesus zu ihm: So gehe hin und tue desgleichen!

22. Versöhnende Liebe

Ihr habt gehört, daß zu den Alten gesagt ist: „Du sollst nicht töten; wer aber tötet, der soll des Gerichts schuldig sein." Ich aber sage euch: Wer mit seinem Bruder zürnt, der ist des Gerichts schuldig; wer aber zu seinem Bruder sagt: Du Nichtsnutz! der ist des Hohen Rats schuldig; wer aber sagt: Du gottloser Narr! der ist des höllischen Feuers schuldig. Darum: wenn du deine Gabe auf dem Altar opferst und wirst allda eingedenk, daß dein Bruder etwas wider dich habe, so laß allda vor dem Altar deine Gabe und gehe zuvor hin und versöhne dich mit deinem Bruder und alsdann komm und opfere deine Gabe. Sei willfährig deinem Widersacher bald, solange du noch mit ihm auf dem Wege bist, auf daß dich der Widersacher nicht überantworte dem Richter und der Richter dem Diener und werdest in den Kerker geworfen. Wahrlich, ich sage dir: Du wirst nicht von dannen herauskommen, bis du auch den letzten Heller bezahlest. […]

Ihr habt gehört, daß da gesagt ist: „Auge um Auge, Zahn um Zahn." Ich aber sage euch, daß ihr nicht widerstreben sollt dem Übel; sondern, wenn dir jemand einen Streich gibt auf deine rechte Backe, dem biete die andere auch dar. Und wenn jemand mit dir rechten will und deinen Rock nehmen, dem laß auch den Mantel. Und wenn dich jemand nötigt *eine* Meile, so gehe mit ihm zwei. Gib dem, der dich bittet, und wende dich nicht von dem, der dir abborgen will.

Ihr habt gehört, daß gesagt ist: „Du sollst deinen Nächsten lieben und deinen Feind hassen." Ich aber sage euch: Liebet eure Feinde; ⟨segnet, die euch fluchen; tut wohl denen, die euch hassen⟩; bittet für die, so euch ⟨beleidigen und⟩ verfolgen, auf daß ihr Kinder seid eures Vaters im Himmel. Denn er läßt seine Sonne aufgehen über die Bösen und über die Guten und läßt regnen über Gerechte und Ungerechte. Denn wenn ihr liebet, die euch lieben, was werdet ihr für Lohn haben? Tun nicht dasselbe auch die Zöllner? Und wenn ihr nur zu euren Brüdern freundlich seid, was tut ihr Sonderliches? Tun nicht dasselbe auch die Heiden? Darum sollte ihr vollkommen sein, gleichwie euer Vater im Himmel vollkommen ist.

23. Das Höchste ist die Liebe

Und ich will euch noch einen köstlicheren Weg zeigen.

Wenn ich mit Menschen- und mit Engelzungen redete und hätte der Liebe nicht, so wäre ich ein tönend Erz oder eine klingende Schelle.

Und wenn ich weissagen könnte und wüßte alle Geheimnisse und alle Erkenntnis und hätte allen Glauben, so daß ich Berge versetzte, und hätte der Liebe nicht, so wäre ich nichts. Und wenn ich alle meine Habe den Armen gäbe und ließe meinen Leib brennen und hätte der Liebe nicht, so wäre mir's nichts nütze.

Die Liebe ist langmütig und freundlich, die Liebe eifert nicht, die Liebe treibt nicht mutwillen, sie blähet sich nicht, sie stellet sich nicht ungebärdig, sie suchet nicht das Ihre, sie läßt sich nicht erbittern, sie rechnet das Böse nicht zu, sie freuet sich nicht der Ungerechtigkeit, sie freuet sich aber der Wahrheit; sie verträgt alles, sie glaubet alles, sie hoffet alles, sie duldet alles.

Die Liebe höret nimmer auf, so doch die Weissagungen aufhören werden und das Zungenreden aufhören wird und die Erkenntnis aufhören wird. Denn unser Wissen ist Stückwerk, und unser Weissagen ist Stückwerk. Wenn aber kommen wird das Vollkommene, so wird das Stückwerk aufhören. Da ich ein Kind war, da redete ich wie ein Kind und war klug wie ein Kind und hatte kindliche Anschläge; da ich aber ein Mann ward, tat ich ab, was kindlich war. Wir sehen jetzt durch einen Spiegel in einem dunkeln Wort; dann aber von Angesicht zu Angesicht. Jetzt erkenne ich stückweise; dann aber werde ich erkennen, gleichwie ich erkannt bin. Nun aber bleibt Glaube, Hoffnung, Liebe, diese drei; aber die Liebe ist die größte unter ihnen.

D. Indische Ethik

Gautama Buddha (ca. 560–480 v. Chr.)

24. Leiden und Erlösung

Darauf sprach der Erhabene zur Gruppe der fünf Mönche: „Folgenden zwei Extremen, ihr Mönche, darf jemand, der der Welt entsagt hat, nicht anhangen. Welchen zwei? Hinsichtlich der Begierden der Hingabe an die Lust der Begierden, welche niedrig, gemein, weltlich, eines Edlen unwürdig ist und nicht zum Ziele führt, und der Hingabe an die Selbstpeinigung, welche leidvoll, eines Edlen unwürdig ist und nicht zum Ziele führt. Ohne diesen beiden Extremen zu folgen, ihr Mönche, hat der Vollendete den mittleren Weg erkannt, der Schauen bewirkt und Wissen bewirkt, und der zur Beruhigung, zur Einsicht, zur Erleuchtung, zum Erlöschen führt. Welches ist, ihr Mönche, dieser mittlere Weg, den der Vollendete erkannt hat, der Schauen bewirkt und Wissen bewirkt, und der zur Beruhigung, zur Einsicht, zur Erleuchtung, zum Erlöschen führt? Es ist der edle achtgliedrige Weg, nämlich rechte Ansicht, rechtes Denken, rechtes Reden, rechtes Handeln, rechtes Leben, rechtes Streben, rechte Wachsamkeit und rechte Sammlung. Dies, ihr Mönche, ist der mittlere Weg, den der Vollendete erkannt hat, der Schauen bewirkt und Wissen bewirkt, und der zur Beruhigung, zur Einsicht, zur Erleuchtung, zum Erlöschen führt.

Dies ist ferner, ihr Mönche, die edle Wahrheit vom Leiden. Geburt ist Leiden, Alter ist Leiden, Krankheit ist Leiden, Tod ist Leiden, mit Unliebem vereint sein ist Leiden, von Liebem getrennt sein ist Leiden, wenn man etwas wünscht und es nicht erlangt, auch das ist Leiden, kurz die fünf Gruppen des Ergreifens sind Leiden.

Dies ist ferner, ihr Mönche, die edle Wahrheit von der Entstehung des Leidens. Es ist der Durst, der zur Wiedergeburt führt, der von Wohlgefallen und Begierde begleitet da und dort Gefallen findet, nämlich der Begierdedurst, der Werdedurst, der Vernichtungsdurst.

Dies ist ferner, ihr Mönche, die edle Wahrheit von der Aufhebung des Leidens. Es ist die Aufhebung des Durstes durch völlige Begierdelosigkeit, das Aufgeben, Ablehnen, sich Freimachen und nicht daran Haften.

Dies ist ferner, ihr Mönche, die edle Wahrheit von dem zur Aufhebung des Leidens führenden Weg. Es ist der edle achtgliedrige Weg, nämlich rechte Ansicht, rechtes Denken, rechtes Reden, rechtes Handeln, rechtes Leben, rechtes Streben, rechte Wachsamkeit und rechte Sammlung.

,Dies ist die edle Wahrheit vom Leiden, dies ist die edle Wahrheit von der Entstehung des Leidens, dies ist die edle Wahrheit von der Aufhebung des Leidens, dies ist die edle Wahrheit von dem zur Aufhebung des Leidens führenden Weg': so ging mir, ihr Mönche, über diese früher nicht vernommenen Dinge der Blick auf, ging mir das Verständnis, die Einsicht, das Wissen, das Schauen auf.

,Das Leiden, diese edle Wahrheit, muß erkannt werden; die Entstehung des Leidens, diese edle Wahrheit, muß vermieden werden; die Aufhebung des Leidens, diese edle Wahrheit, muß verwirklicht werden; der zur Aufhebung des Leidens führende Weg, diese heilige Wahrheit, muß geübt werden': so ging mir, ihr Mönche, über diese früher nicht vernommenen Dinge der Blick auf, ging mir das Verständnis, die Einsicht, das Wissen, das Schauen auf.

Solange ich, ihr Mönche, über diese vier edlen Wahrheiten dieses dreifache, zwölfgliedrige Wissen und Schauen nicht in voller Klarheit besaß, solange, ihr Mönche, behauptete ich nicht, daß ich in dieser Welt samt himmlischen Göttern, Todesgöttern und Brahma-Göttern, unter diesen Wesen samt Asketen und Brahmanen, samt Göttern und Menschen die höchste vollkommene Erleuchtung erlangt habe.

Seit ich aber, ihr Mönche, über diese vier edlen Wahrheiten dieses dreifache, zwölfgliedrige wahrhafte Wissen und Schauen in voller Klarheit besaß, seitdem, ihr Mönche, behauptete ich, daß ich in dieser Welt samt himmlischen Göttern, Todesgöttern und Brahma-Göttern, unter diesen Wesen samt Asketen und Brahmanen, samt Göttern und Menschen die höchste vollkommene Erleuchtung erlangt habe. Und es ging mir das Wissen und Schauen auf: Unerschütterlich ist die Befreiung meines Geistes; dies ist meine letzte Geburt; nicht gibt es nunmehr eine Wiedergeburt."

So sprach der Erhabene. Freudig begrüßte die Gruppe der fünf Mönche die Rede des Erhabenen.

25. Das höchste Glück

Glück ist die Einsamkeit des Zufriedenen,
der die Lehre gehört (und) erschaut hat.
Nichtschädigen ist Glück in der Welt;
gegenüber den Lebewesen (Selbst-) Zügelung.
Glück ist Leidenschaftslosigkeit in der Welt,
der Begierden Überwindung.
Des Ichbewußtseins Beseitigung
ist fürwahr das höchste Glück.

Mahabharata (Epos, 6. Jh. v. Chr.)

26. Freundschaft

Was aber die Freundschaft betrifft, so soll man wissen, daß sie
aus sechs Tugenden besteht: daß man am Wohlsein des Freundes
sich freut, daß man sich bekümmert, wenn es ihm übel geht,
daß man dem Bittenden auch das gibt, was einem selbst sehr
wert ist, daß man sogar wohl auch das nicht zu Fordernde gibt,
denn auch geliebte Söhne, Schätze, ja sogar die eigene Gattin
soll man, darum gebeten, hingeben, wenn man reinen Sinnes
ist, daß man nach Hingabe seines Besitzes nicht etwa aus Verlangen danach beim Freunde wohnen bleibt, und daß man an
der Tat selbst seine Freude hat und Dankeswünsche ablehnt.

27. Pflicht

Yudhishthira sprach: „Alle die Menschen sind in betreff der
Pflicht in Ungewißheit; was ist die Pflicht, woher stammt die
Pflicht? Das, o Großvater, sage mir.

Ist die Pflicht nur für das Diesseits Zweck oder auch für das
Jenseits, oder ist sie Zweck für beide? Das, o Großvater, sage mir."

Bhishma sprach: „Gute Sitte, Rechtsüberlieferung und Veda-
glaube ist das dreifache Kennzeichen der Pflicht; als viertes
Kennzeichen der Pflicht gilt bei den Weisen der gewollte Zweck.

Auch haben sie die von ihnen verkündigten Pflichten einge-
teilt in höhere und niedere. Damit die Welt hienieden ihren richtigen Gang gehe, ist die Auferlegung der Pflicht erfolgt.

Aber das Resultat der Pflicht ist beide Male Glück, sowohl
hienieden als auch im Jenseits, während derjenige, welcher die

genaue und richtige Pflicht sich nicht zu eigen macht, als Übeltäter mit Übel behaftet sein wird.

Und auch wenn sie ins Unglück geraten, werden die Übeltäter dadurch nicht von ihrem Übel frei. Wer aber nichts Übles redet, der steht dem gleich, welcher die Pflicht erfüllt. Der tragende Grund der Pflicht ist ein guter Wandel, dessen dich befleißigend wirst du erkennen, was Pflicht ist.

Von Ungerechtigkeit erfüllt, bemächtigt sich der Räuber des Gutes; und indem der Dieb fremdes Gut raubt, freut er sich einer bestehenden Anarchie.

Wenn aber andere ihn berauben wollen, dann verlangt er nach einem Könige und beneidet diejenigen, welche sich ruhig ihres Besitzes erfreuen.

Wer hingegen rein ist, der naht sich [jederzeit] ohne Furcht und Bedenken der Pforte des Königs, denn er ist sich in seinem Herzen keiner Übeltat bewußt.

Die Rede der Wahrheit ist gut, es gibt nichts Höheres als die Wahrheit. Durch die Wahrheit wird alles auseinandergehalten, auf die Wahrheit ist alles gegründet.

Auch schreckliche Bösewichter halten unter besonderen Umständen zur Wahrheit und, auf sie sich stützend, bewahren sie [unter sich] Treue und Eintracht.

Würden sie in ihre Vereinigung Zwiespalt tragen, so müßten sie ohne Zweifel zugrunde gehen. Aber es ist ein ewiges Gesetz, daß man fremdes Gut nicht rauben darf.

Die Starken freilich halten es für ein Gesetz, welches von den Schwachen aufgestellt sei. Wenn aber auch sie durch das Verhängnis in Schwäche geraten, dann leuchtet auch ihnen das Gesetz ein.

Denn sie bleiben nicht ewig stark und glücklich, darum sollst du deinen Sinn niemals auf Ungeradheit richten.

Ein solcher braucht sich nicht vor dem Bösen zu fürchten, nicht vor Dieben und nicht vor dem König; keinem irgend etwas tuend, wird er ohne Furcht und rein leben.

Der Dieb fürchtet sich nach allen Seiten hin, wie eine Gazelle, die in ein Dorf geraten ist, das vielfach von ihm verübte Böse erwartet er auch von den anderen.

Der Reine hingegen geht fröhlich dahin, allezeit ohne Furcht irgendwoher, denn er hat nichts Böses getan, dessen er sich auch bei anderen zu versehen hätte.

Man soll freigebig sein, diese Forderung ist aufgestellt worden von solchen, die sich am Wohlsein der Geschöpfe freuten, aber die Reichen glauben, daß dieses Gesetz von den Bedürftigen aufgebracht worden sei.

Wenn aber auch sie durch das Verhängnis in Dürftigkeit geraten, dann leuchtet auch ihnen das Gesetz ein, denn sie bleiben nicht ewig reich und glücklich.

Was ein Mensch sich nicht von anderen angetan wünscht, das füge er auch nicht anderen zu, da er an sich selbst erfahren hat, was unangenehm ist.

Wer mit eines andern Weib buhlt, wie kann der irgend jemandem Vorwürfe machen, aber ich denke, was er dem andern antut, das würde er sich nicht von ihm gefallen lassen.

Wer selbst das Leben liebt, wie mag der einen andern ermorden! Was er für sich selbst wünscht, dafür sorge er auch bei den anderen.

An der übermäßigen Fülle soll man andere, die nichts besitzen, teilnehmen lassen; wer aus diesen Gründen sein Geld anlegt, dem kommt es mit Wucher heim.

Zu der Zeit, wo er des Beistandes der Götter noch bedarf, möge er sich so verhalten, aber auch zur Zeit, wo er erlangt hat, was er wünscht, steht es ihm wohl an, in der Pflicht zu verharren.

Alle Pflicht wird erfüllt durch Wohltun, so lehren die Weisen, beachte, o Yudhishthira, dieses als den Nachweis des Merkmals für Gutes und Böses.

Das Bestehen der Welt zu befördern, ist vordem vom Schöpfer verordnet worden, der vollkommene, durch feine Gesetze und Zwecke geregelte Wandel der Guten.

Dieses ist dir als Kennzeichen der Pflicht erklärt worden, o Bester der Kurus, darum sollst du deinen Sinn niemals auf Ungeradheit richten."

Bhagavadgita (entstanden 6.–3. Jh. v. Chr.)

28. Selbstbeherrschung

Ardschuna:
Erkläre noch ein Merkmal mir:
Sag mir, wie der spricht, sitzt und geht,
Der stets gesammelt und vertieft
Im Wissen fest gegründet steht.

Krischna:
Wer jede sinnliche Begier,
O Sohn der Pritha, von sich weist,
In sich und durch sich selbst beglückt,
Den, Tapfrer, nennt man fest im Geist.
Wen nie ein Leid erschüttern kann,
Kein Freudentaumel überwand,
Wer frei von Gier, von Furcht und Zorn,
Ein ‚Schweigender‘ wird der genannt.
Wer nicht frohlockt, nicht mürrisch wird,
Ob Glück, ob Unglück ihn befällt,
In allem frei von Leidenschaft,
Der heißt, o Freund, ein Geistesheld.
Die Schildkröte, berührt man sie,
Zieht alle ihre Glieder ein,
So halte von der Sinnenwelt,
Wer standhaft ist, die Sinne rein!
Die Sinnendinge, nicht der Trieb
Entschwinden dem, der sich kasteit,
Der Drang nach ihnen schwindet erst,
Schaut er des Selbstes Herrlichkeit,
Denn öfters, Kuntis Sohn, geschieht’s,
Daß auch der Geist des Weisen irrt,
Daß ihn der Sinne Übermacht
Und Sinnesleidenschaft verwirrt.
Drum wer die Leidenschaft bezähmt,
Mit Herz und Sinn mir zugewandt,
Wer seiner Sinne Meister ist,
Nur *der* wird fest im Geist genannt.
Wer nachsinnt dieser Sinnenwelt,
Der wird auch bald ihr zugeneigt,
Aus Neigung dann entsteht Begier,
Und aus Begier wird Zorn erzeugt.
Der Zorn dann wieder schafft den Wahn,
Der Wahn Gedächtnisstörung schafft,
Gedächtnisschwund trübt die Vernunft;
Fehlt sie, versiegt des Denkens Kraft.
Doch wer von Haß und Liebe frei
Betrachtet diese Sinnenwelt,
Der kommt zu stiller Heiterkeit,
Wenn Selbstzucht seinen Weg erhellt.

Wem stille Ruhe ward zuteil,
Den fechten keine Leiden an,
Und überlegene Vernunft
Beherrscht bei seinem Tun ihn dann.
Dem Unbeherrschten fehlt Vernunft,
Und auch Versenkung ist ihm fremd.
Wo gibt es Ruhe oder Glück
Für den, der nicht das Denken hemmt?
Ein Herz, das nur den Sinnen folgt,
Wird fortgerissen, daß es wankt,
So wie ein Schiff auf offnem Meer
In der Gewalt der Stürme schwankt.
Wer von den Sinnendingen drum
Die Sinne klug zurück stets hält,
Dess' Einsicht ist, o Ardschuna,
Auf einen festen Grund gestellt.
Wo Nacht für alle Wesen ist,
Ist Wachheit dem, der sich bezwingt,
Wo jene wachen, da ist Nacht
Für den, der nach der Weisheit ringt.
   In das unerschütterliche
   Meer die Ströme sich ergießen,
   So in den, der nichts begehrt mehr,
   Ruhevoll die Wünsche fließen.
Wer jeglicher Begier entsagt,
Von Selbstsucht und Verlangen rein
Auf dieser Erde wandelt, geht
Zu ruhevollem Frieden ein.
Den Brahma-Zustand nennt man dies,
Wer den erlangt, ist frei von Wahn,
Im Ewigen löst er sich auf
Am Ende seiner Lebensbahn.

E. Chinesische Ethik

Laudse (Lao zi) (ca. 6. Jh. v. Chr.)

29. Der Weise und die Politik

ein land regiert man nach regel und maß
krieg führt man ohne regel mit list
das reich aber erringt man ohne taten
woher weiß ich, daß die welt so ist?
daher:
je mehr verbote
um so ärmer das volk
je mehr scharfe waffen im volk
um so wirrer der staat
je geschickter die menschen
um so mehr seltene waren
je mehr gesetze
um so mehr diebe und räuber
darum sagt der weise:
ich tue nichts, und das volk wandelt sich von selbst
ich verhalte mich still, und das volk findet das maß
ich bleibe tatenlos, und das volk gelangt zu wohlstand
ich bin begierdelos, und das volk findet zur unverdorbenheit

Konfuzius (Kong zi) (551–479 v. Chr.)

30. Lehren des Konfuzius

Konfuzius sprach: „Wer nach sittlichen Grundsätzen regiert, gleicht dem Polarstern;
er behält seinen Platz, und die anderen Sterne umkreisen ihn."

Ji Wen-zi [hoher Beamter im Staat Lu] überlegte dreimal, ehe er handelte. Konfuzius hörte davon und sagte: „Zweimal – das reicht schon aus."

[Der Schüler] Zi-lu sprach zu Konfuzius: „Wenn Euch der Herrscher des Staates Wei die Regierung anvertraute – was würdet Ihr zuerst tun?"

Der Meister antwortete: „Unbedingt die Namen richtigstellen."

Darauf Zi-lu: „Damit würdet Ihr beginnen? Das ist doch abwegig. Warum eine solche Richtigstellung der Namen?"

Der Meister entgegnete: „Wie ungebildet du doch bist, Zi-lu! Der Edle ist vorsichtig und zurückhaltend, wenn es um Dinge geht, die er nicht kennt.

Stimmen die Namen und Begriffe nicht, so ist die Sprache konfus. Ist die Sprache konfus, so entstehen Unordnung und Mißerfolg. Gibt es Unordnung und Mißerfolg, so geraten Anstand und gute Sitten in Verfall. Sind Anstand und gute Sitten in Frage gestellt, so gibt es keine gerechten Strafen mehr. Gibt es keine gerechten Strafen mehr, so weiß das Volk nicht, was es tun und was es lassen soll. Darum muß der Edle die Begriffe und Namen korrekt benutzen und auch richtig danach handeln können. Er geht mit seinen Worten niemals leichtfertig um."

Zi-gong fragte den Konfuzius: „Gibt es ein Wort, das ein ganzes Leben lang als Richtschnur des Handelns dienen kann?"

Konfuzius antwortete: „Das ist ‚gegenseitige Rücksichtnahme'. Was man mir nicht antun soll, will ich auch nicht anderen Menschen zufügen."

Konfuzius sprach:
„Einen Fehler machen und ihn nicht korrigieren –
das erst heißt wirklich einen Fehler machen."

Mo Ti (Mo zi) (ca. 476 – ca. 390 v. Chr.)

31. Über Menschenliebe

Heutzutage wissen die Lehnsfürsten lediglich, ihren Staat zu lieben, und sie lieben nicht die Staaten der anderen. Und daher schrecken sie auch nicht davor zurück, ihr Land zu mobilisieren, um andere Staaten anzugreifen. Und die Familienvorstände verstehen heute ebenso nur, ihre Familie zu lieben und nicht auch die anderen Familien. Und so schrecken sie nicht davor zurück, ihre Familie aufzubieten, um über andere herzufallen. Und auch die einzelnen Menschen heute verstehen nur, sich selbst zu lieben und nicht die anderen, und so scheuen sie sich nicht, selbst andere Menschen zu schädigen.

Alles Elend, Übergriffe, Unzufriedenheit und Haß in der Welt haben ihren Ursprung in dem Mangel an gegenseitiger Liebe. Die Aufrichtigen verurteilen dies.

Doch wenn sie es auch verurteilen, wie können sie es ändern? – Meister Mo Ti sagte: Mit der allumfassenden gegenseitigen Liebe und der gegenseitigen Unterstützung aller läßt es sich ändern. – Doch wie lassen sich allumfassende gegenseitige Liebe und gegenseitige Hilfe aller bewerkstelligen?

Meister Mo Ti sagte: Wenn man andere Staaten wie den eigenen betrachtet und andere Familien wie die eigene und andere Menschen wie sich selbst, dann werden die Feudalfürsten einander lieben und keinen Krieg miteinander führen und die Familienvorstände werden untereinander Freundschaft pflegen und nicht aufeinander übergreifen, und die Menschen werden einander lieben und nicht schädigen. Die Fürsten und Untertanen werden einander lieben und Wohlwollen und Loyalität zeigen, Vater und Sohn werden einander lieben und Güte und kindliche Pietät üben, und ältere und jüngere Brüder werden einander lieben und zwischen ihnen wird Eintracht herrschen. Die Menschen im ganzen Reich werden einander lieben, die Starken werden nicht die Schwachen überwältigen, die Masse wird nicht die Minderheiten berauben, die Reichen werden die Armen nicht verhöhnen, die Vornehmen werden über die Einfachen nicht lästern, und die Schlauen werden die Dummen nicht übervorteilen. Und Elend, Übergriffe, Unzufriedenheiten und Haß werden in der ganzen Welt nicht mehr aufkommen können. Dies hat seinen Grund in der gegenseitigen Liebe. Deshalb preist sie der Menschliche.

Die Gelehrten und Edlen der heutigen Zeit mögen sagen: „Diese allumfassende Liebe ist schon etwas Schönes, allein, sie ist die schwierigste Angelegenheit in der Welt." – Meister Mo Ti sagte dazu: Dies ist nur, weil die Gelehrten und Edlen des Reiches nicht deren Nutzen erkennen und nicht verstehen, worin Schädigung besteht.

Shang Yang (ca. 390–338 v. Chr.)

32. Zwang und Tugend

Wenn Strafen durch Strafmaßnahmen abgeschafft werden, so wird der Staat sich der Ordnung erfreuen. Wenn aber durch

Strafen Strafmaßnahmen geschaffen werden, dann ist der Staat in Unordnung. Daher heißt es: „Wende Strafmaßnahmen so an, daß du leichte Vergehen schwer bestrafst!" Wenn die Strafen abgeschafft werden, dann tritt ein Aufschwung ein, und der Staat wird stark sein. Aber wenn schwere Vergehen schwer und leichte Vergehen leicht bestraft werden, dann werden viele Strafen auftreten, Schwierigkeiten werden entstehen, und ein solcher Staat wird zerfallen. Bestrafung erzeugt Zwang, Zwang erzeugt Stärke, Stärke erzeugt Ehrfurcht, und Ehrfurcht erzeugt Tugend, Tugend hat ihren Ursprung also im Zwang.

In der Ausübung von Zwang sollte man mit ganzem Mut kämpfen und beim Kämpfen mit ganzer Weisheit planen.

Mong Dsi (Meng zi) (ca. 372–289 v. Chr.)

33. Die menschliche Natur ist gut

Gung-Du Dsï sprach: Gau Dsï behauptet, die Natur sei weder gut noch böse. Andere behaupten, die Natur lasse sich gut machen oder böse machen. [...] Wieder andere behaupten, es gäbe teils solche, die von Natur gut, und teils solche, die von Natur böse seien. [...] Wenn man nun sagt, die Natur sei gut, so haben jene alle Unrecht.

Mong Dsï sprach: „Die natürlichen Triebe tragen den Keim zum Guten in sich; das ist damit gemeint, wenn die Natur gut genannt wird. Wenn einer Böses tut, so liegt der Fehler nicht in seiner Veranlagung. Das Gefühl des Mitleids ist allen Menschen eigen, das Gefühl der Scham und Abneigung ist allen Menschen eigen, das Gefühl der Achtung und Ehrerbietung ist allen Menschen eigen, das Gefühl der Billigung und Mißbilligung ist allen Menschen eigen. Das Gefühl des Mitleids führt zur Liebe, das Gefühl der Scham und Abneigung zur Pflicht, das Gefühl der Achtung und Ehrerbietung zur Schicklichkeit, das Gefühl der Billigung und Mißbilligung zur Weisheit. Liebe, Pflicht, Schicklichkeit und Weisheit sind nicht von außen her uns eingetrichtert, sie sind unser ursprünglicher Besitz, die Menschen denken nur nicht daran. Darum heißt es: ‚Wer sucht, bekommt sie; wer sie liegen läßt, verliert sie.' Daß so große Unterschiede vorhanden sind, daß manche doppelt, fünffach, ja unendlich mehr besitzen als andere, kommt nur davon her, daß diese ihre Anlagen nicht erschöpfend zur Darstellung bringen. [...]

Wo immer eine Fähigkeit im Menschen ist, hat sie ihr festes Gesetz. Und weil den Menschen allen dieses Gesetz ins Herz geschrieben ist, darum lieben sie jene hehre Tugend."

Dschuang Dsi (Zhuang zi) (ca. 369–286 v. Chr.)

34. Über wahre Geschicklichkeit

Der Fürst Wen Hui hatte einen Koch, der für ihn einen Ochsen zerteilte. Er legte Hand an, drückte mit der Schulter, setzte den Fuß auf, stemmte das Knie an: ritsch! ratsch! – trennte sich die Haut, und zischend fuhr das Messer durch die Fleischstükke. Alles ging wie im Takt eines Tanzliedes, und er traf immer genau die Gelenke.

Der Fürst Wen Hui sprach: „Ei, vortrefflich! Das nenn' ich Geschicklichkeit!" Der Koch legte das Messer beiseite und antwortete zum Fürsten gewandt: „Der SINN ist's, was dein Diener liebt. Das ist mehr als Geschicklichkeit. Als ich anfing, Rinder zu zerlegen, da sah ich eben nur Rinder vor mir. Nach drei Jahren hatte ich's soweit gebracht, daß ich die Rinder nicht mehr ungeteilt vor mir sah. Heutzutage verlasse ich mich ganz auf den Geist und nicht mehr auf den Augenschein. Der Sinne Wissen hab' ich aufgegeben und handle nur noch nach den Regungen des Geistes. Ich folge den natürlichen Linien nach, dringe ein in die großen Spalten und fahre den großen Höhlungen entlang. Ich verlasse mich auf die (anatomischen) Gesetze. Geschickt folge ich auch den kleinsten Zwischenräumen zwischen Muskeln und Sehnen, von den großen Gelenken ganz zu schweigen.

Ein guter Koch wechselt das Messer einmal im Jahr, weil er *schneidet.* Ein stümperhafter Koch muß das Messer alle Monate wechseln, weil er *hackt.* Ich habe mein Messer nun schon neunzehn Jahre lang und habe schon mehrere tausend Rinder zerlegt, und doch ist seine Schneide wie frisch geschliffen. Die Gelenke haben Zwischenräume; des Messers Schneide hat keine Dicke. Was aber keine Dicke hat, dringt in Zwischenräume ein – ungehindert, wie spielend, so daß die Klinge Platz genug hat. Darum habe ich das Messer nun schon neunzehn Jahre, und die Klinge ist wie frisch geschliffen. Und doch, so oft ich an eine Gelenkverbindung komme, sehe ich die Schwierigkeiten. Vorsichtig nehme ich mich in acht, sehe zu, wo ich haltmachen muß, und gehe ganz langsam weiter und bewege das Messer kaum merklich – plötzlich ist es auseinander und fällt wie ein Erdenkloß zu Boden. Dann stehe ich da mit dem Messer in der Hand und blicke mich nach allen Seiten um. Ich zögere noch einen Augenblick befriedigt, dann reinige ich das Messer und tue es beiseite." Der Fürst Wen Hui sprach: „Vortrefflich! Ich habe die Worte eines Kochs gehört und habe die Pflege des Lebens gelernt."

Yang Zhu (ca. 4. Jh. v. Chr.)

35. Carpe Diem

Yang Dschu sprach: „Die höchste Grenze menschlichen Lebens sind hundert Jahre. Hundert Jahre erreicht unter Tausenden nicht einer. Doch nehmen wir an, es gebe so einen: die Zeit seiner Kindheit und Unreife und die des gebrechlichen Alters nimmt etwa die Hälfte davon ein; davon nimmt die Zeit, die man nachts im Schlafe verbringt und die tags im Wachen unbenützt verstreicht, wieder etwa die Hälfte weg; Schmerzen und Krankheit, Trauer und Verdruß, Verlust und Mißerfolg, Kummer und Sorgen nehmen von dem Rest wieder etwa die Hälfte weg. Innerhalb der übrigbleibenden Zahl von etwa zehn Jahren kommt auf die Zeit, in der man vollkommen frei sich selbst genießt, ungetrübt von jeglicher Spur sorgender Gedanken, kaum einer Stunde Spanne.

In eines Menschen Leben, was bleibt da also noch an Freuden übrig? Es bleibt Genuß, es bleibt die Schönheit der Töne und Farben; doch des Genusses kann man sich auch nicht dauernd ungetrübt erfreuen, an Tönen und Farben kann man sich auch nicht dauernd ungetrübt ergötzen; dazu kommen noch die Überredungen und Einschränkungen von Lohn und Strafe, die hemmenden und treibenden Einflüsse von Namen und Vorbildern. In rastloser Hast streitet man um eitles Lob während der Spanne Zeit, um nach dem Tode überflüssige Verherrlichung zu erreichen. Nutzlos zügelt man Ohren und Augen und achtet auf Recht und Unrecht der Triebe des Leibes. So bringt man sich umsonst um den höchsten Genuß der Gegenwart und ist auch nicht der einen Stunde freier Herr. Wodurch unterscheidet sich ein solches Leben noch von den Ketten und Fesseln eines schweren Verbrechers?

Die Menschen der grauen Vorzeit hatten erkannt, daß des Lebens Dauer flüchtig ist, hatten erkannt, daß es flüchtig dem Tode zueilt; darum ließen sie in ihren Handlungen ihrem Herzen freien Lauf und widerstrebten nicht den natürlichen Neigungen, und was augenblicklich dem Leibe schmeichelte, das taten sie nicht ab. So ließen sie sich nicht um des Ruhmes willen überreden; sie folgten ihrer Natur und ließen sich treiben, und aller Wesen Neigungen ließen sie gewähren. Sie waren nicht auf Ruhm nach dem Tode aus, so wurden sie auch von der Strafe nicht erreicht. Und Ruhm und Lob der früheren oder späteren Zeit und ihrer Lebensjahre zugemessene Zahl beachteten sie nicht."

Hsün-Tzu (Xun zi) (ca. 325–238 v. Chr.)

36. Die menschliche Natur ist böse

Die menschliche Natur ist böse, und was am Menschen gut ist, ist (das Ergebnis) seiner Anstrengungen.

Unsere menschliche Natur ist so, daß wir von klein auf an materiellem Gewinn interessiert sind. Läßt der Mensch diesem Interesse freien Lauf, dann kommen Streit und Raub auf, und vorbei ist es mit der (guten Sitte des) dankenden Ablehnens und des höflichen Den-Vortritt-Lassens. Von klein auf empfindet der Mensch Neid und Abneigungen. Läßt er diesen Gefühlen freien Lauf, dann kommt es zu zersetzendem und destruktivem Verhalten, und aus ist es mit (der Tugend) der Loyalität und Glaubwürdigkeit. Von klein auf hat der Mensch die Ohr- und Augenlust, die ihn interessiert macht an Wohlklang und Farbenpracht (Frauenschönheit). Läßt der Mensch diesen Gelüsten freien Lauf, dann kommt es zu Ausschweifung und sozialer Unordnung, und vorbei ist es mit den überlieferten Verhaltensweisen, mit Schicklichkeit, feinen Formen und dem ganzen Ordnungsgefüge. Kurz: läßt der Mensch seiner Natur die Zügel schießen, läßt er seinen natürlichen Trieben freien Lauf, dann kommt es unvermeidlich zu Streit und Raub und damit zur Verletzung der Standesgrenzen und Verwirrung des ganzen Ordnungsgefüges und schließlich zu offener Gewalttätigkeit.

Aus diesen Gründen muß es unbedingt den veredelnden Einfluß der Lehrer und Gesetze geben, sowie jene Anleitung (zu gutem Verhalten), welche die Kulturtradition und die Regeln der Recht- oder Schicklichkeit uns bieten. Nur so kommt es zu (der guten Sitte) des dankenden Ablehnens und des höflichen Den-Vortritt-Lassens und damit zu den feinen Formen und dem ganzen Ordnungsgefüge, was alles endlich in einer wahrhaft sozialen Ordnung seine Krönung findet. Von diesen Tatsachen her gesehen ist es klar, daß die menschliche Natur (von Haus aus) böse ist, und was an ihr Gutes sich findet, ist (das Ergebnis) menschlichen Bemühens.

Daxue (entstanden 3./2. Jh. v. Chr.)

37. Der Weg der großen Wissenschaft

Der Weg der großen Wissenschaft besteht darin, die klaren Geisteskräfte zu klären, die Menschen zu lieben und das Ziel sich zu setzen im höchsten guten.

Wenn man sein Ziel kennt, so hat man Festigkeit; hat man Festigkeit, so bekommt man Ruhe; hat man Ruhe, so bekommt man Sicherheit; hat man Sicherheit, so kann man nachdenken; durch Nachdenken erreicht man (das Ziel).

Die Dinge haben Wurzel und Verzweigungen; die Arbeiten haben Ende und Anfang. Wenn man erkennt, was früher kommt und was später, so nähert man sich dem rechten Weg.

Indem die Alten auf der ganzen Erde die klaren Geisteskräfte klären wollten, ordneten sie zuerst ihren Staat; um ihren Staat zu ordnen, regelten sie zuerst ihr Haus; um ihr Haus zu regeln, bildeten sie zuerst ihre Persönlichkeit; um ihre Persönlichkeit zu bilden, machten sie zuerst ihr Bewußtsein recht; um ihr Bewußtsein recht zu machen, machten sie zuerst ihre Gedanken wahr; um ihre Gedanken wahr zu machen, brachten sie zuerst ihre Erkenntnis aufs höchste. Die höchste Erkenntnis besteht darin, daß die Wirklichkeit beeinflußt wird.

Nur wenn sie die Wirklichkeit beeinflußt, dann erst ist die Erkenntnis auf ihrer Höhe; wenn die Erkenntnis auf ihrer Höhe ist, dann erst werden die Gedanken wahr; wenn die Gedanken wahr sind, dann erst wird das Bewußtsein recht; wenn das Bewußtsein recht ist, dann erst wird die Persönlichkeit gebildet, wenn die Persönlichkeit gebildet ist, dann erst wird das Haus geregelt; wenn das Haus geregelt ist, dann erst wird der Staat geordnet; wenn der Staat geordnet ist, dann erst kommt die Welt in Frieden.

Liu An (ca. 172–122 v. Chr.)

38. Gesetze, Sitten und die wahre Natur

Gesetze und Übereinkommen sind Werkzeuge der Regierung, aber sie sind es nicht, was eine Regierung ausmacht.

Was in einem Fall recht ist, ist nicht gleich dem, was in einem anderen Fall recht ist; was in einem Fall unrecht ist, ist nicht gleich dem, was in einem anderen Fall unrecht ist.

Seeleute, die sich verirrt haben und nicht mehr wissen, in welche Richtung sie steuern sollen, brauchen nur auf den Nordstern zu schauen, um es zu wissen. Die wahre Natur ist der Nordstern der Menschen. Gelingt es den Menschen, sich selbst zu sehen, dann werden sie die Gefühle der anderen verstehen. Gelingt es ihnen nicht, sich selbst zu sehen, werden sie beunruhigt sein und in Verwirrung leben.

Gibst du deinen Begierden so weit nach, daß du deiner wahren Natur verlustig gehst, ist nichts mehr richtig, egal, was du auch tun magst: Versuchst du, dich auf diese Art und Weise zu schulen, so bringst du dich in Gefahr; wird eine Nation auf diese Art und Weise regiert, so führt das ins Chaos; greift man auf diese Art und Weise zu den Waffen, so führt es zur Niederlage. Daher verfügen jene, die nicht vom Weg des Tao hören, über keine Möglichkeit, ihre wahre Natur zu nähren.

Wenn also eine andere Generation nachkommt, verändern sich die Dinge; im Laufe der Zeit wandeln sich die Sitten. Daher betrachten die Weisen die Gesellschaft, wenn sie Gesetze festlegen, und sie leiten Unternehmungen in Einklang mit den Erfordernissen der Zeit ein. Wenn also Unterschiede zwischen den Gesetzen der erleuchteten Führer bestehen, so ist dies nicht auf bewußte Versuche, einander zu widersprechen oder umzustoßen, zurückzuführen; sie sind auf die Unterschiede, die in den Zeiten und den Gesellschaften bestehen, zurückzuführen. Das ist der Grund, warum sie nicht die bereits vorhandenen Gesetze als Richtmaß nahmen, sondern die Grundregeln selbst, durch die Gesetze Gesetze sind, zu ihrem Richtmaß machten. Der Grund dafür, daß Gesetze Gesetze sind, ist die Art und Weise, wie sie sich entsprechend der Entwicklung verändern. Den größten Wert haben jene, die sich den Entwicklungen gemäß wandeln können.

Weise Menschen gehen mit Waffen um, als würden sie Haare kämmen oder junge Pflanzen auslichten: Einige wenige werden zum Wohle der Mehrheit geopfert. Kein Schaden ist größer, als wenn unschuldige Menschen getötet und ungerechte Herrscher unterstützt werden. Es gibt kein größeres Unglück, als die Ressourcen der Welt auszubeuten, nur damit die Begierden eines einzelnen befriedigt werden können.

F. Der Koran

39. Die wahre Frömmigkeit

Nicht besteht die Frömmigkeit darin, daß ihr eure Angesichter gen Westen oder Osten kehret; vielmehr ist fromm, wer da glaubt an Allah und den Jüngsten Tag und die Engel und die Schrift und die Propheten, und wer sein Geld aus Liebe zu ihm ausgibt für seine Angehörigen und die Waisen und die Armen und den Sohn des Weges und die Bettler und die Gefangenen; und wer das Gebet verrichtet und die Armensteuer zahlt; und die, welche ihre Verpflichtungen halten, wenn sie sich verpflichtet haben, und standhaft sind in Unglück, Not und Drangsalszeit; sie sind's, die da lauter sind, und sie, sie sind die Gottesfürchtigen.

O ihr, die ihr glaubt, vorgeschrieben ist euch die Wiedervergeltung im Mord: Der Freie für den Freien, der Sklave für den Sklaven, und das Weib für das Weib! Der aber, dem von seinem Bruder etwas verziehen wird, bei dem lasse man Güte walten; doch Entschädigung sei ihm reichlich.

Dies ist eine Erleichterung von euerm Herrn und eine Barmherzigkeit. Und wer sich nach diesem vergeht, den treffe schmerzliche Strafe.

Und in der Wiedervergeltung liegt Leben für euch, o ihr Leute von Verstand; vielleicht werdet ihr gottesfürchtig.

40. Der Tag des Gerichts

Im Namen Allahs, des Erbarmers, des Barmherzigen!
Wenn der Himmel sich *spaltet,*
Und wenn sich die Sterne zerstreuen,
Und wenn sich die Wasser vermischen,
Und wenn die Gräber umgekehrt werden,
Dann weiß die Seele, was sie getan und unterlassen hat.
O Mensch, was hat dich von deinem hochsinnigen
   Herrn abwendig gemacht,
Der dich erschaffen, gebildet und geformt hat,
In der Form, die ihm beliebte, dich gefügt hat?
Fürwahr, und doch leugnet ihr das Gericht.

Aber siehe, über euch sind wahrlich Hüter,
Edle, schreibende,
Welche wissen, was ihr tut.
Siehe, die Rechtschaffenen, wahrlich, in Wonne
    (werden sie wohnen,)
Und die Missetäter im Höllenpfuhl.
Sie werden darinnen brennen am Tag des Gerichts
Und sollen nimmer aus ihm heraus.
Und was lehrt dich wissen, was der Tag des Gerichts ist?
Wiederum, was lehrt dich wissen, was der Tag des Gerichts ist?
An jenem Tage wird eine Seele für die andre nichts
    vermögen, und der Befehl ist an jenem Tage Allahs.

41. Gottesfurcht

Die Nacht

Im Namen Allahs, des Erbarmers, des Barmherzigen!
Bei der *Nacht,* wann sie bedeckt,
Und dem Tag, wann er sich enthüllt,
Und bei dem, was Mann und Weib erschuf,
Siehe, euer Streben ist wahrlich verschieden.
Und was den anlangt, der gibt und (Allah) fürchtet
Und das Schönste glaubt,
Dem machen wir's leicht zum Heil.
Was aber den anlangt, der geizig ist und nach Reichtum trachtet,
Und das Schönste für Lüge erklärt,
Dem machen wir's leicht zum Unheil;
Und nichts frommt ihm sein Reichtum, wenn er (ins Feuer)
    hinabgestürzt wird.
Siehe, uns liegt die Leitung ob,
Und siehe, unser ist das Künftige und Gegenwärtige.
Und so warnte ich euch vor dem Feuer, das lodert.
Nur der elendeste Wicht brennt in ihm,
Der da leugnet und sich abwendet,
Doch fern von ihm wird der Gottesfürchtige gehalten,
Der sein Gut hingibt als Almosen
Und der keinem eine Gunst um des Lohnes willen erweist,
Allein im Trachten nach seines Herren, des Höchsten, Angesicht;
Und wahrlich, er soll zufrieden sein.

G. Archaisches Griechenland

Homer (8. Jh. v. Chr.)

42. Die moralische Bedeutung der Scham

O mir, ich! Wenn in Tore und Mauern tauche,
Wird Pulydamas mich als erster mit Schimpf beladen,
Er, der mich mahnte, die Troer zur Stadt zu führen
In dieser verderblichen Nacht, als sich erhob der göttliche
    Achilleus.
Aber ich bin nicht gefolgt – freilich, es wäre viel besser gewesen!
Jetzt aber, da ich das Volk verdarb durch meine Vermessenheit,
Schäme ich mich vor den Troern und schleppgewandeten
    Troerfrauen,
Daß nicht ein anderer einst sage, ein schlechterer als ich:
„Hektor vertraute auf seine Gewalt und richtete das Volk
    zugrunde!"
So werden sie sprechen. Doch dann wäre mir viel besser,
Entweder Mann gegen Mann den Achilleus zu töten und
    wiederzukehren,
Oder von ihm mit gutem Ruhm vor der Stadt bezwungen zu
    werden.

Hesiod (um 700 v. Chr.)

43. Recht und Tugend

Selber bereitet sich Schlimmes, wer andern Schlimmes bereitet;
Schlimmer Wille und Rat ist für den, der geraten, am
    schlimmsten.
Allüberschauend das Auge des Zeus und alles bemerkend
Blickt es, sofern er nur will, auch auf dies, nicht bleibt ihm
    verborgen,
Was für ein Recht nun mit diesem Prozeß die Gemeinde
    beherbergt.
So wie es steht, mag weder ich selbst noch gerecht bei den
    Menschen
Leben und auch nicht mein Sohn. Denn schlimm, als
    Gerechter zu leben,

Wenn das größere Recht dem Ungerechten zuteil wird.
Doch noch läßt das, so glaub ich, nicht zu Zeus, schaltend und
   waltend.
Du, mein Perses, jedoch leg dies hinein in dein Innres
Und hör hin auf das Recht, schlag ganz aus dem Sinn dir Gewalttat.
Dies ist nämlich die Ordnung, die Zeus den Menschen gegeben:
Fische und wildes Getier und geflügelte Vögel, sie sollen
Eines das andre verzehrn, denn es gibt kein Recht unter ihnen;
Aber den Menschen verlieh er das Recht, das weitaus als Bestes
Sich erweist; denn ist man gewillt, das Gerechte zu sagen,
Wenn mans sieht, dann schenkt einem Glück Zeus,
   Späher ins Weite.
Wenn aber einer, ein Zeugnis bewußt mit Meineid beschwörend,
Lügt und trügt und schädigt das Recht, unheilbar verblendet,
Der hinterläßt ein vergehend Geschlecht den künftigen Tagen;
Doch wer ehrlich im Eid, des Geschlecht wird künftig gedeihen.
Ich seh dein Bestes und sags dir an, Narr, großer du, Perses!
Ja, das Geringe und Schlechte, das kann man in Haufen erhalten
Ohne Bemühn, schön eben der Weg, ganz nahe, da wohnt es.
Vor die Vollendung jedoch haben Schweiß die unsterblichen Götter
Hingesetzt; steil steigend und lang ist der Pfad, der dorthin führt,
Und voller Steine zuerst; doch hast du die Höhe gewonnen,
Wird es leicht, auf ihm weiter zu gehn, so schwierig er anfing.
Der steht allen voran, der selbst ein Jegliches einsieht,
Wenn er bedenkt, was danach und hin bis zum Ende das Beste.
Tüchtig ist zweitens auch der, der dem Gutes Ratenden folgsam.
Doch wer es selber nicht sieht und auch nicht, hört es vom
   andern,
Sich zu Herzen es nimmt, *der* Mann ist nicht zu gebrauchen.

Solon (ca. 640–560 v. Chr.)

44. Menschenlos und Götterwirken

Ihr, Mnemosynes und des Olympiers strahlende Töchter,
   Musen Pierias, schenkt meinem Gebete Gehör!
Segen von seiten der glücklichen Götter gewährt mir,
     von seiten
   sämtlicher Menschen jedoch ewigen, herrlichen Ruhm,
lasset den Freunden mich lieb, doch meinen Feinden
     verhaßt sein,

jenen der Achtung wert, diesen ein Anlaß zur Furcht!
Schätze erstrebe ich wohl; ich möchte sie freilich durch
    Unrecht niemals gewinnen: Es folgt Strafe der Untat gewiß.
Reichtum, den Götter verleihen, erweist sich dem Menschen
      als sicher
    wie als beständig, vom Grund bis zu den Gipfeln hinauf.
Reichtum, den man erstrebt auf dem Weg des Verbrechens,
    verletzt die
    Ordnung der Welt, er gehorcht ungern dem widrigen Zwang
schlechten, unredlichen Tuns, ihm gesellt sich alsbald das
      Verderben.
    Anfangs erscheint es gering – Feuer entwickelt sich so! –,
äußert sich harmlos zunächst, um in schreckliches Unheil
      zu münden;
    denn des Verbrechens Frucht hält sich den Menschen
      nicht lang.
Zeus überwacht ja den Ausgang jeglichen Handelns:
      Ganz plötzlich –
wie im Frühling der Wind eilend die Wolken zerstreut,
aufwühlt die Tiefen des brandenden, ruhelos wogenden Meeres,
    stürmisch die Fluren verheert, wo schon die Weizensaat keimt,
anschließend aufsteigt zum hohen Himmel, dem Wohnsitz
      der Götter,
    und sein strahlendes Blau deutlich hervortreten läßt,
glänzen in Kraft und Schönheit die Sonne über die reichen
    Felder und alles Gewölk aus dem Gesichtskreis verscheucht:
ebenso wirkt die Strafe des Zeus. Nicht bei allem und jedem
    freilich gerät, wie ein Mensch, Zeus in entsetzlichen Zorn.
Doch er behält auf die Dauer genau im Gedächtnis, wer frevelnd
    einst sich vergangen, und bringt alles zuletzt an das Licht.
Einer zahlt die Buße sogleich, der andere später;
    wer persönlich entschlüpft göttlichem Schicksalsgericht,
löscht die Strafe durchaus nicht; Unschuldige sühnen die Untat,
    seine Kinder, vielleicht spätere Nachkommen auch.
Aber wir Sterblichen, Gute wie Böse, erachten nun einmal,
    ausnahmslos jeder, uns selbst voller Vertrauen als stark,
bis ein Unglück uns zustößt; dann jammern wir. Aber bis
      dahin
    geben wir, trügerisch-froh, haltloser Hoffnung uns hin.
Wer von leidigen Krankheiten ohne Erbarmen gequält wird,
    richtet sein Trachten gespannt auf die Gesundung allein.

Wer sich als Feigling entpuppt hat, möchte als tapfer erscheinen,
    wem es an Schönheit fehlt, sieht sich als stattlich im Traum.
Wem es an Mitteln gebricht, wem Armut mitleidlos zusetzt,
    läßt sich nicht rauben den Wahn, daß er noch Schätze gewinnt.
Schätze erstreben sie alle, wenn auch auf verschiedenen Wegen:
    Unermüdlich durchirrt einer das fischreiche Meer,
Vorteile einzuheimsen; als Spielball tückischer Winde schont er
    sich niemals und setzt trotzig sein Leben aufs Spiel.
Andre durchfurchen jahraus, jahrein den fruchtbaren Acker,
    ihre Gedankenwelt kreist um den gebogenen Pflug.
Andre verstehen Athenes und des Meisters Hephaistos
    Arbeit und zimmern sich ihr Leben mit schaffender Hand.
Andere wurden begnadet von den olympischen Musen
    und beherrschen das Maß lieblicher, rühmlicher Kunst.
Andere wieder erhob der Schütze Apollon zu Sehern;
    diese erkennen voraus menschenbedrohendes Leid,
stehen die Götter ihnen zur Seite. Doch keinerlei Opfer,
    keinerlei Vogelflug wehrt dem, was das Schicksal beschloß.
Andere wirken als Ärzte, im Amt des an Heilmitteln reichen
    Paion; doch ihrer auch harrt schwerlich ein sicherer Erfolg.
Oft schon entstand aus leichter Erkrankung ein furchtbares
    Leiden,
    lindernden Mitteln blieb jegliche Wirkung versagt.
Manchmal indessen gibt dem von schmerzhafter Krankheit
    Gequälten
    schon die Berührung der Hand volle Gesundheit zurück.
Kurz: Das Schicksal verteilt an die Sterblichen Böses und Gutes,
    hinnehmen müssen wir der ewigen Götter Geschenk.
Stets umlauern Gefahren das menschliche Handeln, und keiner
    weiß um das Ende des Wegs, den er gerade beginnt.
Einer versucht sich, erfolgreich zunächst, an fleißigem Werke;
    wider Erwarten jedoch stürzt er in bitterstes Leid.
Mancher beginnt mit ungünstigen Vorzeichen; aber die Gottheit
    schenkt ihm in allem Erfolg, schützt ihn vor Torheit und Wahn.
Keine Grenze erkennt der Mensch beim Erraffen von Schätzen;
    wer aus unserem Kreis heute das meiste erwarb,
rafft mit verdoppelter Anstrengung weiter. Wer sättigt sie alle?
    Sterbliche danken Gewinn stets den Unsterblichen nur.
Aber Gewinn erzeugt auch Verderben. Wenn Zeus es zur Strafe
    über uns bringt, trifft bald diesen, bald jenen sein Schlag.

45. Spruchweisheit

Kleobulos aus Lindos sprach: Maß das Beste. Vor seinem Vater muß man Ehrfurcht haben. Einer sein, der gern hört und nicht viel schwätzt. Den Mitbürgern das Beste raten. Seine Lust beherrschen. Mit Gewalt nichts tun. Kinder erziehen. Den Volksgegner als Feind ansehen. Zur Ehe wählen jemand aus dem gleichen Stand; denn wählst du aus den Höherstehenden, so gewinnst du Herren, nicht Verwandte.

Solon aus Athen sprach: Nichts zu sehr. Lust fliehe, die Trauer zeugt. Freunde erwirb nicht schnell; die du aber erworben hast, verwirf nicht schnell. Hast du gehorchen gelernt, so wirst du zu befehlen verstehen. Rate den Mitbürgern nicht das Angenehmste, sondern das Beste. Das Unsichtbare erschließe dir durch das Sichtbare.

Chilon aus Sparta sprach: Erkenne dich selbst. Zu den Gastmählern deiner Freunde geh langsam, zu den Unglücksfällen schnell. Hochzeiten mache bescheiden. Den Verstorbenen preise glücklich. Einen Ältern ehre. Leidenschaft beherrsche. Gesetzen gehorche. Erleidest du Unrecht, versöhne dich; erleidest du Schmach, räche dich.

Thales aus Milet sprach: Bürgschaft – daneben steht Unheil. Sei nicht reich auf schimpfliche Weise. Vom Vater nimm nicht das Schlechte an. Was für Liebesdienste du den Eltern erweist, solche erwarte selbst im Alter von den Kindern. Etwas Lästiges ist Untätigkeit. Etwas Schädliches Unbeherrschtheit. Etwas Schwererträgliches Unbildung. Beneiden laß dich lieber als bemitleiden. Halte Maß.

Pittakos aus Lesbos sprach: Schwer ist es, edel zu sein. Den rechten Augenblick erkenne. Was du zu tun vorhast, sage nicht; denn mißlingt es dir, so wirst du verlacht. Alles, was du dem Nächsten verübelst, tue selbst nicht. Einen Unglücklichen schmähe nicht; denn auf diesen liegt die Strafe der Götter. Etwas Sicheres das Land, etwas Unsicheres das Meer. Etwas Unersättliches der Gewinn. Erwirb, was zu dir gehört.

Bias aus Priene sprach: Die meisten Menschen sind schlecht. Langsam lege Hand an; was du aber angefangen hast, daran halte fest. Hasse das schnelle Sprechen, daß du keinen Fehler machst; denn Reue folgt nach. Bedenke, was du betreibst. Höre vieles, sprich passendes. Wenn du überzeugt hast, nimm; nicht, wenn du überwältigt hast. Was du auch Gutes vollbringst, die Götter, nicht dich selbst, nimm als Urheber.

Periander aus Korinth sprach: Müh dich um das Ganze. Etwas Schönes ist Ruhe. Etwas Trügerisches Draufgängertum. Gewinn: etwas Schimpfliches. Im Glück sei maßvoll, im Unglück besonnen. Dich selbst erweise würdig der Eltern. Freunden sei in ihrem Glück und Unglück der gleiche. Die Gesetze, die du gebrauchst, seien alt, Fisch und Fleisch frisch.

Aischylos (525–465 v. Chr.)

46. Gesetz der Vergeltung

Chor:
Ihr Schicksalsmächte, mit Willen des Zeus
Vollendet es so,
Wie Gerechtigkeit wandelt zur Seite.
Die Worte des Hasses seien gesühnt
Mit Worten des Hasses! Dike ruft
Es laut, die fällige Schuld eintreibt.
Und blutigen Schlag soll blutiger Schlag
Bezahlen. Es leide der Täter! So
Verkündet ein dreimal alter Spruch.

47. Die Geburt des Gerichts

Athene:
Vernehmt nun meine Stiftung, Bürger Attikas,
Ihr, die als erste richtet über vergoßnes Blut;
Es währe auch für alle Zeiten künftighin
Von Richtern stets dem Volk des Aigeus dieser Rat.
Denn dieser Areshügel hier, einst Sitz und Zelt
Der Amazonen, als sie Theseus zornentbrannt
Befehdeten und türmten wider unsere Stadt
Die neugebaute Stadt mit hohen Zinnen auf
Und weihten sie dem Ares, dessen Namen nun
Der Felsen trägt: Areopag – auf ihm beruht
Der Bürger Ehrfurcht und, verschwistert ihr, die Scheu,

Die wehren allem Unrecht, so am Tag wie nachts,
Sofern sie selber die Gesetze nicht erneu'n
Mit schlechtem Zuguß. Denn besudelst du mit Schlamm
Das Wasser, ist kein reiner Trunk dir mehr vergönnt.
Nicht ohne Herr, nicht unter eines Herrn Gewalt
Zu leben, sei der Bürger Sorge, rate ich,
Auch nicht den Schrecken ganz zu bannen aus der Stadt.
Denn welcher Mensch, der nichts mehr fürchtet, bleibt gerecht?
Sofern ihr redlich diese heilge Würde ehrt,
Besitzt ihr eine Wehr des Landes und der Stadt,
So wie sie unter Menschen keiner je besaß,
Nicht in der Skythen, in des Pelops Fluren nicht.
Den Rat von Richtern, den Gewinnsucht nicht berührt,
Ehrfürchtigen und strengen Sinnes, setz ich ein,
Wenn alles schläft, zu wachen über dieses Land.
Nun da ich meinen Bürgern auch für künftige Zeit
Die Mahnung ausgedehnt, gebührt sich, daß ihr euch
Erhebt, den Stimmstein nehmet und das Recht erkennt,
Des Eides scheu gedenkend. Dies ist mein Bescheid.

Sophokles (um 496–406 v. Chr.)

48. Ungeheuer ist der Mensch

Chor:
Vieles ist ungeheuer, nichts
ungeheuerer als der Mensch.
Das durchfährt auch die fahle Flut
in des reißenden Südsturms Not;
das gleitet zwischen den Wogen,
die rings sich türmen! Erde selbst,
die allerhehrste Gottheit,
ewig und nimmer ermüdend, er schwächt sie noch,
wenn seine Pflüge von Jahre zu Jahre, wenn
seine Rosse sie zerwühlen.
Völker der Vögel, frohgesinnt,
fängt in Garnen er, rafft hinweg
auch des wilden Getiers Geschlecht,
ja, die Brut der salzigen See
in eng geflochtenen Netzen,

der klug bedachte Mann, besiegt
mit List und Kunst das freie,
bergebesteigende Wild und umschirrt mit dem
Joche den mähnigen Nacken des Rosses und
auch des unbeugsamen Bergstiers.
Und Rede und, rasch wie der Wind,
das Denken erlernt' er, den Trieb,
die Staaten zu ordnen, und auch der Fröste
Unwohnlichkeit im Gefild
und Regensturms Pfeile fliehn:
allbewandert, in nichts unbewandert schreitet er
ins Künft'ge; vorm Tod allein
sinnt er niemals Zuflucht aus;
doch für heilloser Krankheit Pein
fand er Hilfe.
Mit kluger Geschicklichkeit für
die Kunst ohne Maßen begabt,
kommt heut er auf Schlimmes, auf Edles morgen.
Wer seines Lands Satzung ehrt
und Götterrecht schwurgeweiht,
gilt im Staate; doch nichtig ist, wem das Unrecht sich
gesellt hat zu frevlem Tun.
Sitze nie an meinem Herd,
und sei im Bunde nie mit mir,
wer so handelt!

49. Ewige Gesetze

Kreon:
Du aber sage mir, ohn' Umschweif, sondern kurz:
du wußtest, daß geboten war, dies nicht zu tun?
Antigone:
Ich wußt's. Wie sollt' ich nicht? Es ward ja deutlich kund.
Kreon:
Und wagtest doch, zu übertreten das Gebot?
Antigone:
Es war ja Zeus nicht, der es mir verkündet hat,
noch hat die Gottheit, die den Toten Recht erteilt,
je für die Menschen solche Satzungen bestimmt.
Auch glaubte ich, soviel vermöchte kein Befehl
von dir, um ungeschriebne, ewige, göttliche

Gesetze zu überrennen als ein Sterblicher.
Denn nicht von heut und gestern, sondern immerdar
bestehn sie: niemand weiß, woher sie kommen sind.
Aus Furcht vor eines Menschen Willen wollt' ich mich
am Recht der Götter nicht vergehn; ich wußte ja,
daß ich einst sterben werde, – warum sollt' ich nicht? –
hättst du's auch nicht vorher verkündet; doch wenn ich
nun vor der Zeit schon sterbe, nenn' ich's nur Gewinn.
Denn wer wie ich in mannigfachem Leide lebt,
wie trüge der im Tode nicht Gewinn davon?
Drum ist es mir nicht schmerzlich, daß dies Schicksal jetzt
mich trifft; doch litte ich's, daß meiner Mutter Sohn
als unbegrabner Leichnam draußen liegen bleibt,
das schmerzte mich; doch dies hier macht mir keinen Schmerz.
Und schein' ich dir verfallen auf ein töricht Tun,
so ist's vielleicht ein Tor, der mich der Torheit zeiht.

50. Polismoral gegen Familienmoral

Haimen:
Dein bin ich, Vater, und du magst mit edlem Sinn
mich allzeit lenken, gerne folg' ich dir alsdann.
Denn mir wird nie ein Ehebund als größres Gut
denn du erscheinen, wenn du stets mich weise führst.
Kreon:
So muß es auch in deinem Herzen stehn, mein Sohn,
die väterliche Meinung über alles gehn.
Deswegen beten Männer ja, daß ein Geschlecht
von untertanen Sprößlingen im Haus erblüh',
damit dem Feinde sie vergelten Übeltat,
die Freunde ehren, stets dem Vater gleichgesinnt.
Doch wer das Leben nichtsnutzigen Kindern schenkt,
was, meinst du, hat der andres denn als Sorgen sich
gezüchtet und ein Hohngelächter für den Feind?
Deswegen wirf, mein Kind, aus Sinnenlust jetzt nicht
um Weibes willen Einsicht weg: du weißt ja, daß
dies eine frostige Umarmung geben wird,
ein schlechtes Weib als Bettgenoß im Haus; denn was
schlägt uns wohl tiefere Wunden als ein schlechter Freund?
Voll Abscheu aber laß nun, einer Feindin gleich,

dies Mädchen sich im Hades gatten irgendwem!
Denn da ich sie in offner Widersetzlichkeit
ergriffen hab' als einzige aus der ganzen Stadt,
will ich nicht als ein Lügner vor den Bürgern stehn.
Sie sterbe! Rufe sie nur Zeus dagegen an,
den Gott der Sippe! Wenn ich schon im eignen Haus
Zuchtloses fördre, wagt sich's draußen dreist hervor.
Wer sich im Kreis des Häuslichen als fester Mann
bewährt, der zeigt sich auch im Staate stets gerecht.
Solch einem Manne trau' ich es wohl zu, daß er
gut herrschen kann und sich auch gern der Herrschaft fügt;
er wird, beim Sturm der Speere in die Reihn gestellt,
aufrecht verharren als ein guter Kamerad.
Wer sich empört und vergewaltigt das Gesetz
und meint, daß er den Führenden befehlen darf,
dem wird von meiner Seite niemals Lob zuteil.
Wen auch der Staat einsetze, man gehorche ihm
im Kleinen selbst, sei's Recht, sei es das Gegenteil!
Der Übel größtes ist die Zügellosigkeit:
sie rottet Staaten aus, Wohnungen wandelt sie
in Wüsten, reißt des Kampfgenossen Lanze mit
hinweg zu Flucht und Sturz; doch wo Gehorsam herrscht,
da gibt er Halt den vielen Leibern in den Reih'n.

Euripides (ca. 485–406 v. Chr.)

51. Schuld und Gewissen

Menelaos:
Was seh ich, Götter? Welchen abgeschiednen Geist?
Orestes:
Ganz recht: vor Elend leb ich nicht, doch atm' ich noch.
Menelaos:
Wie hängen deine Locken wild, von Schmutz entstellt!
Orestes:
Ach, nicht das Aussehn, meine Tat nur ängstet mich.
Menelaos:
Du blickst so furchtbar aus der Augen trübem Stern.
Orestes:
Der Körper schwand mir, nur der Unglücksname blieb.

Menelaos:
Nie wähnt ich also dich zu sehn, so ganz entstellt.
Orestes:
Ich bin der Mörder, der die arme Mutter schlug.
Menelaos:
Das hört ich, aber rede nicht von diesem Leid.
Orestes:
Ich schweige, doch der Daimon macht mich reich an Not.
Menelaos:
Was ist dir denn? Welch eine Krankheit martert dich?
Orestes:
Gewissensnot: ich bin der Untat mir bewußt.
Menelaos:
Wie? – Deutlich, nicht undeutlich klingt des Weisen Wort.
Orestes:
Nun: Trauer ist es, die an meinem Leben zehrt [...]

Herodot (485–406 v. Chr.)

52. Zerbrechlichkeit des Glücks

Der aber sprach: „Kroisos, mich, der ich weiß, daß die höheren
Mächte allesamt eifersüchtig sind und verwirrend, befragst du,
wie es steht um der Menschen Dinge. Sieh, die Zeit dauert
lang, und da gibt es viel zu sehen, was man nicht mag, und
auch viel zu erleiden. Laß mich nämlich die Grenze für ein
Menschenleben auf siebzig Jahre ansetzen. Diese siebzig Jahre
machen fünfundzwanzigtausend und zweihundert Tage. [...]
Von allen diesen Tagen in den siebzig Jahren [...] bringt kein
einziger Tag das gleiche wie der andere. So ist denn der
Mensch, Kroisos, ganz, was sich mit ihm ereignet. Du bist, das
seh ich wohl, gewaltig reich und König über viele Menschen.
Doch so, wie deine Frage will, kann ich dich nicht nennen, bevor ich nicht erfahren, daß du dein Leben glücklich geendet.
Keinesfalls nämlich ist der sehr Reiche glücklicher als der, der
nur sein täglich Brot hat, ist es ihm nicht auch beschieden, im
Besitz von all dem Guten und Schönen sein Leben wohl zu be-
beschließen. Denn viele Menschen, die gewaltig reich sind, sind
unglücklich, vielen aber, die nur mäßig zu leben haben, geht es
wohl. Nun hat, wer sehr reich ist, aber unglücklich, zweierlei
voraus vor dem, dem es nur wohl geht, dieser aber vor dem

Reichen und Unglücklichen vieles. Jener vermag eher sein Begehren zu erfüllen und einen schweren Schlag, der ihn traf, zu ertragen, dieser aber hat vor jenem das voraus: Schaden tragen und Begehren stillen kann er nicht in gleicher Weise wie jener, doch bedarf er dessen bei seinem Wohlergehen auch nicht, aber er ist gesund an seinen Gliedern, weiß nicht von Krankheit und nicht von Unglück, freut sich seiner Kinder, ist gut anzusehen. Kommt noch dazu, daß er sein Leben gut beschließt, dann ist das der, den du suchst: der es verdient, glücklich genannt zu werden. Vor seinem Ende aber halte man sich zurück und sage nicht, er sei ein glücklicher Mensch, sondern, es gehe ihm wohl. Alles dies nun miteinander zu erlangen ist uns Menschen versagt, wie es auch das Land nicht gibt, das für sich selber an allem genug hat, sondern das eine hat es, das andere fehlt ihm. Das aber das meiste hat, das ist das beste. So ist auch keines Menschen Beschaffenheit allein für sich vollkommen, das eine ist da, am andern fehlt es. Wer aber von den Menschen in der Dauer seines Lebens das meiste hat und dann noch begnadet sein Leben beschließt, der ist nach meiner Einsicht, Herr und König, würdig, diesen großen Namen zu tragen. Und bei jeder Sache soll man das Ende ins Auge fassen, wie sie wohl ausgehen wird. Denn schon so manchem hat der Gott das Glück gezeigt und ihn dann mit seinen Wurzeln umgestürzt."

53. Verschiedenheit der Sitten

Wenn einer nämlich allen Menschen auf der Welt die Aufgabe stellte und sie aufriefe, sich die schönsten Sitten und Gebräuche von all den bestehenden auszusuchen, so würden sie sich die ansehen und jeder würde die seines Volkes wählen. So fest glaubt ein jedes Volk, seine Sitten seien bei weitem die besten. [...]
Daß über ihre Sitten und Gebräuche alle Menschen so denken, kann man aus vielen verschiedenen Zeugnissen entnehmen, darunter denn auch aus dem Folgenden. Dareios ließ einmal, als er König war, die Hellenen, die in seiner Umgebung waren, rufen und fragte sie, um welchen Preis sie bereit wären, ihre verstorbenen Väter zu verspeisen. Und sie sagten, um keinen Preis würden sie das tun. Und danach ließ Dareios die Kallatier, ein indisches Volk, rufen, die ihre Väter aufessen, und

fragte sie, in Gegenwart der Hellenen, die durch einen Dolmetscher erfuhren, was gesprochen wurde, um welchen Preis sie bereit wären, ihre gestorbenen Väter im Feuer zu verbrennen; die aber schrien laut auf und sagten, er solle nicht so gottlos reden. So steht es also mit dem Glauben an Sitte und Brauch, und richtig scheint mir Pindar zu dichten, wenn er sagt, die Sitte sei aller Menschen König.

Thukydides (ca. 460–400 v. Chr.)

54. Bürgerkrieg und Sittenverderbnis

So ins Unmenschliche steigerte sich dieser Bürgerkrieg und wurde desto stärker so empfunden, als er der allererste dieser Art war. [...] So brach in ständigem Aufruhr viel Schweres über die Städte herein, wie es zwar geschieht und immer wieder sein wird, solange Menschenwesen sich gleichbleibt, aber doch schlimmer oder harmloser und in immer wieder anderen Formen, wie es jeweils der Wechsel der Umstände mit sich bringt. Denn im Frieden und Wohlstand ist die Denkart der Menschen und der ganzen Völker besser, weil keine aufgezwungenen Notwendigkeiten sie bedrängen; aber der Krieg, der das leichte Leben des Alltags aufhebt, ist ein gewalttätiger Lehrer und stimmt die Leidenschaften der Menge nach dem Augenblick.

So tobten also Parteikämpfe in allen Städten, und die etwa erst später dahin kamen, die spornte die Kunde vom bereits Geschehenen erst recht zum Wettlauf im Erfinden immer der neusten Art ausgeklügelter Anschläge und unerhörter Rachen. Und den bislang gültigen Gebrauch der Namen für die Dinge vertauschten sie nach ihrer Willkür: unbedachtes Losstürmen galt nun als Tapferkeit und gute Kameradschaft, aber vordenkendes Zögern als aufgeschmückte Feigheit, Sittlichkeit als Deckmantel einer ängstlichen Natur, Klugsein bei jedem Ding als Schlaffheit zu jeder Tat; tolle Hitze rechnete man zu Mannes Art, aber behutsames Weiterberaten nahm man als ein schönes Wort zur Verbrämung der Abkehr. Wer schalt und eiferte, galt immer für glaubwürdig, wer ihm widersprach, für verdächtig, Tücke gegen andere, wenn erfolgreich, war ein Zeichen der Klugheit, sie zu durchschauen war erst recht groß, wer sich aber selber vorsah, um nichts damit zu tun zu haben, von dem hieß es, er zersetze den Bund und zittere vor den Gegnern. Kurz, bösem Plan mit bösem Tun zuvorzukommen brachte Lob, auch den noch Arglosen aufzustiften. Dann entfremdeten sich die Verwandten über all den Bünden, die so viel rascher bereit waren, ohne Zaudern zuzuschlagen. Denn nicht mit den gültigen Gesetzen waren das Vereine zu gegenseitiger Hilfe, sondern gegen die bestehende Ordnung solche der Raffgier. Untereinander verbürgte ihnen die Treue weniger das göttliche Recht als gemeinsam begangenes Unrecht. Ein edelmütiger Vorschlag von den Gegnern fand Eingang aus zweckmäßiger Vorsicht, wenn diese überlegen waren, und nicht aus schönem Vertrauen. Sich wiederzurächen am andern war mehr wert, als selber verschont geblieben zu sein. Eide, falls noch irgendein Vergleich auf die Art bekräftigt wurde, waren geleistet in der Not, wenn beide sich nicht mehr anders zu helfen wußten, und galten für den Augenblick; wer aber bei günstiger Gelegenheit zuerst wieder Mut faßte, wenn er eine Blöße entdeckte, der nahm seine Rache lieber durch Verrat als in offenem Kampf, einmal zu seiner Sicherheit und dann, weil der ertrogene Triumph ihm noch den Siegespreis der Schlauheit hinzugewann. Denn im allgemeinen heißt der Mensch lieber ein Bösewicht, aber gescheit, als ein Dummkopf, wenn auch anständig; des einen schämt er, mit dem andern brüstet er sich.

Die Ursache von dem allem war die Herrschaft mit ihrer Habgier und ihrem Ehrgeiz und daraus dann, bei der entbrannten Kampfwut, noch das wilde Ungestüm. [...]

So kam in der hellenischen Welt durch die Bürgerkriege jede Art von Sittenverderbnis auf, und die Einfalt, die mit edler Art so nah verwandt ist, ging unter im Hohn; mit mißtrauischer Gesinnung gegeneinander zu stehen wurde das Herrschende. Denn um zu schlichten war kein Wort unumstößlich, kein Eid fürchterlich genug, und da alle besser fuhren mit Berechnung, bei keiner Hoffnung auf Verlaß, suchten sie lieber jedem Schaden vorzubauen und konnten nicht mehr vertrauen.

Hippokrates (460–ca. 370 v. Chr.)

55. Der hippokratische Eid

Ich schwöre bei Apollon, dem Arzt, bei Asklepios, Hygieia und Panakeia und bei allen Göttern und Göttinnen, indem ich sie zu Zeugen mache, daß ich entsprechend meiner Kraft und meinem Urteilsvermögen folgenden Eid und folgenden Vertrag erfüllen werde:

Denjenigen, der mich diese Kunst gelehrt hat, gleich zu achten meinen Eltern, ihn an meinem Lebensunterhalt teilhaben zu lassen und ihm an den für ihn erforderlichen Dingen, wenn er ihrer bedarf, Anteil zu geben, seine Nachkommenschaft meinen männlichen Geschwistern gleich zu werten, sie diese Kunst zu lehren, wenn sie sie zu lernen wünschen, ohne Entgelt und Vertrag, an Unterweisung, Vorlesung und an der gesamten übrigen Lehre Anteil zu geben meinen Söhnen und den Söhnen dessen, der mich unterrichtet hat, den vertraglich gebundenen und durch ärztlichen Brauch eidlich verpflichteten Schülern, sonst aber niemandem.

Diätetische Maßnahmen werde ich zum Nutzen der Kranken entsprechend meiner Kraft und meinem Urteilsvermögen anwenden; vor Schaden und Unrecht werde ich sie bewahren.

Auch werde ich niemandem auf seine Bitte hin ein tödlich wirkendes Mittel geben, noch werde ich einen derartigen Rat erteilen; in gleicher Weise werde ich auch keiner Frau ein fruchtabtreibendes Zäpfchen geben. Rein und heilig werde ich mein Leben und meine Kunst bewahren.

Das Schneiden werde ich nicht anwenden, nicht einmal bei Steinleidenden, dies werde ich vielmehr den Männern überlassen, die diese Tätigkeit ausüben.

In alle Häuser, die ich betrete, werde ich eintreten zum Nutzen der Kranken, frei von jedem absichtlichen Unrecht, von sonstigem verderblichen Tun und von sexuellen Handlungen an weiblichen und männlichen Personen, sowohl Freien als auch Sklaven.

Was auch immer ich bei der Behandlung oder auch unabhängig von der Behandlung im Leben der Menschen sehe oder höre, werde ich, soweit es niemals nach außen verbreitet werden darf, verschweigen, in der Überzeugung, daß derartige Dinge unaussprechbar sind.

Wenn ich nun diesen Eid erfülle und nicht verletze, möge es mir zuteil werden, daß ich mich meines Lebens und meiner Kunst erfreue, geachtet bei allen Menschen für alle Zeit, wenn ich ihn aber übertrete und meineidig werde, möge das Gegenteil davon eintreten.

II. Griechenland und Rom

Antisthenes (ca. 450–365 v. Chr.)

56. Tugend

Adel und Sittlichkeit ist dasselbe. Denn die Sittlichkeit genügt vollkommen zum Glück und bedarf lediglich sokratischer Kraft; sie ist Sache der Tat, und es braucht dazu weder vieler Worte noch vieler Kenntnisse.

Sittlichkeit ist lehrbar und bleibt unverlierbar; sie ist eine unentreißbare Waffe.

Die Sittlichkeit des Mannes und der Frau ist dieselbe.

Wer unsterblich sein will, muß gewissenhaft und rechtschaffen leben.

Der Weise treibt nicht nach den bestehenden Gesetzen Politik, sondern nach dem Gesetz der Sittlichkeit.

Diogenes von Sinope (ca. 400–325 v. Chr.)

57. Die wahren Güter und Übel

Der Magen ist die Charybdis des Lebens.

Wie wird man sein eigener Lehrmeister? – Wenn man das, was man an anderen tadelt, am meisten an sich selbst tadelt.

Schmeichelei ist ein Strick aus Honig.

Wer das Rechte sagt, aber es nicht tut, gleicht einer Leier: auch diese hört und spürt nichts [von ihrem Spiel].

Der Geiz ist die Mutterstadt aller Übel.

Der Geizige ist wie der Wassersüchtige; denn auch er will, wenn er voll von Geld ist, noch mehr: beide zu ihrem Schaden. Denn die Leidenschaften wachsen um so mehr, je mehr man ihre Begierden befriedigt.
Ein reicher Mann ohne Bildung ist ein Schaf mit goldenem Vließ.

Adel und Ansehen und alles derart ist nichts als eine schmückende Hülle der Minderwertigkeit.

Die guten Menschen sind Abbilder der Götter.

Es hat nichts auf sich, etwas aus einem Heiligtum wegzunehmen oder das Fleisch irgendeines lebenden Wesens zu kosten. Selbst Menschenfleisch zu genießen ist kein Frevel, wie man an den Sitten fremder Völker sieht.

Wie soll der Tod ein Übel sein? Wir merken ja nichts davon, wenn er da ist.

Platon (427–347 v. Chr.)

58. Sophistische Moralkritik

58.1 Thrasymachos

Und so weit verirrst du dich hinsichtlich des Gerechten und der Gerechtigkeit und des Ungerechten und der Ungerechtigkeit, daß du nicht siehst, daß die Gerechtigkeit und das Gerechte in Wahrheit der Vorteil eines anderen (ein fremder Vorteil) ist, nämlich das dem Stärkeren und Herrschenden Zuträgliche, dagegen des Gehorchenden und Dienenden eigener Schaden. Die Ungerechtigkeit aber ist das Gegenteil: sie herrscht über die „wahrhaft" Einfältigen und Gerechten; diese aber, als Beherrschte, tun das jenem, dem Stärkeren, Zuträgliche und machen ihn glücklich durch ihren dienenden Gehorsam, sich selbst aber alles andere eher als glücklich. Daß aber der gerechte Mann allenthalben gegen den Ungerechten im Nachteil ist, das muß man sich, du einfältiger Sokrates, an folgendem klar machen. Erstlich an dem gegenseitigen Geschäftsverkehr: wo Vertreter der beiden Sinnesarten in dieser Beziehung miteinander zu tun haben, da wirst du niemals finden, daß bei Beendigung des Geschäftes der Gerechte im Vorteil ist vor dem Ungerechten, sondern im Nachteil. Sodann an dem Verhalten dem Staat gegenüber: wenn es da einmal gilt, Einkommensteuer zu zahlen, bringt der Gerechte vom gleichen Vermögen mehr auf, der andere weniger; wenn es aber ans Einnehmen geht, so zieht der eine leer ab, der andere mit vollen Taschen. Und auch wenn beide ein Amt bekleiden, muß es der Gerechte erleben, daß er, ganz abgesehen von anderem möglichen Nachteil, in seinem Hauswesen geschädigt wird, weil er sich dann wenig darum kümmern kann, aus dem Staate aber keinen Vorteil zieht, eben weil er gerecht ist; zudem macht er sich auch noch bei seinen Angehörigen und Bekannten verhaßt, wenn er es nicht über sich gewinnt ihnen Vorteile zu verschaffen wider das Recht. Für den Ungerechten aber liegt die Sache in allen diesen Punkten gerade umgekehrt. Ich meine aber den, auf den ich eben hinwies, der es versteht, das Geschäft des Übervorteilens ins Große zu treiben. Auf ihn mußt du die Aufmerksamkeit richten, wenn du ein Urteil darüber gewinnen willst, wie viel mehr es ihm persönlich Vorteil bringt, ungerecht zu sein, als gerecht. Am allerleichtesten aber wirst du dich über die Sache belehren, wenn du dich an die vollendetste Ungerechtigkeit hältst, die den Frevler zum glücklichsten Menschen macht, die von ihm Mißhandelten aber und keines Unrechts Fähigen zu den unglücklichsten. Es ist dies aber die Tyrannenherrschaft, die nicht stückweise heimlich und gewaltsam fremdes Gut, heiliges und profanes, privates und öffentliches raubt, sondern gleich im ganzen. Für jede einzelne solcher Schandtaten trifft den, der sie verübt und dabei gefaßt wird, Strafe und die größte Schmach. Denn man hat für die, die solche Verbrechen im einzelnen verüben, Namen wie Tempelräuber, Seelenverkäufer, Einbrecher, Spitzbuben und Diebe. Wenn aber jemand außer der Habe der Mitbürger auch sie selbst zu seinem Eigentum gemacht und in Knechtschaft gebracht hat, dann hört man für sie nicht jene schimpflichen Namen, sondern als „Glückselige" und „Gottbegnadete" leben sie im Munde nicht nur ihrer Mitbürger, sondern auch aller anderen, die von ihm Kunde bekommen haben als von einem vollendeten Meister aller Ungerechtigkeit. Denn wer die Ungerechtigkeit schmäht, tut dies nicht aus Scheu vor dem Unrechttun, sondern vor dem Unrechtleiden. So hat denn, Sokrates, die Ungerechtigkeit, wenn nur gehörig im Großen verübt, etwas viel Kraftvolleres, Vornehmeres und Herrenmäßigeres als die Gerechtigkeit, und, wie ich von Anfang an sagte, das eine, das Gerechte nämlich, ist der Vorteil des Stärkeren, das andere aber, das Ungerechte ist das, was (unmittelbar) für die eigene Person Nutzen und Vorteil schafft.

58.2 Kallikles

In der Regel aber steht das miteinander in Widerspruch, die Natur und die Satzung. […] Denn der Natur nach ist häßlicher, was auch schlechter ist, nämlich das Unrechtleiden, der Satzung nach aber das Unrechttun. Denn wer ein Mann ist, der läßt es sich nicht gefallen, Unrecht zu leiden, sondern nur ein Sklave, für den es besser wäre tot zu sein als zu leben, da er nicht imstande ist, wenn er beleidigt und gemißhandelt wird, sich selbst zu helfen und ebensowenig einem anderen, den er lieb hat. Meiner Ansicht nach sind es eben die sich schwach Fühlenden unter den Menschen und die große Masse, die die Gesetze geben. In ihrem eigenen Interesse und zu ihrem Nutzen geben sie die Gesetze und teilen Lob und Tadel aus. Um die kraftvolleren Menschen, die imstande sind, sich Vorteile zu verschaffen, einzuschüchtern, und um selbst nicht ins Hintertreffen zu kommen, sagen sie, das Übervorteilen sei häßlich und ungerecht; und darin eben bestehe das Unrechttun, in dem Streben die anderen zu übervorteilen. Denn was sie selbst anlangt, so sind sie als die Schwächeren, glaube ich, ganz zufrieden, wenn sie nur das Gleiche haben.

Deshalb wird es nach Satzung für ungerecht und häßlich erklärt nach Übervorteilung der großen Masse zu streben, und man nennt dies Unrechttun. Die Natur selbst aber, denke ich, gibt deutlich zu erkennen, daß es gerecht ist, wenn der Bessere gegen den Schlechteren und der Fähigere gegen den Unfähigen im Vorteil ist. Daß dem so ist, zeigt sich in mannigfacher Weise nicht nur bei den übrigen Geschöpfen, sondern auch bei den Menschen in den Verhältnissen ganzer Staaten und Geschlechter: es gilt nämlich da als ausgemachtes Recht, daß der Stärkere über den Schwächeren herrsche und gegen ihn im Vorteil sei. Auf Grund welches Rechtes wäre denn sonst Xerxes gegen Hellas zu Felde gezogen, oder sein Vater gegen die Scythen? Und tausend andere Beispiele der Art könnte man anführen. Kein Zweifel: diese Leute handeln nach der Natur und, beim Zeus, nach dem Gesetz der Natur, aber freilich nicht nach jenem von uns willkürlich aufgestellten Gesetz, auf Grund dessen wir auf die Besten und Kraftvollsten unter uns gleich von Jugend auf die Hand legen und sie wie Löwen zu zähmen und zu sänftigen suchen, um sie unterwürfig zu machen, unter dem Vorgeben, es müßte Gleichheit herrschen und diese sei das Schöne und Gerechte. Aber laßt nur den rechten Mann erstehen, eine wirkliche Kraftnatur; der schüttelt all das ab, zerreißt die Fesseln und macht sich frei, tritt all unsere Paragraphen, unsere Zähmungs- und Besänftigungsmittel und den ganzen Schwall widernatürlicher Gesetze mit Füßen und steigt so vom

Sklaven empor zum glänzenden Herrn über uns: da leuchtet denn das Recht der Natur aufs hellste hervor.

59. Drei Arten des Guten

Glaukon: Mein Sokrates, kommt es dir bloß auf den Schein an, uns überzeugt zu haben, oder willst du in Wahrheit uns überzeugen, daß es in jedem Betracht besser ist gerecht zu sein als ungerecht?

Sokrates: Euch wirklich zu überzeugen wäre wohl mein Wille, wenn es nur in meiner Macht stünde.

Glaukon: Also tust du nur nicht, was du willst. Denn sage mir: gibt es deiner Ansicht nach ein Gut von der Art, daß wir es zu haben wünschen nicht aus Verlangen nach den erhofften Folgen, sondern weil wir es um seiner selbst willen lieben, wie zum Beispiel Fröhlichkeit und alle unschädlichen Vergnügungen, deren man sich eben erfreut, wenn man sie hat, ohne daß sie für die Folgezeit weitere Bedeutung haben?

Sokrates: Ich glaube wohl, daß es ein solches gibt.

Glaukon: Und ferner auch ein solches, das wir sowohl um seiner selbst willen lieben als auch um seiner Folgen willen? Zum Beispiel einsichtig sein, sehen, gesund sein; denn was von dieser Art ist, das schätzen wir aus beiden Gründen.

Sokrates: Ja.

Glaukon: Auch noch eine dritte Art des Guten ist dir doch bekannt, zu der die Leibesübungen gehören, und die ärztliche Behandlung bei Krankheit und das Heilverfahren, sowie alles, was sonst dem Erwerb dient. Denn diese Dinge werden wir zwar als beschwerlich bezeichnen, aber doch auch als nützlich für uns, und um ihrer selbst willen würden wir sie uns niemals wünschen, wohl aber um des Lohnes willen und der übrigen Vorteile, die aus ihnen hervorgehen.

Sokrates: Ja, auch dieses dritte gibt es. Aber was nun weiter?

Glaukon: Zu welchem von diesen rechnest du nun die Gerechtigkeit?

Sokrates: Meines Erachtens gehört sie zu dem Schönsten, nämlich zu dem, was sowohl um seiner selbst willen wie wegen der daraus entspringenden Folgen von jedem geliebt werden muß, der glücklich werden will.

60. Die vier Kardinaltugenden

Sokrates: Ich hoffe also es auf folgende Weise zu finden. Ich glaube nämlich, die Stadt ist, wenn es mit ihrer Gründung recht bestellt ist, eine vollkommen gute.

Glaukon: Notwendig.

Sokrates: Offenbar also ist sie dann weise und tapfer und besonnen und gerecht.

Glaukon: Offenbar. [...]

Sokrates: Es scheint mir nun dabei zuerst die Weisheit zutage zu treten; und es zeigt sich hier eine auffällige Erscheinung.

Glaukon: Das wäre?

Sokrates: Weise scheint mir in Wahrheit die von uns geschilderte Stadt zu sein; denn sie ist wohlberaten. Nicht wahr?

Glaukon: Ja.

Sokrates: Nun ist eben dies selbst, die Wohlberatenheit, doch offenbar eine Art Wissen; denn nicht durch Unwissenheit, sondern durch Wissen berät man sich gut.

Glaukon: Offenbar.

Sokrates: Es gibt aber viele und mannigfache Wissensfächer in der Stadt.

Glaukon: Natürlich.

Sokrates: Ist nun die Stadt etwa auf Grund des Wissens der Zimmerleute weise zu nennen?

Glaukon: Nein, bewahre. Auf Grund dieser Kunst kann sie höchstens bauverständig genannt werden. [...]

Sokrates: Wie nun? Findet sich in der eben von uns gegründeten Stadt bei irgendeinem Teil der Bürger ein Wissen, auf Grund dessen sie nicht über irgendeine einzelne staatliche Angelegenheit, sondern über den Staat als Ganzes berät, auf welche Weise er in seinem Verhalten nach innen wie nach außen zu anderen Staaten am besten verfährt?

Glaukon: Das gibt es.

Sokrates: Welches denn, und wer besitzt es?

Glaukon: Unsere Wächterkunst, und es besitzen sie die Regierenden, die wir eben vollendete Wächter nannten.

Sokrates: Wie nennst du nun die Stadt wegen dieses Wissens?

Glaukon: Wohlberaten und in Wahrheit weise.

Sokrates: Glaubst du nun, daß sich in unserer Stadt mehr Schmiede finden werden als solche wirkliche Wächter?

Glaukon: Weit mehr Schmiede.

Sokrates: Also auch in Vergleich mit allen anderen, die ein Wissensfach beherrschen und danach benannt werden, sind diese doch wohl die am wenigsten zahlreichen?

Glaukon: Weitaus.

Sokrates: Durch die kleinste Klasse also und den kleinsten ihrer Bestandteile, den leitenden nämlich und herrschenden, und durch das Wissen, das diesem innewohnt, wird die ganze Stadt, falls sie der Natur gemäß gegründet worden ist, weise sein; und, wie es scheint, will es die Natur nicht anders, als daß demjenigen Teil, der am wenigsten zahlreich ist, es zukommt derjenigen Wissenschaft teilhaftig zu werden, die unter allen Wissenschaften allein den Namen Weisheit verdient.

Glaukon: Sehr richtig bemerkt.

Sokrates: So hätten wir denn – ob ganz sicher, bleibe dahingestellt – von den vieren eines gefunden, es selbst wie auch die Stelle, wo es im Staate seinen Sitz hat.

Glaukon: Mir wenigstens scheint das Gefundene ganz sicher.

Sokrates: Was nun weiter die *Tapferkeit* anlangt, sie selbst und ein Teil des Gemeinwesens, in dem sie sich findet und wegen dessen die ganze Stadt als tapfer zu bezeichnen ist, so ist es gar nicht schwierig sie zu erkennen.

Glaukon: Wie so?

Sokrates: Wer eine Stadt entweder als feige oder als tapfer bezeichnet, tut dies doch in Hinblick auf nichts anderes als auf denjenigen Teil der Bürger, der die Stadt verteidigt und für sie zu Felde zieht?

Glaukon: Auf nichts anderes.

Sokrates: Denn ich denke, ob die anderen in ihr feige oder tapfer sind, ist nicht entscheidend dafür, daß sie selbst das eine oder das andere ist.

Glaukon: Nein.

Sokrates: Also auch tapfer ist die Stadt durch einen Teil ihrer selbst, weil sie in diesem eine Kraft besitzt, so stark, daß sie unverbrüchlich die Meinung über das, was man zu fürchten hat, aufrecht erhält, nämlich daß es das sei und von der Art, was und von welcher Art es nach der Erziehungsvorschrift des Gesetzgebers sein sollte. Oder nennst du das nicht Tapferkeit? [...] Eine solche Kraft und unverbrüchliche Aufrechterhaltung der richtigen und gesetzlichen Meinung über das, was zu fürchten ist und nicht, nenne ich Tapferkeit und erkläre sie dafür, wenn du dich nicht dagegen erklärst.

Glaukon: Nein, das tue ich nicht [...].

Sokrates: Zweierlei bleibt also nun noch in der Stadt zu betrachten übrig: die Besonnenheit und das eigentliche Ziel unserer Untersuchung, dem alles andere untergeordnet ist, die Gerechtigkeit. [...]

Glaukon: So beginne denn die Untersuchung.

Sokrates: Ja, es soll geschehen. Und, auf den ersten Blick wenigstens, gleicht die Besonnenheit mehr als das Vorige einer gewissen Einhelligkeit und Harmonie.

Glaukon: Wie so?

Sokrates: Eine Art Wohlverhalten ist doch wohl die Besonnenheit und eine Überlegenheit über gewisse Lüste und Begierden, wie man sagt, indem man sich dafür des sonderbaren Ausdrucks „sich selbst überlegen" bedient; auch noch andere derartige Spuren gleichsam von ihr treten in den gewöhnlichen Angaben hervor. Nicht wahr?

Glaukon: Ja, in der Tat.

Sokrates: Ist nun die Wendung „sich selbst überlegen" nicht lächerlich? Denn der sich selbst Überlegene ist offenbar auch sich selbst unterlegen und der Unterlegene überlegen. Denn der damit Bezeichnete ist in allen diesen Fällen derselbe.

Glaukon: Gewiß.

Sokrates: Aber, wenn ich nicht irre, soll diese Redewendung doch besagen, daß in dem Menschen, was seine Seele anlangt, ein besseres und ein schlechteres Teil sich findet, und wenn das von Natur bessere Herr ist über das schlechtere, so ist das eben das „Sichselbstüberlegensein". Es ist also ein lobender Ausdruck. Wenn aber infolge schlechter Erziehung oder wer weiß welchen Umganges das kleinere Bessere von der Menge des Schlechteren überwältigt wird, so dient der Ausdruck zum verwerfenden Tadel und bezeichnet den so Gearteten als sich selbst unterlegen und zügellos.

Glaukon: Ja, so scheint es.

Sokrates: Schaue also hin auf unsere neue Stadt und du wirst in ihr das erstere von beiden einheimisch finden; denn du wirst sagen, daß sie mit Recht als sich selbst überlegen bezeichnet werde, wenn anders dasjenige, dessen besseres Teil über das schlechtere herrscht, besonnen genannt werden muß und sich selbst überlegen.

Glaukon: Ja, ich schaue hin und finde es bestätigt.

Sokrates: Und gewiß wird man auch die vielen und mancherlei Begierden und Lüste und Schmerzen zumeist bei Kindern finden und bei Weibern und Dienstboten sowie bei der großen ungebildeten Mehrzahl der sogenannten freien Leute.

Glaukon: Sicherlich.

Sokrates: Die einfachen und maßvollen dagegen, die an der Hand der Vernunft und richtigen Meinung durch den überlegenden Verstand geleitet werden, wirst du nur bei wenigen finden und zwar sind dies die durch natürliche Anlage und Erziehung an Tüchtigkeit hervorragendsten.

Glaukon: Du hast recht.

Sokrates: Siehst du nun nicht, daß auch dies sich in unserer Stadt findet, und daß in ihr die Begierden in der Menge und bei den Ungebildeten beherrscht werden von den Begierden und der Einsicht in den Wenigeren und Edlen?

Glaukon: Ja.

Sokrates: Wenn man also irgendeinen Staat als den Lüsten und Begierden und sich selbst überlegen bezeichnen darf, so ist es dieser.

Glaukon: Unbedingt.

Sokrates: Und also auch als besonnen in allen diesen Beziehungen?

Glaukon: Ja, gewiß.

Sokrates: Und wenn ferner in sonst einer Stadt sich völlige Übereinstimmung findet zwischen Regierenden und Regierten über die Frage, wer regieren soll, so ist das doch auch in unserer der Fall. Oder glaubst du nicht?

Glaukon: Unbedingt.

Sokrates: Welchen von beiden soll nun deiner Meinung nach die Besonnenheit innewohnen, wenn sie in diesem Verhältnis zueinander stehen? Den Regierenden oder den Regierten?

Glaukon: Doch wohl beiden.

Sokrates: Du siehst also, daß unsere eben geäußerte Ahnung ganz richtig war, die Besonnenheit habe Ähnlichkeit mit einer Harmonie?

Glaukon: Wie so?

Sokrates: Weil es bei ihr nicht so ist, wie bei der Weisheit und Tapferkeit. Denn während von diesen beiden eine jede einem gewissen Teile [der Seele] innewohnt, so daß der eine die Stadt weise, der andere sie tapfer machte, so ist im Gegensatz zu ihnen die Besonnenheit schlechtweg über das Ganze verbreitet und läßt zu vollstem Einklang zusammenstimmen die Schwächsten und die Stärksten und die Mittleren, sei es nun, daß sie dies sind an Einsicht oder an Stärke oder an Menge oder an Besitz und dergleichen mehr. Besonnenheit wäre demnach, wie wir wohl am treffendsten sagen können, diese Einträchtigkeit, diese Einhelligkeit des von Natur schlechteren und des von Natur besseren Teiles über die Frage, welcher von beiden herrschen soll sowohl in der Stadt wie in jedem Einzelnen.

Glaukon: Ich teile ganz deine Meinung. [...]

Sokrates: So höre denn, ob meine Behauptung haltbar ist. Was wir nämlich von Anfang an als unerläßliche durchgängige Forderung hinstellten, als wir die Gründung der Stadt unternahmen, das, oder eine Art davon, ist, wie mir scheint, die Gerechtigkeit. Wir nahmen aber doch an und wiederholten es, wenn du dich erinnerst, immer wieder, daß jeder Einzelne nur eines der auf die Stadt bezüglichen Geschäfte treiben dürfe, nämlich das, wozu er von Natur besonders beanlagt sei.

Glaukon: Ja, das sagten wir.

Sokrates: Und auch, daß das Seinige tun und sich nicht in alles Mögliche einmischen Gerechtigkeit ist, auch das haben wir von vielen anderen gehört und haben es selbst oft gesagt.

Glaukon: Ja, so ist es.

Sokrates: Dies also scheint, wenn es auf eine bestimmte Art geschieht, die Gerechtigkeit zu sein, nämlich daß man das Seinige tut. Weißt du, woraus ich das folgere?

Glaukon: Nein, aber sage es.

Sokrates: Von den für die Stadt bestimmenden Eigenschaften scheint mir, nachdem wir die Besonnenheit und die Tapferkeit und die Einsicht betrachtet haben, noch diejenige übrig zu sein, die allein jenen die Kraft verlieh sich selbst in ihr auszubilden, und wenn dies geschehen, ihnen sicheren Bestand verleiht, so lange sie in ihr heimisch ist. Nun sagten wir aber doch, die Gerechtigkeit werde das noch zum Ganzen Fehlende sein, wenn wir die drei anderen gefunden hätten.

Glaukon: Diese Annahme war auch notwendig.

Sokrates: Aber wenn man nun entscheiden müßte, welche der genannten Eigenschaften durch ihr Innewohnen unsere Stadt vor allem zu einer guten machen wird, so dürfte schwer zu sagen sein, ob dies die Einhelligkeit der Regierenden und der Regierten ist, oder die den Kriegsmännern innewohnende Kraft des festen Beharrens bei der gesetzmäßigen Meinung über das was wirklich zu fürchten ist und was nicht, oder die bei den Regierenden sich findende Einsicht und Wächterkunst, oder ob vielmehr, was durch sein Innewohnen in Kind, Weib, Knecht und Freien, in Handwerksmann, Regierendem und Regiertem die Stadt vor allem gut macht, dies ist, daß jeder als einer auch nur sein Geschäft treibt und sich nicht in alles Mögliche mischt.

Glaukon: Das ist allerdings schwer zu entscheiden.

Sokrates: Es steht also, wie es scheint, in bezug auf die Tugend der Stadt mit der Weisheit und Besonnenheit und Tapferkeit derselben in Wettbewerb jene Kraft, derzufolge jeder in ihr das Seinige tut.

Glaukon: Gewiß.

Sokrates: Ist es also nicht die Gerechtigkeit, die du als die für die Tugend der Stadt mit jenen in Wettbewerb stehende Eigenschaft ansehen mußt?

Glaukon: Ohne Zweifel.

Sokrates: So betrachte denn die Sache auch von dieser Seite, ob du damit einverstanden sein kannst. Wirst du den Regierenden in der Stadt die Rechtsprechung übertragen?

Glaukon: Ohne Zweifel.

Sokrates: Werden sie bei ihrer Rechtsprechung irgend etwas anderes mehr im Auge haben als dies, daß niemand einerseits sich fremdes Gut aneigne, anderseits des eigenen beraubt werde?

Glaukon: Nichts anderes.

Sokrates: Überzeugt, daß das gerecht ist.

Glaukon: Ja.

Sokrates: Auch so also würde in gewisser Beziehung anerkannt, Gerechtigkeit sei, daß jeder das Eigene und Seinige hat und tut.

Glaukon: So ist es.

Sokrates: Sieh zu, ob du auch die folgende Ansicht mit mir teilst. Wenn ein Zimmermann es sich beikommen läßt die Arbeit eines Schusters zu verrichten oder ein Schuster die des Zimmermanns, indem sie entweder ihre Werkzeuge und Ehren vertauschen, oder auch der eine beides betreibt, glaubst du, daß all solcher Tausch in Dingen, die nicht das Herrscheramt betreffen, der Stadt großen Schaden bringe?

Glaukon: Durchaus nicht.

Sokrates: Wenn dagegen ein von Natur zum Handwerker oder sonst einem Erwerbsfach Bestimmter, im Verlaufe der

Zeit dünkelhaft gemacht durch Reichtum oder Anhang oder Stärke oder sonst etwas dergleichen, sich in den Kriegerstand einzudrängen versucht, oder ein Kriegsmann in den Stand der Ratsleute und Wächter, ohne dessen würdig zu sein, und diese ihre Werkzeuge und Ehren miteinander vertauschen oder wenn ein und derselbe alles dies zugleich zu verrichten sich unterfängt, dann, denke ich, wird auch dir solcher Tausch und solche Vielgeschäftigkeit als verderblich für den Staat erscheinen.

Glaukon: Zweifellos.

Sokrates: Die Vielgeschäftigkeit also der drei verschiedenen Stände und ihr gegenseitiges Übergreifen ineinander dürfte als größter Schaden für die Stadt und mit vollstem Recht als Hauptfrevel bezeichnet werden.

Glaukon: Ja, gewiß.

Sokrates: Den größten Frevel aber gegen die eigene Stadt, wirst du den nicht Ungerechtigkeit nennen?

Glaukon: Ohne Zweifel.

Sokrates: Dies wäre also die Ungerechtigkeit.

61. Kritik aller Vergeltung

Sokrates: Wie steht es mit unserer Meinung über das Unrechttun? Darf man unter keinen Umständen freiwillig unrecht tun, oder darf man es unter gewissen Umständen, unter anderen wieder nicht? Oder ist das Unrechttun überhaupt durchweg weder gut noch schön, wie wir in früheren Gesprächen es oft festgestellt haben und wie auch eben erst wieder behauptet ward? Oder sollen alle diese früheren Feststellungen in diesen wenigen Tagen wie weggeblasen sein? Sollen also Männer so hohen Alters wie wir, mein Kriton, schon geraume Zeit ernsthaft miteinander Reden getauscht haben ohne zu merken, daß es reines Kinderspiel war, was wir trieben? Oder bleibt es unbedingt bei dem damaligen Spruch, mögen nun die Leute ja oder nein dazu sagen? Und ist das Unrechttun, mag uns nun ein noch härteres Schicksal beschieden sein als das gegenwärtige oder ein milderes, für den Frevelnden doch unbedingt verwerflich und häßlich? Soll dieser Satz gelten oder nicht?

Kriton: Er soll gelten.

Sokrates: In keinem Falle also darf man unrecht tun?

Kriton: Gewiß nicht.

Sokrates: Also auch der, dem Unrecht widerfahren ist, darf nicht wieder unrecht tun, wie die meisten glauben; denn man darf ja eben unter keinen Umständen unrecht tun.

Kriton: Nein, das darf man gewiß nicht.

Sokrates: Und weiter. Darf man Böses zufügen, Kriton, oder nicht?

Kriton: Kein Zweifel, man darf es nicht, Sokrates.

Sokrates: Wie nun? Böses zu erwidern, wenn einem Böses widerfährt, ist das, wie die meisten behaupten, recht oder unrecht?

Kriton: Unrecht, ganz entschieden.

Sokrates: Denn den Menschen Böses zufügen, heißt doch nichts anderes, als ihnen unrecht tun.

Kriton: Du hast recht.

Sokrates: Also weder erlittenes Unrecht vergelten noch Böses zufügen darf man irgendeinem Menschen, mag man auch noch so schwer von ihm zu leiden haben. Und sieh dich wohl vor, Kriton, ehe du zustimmst, auf daß du nicht gegen deine Überzeugung einstimmst: denn ich weiß: nur ganz wenige denken so und werden so denken. Für die Anhänger dieses Glaubens nun und ihre Gegner gibt es kein gegenseitiges Verständnis, sondern unvermeidlich nur gegenseitige Verachtung angesichts ihrer beiderseitigen Grundsätze und Entschließungen.

Aristoteles (384–322 v. Chr.)

62. Voraussetzungen der praktischen Philosophie

Wir werden uns aber mit demjenigen Grade von Bestimmtheit begnügen müssen, der dem gegebenen Stoffe entspricht. Denn es ist nicht bei allen Fragen die gleiche Präzision zu verlangen, wie man es ja auch nicht im Handwerklichen tut.

Das Edle und Gerechte, das der Gegenstand der politischen Wissenschaft ist, zeigt solche Gegensätze und solche Unbeständigkeit, daß man vermuten könnte, es beruhe nur auf dem Herkommen und nicht auf der Natur. Dieselbe Unbeständigkeit besteht auch im Bezug auf die Güter; denn viele Menschen kommen durch sie zu Schaden: schon manche sind durch den Reichtum zugrunde gegangen, andere durch die Tapferkeit. Da wir nun über solche Dinge und unter solchen Voraussetzungen reden, müssen wir damit zufrieden sein, in groben Umrissen das Richtige anzudeuten; und wenn wir nur über das zumeist Vorkommende reden und von solchem ausgehen, so werden auch die Schlußfolgerungen dieser Art sein.

Auf dieselbe Weise hat nun aber auch der Hörer das Gesagte aufzunehmen. Denn es kennzeichnet den Gebildeten, in den einzelnen Gebieten so viel Präzision zu verlangen, als es die Natur des Gegenstandes zuläßt. Es wäre dasselbe, wenn man von einem Mathematiker Wahrscheinlichkeitsgründe annehmen und vom Redner strikte Beweise fordern würde.

Jeder beurteilt dasjenige richtig, was er kennt, und ist darin ein guter Richter. Über einen bestimmten Gegenstand vermag der darin Ausgebildete zu urteilen, über alle Gegenstände der in allem Ausgebildete. Darum ist ein junger Mensch nicht ein geeigneter Hörer für die politische Wissenschaft. Denn er ist unerfahren in der Praxis des Lebens; die Untersuchung geht aber gerade von dieser aus und behandelt diese. Ferner ist er geneigt, den Leidenschaften zu folgen, und wird darum ohne Zweck und Nutzen zuhören, da ja das Ziel hier nicht die Erkenntnis, sondern das Handeln ist. Es macht aber keinen Unterschied, ob man an Jahren jung ist oder an Charakter unreif. Denn der Mangel hängt nicht von der Zeit ab, sondern davon, daß man den Leidenschaften lebt und auf sie hin jedes einzelne erstrebt. Für solche Menschen ist die Erkenntnis völlig fruchtlos, wie etwa für die Unmäßigen. Wer aber seine Strebungen nach der Vernunft richtet und demgemäß handelt, für den dürfte das Wissen von diesen Dingen von außerordentlichem Nutzen sein.

63. Über das Glück

63.1 Es gibt für so gut wie jeden einzelnen und für alle gemeinschaftlich ein Ziel, auf das gerichtet man Dinge wählt oder ablehnt; und dies ist – um es kurz zu sagen – das Glück und die Teile davon. Wir wollen also, um es an einem Beispiel vorzuführen, erfassen, was – kurz gesagt – das Glück ist und woraus die Teile davon bestehen. Über dieses (das Glück) nämlich und über die Dinge, die darauf gerichtet oder ihm entgegengesetzt sind, handeln die zuratenden und die abratenden Reden. Was nämlich dies oder einen der Teile (davon) herbeiführt – oder was es eher größer als kleiner macht –, soll man tun, was dies aber zerstört oder behindert oder das Gegenteil davon hervorbringt, soll man nicht tun.

Es sei also das Glück Wohlergehen verbunden mit Tugend oder Selbstgenügsamkeit des Lebens oder das angenehmste mit Sicherheit verbundene Leben oder reichliches Vorhandensein von Besitz und körperlichen Gütern verbunden mit der Fähigkeit, diese zu bewahren und damit umzugehen. Daß eines oder mehreres von diesen das Glück sei, darüber stimmen so gut wie alle überein.

63.2 Nicht ohne Grund scheint man das Gute und die Glückseligkeit an den Lebensformen abzulesen. Die Mehrzahl der Leute und die rohesten wählen die Lust. Darum schätzen sie auch das Leben des Genusses. Es gibt nämlich vor allem drei hervorstechende Lebensformen, die eben genannte, die politische und die betrachtende.

Die große Menge erweist sich als völlig sklavenartig, da sie ja das Leben des Viehs vorzieht. Sie kommen aber zu einiger Rechtfertigung, da es vielen unter den Mächtigen ähnlich ergeht wie Sardanapal.

Die gebildeten und energischen Menschen wählen die Ehre. Denn dies kann man als das Ziel des politischen Lebens bezeichnen. Aber es scheint doch oberflächlicher zu sein als das, was wir suchen. Denn die Ehre liegt wohl eher in den Ehrenden als in dem Geehrten, vom Guten aber vermuten wir, daß es dem Menschen eigen ist und nicht leicht verlorengehen kann. Ferner scheint man die Ehre zu suchen, um sich selbst zu überzeugen, daß man gut sei. Man wünscht ja geehrt zu werden durch die Verständigen und durch jene, die einen kennen, und zwar wegen seiner Tüchtigkeit. So ist eigentlich nach diesen die Tüchtigkeit das höhere Ziel. Also könnte man vielleicht die Tüchtigkeit als das letzte Ziel der politischen Lebensform auffassen.

Aber selbst sie ist unvollkommen. Denn offenbar ist es denkbar, daß man im Besitze der Tüchtigkeit auch schlafen oder sein Leben lang untätig sein kann. Man kann außerdem mit ihr Mißgeschick erleiden und in das größte Unglück kommen. Wer aber so lebt, den wird niemand glückselig nennen, außer um eben seine Behauptung zu retten. [...]

Die dritte Lebensform ist die betrachtende. Sie werden wir im nachfolgenden untersuchen.

Die kaufmännische Lebensform hat etwas Gewaltsames an sich, und offensichtlich ist der Reichtum nicht das gesuchte Gute. Denn er ist nur als Mittel zu anderen Zwecken zu gebrauchen. Darum wird man wohl eher die obengenannten Dinge als Ziele annehmen; denn diese werden um ihrer selbst willen geschätzt. Doch auch sie scheinen nicht das Gesuchte zu sein, obschon viele Argumente zu ihren Gunsten angeführt worden sind.

63.3 Da sich viele Ziele zeigen, wir aber von diesen manche um anderer Dinge willen wählen, wie den Reichtum, Flöten und überhaupt alle Instrumente, so ist es offenbar, daß nicht alle Endziele sind. Das Gute scheint aber ein Endziel zu sein. Wenn es also nur ein Endziel gibt, so wäre dies das Gesuchte, wenn aber mehrere, dann das vollkommenste unter diesen. Vollkommener nennen wir das um seiner selbst willen Erstrebte gegenüber dem um anderer Ziele willen Erstrebten, und das niemals um eines anderen willen Gesuchte gegenüber dem, was sowohl wegen sich selbst als auch wegen eines andern gesucht wird; allgemein ist das vollkommene Ziel dasjenige, was stets nur an sich und niemals um eines anderen willen gesucht wird.

Derart dürfte in erster Linie die Glückseligkeit sein. Denn diese wünschen wir stets wegen ihrer selbst und niemals wegen eines anderen; Ehre dagegen und Lust und Vernunft und jede Tüchtigkeit wählen wir teils wegen ihnen selber (denn auch wenn wir keinen weiteren Gewinn von ihnen hätten, würden wir jedes einzelne von ihnen wohl erstreben), teils um der Glückseligkeit willen, da wir glauben, eben durch jene Dinge glückselig zu werden. Die Glückseligkeit aber wählt keiner um jener Dinge willen und überhaupt nicht wegen eines anderen.

Dasselbe scheint sich aus dem Prinzip der Selbstgenugsamkeit zu ergeben. Denn das vollkommen Gute scheint selbstgenugsam zu sein. Wir verstehen diese Selbstgenugsamkeit nicht nur für den einzelnen, der für sich allein lebt, sondern auch für seine Eltern, Kinder, Frau und überhaupt seine Freunde und Mitbürger, da ja der Mensch seiner Natur nach in der Gemeinschaft lebt. Doch muß hier eine Grenze gezogen werden. Denn wenn man weitergehen wollte bis zu den Vorfahren und Nachkommen und zu den Freunden der Freunde, so geriete man ins Unbegrenzte. Aber dies wollen wir später untersuchen. Als selbstgenugsam gilt uns dasjenige, was für sich allein das Leben begehrenswert macht, so daß es keines weiteren bedarf. Für etwas Derartiges halten wir die Glückseligkeit, und zwar so, daß sie das Wünschenswerteste ist, ohne daß irgend etwas anderes addiert werden könnte. Wenn nämlich eine Addition möglich wäre, so würde sie offenbar noch wünschbarer, wenn auch noch das kleinste Gut dazukäme. Denn das Dazutreten würde dann einen Zuschuß an Gutem bedeuten, und es ist immer das größere Gut das wünschbarere. So scheint also die Glückseligkeit das vollkommene und selbstgenugsame Gut zu sein und das Endziel des Handelns.

64. Tugend

Die Tugend ist also ein Verhalten der Entscheidung, begründet in der Mitte im Bezug auf uns, einer Mitte, die durch Überlegung bestimmt wird und danach, wie sie der Verständige bestimmen würde. Die Mitte liegt aber zwischen zwei Schlechtigkeiten, dem Übermaß und dem Mangel. Statt in den Leidenschaften und Handlungen hinter dem Gesollten zurückzubleiben oder über es hinauszugehen, besteht die Tugend darin, die Mitte zu finden und zu wählen. Darum ist die Tugend ihrem Wesen und der Frage nach der Wesenheit nach eine Mitte, nach der Vorzüglichkeit und Richtigkeit aber das Höchste.

Freilich hat nicht jede Handlung und nicht jede Leidenschaft Raum für eine Mitte. Denn einzelne sind in ihrem Namen schon verbunden mit der Schlechtigkeit, so wie die Schadenfreude, die Schamlosigkeit oder der Neid, und bei den Handlungen der Ehebruch, der Diebstahl und der Mord. Alle diese Dinge werden getadelt, weil sie in sich selbst schlecht sind und nicht nur ihr Übermaß oder ihr Mangel. Man kann bei ihnen also niemals das Rechte treffen, sondern immer nur sich verfehlen. Es gibt kein Richtig oder Unrichtig im Bezug auf diese Dinge, etwa mit wem und wann und wie man Ehebruch treiben solle, sondern etwas derart zu tun ist schlechthin falsch. Ebenso steht es, wenn man meinen wollte, es gäbe bei Ungerechtigkeit, Feigheit, Zügellosigkeit eine Mitte, ein Übermaß und einen Mangel. Denn so gäbe es ja eine Mitte in Übermaß und Mangel und ein Übermaß des Übermaßes und einen Mangel des Mangels. Wie es also in der Besonnenheit und Tapferkeit kein Übermaß und keinen Mangel geben kann, weil die Mitte gleichzeitig auch eine Art von Spitze ist, so gibt es Mitte, Übermaß und Mangel auch nicht bei jenem, sondern wie immer man handelt, wird man sich verfehlen. Allgemein gesagt, gibt es weder eine Mitte von Übermaß und Mangel und auch nicht ein Übermaß und einen Mangel von der Mitte. Dies darf man aber nicht nur allgemein feststellen, sondern muß es auch dem Einzelnen anpassen. Denn in den Untersuchungen über das Handeln sind die Allgemeinheiten inhaltsleer, das Einzelne aber wahrer. Denn die Handlungen betreffen das Einzelne, und dem muß man sich anpassen. Das Folgende muß man nun aus dem Schema entnehmen. Bei Furcht und Tollkühnheit ist die Tapferkeit die Mitte. Beim Übermaß hat dasjenige in der Richtung auf die Furchtlosigkeit keinen eigenen Namen (das ist oftmals der Fall), dasjenige in Richtung auf den Mut heißt Tollheit; das Übermaß der Angst und der Mangel an Mut heißt Feigheit.

Bei Lust und Schmerz, freilich nicht bei jedem und weniger beim Schmerz, heißt die Mitte Besonnenheit, das Übermaß Zügellosigkeit. Mangelhaft in Richtung auf die Lust sind die Menschen kaum. Darum haben solche auch keinen eigenen Namen. Man mag sie stumpf nennen. Bei Geben und Nehmen von Geld ist die Mitte die Großzügigkeit, Übermaß und Mangel sind Verschwendung und Kleinlichkeit. Übermaß und Mangel verhalten sich da auf entgegengesetzte Weise: denn der Verschwender ist übermäßig im Ausgeben und mangelhaft im Nehmen, der Kleinliche ist übermäßig im Nehmen und mangelhaft im Ausgeben.

65. Klugheit

Was die Klugheit ist, können wir fassen, wenn wir betrachten, wen wir klug nennen. Der Kluge scheint das für ihn Gute und Zuträgliche recht überlegen zu können, nicht das Gute im einzelnen, also was für die Gesundheit oder Kraft gut ist, sondern was das gute Leben im ganzen angeht. Ein Beweis ist, daß wir auch solche klug nennen, die es im Bezug auf ein Einzelnes sind und deren Berechnungen gut sind im Hinblick auf ein ernsthaftes Ziel, das aber nicht Gegenstand einer Kunst ist. So wäre der Kluge der gut Überlegende. Niemand überlegt sich Dinge, die sich unmöglich anders verhalten können, als sie tun, oder solche, in denen er selbst nicht handeln kann. Wenn also die Wissenschaft auf Beweisen beruht, Dinge aber, deren Prinzipien sich so oder anders verhalten können, nicht beweisbar sind (denn da wird sich alles auch anders verhalten können), und wenn man nicht Dinge überlegen kann, die aus Notwendigkeit sind, so wird also die Klugheit weder Wissenschaft noch Kunst sein; nicht Wissenschaft, weil der Gegenstand des Handelns sich auch anders verhalten kann, und nicht Kunst, weil Handeln und Hervorbringen verschiedene Gattungen sind. Es bleibt also nur, daß sie ein mit richtiger Vernunft verbundenes handelndes Verhalten sei im Bezug auf das, was für den Menschen gut oder schlecht ist. Das Hervorbringen hat ein Ziel außerhalb seiner selbst, das Handeln nicht. Denn das gute Handeln ist selbst ein Ziel.

So halten wir auch einen Perikles und ähnliche für klug, weil sie das, was für sie selbst und für die Menschen gut ist, zu erkennen vermögen. Von solcher Art scheinen auch diejenigen zu sein, die sich mit der Verwaltung eines Hauses oder eines Staates abgeben. [...]

Die Klugheit aber betrifft das Menschliche und jene Dinge, die man überlegen kann. Denn dies nennen wir vor allem die Aufgabe des Klugen, richtig zu überlegen. Aber keiner überlegt Dinge, die sich unmöglich anders verhalten können, als sie tun, oder Dinge, die kein Ziel in einem zu verwirklichenden Guten haben. Der schlechthin Wohlberatene ist der, der durch Nachdenken das größte dem Menschen durch Handeln erreichbare Gut zu treffen weiß.

Auch betrifft die Klugheit nicht nur das Allgemeine, sondern muß auch das einzelne kennen. Denn sie ist handelnd, und das Handeln betrifft das einzelne. So gibt es auch einzelne, die ohne wissenschaftliches Wissen zum praktischen Handeln in verschiedenen Dingen geeigneter sind als die Wissenden, nämlich die Erfahrenen. Wenn man nämlich weiß, daß leichtes Fleisch gut verdaulich und gesund ist, nicht aber weiß, welches Fleisch leicht ist, so wird er nicht die Gesundheit schaffen können; das wird eher jener können, der weiß, daß das Geflügelfleisch leicht ist.

Die Klugheit aber ist handelnd. Also muß sie beides umfassen und noch mehr das zweite.[...]

Es gibt eine Fähigkeit, die man Gewandtheit nennt. Ihr ist es eigentümlich, das zu tun und erreichen zu können, was zum vorgenommenen Ziele führt. Ist das Ziel gut, so ist sie lobenswert, ist es schlecht, so ist sie Gerissenheit. Darum nennen wir sowohl die Klugen wie auch die Gerissenen gewandt. Die Klugheit ist nun nicht diese Fähigkeit selbst, aber sie besteht nicht ohne sie. Eine solche Haltung aber wird diesem Auge der Seele nicht ohne Tugend zuteil, wie wir schon gesagt haben und es auch klar ist. Denn die Schlußfolgerungen, die das Prinzip des Handelns sind, lauten: „Weil das und das das Ziel und das Beste ist – es mag sein, was es will; man kann irgend etwas Beliebiges nehmen – ...“ Dies wird aber nur dem Tugendhaften klar. Denn die Schlechtigkeit verführt und macht, daß man sich in den Prinzipien des Handelns vergreift. Also ist klar, daß man nicht klug sein kann, wenn man nicht tugendhaft ist.

66. Unbeherrschtheit

Die Unbeherrschtheit ist teils Voreiligkeit, teils Schwäche. Die einen überlegen sich etwas, aber bleiben nicht dabei wegen der Leidenschaft, die andern überlegen sich nichts und werden durch die Leidenschaft geführt. Einige nämlich machen es wie jene, die sich zuvor selbst kitzeln, um nicht gekitzelt zu werden: im voraus empfinden sie und sehen und rufen sich selbst und ihren Verstand wach und werden so nicht von der Leidenschaft überwältigt, mag sie angenehm oder schmerzlich sein.

Unbeherrscht aus Übereilung sind meist die heftigen und melancholischen Naturen. Die einen warten nicht auf den Verstand aus Raschheit, die andern aus Heftigkeit und weil sie sich von ihren Vorstellungen leiten lassen. Der Zügellose kennt, wie gesagt, keine Reue; denn er bleibt bei seiner Willensentscheidung. Der Unbeherrschte ist aber immer der Reue fähig. Es verhält sich also nicht so, wie wir vorhin in den Aporien meinten, sondern der eine ist unheilbar und der andere heilbar. Die Schlechtigkeit gleicht Krankheiten wie der Wassersucht und Schwindsucht, die Unbeherrschtheit der Epilepsie. Jene ist eine chronische, diese eine intermittierende Schlechtigkeit. Und überhaupt gehören die Unbeherrschtheit und die Schlechtigkeit verschiedenen Gattungen an. Die Schlechtigkeit kennt sich selbst nicht, die Unbeherrschtheit aber wohl.

Unter den Unbeherrschten selbst sind nun wieder die Überschwenglichen besser als jene, die Vernunft haben und an ihr nicht festhalten. Denn diese lassen sich von einer geringern Leidenschaft überwältigen und sind nicht unüberlegt wie jene. Denn der Unbeherrschte ist wie einer, der rasch betrunken wird und durch wenig Wein, weniger, als es die Mehrzahl verträgt.

67. Freundschaft – Tugend – Eigenliebe

Man kann sich auch fragen, ob man sich am meisten lieben solle oder einen anderen. Man tadelt jene, die sich selbst am meisten schätzen, und nennt sie im verächtlichen Sinne eigenliebend; es scheint auch der Schlechte alles um seiner selbst willen zu tun, und je schlechter er ist, desto mehr; man wirft ihm vor, daß er nichts tue, was nicht in seinem Interesse sei. Der Tugendhafte aber handelt wegen des Edlen, und dies um so mehr, je besser er ist, und ferner um des Freundes willen, während er das Seinige vernachlässigt.

Diesen Erwägungen widersprechen aber die Tatsachen, und dies aus verständlichen Gründen. Man sagt nämlich, man müsse den besten Freund am meisten lieben, und der beste Freund ist der, der dem, dem er Gutes wünscht, dieses am meisten um des andern willen wünscht, auch wenn es niemand erfährt. Dies trifft aber am meisten im Verhältnis des einzelnen zu sich selbst zu, und so auch alles andere, wodurch der Freund bestimmt wird. Denn es wurde schon gesagt, daß aus dem Verhalten zu sich selbst die ganze Freundschaft auch zu den anderen übergeht. Alle Sprichwörter stimmen damit überein: „eine Seele", „unter Freunden ist alles gemeinsam", „Freundschaft ist Gleichheit" und „das Knie ist näher als die Wade". All das gilt am meisten für den einzelnen im Verhältnis zu sich selbst. Er ist sich selbst am meisten Freund, und so soll man sich auch selbst am meisten lieben.

Man mag mit Recht fragen, welcher der beiden Ansichten man folgen soll, da jede glaubwürdig ist.

Vielleicht muß man bei derartigen Erwägungen unterscheiden und abgrenzen, wieweit und inwiefern jeder recht hat. Die Sache wird leicht klar, wenn wir prüfen, wie jeder von beiden den Begriff eigenliebend versteht. Die einen fassen ihn als Beschimpfung auf und nennen eigenliebend jene, die für sich zuviel beanspruchen an Geld, Ehre und körperlichen Genüssen.

Denn danach streben die Leute und bemühen sich darum, als ob es das Beste wäre, und so ist es auch umkämpft. Wer hierin zuviel haben will, dient seinen Begierden und überhaupt den Leidenschaften und dem vernunftlosen Seelenteil. Das ist die große Menge, und darum versteht man auch jenen Begriff im Sinne der Menge, die schlecht ist. Mit Recht tadelt man die in diesem Sinne Eigenliebenden. [...]

Wer sich besonders um die schönen Handlungen bemüht, wird von allen anerkannt und gelobt, und wenn alle um das Edle wetteiferten und sich anstrengten, das Schönste zu tun, so wäre für die Gemeinschaft alles erreicht, was notwendig ist, und der einzelne hätte für sich die größten Güter, wenn nämlich die Tugend eben das größte Gut ist.

Also soll der Tugendhafte eigenliebend sein (denn er wird selbst den Nutzen davon haben, wenn er Edles tut, und wird damit auch den anderen nützen), der Schlechte aber darf es nicht sein (denn er wird sich selbst und seinen Nächsten schaden, da er schlechten Leidenschaften folgt). Beim Schlechten widerspricht das, was er tut, dem, was er tun sollte. Der Tugendhafte aber tut auch, was er soll.

68. Lust

Lust gibt es bei der Wahrnehmung, ebenso bei Überlegen und Denken; am lustvollsten ist das Vollkommenste und am vollkommensten ist die Tätigkeit, wo das eine sich in gutem Zustand befindet und das andere das edelste der zugeordneten Objekte ist.

Die Lust macht nun die Tätigkeit vollkommen. Freilich bringt sie die Vollendung nicht in der Weise, wie es die Vorzüglichkeit des Objektes und des Wahrnehmungsorgans tun, wie ja auch die Gesundheit und der Arzt nicht in derselben Weise Ursache des Gesundseins sind. [...]

Die Lust vollendet die Tätigkeit aber nicht wie ein in ihr wohnendes Verhalten, sondern als eine dazukommende Vollendung, wie die Schönheit beim Wachsenden. Solange nun das Objekt des Denkens oder Wahrnehmens so ist, wie es soll, und ebenso das Beurteilende und das Betrachtende, wird in der Tätigkeit die Lust vorhanden sein. Denn sie verhalten sich dann konstant, und das Erfahrende und das Erzeugende verhalten sich gleich zu einander, und so entsteht denn auch dasselbe.

Warum aber kann sich keiner ununterbrochen freuen? Ermüdet man? Denn alles Menschliche ist unfähig, kontinuierlich in Tätigkeit zu sein: also auch Lust zu empfinden. Denn sie folgt der Tätigkeit. Einiges erfreut, weil es neu ist, und später nicht mehr so, aus eben diesem Grunde. Denn zuerst wird die Aufmerksamkeit wachgerufen und beschäftigt sich andauernd damit, wie wenn man einen Gegenstand genau betrachtet; darnach ist die Tätigkeit keine solche mehr, sondern sie läßt nach, und da verkommt dann auch die Lust.

Man könnte wohl meinen, daß alle nach der Lust streben, weil alle zu leben begehren. Das Leben ist eine Art von Tätigkeit, und jeder bemüht sich darum und darin, was er am meisten schätzt, so der Musiker mit der Stimme um das Singen, der Wißbegierige mit dem Denken um die Wissenschaft usw., und die Lust vollendet die Tätigkeit und also auch das Leben, nach dem sie streben. Begreiflicherweise also streben sie nach der Lust. Denn für jeden einzelnen vollendet sie das Leben, und dieses ist wünschbar.

69. Theoretisches und praktisches Leben

Ist aber die Glückseligkeit eine der Tugend gemäße Tätigkeit, so muß sie natürlich der vorzüglichsten Tugend gemäß sein, und diese ist wieder die Tugend des Besten in uns. Mag das die Vernunft oder etwas anderes sein, was seiner Natur nach als das Herrschende und Leitende auftritt und das Gute und Göttliche zu erkennen vermag, sei es selbst auch göttlich oder das Göttlichste in uns: immer wird die seiner eigentümlichen Tugend gemäße Tätigkeit die vollendete Glückseligkeit sein.

Daß diese Tätigkeit eine betrachtende ist, haben wir bereits gesagt. [...]

Denn zunächst ist diese Tätigkeit die vornehmste. Die Vernunft nämlich ist das Vornehmste in uns, und die Objekte der Vernunft sind wieder die vornehmsten im ganzen Bereich der Erkenntnis. Sodann ist sie die anhaltendste. Anhaltend denken können wir leichter als irgend etwas anderes anhaltend tun. [...]

Auch was man Autarkie nennt, findet sich am meisten bei der Betrachtung. Was zum Leben erforderlich ist, dessen bedarf auch der Weise und der Gerechte und die übrigen. Sind sie aber mit dergleichen ausreichend versehen, so bedarf der Gerechte noch solcher, gegen die und mit denen er gerecht handeln kann, und das gleiche gilt von dem Mäßigen, dem Tapferen und jedem anderen; der Weise dagegen kann, auch wenn er für sich ist, betrachten, und je weiser er ist, desto mehr. Vielleicht kann er es besser, wenn er Mitarbeiter hat, aber immerhin ist er sich selbst am meisten genug.

Und von ihr allein läßt sich behaupten, daß sie ihrer selbst wegen geliebt wird. Sie bietet uns außer dem Betrachten nichts; vom praktischen Handeln dagegen haben wir noch einen größeren oder kleineren Gewinn außer der Handlung. [...]

An zweiter Stelle ist dasjenige Leben glückselig, das der sonstigen Tugend gemäß ist.

Denn die dieser sonstigen Tugend entsprechenden Tätigkeiten sind menschlicher Art. Gerechtigkeit, Tapferkeit und die anderen Tugenden üben wir gegeneinander im geschäftlichen Verkehr, in Notlagen, in Handlungen aller Art und in den Leidenschaften dadurch, daß wir jedem soviel zumessen, als sich gebührt. Das sind aber offenbar lauter menschliche Dinge. Manches davon scheint vom Körper herzukommen, und die ethische Tugend scheint in mancher Hinsicht mit den Affekten verwandt zu sein. Auch ist mit der ethischen Tugend die Klugheit verbunden und umgekehrt, da ja die Grundsätze der Klugheit sich nach den ethischen Tugenden richten und diese wieder durch jene geordnet werden. Da nun beide, ethische Tugend wie Klugheit, auch auf die Affekte Bezug haben, so haben sie es ohne Zweifel mit dem Ganzen aus Leib und Seele zu tun. Die Tugenden dieses Ganzen sind aber menschliche Tugenden. Somit ist auch das ihnen gemäße Leben menschlich, und menschlich auch die Glückseligkeit, die es gewähren kann. Dagegen diejenige, die das Leben nach der Vernunft gewährt, ist für sich. [...]

Auch bedarf diese Glückseligkeit der äußeren Güter nur wenig oder doch weniger als das Leben gemäß den ethischen Tugenden. Mögen beide das zum Unterhalt Nötige auch gleich sehr brauchen – wenn auch der Politiker sich um den Körper, und was damit verwandt ist, mehr bemühen muß; doch macht das nicht viel aus –, so muß sich doch bei der jeweiligen Tätigkeit ein großer Unterschied ergeben. Der Freigebige braucht Geld, um freigebig zu handeln, und der Gerechte braucht es, um Empfangenes zu vergelten; denn das bloße Wollen ist nicht erkennbar, und auch wer nicht gerecht ist, tut so, als wolle er gerecht handeln; der Mutige bedarf der Kraft, wenn er eine Tat des Mutes vollbringen will, und der Mäßige bedarf der Freiheit. Wie könnte man sonst wissen, ob einer diese oder eine andere Tugend wirklich hat oder nicht? Man zweifelt freilich, welches von den Erfordernissen der Tugend das wichtigere ist, der Wille oder das Werk. Doch findet sie offenbar ihre Vollendung erst in beiden zugleich. Nun bedarf sie aber, um zu handeln, vieler Dinge und bedarf ihrer desto mehr, je größer und schöner ihre Handlungen sind. Der Betrachtende aber hat, wenigstens für diese seine Tätigkeit, keines dieser Dinge nötig, ja sie hindern ihn eher daran. Sofern er aber Mensch ist und mit vielen zusammenlebt, wird er auch wünschen, die Werke der ethischen Tugend auszuüben; so wird er denn solcher Dinge bedürfen, um als Mensch unter Menschen zu leben.

Auch an folgendem mag man sehen, daß die vollkommene Glückseligkeit eine betrachtende Tätigkeit ist. Von den Göttern glauben wir, daß sie die glücklichsten und seligsten Wesen sind. Aber was für Handlungen soll man ihnen beilegen? Etwa Handlungen der Gerechtigkeit? Wäre es aber nicht lächerlich, sie Verträge schließen und Depositen zurückerstatten zu lassen und dergleichen mehr? Oder Handlungen des Mutes, wobei sie vor Furchterregendem standzuhalten und Gefahren zu bestehen hätten, weil es schön ist, solches zu tun? Oder Handlungen der Freigebigkeit? Aber wem sollen sie geben? Es wäre ja absurd, wenn sie Geld oder dergleichen zu vergeben hätten. Was hieße ferner Mäßigkeit bei den Göttern? Es wäre doch ein plumpes Lob, daß sie keine schlechten Begierden hätten. So mögen wir nehmen, was wir wollen, alles, was zur Tugendübung gehört, muß als klein und der Götter unwürdig erscheinen. Und doch hat man immer geglaubt, daß sie leben, also tätig sind; denn niemand denkt, daß sie schlafen wie Endymion. Nimmt man aber dem Lebendigen jenes Handeln und noch viel mehr das Schaffen, was bleibt dann noch außer dem Betrachten? So muß dann die Tätigkeit Gottes, die an Seligkeit alles übertrifft, eine betrachtende sein. Ebenso wird von den menschlichen Tätigkeiten diejenige die seligste sein, die ihr am nächsten verwandt ist.

Ein Zeichen dafür ist endlich, daß die übrigen Lebewesen an der Glückseligkeit keinen Anteil haben, weil sie einer solchen Tätigkeit vollständig ermangeln. Das Leben der Götter ist seiner Totalität nach selig, das der Menschen insofern, als ihnen eine Ähnlichkeit mit dieser Tätigkeit zukommt. Von den andern Lebewesen ist aber keines glückselig, da sie an dem Betrachten in keiner Weise teilhaben. Soweit sich demnach das Betrachten erstreckt, so weit erstreckt sich auch die Glückseligkeit, und den Wesen, denen das Betrachten in höherem Grade zukommt, kommt auch die Glückseligkeit in höherem Grade zu, nicht zufällig, sondern eben auf Grund des Betrachtens, das seinen Wert in sich selbst hat. So ist denn die Glückseligkeit ein Betrachten.

70. Politische Freiheit

Grundlage der demokratischen Staatsform ist die Freiheit […]. Zur Freiheit gehört aber erstens, daß man abwechselnd regiert wird. Denn die demokratische Gerechtigkeit besteht darin, daß man nicht der Würde, sondern der Zahl nach die Gleichheit walten läßt; wo diese Gerechtigkeit herrscht, da muß die Menge Herr sein, und was die Mehrzahl billigt, das muß das Gültige und das Gerechte sein. Man sagt nämlich, es sei gerecht, daß jeder Bürger das Gleiche habe. So sind denn in den Demokratien die Armen mächtiger als die Reichen. Denn sie sind zahlreicher, und maßgebend ist die Meinung der Mehrzahl. Dies ist also das eine Zeichen der Demokratie, das alle Demokraten als Wesenszug dieser Verfassungsform angeben. Ein anderes ist, daß man leben kann, wie man will. Sie sagen, dies eben sei die Leistung der Demokratie; denn nicht zu leben, wie man wolle, sei charakteristisch für Sklaven. Dies ist also die zweite Eigenschaft der Demokratie. Von da her kommt denn, daß man sich nicht regieren läßt, am besten von überhaupt niemandem, oder doch nur abwechslungsweise.

Epikur (341–270 v. Chr.)

71. Ataraxie (Erregungsfreiheit, „Seelenruhe")
und Lust

Wir müssen uns ferner daran erinnern, daß das Künftige weder ganz und gar in unserer Macht liegt noch ganz und gar nicht in unserer Macht: wir wollen weder erwarten, daß das Künftige ganz und gar so kommen wird, noch davor verzweifeln, daß es ganz und gar nicht so kommen wird.

Wir müssen ferner berücksichtigen, daß die Begierden zum einen anlagebedingt, zum andern ziellos sind. Und zwar sind von den anlagebedingten die einen notwendig, die andern nur anlagebedingt; von den notwendigen wiederum sind die einen zum Glück notwendig, die andern zur Störungsfreiheit des Körpers, die dritten zum bloßen Leben. Denn eine unbeirrte Beobachtung dieser Zusammenhänge weiß ein jedes Wählen und Meiden zurückzuführen auf die Gesundheit des Körpers und die Unerschütterlichkeit der Seele: denn dies ist das Ziel des glückseligen Lebens. Um dessentwillen tun wir ja alles, damit wir weder Schmerz noch Unruhe empfinden. Sooft dies einmal an uns geschieht, legt sich der ganze Sturm der Seele, weil das Lebewesen nicht imstande ist, weiterzugehen wie auf der Suche nach etwas, was ihm mangelt, und etwas anderes zu erstreben, wodurch sich das Wohlbefinden der Seele und des Körpers erfüllen würde. Denn nur dann haben wir ein Be-dürfnis nach Lust, wenn wir deswegen, weil uns die Lust fehlt, Schmerz empfinden; [wenn wir aber keinen Schmerz empfin-den], bedürfen wir auch der Lust nicht mehr.

Gerade deshalb ist die Lust, wie wir sagen, Ursprung und Ziel des glückseligen Lebens. Denn sie haben wir als erstes und angeborenes Gut erkannt, und von ihr aus beginnen wir mit jedem Wählen und Meiden, und auf sie gehen wir zurück, in-dem wir wie mit einem Richtscheit mit der Empfindung ein je-des Gut beurteilen. Und gerade weil dies das erste und in uns angelegte Gut ist, deswegen wählen wir auch nicht jede Lust, sondern bisweilen übergehen wir zahlreiche Lustempfindun-gen, sooft uns ein übermäßiges Unbehagen daraus erwächst. Sogar zahlreiche Schmerzen halten wir für wichtiger als Lust-empfindungen, wenn uns eine größere Lust darauf folgt, daß wir lange Zeit die Schmerzen ertragen haben. Jede Lust also ist, weil sie eine verwandte Anlage hat, ein Gut, jedoch nicht jede ist wählenswert; wie ja auch jeder Schmerz ein Übel ist, aber nicht jeder ist in sich so angelegt, daß er immer vermeidens-wert wäre. Doch durch vergleichendes Messen und den Blick auf Zuträgliches und Unzuträgliches ist dies alles zu beurtei-len. Denn wir verfahren mit dem Gut zu bestimmten Zeiten wie mit einem Übel, mit dem Übel ein andermal wie mit einem Gut.

Auch die Selbstgenügsamkeit halten wir für ein großes Gut, nicht damit wir es ganz und gar mit dem Wenigen genug sein lassen, sondern um uns dann, wenn wir das Meiste nicht haben, mit dem Wenigen zu begnügen, da wir im vollen Sinne überzeugt sind, daß jene am lustvollsten den Aufwand genießen, die seiner am wenigsten bedürfen, und daß alles Anlagebedingte leicht, das Ziellose aber schwer zu beschaffen ist. Denn bescheidene Suppen verschaffen eine ebenso starke Lust wie ein aufwendiges Mahl, sooft das schmerzhafte Gefühl des Mangels aufgehoben wird; auch Brot und Wasser spenden höchste Lust, wenn einer sie aus Mangel zu sich nimmt. Sich also zu gewöhnen an einfache und nicht aufwendige Mahlzeiten befähigt zu voller Gesundheit, macht den Menschen unbeschwert gegenüber den notwendigen Anforderungen des Lebens, stärkt unsere Verfassung, wenn wir uns in Abständen zu aufwendigen Mahlzeiten aufmachen, und entläßt uns angstfrei gegenüber dem Zufall.

Wenn wir also sagen, die Lust sei das Ziel, meinen wir damit nicht die Lüste der Hemmungslosen und jene, die im Genuß bestehen, wie einige, die dies nicht kennen und nicht eingestehen oder böswillig auffassen, annehmen, sondern: weder Schmerz im Körper noch Erschütterung in der Seele zu empfinden. Denn nicht Trinkgelage und aneinandergereihte Umzüge, auch nicht das Genießen von Knaben und Frauen, von Fischen und allem übrigen, was eine aufwendige Tafel bietet, erzeugen das lustvolle Leben, sondern ein nüchterner Verstand, der die Gründe für jedes Wählen und Meiden aufspürt und die bloßen Vermutungen vertreibt, von denen aus die häufigste Erschütterung auf die Seelen übergreift.

Für all dies ist die Einsicht Ursprung und höchstes Gut. Daher ist die Einsicht sogar wertvoller als die Philosophie: ihr entstammen alle übrigen Tugenden, weil sie lehrt, daß es nicht möglich ist, lustvoll zu leben, ohne einsichtsvoll, vollkommen und gerecht zu leben, [ebensowenig, einsichtsvoll, vollkommen und gerecht zu leben,] ohne lustvoll zu leben. Denn die Tugenden sind ursprünglich verwachsen mit dem lustvollen Leben, und das lustvolle Leben ist von ihnen untrennbar.

Denn wer, glaubst du, ist stärker als jener, der über die Götter ehrfürchtige Vermutungen hegt, der gegenüber dem Tod ganz und gar angstfrei ist, der das Ziel unserer Veranlagung durchdacht hat und klar erfaßt, daß das Höchstmaß der Güter leicht zu erfüllen und leicht zu beschaffen ist, das Höchstmaß der Übel aber flüchtige Phasen oder Qualen aufweist? Das von manchen als Herrin über alles eingeführte [Schicksal] verspottet er. [Denn er bestimmt sich selbst als Verantwortlichen für seine Handlungen, indem er festsetzt, daß manches mit Notwendigkeit eintritt,] manches infolge des Zufalls, manches in unserer Hand liegt, weil die Notwendigkeit verantwortungsfrei ist und weil er sieht, daß der Zufall unstet und das, was in unserer Hand liegt, herrenlos ist: ihm folgt ja auch zwingend der Tadel und sein Gegenteil. Denn es wäre besser, dem Mythos über die Götter zu folgen, als dem „Schicksal" der Naturphilosophen sklavisch ergeben zu sein. Denn der Mythos entwirft eine Aussicht auf Erhörung von seiten der Götter auf dem Wege ihrer Verehrung, das Schicksal aber weist eine unerbittliche Notwendigkeit auf. Den Zufall faßt er weder als einen Gott auf, wie die Masse meint – denn nichts wird von der Gottheit ungeordnet vollbracht – noch als eine unausgewiesene Ursache: er glaubt nämlich nicht, von ihm werde Gutes oder Übles den Menschen zum glückseligen Leben gegeben, vielmehr würden nur die Anfänge großer Güter oder Übel von ihm gelenkt. Für besser hält er es, trotz richtiger Überlegung einen Mißerfolg als trotz verkehrter Überlegung einen Zufallserfolg zu haben; denn es ist eher angemessen, wenn [sich] beim Handeln ein gutes Urteil [nicht bestätigt, als wenn sich ein schlechtes Urteil] nur durch den Zufall bestätigt.

Dies also und was dazugehört bedenke Tag und Nacht bei dir selbst [und] zusammen mit dem, der dir gleicht. Dann wirst du dich niemals, weder wachend noch schlafend, erschüttern lassen, und du wirst leben wie ein Gott unter den Menschen. Denn es gleicht keinem sterblichen Wesen der Mensch, der inmitten unsterblicher Güter lebt.

Cicero (106–43 v. Chr.)

72. Selbstaneignung

Jedes Lebewesen liebt sich selbst und strebt nach Selbsterhaltung, sobald es geboren ist, weil dieses Verlangen ihm zum Schutze seines ganzen Lebens als erstes von der Natur gegeben ist, damit es sich erhält und sich in der Verfassung befindet, die am besten der Natur entspricht. Diese Orientierung ist bei ihm zu Anfang noch unklar und unsicher, so daß es sich nur so erhält, wie es gerade ist; dabei erkennt es aber weder sein Wesen noch seine Möglichkeiten noch seine eigene Natur. Wenn es jedoch ein wenig vorangekommen ist und angefangen hat, den Einfluß und die Beziehung aller Dinge auf sich zu verstehen, beginnt es allmählich Fortschritte zu machen, sich zu erkennen und die Ursache des erwähnten Verlangens in seiner Seele zu verstehen, und es fängt an, die Dinge, die es als naturgemäß empfindet, zu erstreben und das Gegenteil zurückzuweisen. So ist für jedes Lebewesen das, was es erstrebt, in dem begründet, was der Natur gemäß ist. Auf diese Weise stellt es sich als höchstes Gut heraus, naturgemäß zu leben und sich in einer möglichst guten und möglichst naturgemäßen Verfassung zu befinden. Da aber jedes Lebewesen seine eigene natürliche Bestimmung hat, muß auch das Ziel für alle darin bestehen, daß sich diese natürliche Bestimmung erfüllt. [...]

Da zur Genüge feststeht, daß sich ein jeder von Natur aus teuer ist, gilt es nun die Natur des Menschen zu betrachten. Das ist es ja, wonach wir fragen. Dabei ist offenkundig, daß der Mensch aus Leib und Seele besteht, wobei die Seele die Hauptrolle, der Leib die Nebenrolle spielt. Dann sehen wir auch das, daß unser Körper so gebildet ist, daß er andere übertrifft, und unsere Seele so geschaffen, daß sie mit Sinnen ausgestattet ist und einen Vorrang des Geistes aufzuweisen hat, dem die gesamte Natur des Menschen gehorcht; zu ihr gehört eine ganz wunderbare Kraft der Vernunft und der Erkenntnis, des Wissens und aller Tugenden. [...]

Daraus, daß wir uns selbst lieben und daß wir uns alles in geistiger und körperlicher Hinsicht vollkommen wünschen, wird deutlich, daß uns das um seiner selbst willen teuer ist und daß darin die wichtigsten Voraussetzungen für ein gutes Leben liegen. Denn wer sich die Selbsterhaltung zum Ziel gesetzt hat, dem müssen zwangsläufig auch die Teile seiner Person teuer sein, und zwar um so teurer, je vollkommener und lobenswerter in ihrer Art sie sind. Man wünscht sich ja ein Leben mit voller geistiger und körperlicher Leistungsfähigkeit, und darauf gründet sich zwangsläufig das höchste Gut, da es nun einmal so beschaffen sein muß, daß es den Gipfel der erstrebenswerten Dinge darstellt. Hat man das erkannt, kann man nicht daran zweifeln, daß die Menschen, da sie sich um ihrer selbst willen und von sich aus teuer sind, auch auf die Teile des Leibes und der Seele sowie der Dinge, die zur Bewegung und Verfassung beider gehören, liebevoll bedacht sind und sie um ihrer selbst willen erstreben. Nachdem das dargelegt ist, läßt sich leicht vermuten, daß von unseren Möglichkeiten die am erstrebenswertesten sind, die den höchsten Rang besitzen, so daß jeweils die Leistungsfähigkeit des besten Teiles, der um seiner selbst willen erstrebt wird, am meisten zu erstreben ist. So kommt es, daß man die Leistungsfähigkeit des Geistes der des Körpers vorzieht und daß die nicht willentlichen Fähigkeiten des Geistes von den willentlichen übertroffen werden, die man als Tugenden im eigentlichen Sinn bezeichnet und die deswegen bei weitem an der Spitze stehen, weil sie aus der Vernunft entstehen, dem Göttlichsten, was es im Menschen gibt. [...]

Da sich nun also das Bild der Natur so zeigt, wie ich es vorgetragen habe, würde jeder sogleich erkennen, was dieses von uns gesuchte höchste und letzte aller Dinge, die wir erstreben, ist, und könnte in keinem Punkt das Richtige verfehlen, wenn er, wie ich zu Anfang sagte, sich sogleich nach der Geburt erkennen würde und die Möglichkeiten der ganzen Natur und ihrer einzelnen Teile beurteilen könnte. In Wirklichkeit ist die Natur jedoch von Anfang an seltsam verborgen und läßt sich nicht durchschauen und erkennen. Mit zunehmendem Alter aber erkennen wir allmählich oder besser zögernd gleichsam uns selbst. Deshalb ist jene erste Empfehlung, in der uns unsere eigene Person von der Natur empfohlen wird, noch unbestimmt und dunkel, und jenes erste Verlangen der Seele zielt nur darauf, daß wir gesund und unversehrt zu sein vermögen. Wenn wir jedoch begonnen haben, zu unterscheiden und zu erkennen, was wir sind und wie wir uns von allen anderen Lebewesen unterscheiden, dann fangen wir an, das Ziel zu verfolgen, zu dem wir geboren sind. [...]

Wir müssen also in die Natur der Dinge eindringen und genau feststellen, was sie erfordert; denn anders können wir uns selbst nicht kennenlernen. Weil diese Vorschrift zu bedeutsam war, als daß sie von einem Menschen zu stammen schien, hat man sie einer Gottheit zugeschrieben. So gebietet uns der Pythische Apoll, uns selbst zu erkennen. Diese unsere Selbsterkenntnis besteht jedoch allein darin, daß wir die Möglichkeiten des Leibes und der Seele erkennen und nach einem Leben trachten, das gerade diese Möglichkeiten verwirklicht. Weil aber dieses Verlangen der Seele von Anfang an darauf gerichtet war, das, was ich sagte, seiner Natur nach möglichst vollkommen zu besitzen, muß man zugeben, daß die Natur dann, wenn wir das Erstrebte erreicht haben, hier wie an ihrem Ziel innehält und daß darin das höchste Gut besteht; das muß man sicher insgesamt aus eigenem Antrieb an sich und um seiner selbst willen erstreben, da, wie zuvor bewiesen wurde, auch seine einzelnen Teile an sich zu erstreben sind.

Seneca (ca. 4 v. –65 n. Chr.)

73. Über das glückliche Leben

Bei alledem bin ich – wie unter allen Stoikern üblich – für Übereinstimmung mit der Natur. Von ihr nicht abzuweichen, nach ihrem Gesetz und Vorbild sich formen zu lassen, darin besteht die Weisheit. Demgemäß ist ein Leben dann glücklich zu nennen, wenn es sich im Einklang mit der eigenen Natur befindet. Das kann nur verwirklicht werden, wenn unser Geist gesund ist und immer gesund bleibt, wenn er weiterhin Tapferkeit und Tatkraft zeigt, wenn er ferner standhaft auszuhalten vermag, sich den Zeitumständen anpassen kann, nicht ängstlich besorgt ist um den Körper und seine Ansprüche, wenn er dann noch eine Vorliebe hat für alle möglichen Dinge, die das Leben angenehm machen, freilich ohne eines dieser Dinge anzubeten, wenn er die Gaben des Glücks nutzt, aber nicht von ihnen abhängig ist. Auch ohne nähere Erklärung begreifst du, daß ungestörte Ruhe, Unabhängigkeit sich einstellen, sobald das vertrieben ist, was uns reizt oder schreckt. Erfüllt uns doch dann anstelle der Begierden und all des Niedrigen, Hinfälligen und in seiner Schändlichkeit Verderblichen eine hohe Freudigkeit, die nicht zu erschüttern ist und sich immer gleichbleibt; Friedfertigkeit und Eintracht und sanfte Hoheit […].

Du siehst doch, in welch üble und schändliche Abhängigkeit jemand gerät, den Begierden und Schmerzen, diese unbeständigsten und unbändigsten Zwingherren, abwechselnd knechten. Da darf es nur einen Ausweg geben: Unabhängigkeit gewinnen! Das aber kann nur gelingen, wenn man sich nicht um das Schicksal kümmert. Dann nämlich erwächst uns ein unschätzbares Gut: die sicher gegründete Ruhe und Erhabenheit des Geistes und nach überwundenen Schrecken eine großartige, durch nichts zu vertreibende Freude, die aus der Erkenntnis der Wahrheit stammt, endlich Leutseligkeit und innere Gelöstheit, an denen man seine Freude haben wird, nicht wie an einzelnen Gütern, sondern wie an Abkömmlingen eines ureigenen Gutes.

74. Der Weise

Ein ‚Weiser‘ hat es nicht nötig, furchtsam und zaghaft aufzutreten, er besitzt genügend Selbstvertrauen, um es zu jeder Zeit mit dem Schicksal aufnehmen zu können; ausweichen wird er ihm jedenfalls nie. Freilich hat er auch keinen Anlaß zur Furcht. Zählt er doch Dienerschaft, Eigentum und Ehrenämter, darüber hinaus auch den eigenen Körper, Augen, Hände, kurz, sich selbst, zum erworbenen Gut und lebt in einer solchen Übereinstimmung mit sich selbst, daß er ohne weinerliches Klagen alle Rückforderungen anerkennt. Das Wissen um seine Grenzen verführt ihn aber nun nicht zur Selbstaufgabe. Im Gegenteil: er wird in allen Dingen gewissenhaft und umsichtig handeln, wie ein bedächtiger, vertrauenswürdiger Mann ihm anvertrautes Gut behütet. Wird die Rückgabe verlangt, kennt er kein Hadern mit dem Schicksal.

Epiktet (50–ca. 120)

75. Lebensregeln

Nicht die Dinge selbst beunruhigen die Menschen, sondern die Vorstellungen von den Dingen. So ist zum Beispiel der Tod nichts Furchtbares – sonst hätte er auch dem Sokrates furchtbar erscheinen müssen, – sondern die Vorstellung, er sei etwas Furchtbares, das ist das Furchtbare.

Wenn wir also unglücklich, unruhig oder betrübt sind, wollen wir die Ursache nicht in etwas anderem suchen, sondern in uns, das heißt in unsern Vorstellungen. Der Ungebildete macht andern Vorwürfe, wenn es ihm übel ergeht. Der philosophische Anfänger macht sich selber Vorwürfe. Der wahrhaft Gebildete tut weder das eine noch das andere.

Wenn du wünschest, dein Weib, deine Kinder, deine Freunde möchten ewig leben, so bist du ein Narr. Wenn du willst etwas, was nicht in deiner Macht steht und betrachtest als dein Eigentum, was dir nicht gehört. Und wenn du willst, daß dein Diener keinen Fehler begeht, so bist du nicht minder töricht. Denn du willst, daß ein Versehen kein Versehen sei, sondern etwas anderes.

Wenn du aber etwas Mögliches erstrebst, so kannst du es auch erreichen. Übe also, was du kannst!

Derjenige ist Herr über einen andern, der die Macht hat, jenem zu geben, was er will, und von ihm fern zu halten, was er nicht will. Wer frei sein will, soll also weder erstreben noch vermeiden wollen, was in eines andern Macht steht, es sei denn, daß er ein Sklave werden möchte.

Jedes Ding hat zwei Handhaben; je nachdem man es faßt, wird es unerträglich oder erträglich. tut dir dein Bruder unrecht, so sage nicht: er kränkt mich. Das ist die Handhabe, womit es unerträglich ist. Sage vielmehr: er ist mein Bruder, der Genosse meines Lebens. Das ist die richtige Auffassung, welche die Sache erträglich macht.

Wenn du deinen Körper an Einfachheit gewöhnt hast, so prahle nicht damit. Wenn du nur Wasser trinkst, so sage nicht bei jeder Gelegenheit: ich trinke nur Wasser. Übst du dich im Ertragen von Strapazen, so tue es für dich und nicht für Zuschauer. Statuen umarme nicht, um die Abhärtung deines Körpers zu zeigen. Und wenn du durstig bist und einen Schluck Wasser nimmst und ihn wieder ausspeist, so mache kein Aufhebens davon.

Ein Ungebildeter erwartet keinen Nutzen oder Schaden von sich selber, sondern alles von außen. Der Philosoph erwartet allen Nutzen und allen Schaden von sich selber. Der Fortschreitende tadelt und lobt niemanden, schilt niemanden, macht niemandem Vorwürfe und spricht nicht über sich selber, als sei er etwas Rechtes oder wisse etwas Rechtes. Wird er durch irgend etwas gehindert oder gehemmt, so sieht er die Ursache in sich selbst. Lobt ihn jemand, so lächelt er bei sich selbst über den, der ihn lobt; tadelt ihn jemand, so läßt er sich nicht auf eine Widerlegung ein. Er geht einher wie ein Kranker und hütet sich, zu bewegen, was noch nicht feststehen kann. Jede Begierde hat er aus seinem Wesen verbannt, seine Abneigung auf das beschränkt, was naturwidrig ist und zu dem gehört, was nicht in seiner Macht steht. Sein Wollen ist in allen Dingen ohne Leidenschaft und darum um so beständiger und fester. Erscheint er töricht und unwissend, so macht ihm das keine Sorge. Aber vor sich selber ist er auf der Hut, wie vor einem Feinde und Verräter.

Mark Aurel (121–180)

76. Regeln moralisch guten Lebens

Denke zu jeder Tageszeit daran, in deinen Handlungen einen festen Charakter zu zeigen, wie er einem Römer und einem Mann geziemt, einen ungekünstelten, sich nie verleugnenden Ernst, ein Herz voller Freiheits- und Gerechtigkeitsliebe. Verscheuche jeden anderen Gedanken, und das wirst du können, wenn du jede deiner Handlungen als die letzte deines Lebens betrachtest, frei von Überstürzung, ohne irgendeine Leidenschaft, die der Vernunft ihre Herrschaft entzieht, ohne Heuchelei, ohne Eigenliebe und mit Ergebung in den Willen des Schicksals. Du siehst, wie wenig zu beobachten ist, um ein friedliches, von den Göttern beglücktes Leben zu führen. Die Befolgung dieser Lehre ist ja alles, was die Götter von uns verlangen.

Laß die Einbildung schwinden, und es schwindet die Klage, daß man dir Böses getan. Mit der Unterdrückung der Klage: „Man hat mir Böses getan" ist das Böse selbst unterdrückt.

Die Außendinge selbst berühren die Seele auf keinerlei Weise. Sie haben keinen Zugang zu ihr und können die Seele weder umstimmen noch irgendwie bewegen. Sie erteilt sich vielmehr selber allein Stimmung und Bewegung, und nach Maßgabe der Urteile, die sie über ihre eigene Würde fällt, schätzt sie auch die äußeren Gegenstände höher oder niedriger.

Die beste Art, sich an jemand zu rächen, ist die, nicht Böses mit Bösem zu vergelten.

Die vernunftlosen Tiere und überhaupt alle Sinnenwesen, die keine Vernunft haben, behandle als vernünftiger Mensch hochherzig und edel, die Menschen aber, weil sie Vernunft haben, behandle mit geselliger Liebe; bei allem aber rufe die Götter an. Übrigens kümmere dich nicht darum, wie lange du noch dies tun wirst: denn selbst drei solcher Stunden sind hinreichend.

Füge dich in die Umstände, in die du durch dein Los versetzt bist, und den Menschen, mit denen das Schicksal dich zusammengeführt hat, erweise Liebe, aber aufrichtig.

Es ist ein Vorzug des Menschen, auch diejenigen zu lieben, die ihn beleidigen. Dahin gelangt man, wenn man bedenkt, daß die Menschen mit uns *eines* Geschlechtes sind, daß sie aus Unwissenheit und gegen ihren Willen fehlen, daß ihr beide nach kurzer Zeit tot sein werdet, und vor allem, daß dein Widersacher dich nicht beschädigt hat. Denn er hat die in dir herrschende Vernunft doch nicht anders gemacht, als sie zuvor war.

Ziehe dich in dich selbst zurück. Die in uns herrschende Vernunft ist ja von der Natur, daß sie im Rechttun Heiterkeit und Selbstzufriedenheit findet.

Arbeite an deinem Innern. Da ist die Quelle des Guten, eine unversiegbare Quelle, wenn du nur immer nachgräbst.

Das ist ein echtes Zeichen sittlicher Vollkommenheit, wenn man jeden Tag, als wäre er der letzte, hinbringt, fern von Aufwallung, Erschlaffung und Verstellung.

Oft tut auch *der* Unrecht, der nichts tut; wer das Unrecht nicht verbietet, wenn er kann, befiehlt es.

Hast du dir einmal die Namen: gut, bescheiden, wahrhaftig, verständig, gleichmütig, hochherzig erworben, so habe acht, daß du nie die entgegengesetzten Bezeichnungen verdienst, und solltest du diese Namen je verlieren, so eigne sie dir ungesäumt wieder an. Bedenke aber, daß das Wort „klug" bedeutet, alles sorgfältig und genau zu prüfen, „gleichmütig": willig das anzunehmen, was dir von der Allnatur zugeteilt wird; edelmütig bedeutet die Erhebung deines denkenden Teiles über jede leise oder unsanfte Erregung des Fleisches, sowie über den nichtigen Ruhm, den Tod und alles andere der Art. Wenn du dich nun im Besitz jener Ehrennamen behauptest, ohne jedoch danach zu verlangen, daß andere dich nach ihnen benennen, so wirst du ein ganz anderer Mensch werden und ein ganz anderes Leben beginnen. Denn immer noch so zu bleiben, wie du bisher gewesen bist, und in einem solchen Leben dich herumzerren und verunglimpfen zu lassen, wäre die Art eines Menschen, der ganz stumpfsinnig am Leben hinge, gleich jenen halbzerfleischten Tierkämpfern, die, mit Wunden und Eiter bedeckt, dennoch für den morgenden Tag aufgehoben zu werden flehen, obgleich sie doch denselben Nägeln und Bissen in gleichem Zustand vorgeworfen werden müssen. Arbeite dich also in den Kreis jener wenigen Namen ein, und wenn du dich in ihrem Besitze behaupten kannst, so bleibe hier, als wärest du gleichsam auf die Inseln der Seligen versetzt. Merkst du aber, daß du aus ihrem Besitze fällst und nicht obsiegst, so ziehe dich mit Mut in irgendeinen Winkel zurück, wo du dich behaupten kannst, oder scheide lieber ganz aus diesem Leben, ohne zu zürnen, vielmehr mit geradem, freiem und gelassenem Sinne, nachdem du das eine in diesem Leben bewerkstelligt hast, so aus ihm zu gehen. Um jedoch jener Namen eingedenk zu bleiben, wird für dich der Gedanke an die Götter sowie daran ein kräftiges Hilfsmittel sein, daß diese von allen vernünftigen Wesen keine Schmeichelei, sondern ihnen ähnlich zu werden verlangen, und daß, gleichwie nur das ein Feigenbaum ist, was die Bestimmung eines Feigenbaumes, und das nur ein Hund oder eine Biene, was die Bestimmung eines Hundes oder einer Biene erfüllt, so auch der nur ein Mensch sei, der die Tätigkeit eines Menschen zeigt.

Der gebildete und bescheidene Mensch sagt zu der alles spendenden und wieder nehmenden Natur: Gib, was du willst, und nimm, was du willst; doch sagt er dies nicht mit trotzigem Sinne, sondern mit Gehorsam und Gelassenheit.

Sextus Empiricus (ca. 2. Hälfte des 2. Jh. n. Chr.)

77. Ist etwas von Natur gut oder übel?

Die Ehebrecher bestraft bei uns ein Gesetz. Bei einigen aber ist es indifferent, mit den Frauen der anderen zu schlafen, und auch unter den Philosophen sagen einige, es sei indifferent, mit einer fremden Frau zu schlafen. Ferner befiehlt uns ein Gesetz, daß die Väter von den Kindern versorgt werden. Die Skythen dagegen schneiden ihnen die Kehle durch, sobald sie über sechzig Jahre geworden sind. [...] Die Gesetzgeber der Römer ordnen an, daß die Kinder Untertanen und Sklaven der Väter sind und daß über das Vermögen der Kinder nicht die Kinder verfügen, sondern die Väter, bis die Kinder die Freiheit erlangt haben: ganz wie bei den gekauften Sklaven. Bei anderen dagegen ist dies als tyrannisch verbannt worden.

Ferner ist Gesetz, die Mörder zu bestrafen, die Gladiatoren aber erlangen oft sogar Ehre, wenn sie töten. Auch untersagen die Gesetze, Freie zu schlagen, den Athleten jedoch gibt man Ehren und Kränze, wenn sie freie Männer schlagen und häufig sogar töten. Bei uns befiehlt das Gesetz, daß jeder nur eine Frau hat, während bei den Thrakern und Gätulern, einem libyschen Volksstamm, jeder viele Frauen hat. [...]

Angesichts so großer Ungleichförmigkeit der Dinge also hält sich der Skeptiker darüber zurück, ob etwas von Natur gut oder übel oder überhaupt zu tun sei, und distanziert sich auch hierin von der dogmatischen Voreiligkeit. Dagegen folgt er undogmatisch der alltäglichen Lebenserfahrung und bleibt deswegen in den auf dogmatischem Glauben beruhenden Dingen leidlos, während er in den aufgezwungenen maßvoll leidet. Denn als sinnlich empfindender Mensch leidet er zwar, da er aber nicht noch obendrein glaubt, daß das, was er erleidet, von Natur übel sei, so leidet er maßvoll. Etwas Derartiges noch obendrein zu glauben ist nämlich sogar noch schlimmer als das Leiden selbst, so daß zuweilen Leute, die operiert werden oder sonst etwas Derartiges erleiden, es ertragen, während die Umstehenden in Ohnmacht fallen wegen ihres Glaubens, daß das Geschehnis etwas Schlechtes sei.

Wer annimmt, daß etwas von Natur gut oder übel oder überhaupt zu tun oder zu lassen sei, erleidet in der Tat vielfältige Seelenqualen. Umgeben ihn nämlich die Dinge, die er für natürliche Übel hält, so glaubt er sich von den Rachegöttinnen verfolgt, und erlangt er die Dinge, die ihm gut erscheinen, so erfährt er ebenfalls nicht geringe Seelenqualen sowohl durch den Dünkel als auch durch die Furcht vor dem Verlust dieser Dinge und die Vorsicht, nicht wieder in die von ihm vermeinten natürlichen Übel zu geraten. Denn diejenigen, die die Güter unverlierbar nennen, werden wir durch die Aporie des Widerstreits zum Schweigen bringen. Daher folgern wir so: Wenn das Übel Schaffende übel ist und meidenswert und wenn die Überzeugung, daß diese Dinge von Natur gut, jene übel seien, Seelenqualen verursacht, dann ist es übel und meidenswert, anzunehmen und überzeugt zu sein, daß etwas seiner Natur nach schlecht oder gut sei. Dies nun genügt hier über Güter, Übel und indifferente Dinge.

78. Skepsis und Glück

Im Anschluß hieran wäre auch das Ziel der skeptischen Schule zu behandeln. Das „Ziel" ist dasjenige, um dessentwillen alles andere getan oder gedacht wird, es selbst dagegen um keines anderen willen, oder: das Äußerste alles Erstrebten. Wir sagen nun, bis jetzt sei das Ziel des Skeptikers die Seelenruhe in den auf dogmatischem Glauben beruhenden Dingen und das maßvolle Leiden in den aufgezwungenen. Denn der Skeptiker begann zu philosophieren, um die Vorstellungen zu beurteilen und zu erkennen, welche wahr sind und welche falsch, damit er Ruhe finde. Dabei geriet er in den gleichwertigen Widerstreit, und weil er diesen nicht entscheiden konnte, hielt er inne. Als er aber innehielt, folgte ihm zufällig die Seelenruhe in den auf dogmatischem Glauben beruhenden Dingen. Wer nämlich dogmatisch etwas für gut oder übel von Natur hält, wird fortwährend beunruhigt: Besitzt er die vermeintlichen Güter nicht, glaubt er sich von den natürlichen Übeln heimgesucht und jagt nach den Gütern, wie er meint. Hat er diese erworben, gerät er in noch größere Sorgen, weil er sich wider alle Vernunft und über alles Maß aufregt und aus Furcht vor dem Umschwung alles unternimmt, um die vermeintlichen Güter nicht zu verlieren. Wer jedoch hinsichtlich der natürlichen Güter oder Übel keine bestimmten Überzeugungen hegt, der meidet oder verfolgt nichts mit Eifer, weshalb er Ruhe hat.

Dem Skeptiker geschah dasselbe, was von dem Maler Apelles erzählt wird. Dieser wollte, so heißt es, beim Malen eines Pferdes dessen Schaum auf dem Gemälde nachahmen. Das sei ihm so mißlungen, daß er aufgab und den Schwamm, in dem er die Farben vom Pinsel abzuwischen pflegte, gegen das Bild schleuderte. Als dieser auftraf, habe er eine Nachahmung des Pferdeschaumes hervorgebracht. Auch die Skeptiker hofften,

die Seelenruhe dadurch zu erlangen, daß sie über die Ungleichförmigkeit der erscheinenden und gedachten Dinge entschieden. Da sie das nicht zu tun vermochten, hielten sie inne. Als
sie aber innehielten, folgte ihnen wie zufällig die Seelenruhe
wie der Schatten dem Körper.

Freilich glauben wir nicht, daß der Skeptiker vollkommen
unbelästigt bleibe, sondern wir sagen, daß er von den aufgezwungenen Dingen belästigt werde. Denn wir räumen ein, daß
er manchmal friere und Durst habe und ähnliche Dinge erleide.
Aber selbst in diesen Dingen werden die Laien von doppeltem
Ungemach bedrängt: sowohl von den Empfindungserlebnissen
selbst als auch nicht minder von dem Glauben, daß dieses Ungemach von Natur übel sei. Der Skeptiker dagegen räumt den
beigemengten Glauben, daß jedes dieser Dinge von Natur übel
sei, beiseite und kommt daher selbst in diesen Dingen mäßiger
davon. Deswegen also nennen wir das Ziel des Skeptikers Seelenruhe in den auf dogmatischem Glauben beruhenden Dingen, in den aufgezwungenen dagegen maßvolles Leiden. Einige
namhafte Skeptiker haben außerdem noch die Zurückhaltung
in den Untersuchungen hinzugefügt.

Plotin (204–270)

79. Gottähnlichkeit als oberstes Ziel

Was ist also nun eigentlich die Tugend, die gesamte und die
einzelne? Unser Vorgehen wird klarer wenn wir nach der einzelnen fragen; dann wird auch ohne weiteres ersichtlich werden, was das Gemeinsame ist vermöge dessen sie alle Tugenden
sind. Die bürgerlichen Tugenden nun, von denen wir oben
schon gelegentlich sprachen, indem sie den Begierden und
überhaupt den Affekten Grenze und Maß setzen und das falsche Meinen beseitigen, formen die Menschen wahrhaft und
machen sie besser, weil sie allgemein auf der Seite des Besseren
stehen, weil sie begrenzt sind und dem Ungemessenen und
Unbestimmten entrückt. Sie selbst sind begrenzt, sofern sie
Maß sind in der Seele als in einer Materie, und so sind sie
gleich geworden dem jenseitigen Maß und tragen in sich die
Spur des jenseitigen obersten Gutes. Denn das gänzlich Unge-
messene ist, da es Materie ist, gänzlich der Gleichwerdung un-

teilhaftig; nur soweit es an der Form teilhat, nur insoweit kann es jenem Oberen gleich werden, welches seinerseits keine Form hat. In höherem Grade aber hat Teil das Jenem Nahe: die Seele, da sie ihm näher ist als der Körper und verwandter, hat dementsprechend auch mehr Teil an ihm; daher kommt es, weil sie als Gott in Erscheinung tritt, zu der Täuschung, daß sie etwa schon das ganze Wesen Gottes sei. Derart also ist die Gleichwerdung dieser Leute mit der bürgerlichen Tugend.

Aber da er [Platon] darauf hindeutet, daß die Gleichwerdung eine andre ist und Sache der höheren Tugend, so müssen wir über diese sprechen; dabei wird auch das Wesen der bürgerlichen Tugend noch klarer werden und was diese höhere Tugend ihrem Wesen nach ist und daß es überhaupt neben der bürgerlichen Tugend noch eine andere gibt. Wenn nämlich Platon sagt daß die Gleichwerdung mit Gott Flucht aus dieser Welt ist, wenn er die Tugenden die im Staat ihre Stelle haben, nicht schlechthin als Tugenden gelten läßt sondern ‚bürgerliche‘ hinzusetzt, wenn er ferner anderswo die Tugenden Reinigungen nennt, dann ist klar, daß er allen Tugenden einen doppelten Sinn gibt und daß er die Gleichwerdung nicht vermöge der bürgerlichen geschehen läßt. […]

Doch ist noch zu bestimmen, wie weit die Reinigung reicht (dabei wird auch deutlich werden mit was für einem Gott die Gleichwerdung und Identität statthat); das heißt aber vor allem zu untersuchen, was mit Zorn und Begierde und allem übrigen ist, Kummer und dergleichen, und in wieweit eine Abtrennung vom Leibe möglich ist. Um sich vom Leibe zu trennen, muß sie sich vielleicht auch gewissermaßen räumlich in sich selbst zusammenziehen, jedenfalls aber muß sie sich freihalten von Affektionen; die unvermeidliche Lust muß sie wie bloße Wahrnehmungen auf sich wirken lassen und als Arznei und Abhilfe gegen Beschwerden, nur um deren Belästigung abzuwenden; die Schmerzen muß sie loslassen, oder, ist das nicht möglich, gelassen tragen und dadurch mindern, daß sie nicht mit sich mitleidet; die Heftigkeit muß sie möglichst ausmerzen, wenn es angeht ganz, sonst darf sie wenigstens nicht selbst mit heftig sein, sondern das Unwillkürliche darf nur dem Körper angehören, es muß aber wenig und schwach bleiben; die Furcht aber muß sie ganz austilgen, denn sie braucht um nichts zu fürchten, und auch in der Furcht ist das Unwillkürliche – es sei denn die Furcht diene sie zur Vernunft zu bringen; und die

Begierde? Daß sie nach nichts Niedrigem Begierde haben darf, versteht sich; zügellose Begier nach Speis und Trank wird sie in ihrem eigentlichen Selbst nicht haben, auch nicht nach Liebesgenuß, oder doch höchstens, will ich meinen, nach dem, den die Natur gebietet, und ohne daß dies Verlangen ein triebhaft unwillkürliches sei, oder höchstens bis zur Vorstellung, die aber auch ihrerseits unbedacht ist; kurz, in ihrem eigentlichen Selbst wird die Seele selbst rein sein von allen Leidenschaften; aber auch ihren vernunftlosen Teil wird sie gewillt sein so zu reinigen, daß er überhaupt keine Erschütterungen von außen mehr erfährt oder doch keine heftigen, so daß die Erschütterungen nur selten sind und sofort durch ihre Nachbarschaft aufgehoben werden – so wie der Nachbar eines weisen Mannes die Frucht dieser Nachbarschaft erntet, indem er dem Weisen gleich wird oder doch ihn so in Ehren hält daß er nichts, was der Edle mißbilligt, zu tun wagt. So wird es gar keinen Kampf mehr geben; schon die bloße Anwesenheit der Vernunft, welche der niedere Seelenteil in Ehren hält, bewirkt, daß der niedere Teil schon von allein, wenn er überhaupt einmal sich rührt, unwillig wird, weil er sich in Anwesenheit seines Gebieters nicht ruhig verhält, und sich selbst seine Schwäche vorwirft. So ergibt sich für den Menschen, daß er in all diesem nicht fehlt, sondern recht handelt.

Aber das Trachten sollte ja nicht darauf gehen, ohne Verfehlung zu sein, sondern ,Gott' zu sein. Der Mensch nun, dem doch eine unwillkürliche Verfehlung in diesen Dingen vorkommt, der ist Gott und Daimon, also zweifältig, oder besser, er hat bei sich ein andres Wesen, welches nur niedere Tugend hat. Aber wenn nichts dergleichen ihm widerfährt, dann ist er Gott und nur Gott, allerdings ein Gott von denen, welche erst nach dem Ersten folgen. Sein Selbst nämlich ist das, was von der oberen Welt herabgekommen ist, und das seinem Selbst Entsprechende ist in der oberen Welt, wenn er ist, wie er herabkam; der aber zu seinem Beiwohner gemacht wurde, als er in diese Welt kam, auch den wird er sich gleichmachen nach dessen Vermögen, so daß dieser womöglich ganz ohne Erschütterungen von außen bleibt, jedenfalls aber nichts tut, was der Gebieter verwirft.

III. Patristik und Mittelalter

80. Der göttliche Logos
als Wegweiser zum einfachen Leben

Wir aber, ihr Kinder eines guten Vaters, ihr Zöglinge eines guten Erziehers, wir wollen den Willen des Vaters erfüllen, wollen auf den Logos hören und wollen das wahrhaft heilbringende Leben unseres Heilandes in unserem eigenen Leben treu nachbilden; indem wir uns schon hier innerlich für den Wandel im Himmel vorbereiten, bei dem wir vergöttlicht werden, wollen wir uns mit der Salbe unvergänglicher Freude und reinsten Wohlgeruchs salben lassen, da wir als leuchtendes Vorbild den Wandel des Herrn haben und den Spuren Gottes folgen können; ihm allein kommt es zu, darauf zu sehen; und in der Tat liegt es ihm am Herzen, wie und auf welche Weise das Leben der Menschen gebessert werden kann. Er bereitet uns aber auch für Genügsamkeit und Anspruchslosigkeit in unserem Leben vor und ferner noch für eine durch nichts beschwerte oder gehemmte Bereitschaft zu der Wanderung nach einem ewigen heiligen Leben. Dabei lehrt er uns, daß jeder einzelne von uns selbst seine Vorratskammer sein müsse, mit dem Wort: „Macht euch keine Sorgen um den morgigen Tag!" Damit will er sagen, daß jeder, der sich in die Gemeinde Christi eintragen läßt, ein genügsames und von fremder Hilfe unabhängiges und dazu nicht über den einzelnen Tag hinaus sorgenfreies Leben auf sich nehmen muß. Denn nicht im Kriege, sondern im Frieden findet unsere Erziehung statt.

Ein Krieg hat allerdings große Zurüstung nötig, und ein üppiges Leben erfordert großen Aufwand; aber Friede und Liebe, zwei einfache und anspruchslose Geschwister, brauchen keine Waffen, keine verschwenderische Zurüstung; der Logos ist ihre Nahrung, der Logos, dem das Amt zugefallen ist, uns zurechtzuweisen und zu züchtigen, von dem wir Einfachheit und Anspruchslosigkeit und überhaupt Freiheitsliebe und Menschenliebe und Liebe zum Edlen erlernen, wodurch wir mit einem Wort in engster Gemeinschaft mit der Tugend Gott ähnlich werden. Aber strenge dich an und laß nicht nach! Denn du wirst so werden, wie du nicht erwartest und wie du nicht einmal ahnen kannst. Wie es aber eine andere Lebensführung für die Philosophen, eine andere für die Redner und wieder eine andere für die Ringkämpfer gibt, so erwächst aus der Erziehung Christi eine edle, dem tugendhaften Streben entsprechende Haltung; und durch die Erziehung in ihrer ganzen Erscheinung beeinflußt, zeichnen sich durch ein würdiges Wesen aus Gehen und Liegen und Essen und Schlafen und Ruhen und Lebensführung und die übrigen Gebiete der Erziehung. Denn in dieser ganzen Erziehung des Logos ist nichts übertrieben, sondern alles maßvoll geordnet.

Deshalb wird der Logos auch Heiland genannt; er hat diese geistigen Heilmittel für die Menschen erfunden, um ihnen dadurch gesunde Sinne und allgemeines Wohlergehen zu verschaffen; dabei achtet er auf die rechte Zeit; er bringt den Schaden ans Licht und erklärt die Ursachen der Krankheiten der Seele, der Leidenschaften, und reißt die Wurzeln der unvernünftigen Begierden aus; er ordnet an, wessen man sich enthalten muß, und wendet bei den Kranken alle heilsamen Arzneien an. Denn dies ist das größte und königlichste Werk Gottes, der Menschheit Genesung zu bringen. Über einen Arzt, der keine Ratschläge für die Gesundheit gibt, sind die Kranken ärgerlich; wie sollten da wir dem göttlichen Erzieher nicht den größten Dank dafür bezeugen, wenn er nicht schweigt und die zum Verderben führenden Irrwege des Ungehorsams nicht unbeachtet läßt, sondern sie rügt und die ihnen sich zuwendenden Triebe abschneidet und einen gründlichen Unterricht in den Lehren gibt, die sich auf den richtigen Lebenswandel beziehen? Gewiß müssen wir ihm den größten Dank bezeugen. Können wir denn irgend etwas anderes als die Aufgabe des vernünftigen Geschöpfes, ich meine des Menschen, bezeichnen, als die Gottheit anzuschauen? Wir müssen aber, wie ich meine, auch die menschliche Natur anschauen und so leben, wie es die Wahrheit verlangt, indem wir aufs höchste sowohl den Erzieher selbst als auch seine Gebote bewundern, wie beides zueinander paßt und miteinander übereinstimmt. Nach diesem Vorbild müssen auch wir uns selbst in Übereinstimmung mit dem Erzieher bringen und einen Einklang zwischen der Lehre und unseren Werken herstellen und auf diese Weise erst in Wahrheit leben.

Augustinus (354–430)

81. Willensschwäche als Krankheit des Geistes

In diesen stürmischen Augenblicken der Ungewißheit vollzog ich doch vielfache körperliche Bewegungen, die Menschen manchmal wollen, aber nicht ausführen können, weil ihnen etwa die Glieder fehlen oder weil sie gefesselt sind, weil Krankheit sie untauglich macht oder irgend sonst etwas sie hindert. Wenn ich mir das Haar raufte, an die Stirn schlug oder mit verschränkten Händen mein Knie umfaßte, dann tat ich dies, weil ich es wollte. Ich hätte es wollen, aber nicht ausführen können ohne die Bewegungsfähigkeit meiner Glieder. Ich vollzog also viele Bewegungen, bei denen das Wollen nicht schon das Können war. Dagegen vollzog ich vieles nicht, was mir unvergleichlich besser gefiel und was ich gekonnt hätte, hätte ich es nur gewollt, denn sobald ich es wirklich gewollt hätte, hätte ich es eben gekonnt. Denn hier waren der Wille als Vermögen und das Wollen selbst schon das Können. Und doch geschah es nicht, und leichter gehorchte der Körper dem leisesten Wink des Willens der Seele als die Seele sich selbst beim Ausführen ihres eigenen großen Beschlusses, dessen Verwirklichung im Wollen selbst beschlossen lag.

Wie kommt es zu dieser Ungeheuerlichkeit? Und aus welchem Grund? [...] Der Geist befiehlt dem Körper, und er gehorcht sofort. Der Geist befiehlt sich selbst, aber er findet Widerstand. Da befiehlt der Geist, die Hand solle sich bewegen, und dies geschieht mit solcher Leichtigkeit, daß man Befehl und Ausführung kaum unterscheiden kann, und dabei gehört der Geist zum Bereich des Geistes, während die Hand zum Bereich des Körpers gehört. Da befiehlt der Geist, daß der Geist etwas wolle, aber obwohl er nicht zum anderen Bereich gehört, tut er es nicht. Wie kommt es zu dieser Ungeheuerlichkeit? Und aus welchem Grund? Er befiehlt, daß er wolle, sage ich noch einmal, und dieser Befehl ist selbst ein Wollen, und doch tut er nicht, was er befiehlt. Er will es nicht uneingeschränkt, also befiehlt er nicht uneingeschränkt. Denn er befiehlt so weit, wie er will, und soweit geschieht nicht, was er befiehlt, als er es nicht will. Denn der Wille befiehlt einen Willensakt, nicht irgendeinen, sondern den eigenen. Er befiehlt also nicht aus seiner ganzen Fülle; deswegen geschieht nicht, was er befiehlt. Entschiede er aus seiner Fülle, brauchte er nicht zu befehlen, daß etwas sein solle, denn dann wäre es schon verwirklicht. Teils Wollen, teils Nicht-Wollen, das ist kein Naturungeheuer, sondern eine Schwäche des Geistes, der nicht mit ganzer Kraft aufstrebt, von der Wahrheit emporgehoben. Die Gewohnheit hält ihn nieder. Insofern gibt es da zwei Willen: Keiner von beiden ist der ganze Wille. Was der eine besitzt, fehlt dem anderen. [...]

Wenn sie im gleichen Menschen zwei Willen miteinander streiten sehen, dann dürfen sie [die Manichäer] folglich nicht mehr länger sagen, es stritten zwei gegensätzliche Seelen von gegensätzlichem Wesen, die aus entgegengesetzten Urgründen stammten. Denn du, wahrhaftiger Gott, verurteilst, widerlegst und überführst sie. Nehmen wir das Beispiel von zwei bösen Willen: Einer überlegt, ob er einen anderen Menschen mit Gift oder mit dem Messer umbringen soll, ob er dieses oder jenes fremde Eigentum rauben soll – für den Fall, daß er nicht beides haben kann, ob er sich aus Wollust ein Vergnügen erkaufen oder ob er lieber durch Sparen dem Geiz frönen will, ob er zum Zirkus oder zum Theater gehen soll, wenn dort gleichzeitig Veranstaltungen sind. Ich füge noch eine dritte Möglichkeit dazu: oder ob er, wenn die Gelegenheit günstig ist, in ein fremdes Haus zum Stehlen eindringen soll oder um dort – vierte Möglichkeit – einen Ehebruch zu begehen, wenn sich ihm auch dazu die Gelegenheit bietet. Wenn also alle diese Möglichkeiten sich zum selben Zeitpunkt anbieten und gleichermaßen begehrt werden, dann werden sie, weil sie nicht gleichzeitig ausgeführt werden können, die Seele zerreißen durch vier miteinander streitende Willensbestrebungen – oder auch durch mehr, da es so viele Dinge gibt, die man begehrt. Aber nicht einmal die Manichäer behaupten, es gebe eine solche Vielzahl verschiedener Substanzen. Dasselbe gilt für die guten Willensregungen. Denn ich frage die Manichäer: Ist es etwas Gutes, seine Freude zu haben beim Lesen des Apostels oder beim Singen eines besonnenen Psalms? Ist es gut, das Evangelium zu studieren? Auf all diese Fragen werden sie antworten, es sei gut. Was also? Wenn alle diese Dinge mir zur selben Zeit gleichermaßen Freude machen, zerreißen dann nicht die verschiedenen Willensbestrebungen das menschliche Herz in dem Augenblick, in dem man entscheidet, was man vorzieht? Alle sind sie gut, aber sie streiten doch miteinander, bis man ein einziges wählt, auf das sich dann der ganze Wille richtet. Er, der vorher in viele Willen zerspalten war, wird dadurch eins. So ist es auch, wenn die Freude am Ewigen uns von oben her zieht und wenn die Wollust an einem zeitlichen Gut uns im Niederen festhält. Immer ist es dieselbe Seele, die dieses oder jenes will, aber nicht mit ihrem ganzen Willen, und die deshalb eine schwere Qual zerreißt, wenn sie aus Liebe zur Wahrheit das Ewige vorzieht, aber aufgrund der Macht der Gewohnheit das Zeitliche nicht zur Seite rückt.

82. Der Wille als Ursprung des Bösen

Fragt man aber nach der Ursache der Unseligkeit der bösen Engel, zeigt sich klarerweise nur eine, die Abkehr von dem, der zuhöchst ist, und die Hinkehr zu sich selber, die nicht zuhöchst sind. Wie soll man diesen Fehler anders bezeichnen als Hochmut? [...] Das ist das erste Versagen, der erste Mangel, der erste Fehler jener Natur, die so geschaffen ward, daß sie zwar nicht das höchste Sein besaß, aber doch, um Seligkeit zu erlangen, den, welcher zuhöchst ist, hätte genießen können, während sie, von ihm abgewandt, zwar nicht ihr Sein verlor, aber es verminderte und darum elend ward. Sucht man nach einer bewirkenden Ursache dieses bösen Willens, findet man keine. Denn was sollte es sein, das den bösen Willen hervorbringt, der seinerseits das böse Werk hervorbringt? Darum ist es der böse Wille, der das böse Werk vollbringt, aber nichts ist, was den bösen Willen bewirkt. Denn wenn da irgend etwas wäre, was als Ursache in Frage kommen könnte, hat es entweder auch einen Willen oder keinen. Hat es einen, dann sicher entweder einen guten oder bösen. Wenn einen guten, wird doch niemand so unsinnig sein zu glauben, daß der gute Wille einen bösen Willen hervorbrächte. Denn dann wäre ein guter Wille die Ursache der Sünde, und etwas Sinnloseres läßt sich nicht erdenken. Wenn aber jenes Etwas, das den bösen Willen verursachen soll, selbst einen bösen Willen hat, forschte ich folgerichtig nach der Ursache, die ihn hervorgebracht hat, und so fort, bis ich, um endlich meinen Fragen ein Ziel zu setzen, nach der Ursache des ersten bösen Willens frage. Es wäre aber nicht der erste böse Wille, wenn ihn ein anderer böser Wille hervorgebracht hätte. Das also ist der erste, den kein anderer hervorgebracht hat. Denn wäre ihm ein anderer vorausgegangen, der ihn bewirkt hätte, wäre er der erste, der den andern hervorbrachte. Antwortet man, nichts habe ihn hervorgebracht und darum sei er immer gewesen, so frage ich, ob er irgendeinem Wesen angehörte. Wenn keinem, konnte er selber auch nicht sein, wenn aber irgendeinem, so verschlechterte und verdarb er es, war ihm schädlich und beraubte es eines Gutes. Folglich konnte der böse Wille in keiner bösen Natur sein, sondern nur in einer guten, wenn auch wandelbaren, der dieser Fehler schaden konnte. Denn schadete er nicht, wär's auch kein Fehler gewesen und hätte man ihn auch keinen bösen Willen heißen dürfen. Schadete er aber, schadete er zweifellos dadurch, daß er Gutes fortnahm oder verminderte. So konnte der böse Wille unmöglich immer in einem Wesen vorhanden gewesen sein, da etwas natürlich Gutes vorher dagewesen sein mußte, das der böse Wille schädigen und wegnehmen konnte. War er also nicht immer, frage ich, wer ihn bewirkt hat. Es bleibt noch die Annahme übrig, daß den bösen Willen etwas hervorgebracht hat, in dem noch kein Wille war. Ich frage nun, ob dies etwas Höheres oder Niederes oder Gleiches war. War es höher, dann gewiß auch besser, hatte also gewiß nicht etwa keinen, sondern vielmehr guten Willen. Dasselbe müßte gelten, wenn es gleich gewesen wäre. Denn wenn ihrer zwei gleicherweise guten Willens sind, verursacht nicht eins im andern bösen Willen. So muß denn ein geringeres Etwas, das keinen Willen hatte, dem Engelwesen, das zuerst sündigte, den bösen Willen eingeflößt haben. Aber mag dieses sein, was es will, so geringwertig wie die unterste Erde, ist es eine Natur und ein Wesen, so ist es unfraglich auch gut und hat nach seiner Art und in seiner Ordnung Maß und Gestalt. Wie kann also eine gute Sache bösen Willen bewirken? Wie in aller Welt Gutes die Ursache von Bösem sein? Nein, nur dann, wenn der Wille sich vom Höheren ab- und dem Niederen zuwendet, wird er böse, nicht als wäre das böse, zu dem er sich hinwendet, sondern weil die Hinwendung selber verkehrt ist. Also machte nicht ein niederes Ding den Willen böse; sondern schlecht und ordnungswidrig, weil er selber böse ward, trachtete er nach dem niederen Ding.

83. Die umfassende Friedensordnung
als Ziel des Universums

So besteht denn der Friede eines Körpers in dem geordneten Verhältnis seiner Teile, der Friede einer vernunftlosen Seele in der geordneten Ruhelage der Triebe, der Friede einer vernünftigen Seele in der geordneten Übereinstimmung von Denken und Handeln, der Friede zwischen Leib und Seele in dem geordneten Leben und Wohlbefinden des beseelten Wesens, der Friede zwischen dem sterblichen Menschen und Gott in dem geordneten gläubigen Gehorsam gegen das ewige Gesetz, der Friede unter Menschen in der geordneten Eintracht, der Friede des Hauses in der geordneten Eintracht der Hausbewohner im Befehlen und Gehorchen, der Friede des Staates in der geordneten Eintracht der Bürger im Befehlen und Gehorchen, der Friede des himmlischen Staates in der bestgeordneten, einträchtigsten Gemeinschaft des Gottesgenusses und gegenseitigen Genusses in Gott, der Friede aller Dinge in der Ruhe der Ordnung. Ordnung aber ist die Verteilung gleicher und ungleicher Dinge, die jedem den gebührenden Platz anweist. Darum fehlt den Unseligen, die, sofern sie unselig sind, keinen Frieden haben, die Ruhe der Ordnung, in der es keine Störung gibt. Aber da sie nach Recht und Verdienst unselig sind, können sie auch in ihrer Unseligkeit nicht außerhalb der Ordnung sein, zwar nicht mit den Seligen vereint, wohl aber von ihnen durch das Gesetz der Ordnung getrennt. Soweit sie ohne Störung sind, befinden sie sich mit ihrer Umgebung irgendwie in Einklang und besitzen infolgedessen eine gewisse Ruhe der Ordnung, also auch einen gewissen Frieden. Darum aber sind sie unselig, weil sie zwar in gewisser Sicherheit und insofern auch Leidlosigkeit sich befinden, aber doch nicht da, wo sie ganz sicher und leidlos sein würden, um so unseliger aber, wenn sie mit dem Gesetz nicht zufrieden sind, das in der Ordnung der Natur waltet. Wenn sie aber leiden, so ist ebenda, wo sie leiden, eine Störung des Friedens eingetreten; aber da, wo kein Schmerz sie brennt und das Einheitsgefüge sich nicht auflöst, besteht immer noch Friede. Wie es also zwar ein Leben ohne Schmerz geben kann, aber keinen Schmerz ohne Leben, so gibt es auch einen Frieden ohne allen Krieg, niemals aber einen Krieg ohne irgendwelchen Frieden, versteht sich, nicht sofern

Krieg ist, sondern sofern der Krieg von denen oder inmitten derer geführt wird, die irgendwelche Naturen sind. Denn diese könnten keinesfalls existieren, wenn nicht irgendwie auf der Grundlage des Friedens. [...]

Gott ist der weiseste Schöpfer und gerechteste Ordner aller Naturen. Er hat das sterbliche Menschengeschlecht zur schönsten Zier der Erdenwelt gemacht. Er gab den Menschen mancherlei Güter, die diesem Leben förderlich sind, nämlich zeitlichen Frieden, wie er dem sterblichen Leben angemessen ist, also Wohlergehen, Unversehrtheit und geselliges Zusammenleben, dazu manches, das erforderlich ist, diesen Frieden zu bewahren und wiederherzustellen, wie all das, was sich den Sinnen freundlich darbietet, Licht und Ton, Luft zum Atmen und Wasser zum Trinken, ferner was zur Ernährung und Bedeckung, zur Pflege und zum Schmucke des Leibes dienlich ist. Aber er verfügte, und nichts konnte gerechter sein, daß wer von diesen dem irdischen Frieden der Sterblichen angepaßten Gütern rechten Gebrauch machen würde, noch reichere und edlere erlangen sollte, nämlich den Frieden der Unsterblichkeit und die ihm entsprechende Herrlichkeit und Ehre im ewigen Leben zum Genusse Gottes und des Nächsten in Gott. Wer aber verkehrten Gebrauch davon machte, der sollte diese nicht erlangen und jene verlieren.

Boethius (480–524)

84. Das Glück als höchstes Gut

Da heftete sie [die Philosophie] eine Weile ihren Blick auf den Boden, als ob sie sich in den innersten Sitz ihrer Seele zurückzöge, dann begann sie: Alle Sorge der Menschen, wie vielfältig auch die Mühe ihrer Bestrebungen sein mag, schlägt zwar verschiedene Wege ein, trachtet aber doch nur nach einem Ziele, nach der Glückseligkeit. Ein Gut aber nenne ich, das nichts weiter zu wünschen läßt, wenn man es erlangt hat. Das aber ist das höchste Gut, in dem alle andern enthalten sind; es wäre eben das höchste nicht, wenn ihm irgend etwas abginge, da ja dann eben noch etwas außerhalb wäre, was man wünschen könnte. Es ist also klar, daß die Glückseligkeit ein Zustand ist, der durch die Vereinigung aller Güter vollkommen ist.

Diesen, wie gesagt, suchen alle Sterblichen zu erreichen, aber auf verschiedenen Pfaden. Denn dem Geiste der Menschen ist von Natur die Begierde nach dem wahren Guten eingepflanzt, nur der mißleitete Irrtum verführt sie zum Falschen. Einige, die es für das höchste Glück halten, an nichts Mangel zu haben, setzen ihre Mühe daran, in Reichtum zu schwimmen; andere aber halten es für das der Verehrung würdigste Gut, Auszeichnungen auf sich zu häufen; so streben sie bei ihren Mitbürgern in höchster Achtung zu stehen. Manche setzen das höchste Gut in die höchste Macht; sie versuchen selbst zu herrschen oder sich an die Herrscher zu drängen. Diejenigen aber, denen Berühmtheit als das Beste erscheint, eifern danach, mit den Künsten des Krieges oder des Friedens die Herrlichkeit ihres Namens auszubreiten. Weitaus die meisten messen die Frucht des Guten ab nach Freude und Vergnügen; sie halten es für das Allerglücklichste in Lüsten überzufließen. Manche vertauschen auch die einzelnen Zwecke und Ursachen miteinander, sie ersehnen dann Reichtum um der Macht und Lust willen, Macht um des Geldes oder der Verbreitung ihres Namens willen.

Um diese und ähnliche Absichten kreisen alle menschlichen Handlungen und Wünsche. [...] Aber wir haben als höchstes Gut die Glückseligkeit bestimmt, also hält jeder den Zustand für glückselig, den er vor andern erstrebt.

So hast du also die Gestalt der menschlichen Glückseligkeit, fast als ob sie dir vor Augen stände: Geld, Ehren, Macht, Ruhm, Wollust. [...]

Aber ich kehre zu den Bestrebungen der Menschen zurück, deren Geist, wenn auch mit verdunkelter Erinnerung, dennoch zum höchsten Gute strebt, so daß er nur gleichsam berauscht nicht weiß, auf welchem Pfade er in die Heimat zurückkehren soll. Schienen etwa die zu irren, die da strebten nichts zu entbehren? Es gibt nichts anderes, was gleicher Weise die Glückseligkeit vollenden kann, wie ein reichlicher Zustand von Gütern, der nichts Fremdes bedarf, der sich selber genügt. Irren etwa die ab, die da meinen, was das Beste sei, sei auch achtungsvoller Verehrung am würdigsten? Keineswegs, denn nicht gemein und verächtlich ist doch das, was zu erreichen fast alle Sterblichen sich mühen. Oder ist Macht nicht zu den Gütern zu zählen? Wie also? Ist das für schwach und kraftlos zu erachten, was sicherlich trefflicher ist als alles andre? Oder ist die

Berühmtheit für nichts zu schätzen? Die Tatsache läßt sich nicht aus der Welt schaffen, daß alles Trefflichste auch das Gerühmteste scheint. Was brauche ich zu sagen, daß die Glückseligkeit nicht angst- und trauererfüllt ist, daß sie Schmerz und Trübsal nicht unterworfen ist, da doch auch in den geringfügigsten Dingen das erstrebt wird, was zu besitzen und zu genießen ergötzt. Und das ist es doch, was die Menschen erlangen wollen; deshalb ersehnen sie doch Reichtum, Würden, Herrschaft, Ruhm und Lust, weil sie glauben, hieraus werde ihnen Genügen, Ansehen, Macht, Berühmtheit, Freude kommen. Das Gute ist es also, wonach die Menschen mit so verschiedenem Streben trachten, und hiermit zeigt sich leicht, wie groß die Kraft der Natur ist, da, wie mannigfaltig und einander widersprechend die Ansichten sein mögen, sie doch alle in der Liebe zum Guten ihr Ziel sehen.

Johannes Scotus Eriugena (810–877)

85. Die Rückkehr zu Gott als Lebensziel

Lehrer: Ich wundere mich, wie du so schwerfällig sein kannst, nicht klar zu durchschauen, wohin solche Erörterungen zielen. Sage mir, ob nicht alle Beweisgründe, die wir aus der Natur des Sinnlichen und Übersinnlichen genommen haben, lediglich darauf abzielen, uns unverweilt nicht bloß den Glauben, sondern auch eine auf Tatsachen gestützte sichere Einsicht zu begründen, daß in gleicher Weise, wie alles Sinnliche und Übersinnliche natürlich in seinen Ausgang zurückzukehren gezwungen wird, so auch die menschliche Natur zu ihrem Ausgange, welcher nichts anders ist, als das Wort Gottes, in welchem sie geschaffen ist und unveränderlich lebt und besteht, zurückkehren wird. Denn wenn alle Dinge, welche sind und nicht sind, diejenigen also, welche den leiblichen Sinnen und der Betrachtung des Geistes unterliegen, und nicht minder diejenigen, welche wegen der Freiheit und Höhe ihres Bestandes sich allem sinnlichen und Geistesblicke entziehen, Gott zu ihrem Ausgangspunkt haben und zu ihm hinstreben und ihr Streben an der Erreichung des Zieles nicht gehindert wird; wie wäre es zu verwundern, wenn man von der menschlichen Natur, die ja ausdrücklich nach dem Bild und Gleichnis des einen gemeinsamen Anfangs aller Dinge geschaffen ist, auch annimmt und einsieht, daß sie ebendahin zurückkehren werde, woher sie ausgegangen ist, zumal sie von hier nicht etwa so ausgegangen ist, daß sie ihren Ausgang ganz und gar verlassen hätte. Denn in ihm (sagt der Apostel) leben, weben und sind wir. Vielmehr ist nur von einem Zurückweichen die Rede, sofern sie in Folge der Sünde mit einer gewissen Unähnlichkeit behaftet wurde; denn die Ähnlichkeit brachte sie nahe, die Unähnlichkeit fern von Gott, sintemal man sich nicht mit leiblichen Schritten, sondern durch die Leidenschaften der Seele von Gott entfernt oder sich ihm nähert. In räumlichen Zwischenräumen entfernen wir uns nicht vom Sonnenlichte, sondern entweder durch Beraubung der Augen oder Schwäche derselben oder durch den Untergang des Lichtes selber. Die Gesundheit wird nicht räumlich verlassen, sondern durch den Eintritt des Leidens, und gleichermaßen werden Leben, Seligkeit, Weisheit und alle Tugenden nur durch ihre eignen Beraubungen verlassen, nämlich durch Tod, Elend, Torheit und Laster. Und wie das Haupt des menschlichen Körpers durch die Ansteckung des Aussatzes entstellt wird, so ist die menschliche Natur durch hochmüthigen Ungehorsam angesteckt und verdorben, entstellt und ihrem Schöpfer unähnlich geworden. Wenn sie von diesem Aussatze durch die heilende Gnade Gottes befreit sein wird, so wird sie wieder zu ihrer frühern Schönheit gelangen; ja man darf sogar sagen, daß die nach dem Bilde Gottes geschaffene Natur die Frische ihrer Schönheit und die Unverletztheit ihres Wesens niemals verloren hat, noch verlieren kann, da ja die göttliche Gestalt immer unveränderlich bleibt, gleichwohl aber zur Strafe für die Sünde der Vergänglichkeit teilhaftig geworden ist.

Die Lauteren Brüder von Basra (10. Jahrhundert)

86. Von den Rechten der Tiere

„Nirgends in den Koranversen, die jenes menschliche Wesen rezitiert hat, o König, liegt ein Beweis für seine Behauptung, daß die Menschen unsere Herren und wir ihre Sklaven seien. Es weisen diese Verse vielmehr hin auf die Gnaden und Wohltaten, die Gott ihnen gewährt. Er spricht nämlich zu ihnen: ‚Er hat sie euch dienstbar gemacht', wie Er auch spricht: ‚Er hat die Sonne und den Mond, die Wolken und die Winde euch dienstbar gemacht.' Meinst du nun, o König, daß auch diese ihre Sklaven und Besitztümer seien und die Menschen ihre Herren? So wisse nun dies, o König: Gott, der Erhabene, schuf alles, was in den Himmeln und auf Erden ist. Und Er machte das Eine dem Anderen untertan, auf daß jedes seinen Nutzen daraus ziehe oder Schaden von sich abwende. So machte Gott, der gewaltig und erhaben ist, die Tiere dem Menschen untertan, auf daß sie ihm nützlich seien und er durch sie Schaden von sich abwende – wie wir es hiernach deutlich dartun werden –, nicht aber, wie sie es denken und sich vorstellen und in fälschlicher und verleumderischer Art sagen, auf daß sie unsere Herren und wir ihre Diener seien."

„O König", fuhr nun der Wortführer der Vierbeiner fort, „wir und unsere Väter bewohnten die Erde, noch bevor Adam, der Vater der Menschen, geschaffen wurde. Wir weilten in ihren Weiten, durchzogen ihre Pfade, und eine jegliche Schar von uns zog hin und her im Lande Gottes auf der Suche nach Nahrung und bewegte sich frei zum Wohle seiner Angelegenheiten. Ein jeglicher von uns widmete sich seiner eigenen Sache, an einem Ort, der seinem Bedarfe entsprach: Im Sumpf oder im Wald, im Gebirge oder im ebenen Land. Eine jegliche unserer Arten hielt sich zu den Abkommen ihrer Art. Wir nahmen uns unserer Jungen und der Aufzucht unserer Kleinen an, mit dem Guten, was Gott für uns an Speise und Trank bestimmt hatte. Wir waren sicher in unseren Wohnstätten, und unsere Leiber waren unversehrt. Wir lobten Gott und priesen ihn heilig bei Tag und bei Nacht. Wir widersetzten uns nicht und stellten Ihm nichts Gleiches zur Seite. Und die Zeiten gingen dahin.

Dann erschuf Gott, der Erhabene, Adam, den Vater der Menschen, und machte ihn zu Seinem Stellvertreter auf Erden. Seine Kinder pflanzten sich fort, und seine Nachkommen vermehrten sich. Sie breiteten sich aus auf der Erde – zu Lande und zu Wasser, im flachen Land und in den Bergen. Sie engten uns ein in unseren Wohnplätzen und Ländern und nahmen als Gefangene von uns Schafe, Rinder, Pferde, Maultiere und Esel. Sie zähmten und unterjochten sie, und sie erschöpften sie durch Mühe und Plage bei schweren Arbeiten – beim Tragen von Lasten und beim Reiten daheim und auf Reisen, im Pfluggespann, beim Ziehen der Wasserräder und beim Drehen der

Mühlen. Sie taten dies mit Gewalt und Unterjochung, durch Schlagen und Erniedrigung und Strafen aller Art, unser ganzes Leben lang. So entfloh denn von uns, wer konnte, in die Einöden und Wüsten und in die Gipfel der Berge. Die Söhne Adams aber machten sich auf, uns mit allerlei Listen zu fangen. Und wer ihnen von uns in die Hände fiel, der wurde gefesselt, gebunden, ins Joch gespannt, wurde geschlachtet und gehäutet; man riß ihm den Bauch auf und zerschnitt ihm die Glieder, man riß ihm die Augen aus, rupfte die Federn oder schnitt ihm das Haar oder die Wolle ab. Dann kam er aufs Feuer, um gekocht, geröstet und gebraten zu werden – und noch viele andere Qualen widerfuhren ihm, die sich jeglicher Beschreibung entziehen. Mit alledem haben nun diese Adamskinder noch nicht genug. Vielmehr müssen sie nun noch den Anspruch stellen, daß dies ihr unumstößliches Recht gegen uns sei, daß sie unsere Herren und wir ihre Diener seien und daß, wer von uns entflohen, ein entlaufener Sklave sei, rebellisch und den Gehorsam verweigernd. Dies alles ohne einen Rechtsanspruch uns gegenüber, ohne Beweis und ohne Argument – allein durch Gewalt und Unterdrückung.«

Avicenna (Ibn Sina) (980–1037)

87. Von der sozialen Notwendigkeit einer göttlichen Offenbarung

Wir behaupten jetzt: es ist bekannt, daß der Mensch sich von den anderen belebten Wesen dadurch unterscheidet, daß sein Leben dann nicht in vollkommener Weise geführt wird, wenn er als Individuum für sich allein dasteht und seine Verhältnisse ordnet, ohne daß er einen Gefährten hat, der ihm in bezug auf die notwendigen Dinge des täglichen Lebens hilft. Der Mensch muß also unterstützt werden durch einen anderen, der der gleichen Art angehört, indem zugleich auch dieser andere wiederum durch den ersten unterstützt wird und zugleich durch einen weiteren. Dieser erste bringt zum Beispiel die Früchte zu jenem, jener andere stellt für den ersten das Brot her. Dieser (dritte) verfertigt Kleidungsstücke für den anderen und letzterer verfertigt die Nadel für jenen. Wenn sie sich alle zusammentun, so ist ihr Zusammenleben ausgestattet mit allem Notwendigen. Daher sind also die Menschen gezwungen, sich in Städten und Gemeinschaften zu vereinigen. [...]

Wenn dies also klar ist, so muß der Mensch, damit er sein Leben erlange und erhalte, sich mit anderen vereinigen. Diese Vereinigung mit anderen kann aber nur durch gemeinsames Handeln zustande kommen, wie auch ebenso für das gemeinsame Leben die übrigen Ursachen, die mit dem menschlichen Leben verbunden sind, in Tätigkeit treten müssen. Damit aber nun eine gemeinsame Tätigkeit und ein sozialer Verkehr zustande komme, bedarf der Mensch menschlicher Satzungen und gerechter Vorschriften. Die Satzungen und gerechten Vorschriften setzen aber einen Gesetzgeber und einen nach Gerechtigkeit ordnenden Leiter voraus. Dieser muß mit den Menschen reden und sie zu den Satzungen verpflichten können. Ein solcher muß daher notwendigerweise ein Mensch sein. Gott kann die Menschen und ihre Ansichten betreffs des gemeinsamen Lebens nicht ohne diese Hilfe lassen. Sie würden sich nicht einigen können. Jeder einzelne hielte dann für richtig, was ihm gerecht zu sein schiene, (für gut, was ihm Nutzen brächte) und für schlecht, was ihm Schaden zufügte. Der Mensch bedarf daher eines solchen Gesetzgebers, damit die menschliche Art erhalten bleibe und sein Dasein vollkommen sei. Er bedarf eines solchen Gesetzgebers in höherem Maße, als zum Beispiel der Haare an den Augenbrauen und Wimpern, der Krümmung der Fußsohle und anderer Dinge, die ihm in seinem körperlichen Leben nützlich sind, ohne für das Erhalten der Art des Menschen notwendig zu sein. Die meisten dieser Bedingungen des körperlichen Lebens sind so beschaffen, daß sie auf die Erhaltung der menschlichen Art hinzielen. Die Existenz eines solchen Menschen, der geeignet ist, Gesetzesvorschriften und gerechte Bestimmungen aufzustellen, ist daher möglich, wie wir früher erwähnt haben. [...]

Daher ist es notwendig, daß ein Prophet auftrete und ebenso ist es notwendig, daß dieser ein Mensch sei. Er muß ferner besondere Eigentümlichkeiten besitzen, die den übrigen Menschen nicht zukommen, so daß die Menschen an ihm Dinge sehen, die ihnen sonst nicht vor die Augen treten. Durch diese unterscheidet er sich von ihnen. Er muß also Wunder wirken, wie wir solche auch von unseren Propheten gehört haben. Wenn daher dieser Mensch wirklich existiert, so muß er den

Menschen gesetzliche Vorschriften bezüglich ihres Zusammenlebens mitteilen mit der Erlaubnis Gottes und auf Grund des göttlichen Befehles, der göttlichen Offenbarung und der Herabsendung des heiligen Geistes auf den Propheten.

Anselm von Canterbury (1033–1109)

88. Über das Böse

Schüler: Was ist denn nun das Böse selbst, das böse, und das Gute selbst, das gut werden läßt?

Lehrer: Die Gerechtigkeit, so sollen wir glauben, ist das Gute selbst, wodurch Engel und Menschen gut, das heißt gerecht sind, und der Wille gut oder gerecht heißt; die Ungerechtigkeit aber ist das Böse selbst, das wir nichts anderes als das Fortfallen des Guten nennen. Sie ist das, was böse macht und den Willen böse werden läßt, und darum ist in ihr nichts anderes zu sehen als das Fortfallen der Gerechtigkeit. Als ursprünglich dem Vernunftwesen ein Wille verliehen wurde, da wurde mit dieser Gabe zugleich der Wille vom Geber hingewendet, oder besser: recht geschaffen auf das hin, was er wollen sollte. Solange der Wille nun in dieser Rechtheit, in der er geschaffen wurde – sie heißt Wahrheit oder Gerechtigkeit – fest stand, war er gerecht. Als er sich aber abkehrte von dem, was er sollte, und dem zuwendete, was er nicht sollte, da hatte er keinen Stand mehr in jener – wie ich mich ausdrücken möchte – „Ur-Rechtheit", in der er geschaffen wurde. Da er sie verließ, verlor er dieses große „Etwas" und handelte sich dafür nichts ein – außer ihrem Fortfallen, das kein Sein hat und Ungerechtigkeit heißt.

Schüler: Zugegeben, das Böse ist das Fortfallen des Guten. Aber ich finde, daß ebenso das Gute das Wegfallen des Bösen ist. Und wie ich beim Fortfall des Bösen etwas anderes entstehen sehe, das wir „gut" nennen, so beim Fortfall des Guten etwas, das „böse" heißt. Mir sind zwar Argumente dafür bekannt, daß das Böse nichts sei, z. B.: Das Böse ist nichts als ein Schaden und eine Verderbnis, die nur an einem Seienden bestehen können. Je mehr sie an diesem anzutreffen sind, desto mehr bringen sie es zum Nichtsein. Wenn das betroffene Seiende aber völlig zu Nichts geworden ist, so werden auch der

Schaden und die Verderbnis als nichts befunden. Trotz solcher
Argumente vermag mein Geist – außer im Glauben allein –
nicht zur Ruhe zu kommen, wenn mir auf der anderen Seite
nicht jene Argumente weggeräumt werden, nach dem das Böse
tatsächlich ein „etwas" wäre. […]

Lehrer: Du wirst kaum so töricht sein anzunehmen, das
Nichts sei ein „etwas", obschon du nicht abstreiten kannst, daß
„Nichts" ein Name ist. Wenn du daher durch den Namen für
„Nichts" nicht beweisen kannst, daß das Nichts etwas sei, wie
meinst du das denn im Hinblick auf das Böse durch den Na-
men „das Böse" zu vermögen? […]

Anstelle des Wortes „Nichts" kann man zweifellos, was seine Bedeutung angeht, ebensogut sagen: „Nicht-etwas". Denn
ganz offensichtlich bestimmt dieses Wort „Nicht-etwas" durch
seine Bedeutung, daß eine jede Sache und alles, was etwas ist,
völlig aus dem Verstand zu entfernen, und durchaus keine Sache und, was immer nur etwas ist, im Verstande zu behalten
sei. Nun kann allerdings (1) die Beseitigung einer Sache nur so
zum Ausdruck gebracht werden, indem man auf ebendasselbe
hindeutet, dessen Beseitigung zum Ausdruck kommen soll.
Keiner versteht zum Beispiel die Bedeutung von „Nicht-
Mensch" ohne ein Verständnis dessen, was „Mensch" heißt.
Darum muß unausweichlich das Wort „Nicht-etwas", indem
es das, was etwas ist, ausschließt, auf etwas hinweisen. Insofern
das Wort „Nicht-etwas" aber (2) im Ausschließen von allem,
was etwas ist, auf kein Seiendes weist, hinsichtlich dessen es
bestimmte, der Hörer habe es im Verstande zu behalten, bringt
es eine Sache oder, daß etwas sei, nicht zum Ausdruck.

So weist das Wort „Nicht-etwas" unter der erstgenannten
Perspektive (1) in einem gewissen Sinne auf eine Sache und ein
etwas hin, unter der zweitgenannten (2) aber keineswegs. Es
weist darauf hin, indem es (Sein) ausschließt (1). Es weist nicht
darauf hin, indem es (ein etwas) bestimmt (2). […]

In dieser Weise bringen nun auch „(das) Böse" und „nichts"
etwas zum Ausdruck. Das, was hier zum Ausdruck kommt, ist
etwas nicht der Sache, sondern nur der Form des Redens nach.
„Nichts" hat nämlich lediglich die Bedeutung von „nicht-
etwas", oder „Fehlen dessen, was etwas ist"; und „das Böse"
ist nichts als „nicht-gut", oder „Fehlen des Guten, wo es sein
soll oder förderlich wäre". Was aber nur das Fehlen dessen ist,
was etwas ist, ist sicherlich nicht ein „etwas". Das Böse ist also

wahrhaftig nichts, und das Nichts ist nicht ein „etwas". Und dennoch sind sie in gewisser Weise etwas, insofern wir darüber sprechen, als ob sie etwas wären.

Hildegard von Bingen (1098–1179)

89. Vom Wesen der Liebe

In einer wahren Schau meines Geistes, mit wachem Körper, sah ich ein überaus schönes Mädchen. Es strahlte in solch hellem Leuchten seines Antlitzes, daß ich nicht vollkommen hineinzuschauen vermochte. Es trug einen Mantel, weißer als Schnee und leuchtender als die Sterne. Auch hatte es Schuhe an wie aus reinstem Golde. Auf seiner Brust war eine Tafel aus Elfenbein, auf der eine Menschengestalt von saphirblauer Farbe erschien. Und alle Welt nannte dieses Mädchen seine Herrin. Das Mädchen sprach nun zu der Gestalt, die auf seiner Brust erschien: Bei dir ist die Herrschaft am Tage deiner Kraft, im Glanze der Heiligen!

Und ich hörte eine Stimme, die zu mir sprach: Das Mädchen, das du da siehst, ist die Liebe. In der Ewigkeit hat sie ihre Heimat. Denn als Gott die Welt erschaffen wollte, da neigte Er sich herab in der zärtlichsten Liebe. Alles Lebensnotwendige sah Er voraus, und dies ganz in der Weise, wie auch ein Vater seinem Sohne das Erbe bereitet. Und so bildete Er in glühendem Liebeseifer alle Seine Werke. Damals erkannte die Schöpfung in all ihren Arten und Gestalten ihren Schöpfer. Denn die Liebe war im Urgrund dieser Schöpfung schon da, als Gott sprach: Es werde! Und es ward. Wie in einem Augenblick wurde die ganze Welt da durch die Liebe gebildet. […]

Die ganze Welt nennt daher auch dieses Mädchen „Herrin". Denn aus der Liebe ist die Schöpfung hervorgegangen, weil die Liebe das Allererste war. Aus Liebe hat Gott sich um des Menschen willen mit der menschlichen Natur bekleidet. Denn wie die ganze Welt auf Gottes Geheiß vollendet ward, da Er sprach: „Wachset und mehret euch und erfüllet die Erde!", so stieg auch die Glut der wahren Sonne wie ein Tau in den Schoß der Jungfrau hernieder und bildete aus ihrem Fleisch den Menschensohn, so wie sie auch aus dem Lehm der Erde Adam zu Fleisch und Blut gebildet hatte.

Zum Wesen der Liebe aber gehört weiterhin, daß man sie sich ohne Flügel gar nicht denken kann. Denn als das Geschöpf im Anfang das All umkreiste, so daß es in diesem Drang auffliegen wollte und doch nur fiel, da hoben die Schwingen der Liebe es wieder empor. Das war die heilige Demut. Als nämlich diese schreckliche Gesinnung den Adam zu Boden warf, da achtete Gott genau darauf, daß er im Fallen nicht ganz und gar zugrunde gehe, weil Er ihn ja durch die heilige Menschwerdung erlösen wollte. Diese Flügel waren von großer Macht, weil die Demut den verlorengegangenen Menschen aufhob. Dies geschah durch die Menschheit des Erlösers.

Die Liebe hat den Menschen erschaffen; die Demut hat ihn erlöst. Die Hoffnung aber ist wie das Auge der Liebe; die Liebe zum Himmlischen ist ihr Zusammenhalt. Der Glaube ist gleichsam das Auge der Demut, der Gehorsam ihr Herz, die Verachtung des Bösen ihr Zusammenhalt. Die Liebe war in Ewigkeit und brachte im Anfang aller Heiligkeit jedwedes Geschöpf ohne Beimischen eines Bösen hervor. Und so hat die Liebe auch Adam und Eva aus der reinen Natur der Erde erzeugt. Wie diese beiden alle Menschenkinder hervorbrachten, so bringen auch diese beiden Tugenden alle übrigen Tugendkräfte ans Licht.

Bernhard von Clairvaux (1091–1153)

90. Die vier Stufen des Aufstiegs zu Gott

Beim Aufstieg aller Auserwählten lassen sich vier Stufen unterscheiden. Zuerst wird jeder der Freund seiner Seele; dann wird er der Freund der Gerechtigkeit; sodann der Freund der Weisheit und endlich wird er selber weise.

Auf der ersten Stufe des Fortschrittes meidet der Mensch alles, was die Seele beleidigen, und liebt, was sie ergötzen kann. Er zittert also vor der Hölle und sehnt sich nach dem Himmel und ist somit imstande, jene göttliche Vorschrift zu erfüllen, die er im Anfange seiner Belehrung erhalten hat: „Du sollst deinen Nächsten lieben wie die selbst." (Matth. 22, 39) Denn solange er noch im Fleische wandelt, vermag er dies mitnichten. Wenn er sich aber vom Geiste Gottes führen läßt, ist es ihm ein leichtes. Was hätte denn der Mensch davon, daß sein Nächster in der Hölle brenne? Oder was verlöre er, wenn er mit ihm im Paradiese weilte? Mit dem Paradieseserbe ist es ja auch nicht so bestellt, daß es durch die Anzahl derer, die es besitzen, geschmälert werden könnte. Er liebt also den Nächsten. Er wünscht ihm nichts Böses, wie er auch sich selber nichts Böses wünscht. Er will sich und ihn im Himmel sehen. […]

Zuerst muß man also sich, dann den Nächsten lieben. Denn es heißt nicht: „Du sollst dich lieben wie den Nächsten", sondern „du sollst deinen Nächsten lieben wie dich selbst." So wird der Mensch ein Freund seiner Seele durch den Heiligen Geist, den er aus dem Glauben empfangen hat. […]

Ferner: wer seine Seele liebt, muß nach meinen Worten folgerichtig auch die Gerechtigkeit lieben. Denn wenn er das Unrecht liebte, haßte er ja seine Seele (Ps. 10, 6), liebte sie nicht.

Durch die Liebe zur Gerechtigkeit erreicht er die zweite Stufe und vernimmt jenes Gebot der ewigen Weisheit: „Die ihr die Erde richtet, liebet die Gerechtigkeit!" (Weish. 1, 1) Wer sie vollkommen liebt, muß für sie geduldig alle Pein und Schmach ertragen. Denn zwei Dinge gewährt ihm die Gerechtigkeit: einmal zu tun, was er muß; dann zu leiden, was er muß. Beides hängt so zusammen, daß, wer das Gute nicht getan, das er zu tun schuldig war, das Übel erleiden muß, das er verdient. So sind wir wunderbarerweise von der Gerechtigkeit nicht einmal dann verlassen, wenn wir sie verlassen, da jede Sündenschuld von ihr gestraft wird. Denn niemand kann sich ihrer Glut entziehen. (Ps. 18, 7) […]

Damit steigt er auf zur dritten Stufe seines Fortschrittes. Er wird ein Freund der Weisheit, die mit mütterlicher Liebe zu ihm spricht: „Mein Sohn, schenk mir dein Herz!" (Sprichw. 23, 26) Ist er einmal bei dieser Stufe angelangt, so bleibt ihm nur noch der Aufstieg zur vierten Stufe übrig, wo es heißt: ein Weiser sein.

Auf der dritten Stufe handelte er, um selber Gott zu gefallen.

Jetzt aber handelt er, weil Gott ihm gefällt oder weil seine Werke Gott gefallen. Wer immer auf dieser Stufe steht, kann mit voller Zuversicht und sicherem Gewissen jenes Lied der Weisen singen: „Bei allem sah ich mich um, wo ich meine Ruhestätte fände; im Erbe des Herrn will ich weilen." (Eccli. 24, 11) Denn eine solche Seele hat in allem ihre Ruhestätte, da ihr Gott in allem gefällt; hat sie doch gelernt, nicht Gottes Willen herabzubeugen, sondern ihren Willen zu Gottes Willen emporzuheben. Sie verweilt im Erbe des Herrn gemäß seiner Verheißung: „Das Land, worauf du ruhst, will ich dir geben." (1. Mos. 28, 13) Das heißt: ich will dir diese Ruhe, zu der du durch deine Mühe und meine Gnade gelangt bist, zum festen, ewigen Besitztum geben. Was aber folgt: „und deinen Nachkommen", können wir so verstehen: nicht nur deinem Geiste wird diese Ruhe geschenkt, hier und in Ewigkeit, sondern auch deinen Nachkommen, das heißt deinen Werken, wird die Verherrlichung deines Leibes geschenkt.

91. Vom Besitz eines freien und guten Willens

Wenn aber die Menschen gewöhnlich klagen und sagen: „Ich will einen guten Willen haben, aber ich kann es nicht", so ist das keineswegs ein Widerspruch gegen die Freiheit, als ob der Wille gleichsam in dieser Hinsicht eine Gewalt oder Notwendigkeit erleide, sondern diese Menschen bezeugen, daß sie jene Freiheit entbehren, die als Freiheit von der Sünde bezeichnet wird. Denn wer einen guten Willen haben will, beweist, daß er einen Willen hat. Denn er will einen guten Willen nur durch den Willen haben. Wenn er einen Willen hat, hat er auch die Freiheit, freilich die Freiheit von der Notwendigkeit, nicht von der Sünde. Wenn er nämlich nicht imstande ist, einen guten Willen zu haben, obwohl er möchte, fühlt er doch, daß ihm eine Freiheit fehlt, freilich die Freiheit von der Sünde, durch die der Wille schmerzlich bedrückt, aber nicht unterdrückt wird. Indes hat er ohne Zweifel auf irgendeine Weise auch schon einen guten Willen, wenn er ihn nur haben will. Denn gut ist das, was er will, und er könnte nicht das Gute wollen, außer durch den guten Willen, so wie er auch das Böse nicht wollen könnte, außer durch den bösen Willen. Wenn wir das Gute wollen, ist der Wille gut; wenn wir das Böse wollen, ist der Wille böse. Auf beiden Seiten ist der Wille und überall die Freiheit. Denn die Notwendigkeit weicht vor dem Willen. Wenn wir aber nicht können, was wir wollen, fühlen wir ja, daß die Freiheit selbst irgendwie von der Sünde geknechtet ist, oder daß sie im Elend, aber dennoch nicht verloren ist.

92. Über gute und böse Absicht

12. Nach welchem Maßstab eine Absicht gut zu heißen ist.
Manche halten aber schon die Absicht für recht und gut, so oft
man glaubt, etwas recht zu machen, und daß es Gott gefällig
sei, wie auch die Wahrheit des Evangeliums über die Verfol-
gungen der Märtyrer sagt: „Es kommt die Zeit, daß wer euch
tötet, wird meinen, er tue Gott einen Dienst daran" (Joh. 16,
2). Der Apostel nun sah ihnen ihre Unkenntnis nach, da er
sagte: „Ich gebe ihnen das Zeugnis, daß sie Eifer und Gott haben, aber nicht mit Verstand" (Röm. 10, 2), das heißt, daß sie
großen Drang und großes Verlangen haben, etwas zu tun,
womit sie Gott zu gefallen glauben; weil sie sich aber in ihrem
Drang und Eifer täuschen, ist ihre Absicht verfehlt, und das
Auge ihres Herzens nicht ungetrübt, daß es klar sehen, das
heißt sich vor Irrtum vorsehen könnte. Und weil Gott die
Werke genau nach rechter oder ungerechter Absicht trennt,
nannte er das geistige Auge, das ist die Absicht, entweder ungetrübt und gleichsam rein von Schmutz, so daß es klar sehen
kann, oder im Gegenteil verdunkelt, als er sagte: „Wenn dein
Auge ungetrübt ist, wird auch dein ganzer Leib klar sein",
womit er meinte, wenn die Absicht recht ist, wird auch die
ganze Zahl der Werke, die daraus entstehen und nach Art alles
Körperlichen wahrgenommen werden können, des Lichtes
wert, also gut sein; und für das Gegenteil gilt das gleiche. Also
darf eine Absicht nicht gut genannt werden, wenn sie nur so
scheint, sondern wenn sie darüber hinaus auch ist, wie man sie
glaubt, das heißt wenn einer glaubt, in seinem Streben Gott zu
gefallen, und sich dazu in seiner Meinung nicht täuscht. In jenem anderen Fall aber wären ja die Werke der Heiden ebenso
gut wie unsere, da auch sie nicht weniger als wir glauben, auf
Grund ihrer Werke gerettet zu werden, oder ihrem Gott zu
gefallen.

*13. Daß nur, was gegen das Gewissen geschieht, Sünde sein
kann.* Wenn doch noch einer fragte, ob Christi Verfolger oder
die der Märtyrer in dem, wodurch sie Gott zu gefallen glaubten, sündigten; oder ob sie jenes, was sie doch in keiner Weise
lassen zu dürfen glaubten, hätten lassen können, so dürfen wir

nach dem, was wir oben geschrieben haben, nämlich daß
Sünde „Verachtung Gottes" sei, oder „seine Zustimmung einer
Sache zu geben, der man glaubt, nicht zustimmen zu dürfen",
nicht sagen, daß sie darin gesündigt hätten, noch daß ihre Unkenntnis oder sogar ihr Unglaube Sünde sei (mag das auch
noch kein Grund zu ihrer Rettung sein). Wie sollten die, die
Christus nicht kennen und den christlichen Glauben ver-
schmähen, weil sie der Ansicht sind, er vertrage sich nicht mit
ihrem Gottesbegriff, Gott verachten, wo sie doch um Gottes
Willen handeln und gerade deshalb glauben, recht zu tun? Ohnehin sagte der Apostel: „Wenn uns unser Herz nicht tadelt,
haben wir auch vor Gott nichts zu fürchten" (1. Joh. 3, 21),
womit er meinte: Sollen wir vergeblich fürchten, vor Gott einer Schuld geziehen zu werden, solange wir nicht gegen unser
Gewissen handeln? Aber wie könnte der Herr selbst für seine
Kreuziger bitten: „Vater, vergib ihnen, denn sie wissen nicht,
was sie tun" (Luk. 23, 34), wenn solche Unkenntnis gar nicht
der Sünde zugeschrieben werden dürfte? Oder wie könnte es
Stephanus, der nach diesem Beispiel für seine Steiniger bat und
rief: „Herr, rechne ihnen das nicht zur Sünde" (Act. 7, 59)?
Denn es kann doch wohl nicht verziehen werden, wo keine
Schuld verausgegangen ist; gewöhnlich spricht man von „ver-
geben" nur dann, wenn die Strafe, die sich eine Schuld verdient
hat, erlassen wird. Stephanus aber nannte ganz eindeutig
Sünde, was aus Unkenntnis geschah.

Averroes (Ibn Ruschd) (1126–1198)

93. Die Gebote Gottes
sind zugleich vernünftige ethische Prinzipien

Die Aš'ariten [Gruppe orthodoxer sunnitischer Theologen, die
die menschliche Handlungsfreiheit bestritt] haben über Unrecht und Gerechtigkeit bezüglich Gottes eine Ansicht, die
sich eben so sehr von dem Verstande als von der Religion entfernt, aufgestellt. Nämlich sie sprechen ausdrücklich eine Idee
aus, welche die Religion nicht ausdrücklich lehrt, sondern das
gerade Gegenteil. Sie sagen nämlich, daß hierin das Jenseitige
sich anders verhält als das Diesseitige: nach ihrer Behauptung
wird das diesseitige Wesen mit Gerechtigkeit und Unrecht

qualifiziert, bloß deswegen, weil es in seinen Handlungen von dem religiösen Gesetz beherrscht wird, so daß, wenn der Mensch etwas nach dem Gesetz Gerechtes tut, er gerecht ist, und wenn er etwas tut, das das Gesetz für Unrecht erklärt, er ungerecht ist. Sie sagen weiter: Wenn jemand nicht verantwortlich ist und nicht unter der Herrschaft des Gesetzes steht, so existiert für ihn keine Handlung, welche gerecht oder ungerecht wäre; ja seine Handlungen sind alle gerecht; und sie sind gezwungen zu sagen, daß es hier nichts gebe, was an und für sich gerecht oder ungerecht wäre. Dieses ist aber im höchsten Grade schändlich, weil es dann hier nichts gäbe, was an und für sich gut oder schlimm wäre. Denn die Gerechtigkeit ist selbstverständlich gut und die Ungerechtigkeit schlimm; und es wäre der Polytheismus nicht an und für sich Unrecht und Ungerechtigkeit, sondern bloß vom Gesichtspunkt des Gesetzes, und hätte das Gesetz die Notwendigkeit, an einen Nebengott zu glauben, gelehrt, so wäre dieses Gerechtigkeit: und hätte es die Sünde vorgeschrieben, so wäre diese Gerechtigkeit. Dieses widerspricht aber den Aussprüchen des Gesetzes und dem Verstande; das erste, weil Gott sich selbst im Koran mit Gerechtigkeit qualifiziert und von sich die Ungerechtigkeit negiert hat. Sur. III, 16; *Gott bezeugt, daß kein Gott ist als er; ebenso die Engel und die Wissenden:* (er) *indem er die Gerechtigkeit beobachtet.* Ferner Sur. XLI, 46; *Nicht ist dein Herr ungerecht gegen die Diener.* (Vgl. III, 178; VIII, 53; XXII, 10; L, 28) Ferner Sur. X, 45: *Gott fügt kein Unrecht den Menschen zu, sondern diese sich selbst.*

Maimonides (Mose ben Maimon) (1135–1204)

94. Die Pflicht des Menschen zur Selbstvervollkommnung

Es ist also möglich, daß das Wort *chokhmá* im Hebräischen die List und den Gebrauch des Kombinationsvermögens bedeutet, also bald List oder Schlauheit, bald die Aneignung geistiger, bald die sittlicher Tugenden bezeichnet, bald die Erlernung einer praktischen Kunst oder die Erwerbung schlechter Gesinnungen und Sitten ausdrückt. Es ist also klar, daß man den einen „Weisen" nennt, der geistige Vorzüge oder sittliche Tugenden besitzt, sowie jeden, der einer praktischen Kunst mächtig ist oder der über Auskunftsmittel verfügt bei schlechten Taten und Gesinnungen.

Und dieser Ausführung entsprechend wird derjenige, der des ganzen Gesetzes seinem wahren Sinne nach kundig ist, von zwei Gesichtspunkten aus ein Weiser genannt, einerseits weil das Gesetz die geistigen, und andererseits, weil es die sittlichen Tugenden enthält. [...] Ebenso sagen unsere Lehrer auch, daß der Mensch zuerst für die Kenntnis des Gesetzes, dann für die der Wissenschaft und zuletzt erst für das verantwortlich gemacht wird, was ihm infolge der Erlernung des Gesetzes obliegt, nämlich dafür, daß er daraus ableitet, was er zu tun verpflichtet ist. Und so muß auch die Reihenfolge sein, daß diese Kenntnisse zuerst auf dem Wege der Überlieferung erlernt und dann beweismäßig dargetan werden, und daß dann erst die Taten im besonderen studiert werden, die den guten Lebenswandel des Menschen ausmachen. Darüber, daß der Mensch für diese drei Dinge in dieser Reihenfolge verantwortlich ist, sagen sie wörtlich folgendes: „Wenn ein Mensch vor das göttliche Gericht kommt, fragt man ihn zuerst: Hast du eine bestimmte Zeit dem Studium der Gotteslehre gewidmet? Hast du in der Wissenschaft genau distinguiert? Hast du darauf geachtet, eines aus dem andern abzuleiten?" Es ist dir also klar, daß ihrer Meinung nach die Kenntnis des Gesetzes eine Art, die der Wissenschaft, nämlich die darin besteht, die Glaubenslehren der Heiligen Schrift durch ein wahres Studium zu bekräftigen, eine andere Art der Weisheit bedeutet.

Nach dem, was wir dir nun als grundlegende Vorbemerkung vorausgeschickt haben, vernimm nun folgendes: Sowohl die alten, als auch die neueren Philosophen zeigen, daß die in dem Menschen vorhandenen Vollkommenheiten von viererlei Art sind. Die erste und zwar die niedrigste derselben, für welche die Weltmenschen ihre Lebenszeit verbrauchen, ist die Vollkommenheit des Besitzes, nämlich was der Mensch an Geld, Gewändern, Mobilien, Sklaven, Grund und dergleichen hat, und dazu gehört auch, daß jemand ein mächtiger König ist. Dies ist aber eine Vollkommenheit, die mit unserem Individuum schlechterdings in keiner Weise zusammenhängt, die der Mensch nur vermöge einer absoluten Einbildung wegen des reichen Genusses, den er davon hat, sich zuschreibt, indem er nämlich sagt: Mein Haus, mein Sklave, mein Geld, meine Heerscharen. Betrachtet man aber seine Person, so existiert dies alles außer ihm, und jedes einzelne dieser Besitztümer existiert selbständig für sich, und deshalb kann das Individuum, welches gestern ein mächtiger König war, wenn diese Beziehung aufhört, „eines Tages aufstehen" ohne sich von dem niedrigsten unter den Menschen in irgendeiner Hinsicht zu unterscheiden, obgleich sich an den Dingen, die man ihm zugeschrieben hat, nicht das geringste verändert hat. Die Philosophen zeigen auch, daß derjenige, der sein Trachten und Mühen dieser Art von Vollkommenheit zugewendet hat, sich nur für eine unbedingte Einbildung bemüht hat, also für etwas, was keine Dauer hat, und selbst wenn dieser Besitz auch alle seine Lebenstage hindurch in seiner Hand verbleibt, so bedeutet er doch für sein Wesen selbst keine Vollkommenheit.

Die zweite Art hat mit dem Leibe mehr Zusammenhang als die erste, es ist dies nämlich die Vollkommenheit seines Körperbaues, seiner Konstitution und seiner Form, nämlich daß die Mischung dieses Individuums eine möglichst proportionale ist und seine Organe im richtigen Verhältnisse zueinander stehen und sehr kräftig sind. Aber auch diese Art der Vollkommenheit kann man nicht zum Endzweck machen, weil sei eine leibliche Vollkommenheit ist und weil sie jedem Menschen nicht als solchem, sondern nur, insofern er ein Tier ist, zuteil werden, und weil diese Vollkommenheit auch das niedrigste der Tiere mit ihm gemein hat. Denn wenn die Kraft eines Menschen die denkbar größte wäre, so könnte sie dennoch nicht der Kraft eines starken Maultieres, geschweige denn der eines Löwen oder eines Elefanten gleichkommen. Auch würde diese Vollkommenheit, selbst wenn sie, wie wir sagten, den höchsten Grad erreichte, höchstens darin bestehen, eine schwere Last zu tragen oder einen starken Knochen zu zerbrechen und dergleichen, bei welcher Art aber für den Leib nur ein geringer, für die Seele aber keinerlei Nutzen sich ergäbe.

Die dritte Art ist eine höhere Vollkommenheit des menschlichen Wesens als die zweite, nämlich die Vollkommenheit der Tugenden, die darin besteht, daß die Sitten dieses Individuums die denkbar vorzüglichste Stufe erreichen. Die Mehrzahl der Gebote hat ja nur den Zweck, diese Art der Vollkommenheit erreichbar zu machen, und diese ist nichts anderes als die Vorbedingung für eine andere Vollkommenheit, aber nicht Selbstzweck. Denn alle sittlichen Eigenschaften betreffen doch nur das Verhältnis des Menschen zu seinen Mitmenschen und durch diese Vervollkommnung der Sitten wird der Mensch gewissermaßen dazu befähigt, den anderen Menschen nützlich zu sein, und er wird das Werkzeug eines andern. Denn wenn du dir vorstelltest, daß irgendein Mensch für sich allein bestünde und mit keinem andern Menschen etwas zu tun hätte, dann blieben alle seine guten Charaktereigenschaften unnötig und zwecklos und machten ihn nicht vollkommener. In der Tat bedarf er ihrer nur und empfängt er einen Nutzen von ihnen nur im Verkehr mit anderen Menschen.

Die vierte Art aber ist die wahre menschliche Vollkommenheit, nämlich wenn der Mensch die geistigen Vorzüge erlangt, das heißt die Vorstellung der abstrakten Dinge, um daraus in betreff der wirklichen Dinge wahre Glaubensmeinungen abzuleiten. Diese aber ist allein der Endzweck, und sie macht den Menschen wahrhaft vollkommen. Diese Vollkommenheit ist auch ihm ausschließlich eigen und um ihretwillen ist er eines ewigen Fortbestandes würdig. Sie ist es auch, durch die der Mensch Mensch ist. Betrachte nun jede der drei früheren Vollkommenheiten und du wirst finden, daß andere sie besitzen, du sie aber nicht besitzest, oder wenn sie nach der allgemeinen Annahme unbedingt auch dir eigen sein müssen, so hast du sie eben mit anderen gemein. Aber diese letzte Vollkommenheit ist nur dir allein eigen, an ihr hat ein anderer mit dir zusammen schlechterdings keinen Anteil. „Sie sollen dir allein gehören, und keinem Fremden, der bei dir ist" (Spr. 5, 17). Und deshalb ziemt es sich, daß du trachtest, dieses dir Vorbehaltene zu erreichen und keine Mühen und Beschwerden auf dich nimmst um anderer willen, sonst wärest du ein solcher, der seiner Seele vergißt, so daß ihr reines Antlitz dadurch getrübt wird, daß die körperlichen Kräfte über sie herrschen.

Bonaventura (1221–1274)

95. Heidnische und christliche Tugendlehre

Jene großen Philosophen [die Neuplatoniker] aber bestimmten, so erleuchtet sie auch waren, dennoch ohne den Glauben, durch das Niederfließen in unsere Erkenntnis die Kardinaltugenden. Die ersten wurden öffentliche genannt, insofern sie den Wandel in der Welt lehren, die zweiten reinigende hinsichtlich der einsamen Beschauung, die dritten die Tugenden des gereinigten Geistes, weil sie die Seele im Urbild ruhen machen. Sie sagen, durch diese Tugenden werde die Seele gemäßigt, gereinigt und erneuert.

Aber sie stehen noch im Dunkel, denn diese Tugenden müssen zuvor drei Wirkweisen haben: die Seele auf das Ziel hin bestimmen, ihre Bewegungen geraderichten, das Kranke heilen. Diese Wirkweisen besaßen sie jedoch nicht in sich. Augustinus sagt im *Gottesstaat*, es sei keine wahre Tugend, welche die Absicht nicht auf Gott als den Quell richtet, um dort zu ruhen in der gewissen Ewigkeit und im vollkommenen Frieden. Die Ewigkeit kann nicht gewiß sein, wenn sie verlierbar, vollkommener Friede besteht nur in der Wiedervereinigung von Seele und Leib, das ist gewiß. Denn wenn die Seele wesenhaft eine Neigung zum Leibe hat, kann sie allein nicht gänzlich ruhen, ohne daß ihr der Leib zurückgegeben wird. – Die Philosophen aber verkannten die Gewißheit der Ewigkeit. Sie hielten nämlich selbst dafür, die Seele sei hinaufgestiegen durch den Steinbock und hinab durch den Krebs, sie sei dann durch den Milchgürtel gegangen, den wir Milchstraße nennen, und habe dort das, was oben geschah, vergessen. Dann sei sie dem erbarmungswürdigen, ihr bestimmten Körper geeint worden, bis sie wiederum nach oben zurückkehre. Das aber ist eine falsche Glückseligkeit, daß die Seele einmal glückselig gewesen sei und später zurückkehre.

Auch kannten sie nicht einen vollkommenen Frieden, denn sie erkannten nicht, daß die Welt ein Ende habe, und daß die Leiber, zu Staub geworden, wiederauferständen. [...]

Zweitens müssen durch diese Tugenden die bestimmten Gefühle der Seele geradegerichtet werden. Es gibt deren vier: Furcht, Schmerz, Freude, Vertrauen. Diese aber werden nicht geradegerichtet, wenn die Furcht nicht heilig ist, der Schmerz gerecht, die Freude wahr, das Vertrauen sicher. Wenn aber die Furcht vermessen ist, die Trauer ungerecht, die Freude ausgelassen und das Vertrauen anmaßend, dann sind die Gefühle schief. Diese Tugenden aber können durch sich nicht geradegerichtet werden, denn das Vertrauen oder die Hoffnung richtet sich auf das Unschaubare, wie auf das selige Leben. Das selige Leben wird jedoch nur den Würdigen gegeben, würdig aber ist keiner ohne ausreichendes Verdienst. Das kann man nicht durch die Kräfte des freien Willens besitzen, nur durch den Niederstieg Gottes, also durch die Gnade. „Die Leiden dieser Zeit sind nicht zu vergleichen der zukünftigen Glorie."

Drittens müssen die Gefühle Heilung finden, damit sie gerade gerichtet werden. Nur der wird geheilt, der die Krankheit und ihre Ursache kennt, den Arzt und die Medizin. – Die Krankheit ist eine Entstellung des Fühlens. Diese aber ist vierfach, weil die Seele aus der Vereinigung mit dem Leibe Schwachheit, Unwissenheit, Begierde und Bosheit empfängt. Davon wird das Erkennen, das Lieben und Vermögen angesteckt, und dann ist die ganze Seele betroffen. Das haben jene überhaupt verkannt und überhaupt nicht gewußt. Sie sahen diese Mängel, glaubten aber, sie seien in der Phantasie statt in den inneren Vermögen. Sie glaubten, wie sich Sphäre gegen Sphäre bewege, so bewege sich auch die Phantasie und neige sich dem Äußeren zu, die Vernunft jedoch von Natur aus zu dem Höheren. Und so wurden sie hintergangen, denn diese Krankheiten sind im vernunfthaften, nicht nur im sinnenhaften Teil. Erkennen, Lieben und Vermögen wurden bis ins Mark angesteckt.

Die Tugenden der Philosophen sind mißgestaltet und nackt, unsere aber sind bekleidet. Sie müssen gekleidet sein in das Gold der Liebe, denn alle Wände des Tempels waren in Gold gekleidet. Sie müssen gesalbt sein mit dem Öl der Salbung, denn alle Gefäße waren mit dem Öl der Salbung geheiligt, und so werden sie nicht geteilt. „Die Nacht ist vorgerückt, der Tag nahegekommen […] Lasset uns anziehen die Waffen des Lichtes", die vier Tugenden, die durch den Glauben gegründet wurden, von der Hoffnung emporgetragen und durch die Liebe erfüllt. Diese vier so bekleideten Tugenden werden bezeichnet durch die vier Ströme des Paradieses, durch die vier Seiten der Stadt und durch den vierfachen Schmuck des Zeltes, weil sie gegründet, gestaltgeworden und gefestigt sind.

Verbunden mit den drei Tugenden Glauben, Hoffen und Lieben, erheben sich die Kardinaltugenden zur Siebenzahl, versinnbildet durch die sieben Sterne, die sieben Frauen, die sieben Brote des Evangeliums, weil sie aufglänzen, fruchtbar sind und nähren. Weil sie aufglänzen, durch die sieben Sterne. Darum heißt es im Buch Job: „Kannst du zusammenbinden das Glanzgestirn, die Plejaden, kannst du den Ring des Bären zerreißen?" Plejaden sind jene sieben verbundenen Sterne, die der Volksmund die Henne mit den Küchlein nennt. Diese Tugenden bilden den unzerstörbaren Ring.

Werden dann diese vier Kardinaltugenden in die drei theologischen geführt, so sind es zwölf. Denn die Klugheit muß glaubend, vertrauend und liebend sein, und so alle anderen. Diese werden versinnbildet durch die zwölf Quellen, durch die zwölf Edelsteine am Gewand des Hohenpriesters und durch die zwölf Stadttore, insofern sie beginnen, fortbewegen und zum Ziele führen. – Zuerst durch die zwölf Quellen, denn dadurch, daß sie sich gegenseitig durchdringen, machen sie die Seele rein. Dann durch die zwölf Steine, sie schmücken die Seele in der Brust mit allen Tugenden, wie die Steine auf der Brust des Hohenpriesters. – Drittens durch die zwölf Tore, denn sie führen nach innen: gegen Aufgang die Lauterkeit der Mäßigung, gegen Mittag die Heiterkeit der Klugheit, gegen Norden die Stärke der Beharrung, gegen Untergang die Süße der Gerechtigkeit.

Thomas von Aquin (1225–1274)

96. Das natürliche Gesetz als Grundlage der Ethik

Die Gebote des Naturgesetzes verhalten sich zu der auf das Tun gerichteten Vernunft ebenso, wie die Grundsätze der strengen Beweise sich zu der auf die Schau gerichteten Vernunft verhalten: beide sind nämlich aus sich einleuchtende Grundsätze […].

Nun findet sich aber in dem, was alle erfassen, eine gewisse Ordnung. Denn das, was zuallererst erfaßt wird, ist ‚Seiendes‘, und die Einsicht ‚Seiendes‘ ist in allem eingeschlossen, was immer jemand erfaßt. Daher lautet der erste, des Beweises nicht bedürftige Satz: „Man kann etwas nicht zugleich bejahen und verneinen". Dieser Grundsatz gründet in dem, was Sein und Nicht-Sein besagt, und auf diesen Grundsatz stützen sich alle anderen Grundsätze (Aristoteles). Wie jedoch ‚Seiendes‘ das schlechthin Ersterfaßte ist, so ist ‚Gutes‘ das, was die auf das Tun gerichtete Vernunft zuerst erfaßt; denn alles, was handelt, handelt eines Zieles wegen, das die Bewandtnis des Guten hat. Deswegen gründet sich der erste Grundsatz der auf das Tun gerichteten Vernunft auf die Bewandtnis des Guten, die [in dem Satz ausgesprochen] ist: „Das Gute ist das, wonach alle streben." Dies ist also das erste Gebot des Gesetzes: Das Gute ist zu tun und zu erstreben, das Böse ist zu meiden. Auf dieses Gebot gründen sich alle anderen Gebote des Naturgesetzes; das heißt alles, was die auf das Tun gerichtete Vernunft auf natürliche Weise als menschliches Gut erfaßt, zählt als zu tun oder zu lassen zu den Geboten des Naturgesetzes.

Das Gute aber hat die Bewandtnis des Zieles, das Böse aber die Bewandtnis des Gegenteils. Alles, wozu der Mensch von Natur aus geneigt ist, erfaßt die Vernunft daher auf natürlichem Wege als gut und folglich als in die Tat umzusetzen. Das Gegenteil erfaßt sie als böse und als zu vermeiden. Entsprechend der Ordnung der natürlichen Geneigtheiten gibt es also eine Ordnung der Gebote des Naturgesetzes. Nun ist dem Menschen erstens die Neigung zum Guten inne entsprechend der Natur, in der er mit allen selbständigen Wesen übereinkommt: jedes Selbstandwesen erstrebt nämlich die Erhaltung seines Seins gemäß seiner Natur. Und im Hinblick auf diese naturhafte Neigung gehört alles zum natürlichen Gesetz, wodurch das Leben des Menschen erhalten und das Gegenteil abgewehrt wird. – Zweitens ist im Menschen die Neigung zu gewissen, ihm schon mehr arteigenen Dingen, gemäß der Natur, die er mit anderen Sinnenwesen gemeinsam hat. Und hiernach heißt das zum natürlichen Gesetz gehörig, „was die Natur allen Sinnenwesen gelehrt hat", wie die Vereinigung von Mann und Frau, die Aufzucht der Kinder und ähnliches mehr. – Drittens ist im Menschen die Neigung zum Guten gemäß der Natur der Vernunft, die ihm wesenseigentümlich ist; so hat der Mensch zum Beispiel die natürliche Neigung, die Wahrheit über Gott zu erkennen und in der Gemeinschaft zu leben. Und demzufolge umgreift das natürliche Gesetz alles, was auf diese Naturneigung Bezug hat: daß der Mensch zum Beispiel die Unwissenheit überwinde, daß er andere, mit denen er zusammenleben muß, nicht verletze, und was sonst noch damit zusammenhängt. [...]

Soviel wird also klar: Hinsichtlich der allgemeinen Grundsätze sowohl der auf die Schau gerichteten wie der auf das Tun gerichteten Vernunft liegt für alle dieselbe Wahrheit oder Rechtheit vor, und diese ist allen gleicherweise bekannt. Hinsichtlich der ins Einzelne gehenden Folgesätze der auf die Schau gerichteten Vernunft liegt zwar dieselbe Wahrheit für alle vor, aber sie ist nicht allen in gleicher Weise bekannt; für alle ist es nämlich wahr, daß ein Dreieck drei Winkel gleich zwei rechten hat; nur wissen nicht alle darum. Hinsichtlich der ins Einzelne gehenden Folgesätze der auf das Tun gerichteten Vernunft hingegen liegt weder dieselbe Wahrheit oder Rechtheit für alle vor, noch ist diese Wahrheit dort, wo sie dieselbe ist, in gleicher Weise bekannt. Bei allen nämlich ist es recht und wahr, daß der Mensch vernunftgemäß handeln muß. Aus diesem Grundsatz ergibt sich nun als Einzelfolgerung, daß hinterlegtes Gut zurückzugeben ist. Das ist zwar wahr für die meisten Fälle; es kann aber der Fall eintreten, daß die Rückgabe hinterlegten Gutes verderblich und folglich unvernünftig ist; zum Beispiel wenn jemand sein Eigentum zurückfordert, um es im Kampf gegen sein Vaterland einzusetzen. Und die Gefahr einer Fehlentscheidung wird desto größer, je mehr man einzelnes berücksichtigen muß, zum Beispiel wenn es heißt, daß hinterlegtes Gut unter diesem Vorbehalt oder in dieser Weise zurückgegeben werden muß; denn je mehr Einzelbedingungen hinzugefügt werden, desto vielfältiger kann man Fehler begehen und folglich unrecht tun, mag man nun etwas zurückgeben oder nicht zurückgeben.

Mithin muß gesagt werden: Hinsichtlich der ersten allgemeinen Grundsätze ist das Naturgesetz für alle dasselbe sowohl hinsichtlich seiner Rechtheit wie hinsichtlich seiner Kenntnis. Aber hinsichtlich gewisser Einzelheiten, die gleichsam Folgerungen aus den Grundsätzen darstellen, ist es in der Mehrzahl der Fälle nach Rechtheit und Kenntnis für alle dasselbe; in der Minderzahl der Fälle kann es hingegen fehlerhaft sein, sowohl hinsichtlich der Rechtheit, und zwar wegen besonderer Störungen, wie auch die dem Entstehen und Vergehen unterliegenden Naturen wegen eintretender Störungen manchmal verunstaltet sind, als auch bezüglich seiner Kenntnis; und das deswegen, weil es Menschen gibt, die eine verbogene Vernunft haben, sei es infolge ihrer Leidenschaft, sei es infolge böser Gewohnheit, oder infolge einer schlechten Naturveranlagung; so hielten zum Beispiel die alten Germanen nach Julius Caesar den Raub nicht für ein Verbrechen, obwohl er doch klar und deutlich dem Naturgesetz widerspricht.

97. Alles Seiende strebt nach dem Guten

Alles strebt dem Guten zu, nicht nur das, was Erkenntnis besitzt, sondern auch das, was ohne Erkenntnis ist. [...]

In zweifacher Weise jedoch wird ein Ding auf etwas, wie auf ein Ziel hin, geordnet und gelenkt: einmal durch sich selbst, wie zum Beispiel der Mensch, der sich selbst zu dem Ort hinlenkt, dem er zustrebt. Sodann von einem anderen, wie zum Beispiel ein Pfeil, der vom Schützen auf einen bestimmten Punkt hingelenkt wird. [...]

So ist alles Naturhafte auf das ihm Angemessene hingeneigt, weil es in sich selbst ein Prinzip solcher Neigung besitzt, auf Grund dessen seine Neigung naturhaft ist, so daß es in gewisser Weise selbst auf das ihm zubestimmte Ziel hineilt und nicht nur hingeleitet wird. Denn was gewaltsam [eine Bewegung] erleidet, wird nur geführt, weil es zur Bewegung nichts beiträgt. Was aber auf naturhafte Weise wirkt, eilt dem Ziel zu, insofern es mit dem Neigungs- und Richtunggebenden durch das ihm eingepflanzte Prinzip mitwirkt. Was aber von einem anderen auf etwas gelenkt oder hingewendet wird, wird auf das hingewendet, was von dem, der hinwendet oder lenkt, beabsichtigt ist; wie zum Beispiel ein Pfeil auf den Punkt gelenkt wird, den der Schütze im Auge hat.

Da nun alles Naturhafte durch eine gewisse naturhafte Neigung vom ersten Beweger, von Gott, auf sein Ziel hingewendet wird, so ergibt sich daraus mit Notwendigkeit, daß das, worauf alles naturhaft hingewendet ist, von Gott gewollt und beabsichtigt ist.

Da nun Gott aber kein anderes Ziel seines Willens kennt außer sich selbst, und Er das eigentliche Wesen des Guten ist, so muß alles andere naturhaft auf das Gute hingeneigt sein. „Anstreben" aber ist nichts anderes als „etwas erstreben", gleichsam „sich ausstrecken" nach etwas, auf das dieses hingeordnet ist.

Da nun alles von Gott auf das Gute hingeordnet und gelenkt ist, und zwar in der Weise, daß jedem ein Wirkgrund innewohnt, durch den es selbst zum Guten sich ausstreckt, gleichsam sein Gut erstrebend, so muß man notwendigerweise sagen, daß alles naturhaft das Gute erstrebt.

Wenn nämlich alles dem Guten zugeneigt wäre, ohne in sich irgendein Prinzip der Hinneigung zu besitzen, könnte man sagen, daß es auf das Gute gerichtet ist, aber nicht, daß es das Gute erstrebt. Auf Grund des eingepflanzten Wirkgrundes jedoch kann man behaupten, daß alles das Gute erstrebt, sich gleichsam aus eigenem Antrieb nach dem Guten hin ausspannend. Deshalb heißt es (Weish. 8), daß die göttliche Weisheit alles mit liebender Hand bereitet hat, weil ein jegliches aus eigener Bewegung heraus zu dem hinstrebt, worauf es von Gott hingeordnet ist.

98. Über den Unterschied von menschlichem und göttlichem Willen

Ist es notwendig, daß der menschliche Wille, um gut zu sein, mit dem göttlichen Willen hinsichtlich des Gewollten übereinstimme?

Es scheint, daß der Wille des Menschen nicht immer hinsichtlich des Gewollten mit dem göttlichen Willen übereinstimmen muß.

1. Das, was wir nicht kennen, können wir nicht wollen; ein Gut wird nämlich erst als ein erfaßtes zum Objekt des Willens. Das jedoch, was Gott will, wissen wir in den meisten Fällen nicht. Somit kann der menschliche Wille dem göttlichen nicht im Gewollten angeglichen werden.

2. Außerdem: Es ist Gottes Wille, jemanden zu verdammen, von dem er vorhersieht, daß er im Stand der Todsünde sterben wird. Wenn also der Mensch gehalten wäre, seinen Willen mit dem Gewollten des göttlichen Willens in Übereinstimmung zu bringen, so würde daraus folgen, daß der Mensch gehalten wäre, seine eigene Verdammnis zu wollen. Das aber ist unzutreffend.

3. Außerdem: Niemand ist gehalten, etwas zu wollen, was gegen die guten Sitten ist. Wenn aber jemand das wollen würde, was Gott will, so könnte das zuweilen gegen die guten Sitten sein, zum Beispiel wenn es Gottes Wille ist, daß jemandes Vater stirbt, so wäre dies, wenn sein Sohn dasselbe wollte, gegen die guten Sitten. Somit ist der Mensch nicht gehalten, seinen Willen hinsichtlich des Gewollten mit dem göttlichen Willen in Übereinstimmung zu bringen.

Dagegen steht, was die „Glosse“ aus Augustinus über den Psalm: „Den Gerechten geziemt das Lob“ sagt: „Ein rechtes

Herz hat derjenige, der will, was Gott will." Nun ist aber jeder gehalten, ein rechtes Herz zu haben. Also ist auch jeder gehalten, das was Gott will, zu wollen.

2. Außerdem: Die Form des Willens rührt – wie auch jeglicher Akt – vom Objekt her. Wenn also der Mensch gehalten ist, seinen Willen dem göttlichen anzugleichen, so folgt daraus, daß er auch gehalten ist, sich dem Inhalt des Gewollten nach anzugleichen.

3. Außerdem: Der Widerstreit der Willen besteht darin, daß die Menschen verschiedenes wollen. Wer nun einen Willen hat, der dem göttlichen widerstreitet, hat einen bösen Willen. Also hat immer der einen bösen Willen, der seinen Willen nicht dem Willensinhalt nach dem göttlichen Willen angleicht.

Antwort: Wie schon aus dem Gesagten hervorgeht, ist der Wille in der Weise auf sein Objekt bezogen, wie ihm dieses von der Vernunft vorgestellt wird. Es kann aber etwas von der Vernunft auf verschiedene Weise betrachtet werden, so daß es in der einen Hinsicht gut, in einer anderen jedoch nicht gut ist. Wenn daher jemandes Wille etwas, insofern es gut ist, will, so ist dieser Wille gut; wenn der Wille eines anderen mit Bezug auf dasselbe will, daß es nicht sei, insofern es schlecht ist, so wird dieser Wille ebenfalls gut sein: So hat beispielsweise ein Richter einen guten Willen, wenn er die Tötung des Verbrechers will, weil es gerecht ist; der Wille eines anderen aber, etwa von dessen Ehefrau oder Sohn, der nicht will, daß er hingerichtet wird, insofern die Tötung in der Natur schlecht ist, ist ebenfalls gut. Wenn der Wille also der Auffassung der Vernunft oder des Verstandes folgt, so gilt: Insofern der Charakter des aufgefaßten Gutes von höherer Allgemeinheit war, insofern bezieht sich auch der Wille auf ein Gut von größerer Allgemeinheit – wie dies aus dem vorgenannten Beispiel hervorgeht. Der Richter trägt nämlich für das Gemeinwohl Sorge, das heißt für die Gerechtigkeit; und deshalb will er die Hinrichtung des Verbrechers; dies hat den Charakter des Guten im Hinblick auf die Ordnung der Gemeinschaft; die Ehefrau des Verbrechers muß hingegen das private Wohl der Familie im Auge haben; von daher will sie, daß ihr Ehemann nicht als Verbrecher hingerichtet wird.

Das Gut der ganzen Welt ist nun aber das, was von Gott erfaßt wird, der ja der Schöpfer und Lenker der Welt ist. Daher will er alles, was er will, im Blick auf das allem gemeinsame

Gute, das sein Gutsein selbst ist; dieses ist nämlich das Gut der ganzen Welt. Die Erfassungsweise des Geschöpfes geht aber seiner Natur gemäß auf ein besonderes Gut – wie es seinem Wesen entspricht. Es kann aber etwas in einer besonderen Hinsicht gut sein, was in einer umfassenden Hinsicht nicht gut ist – oder auch, wie gesagt, umgekehrt. Deshalb ist es auch möglich, daß ein Wille, der etwas in einer besonderen Hinsicht will, gut ist, was Gott dennoch in umfassender Hinsicht nicht will – und umgekehrt. Daraus entspringt auch die Möglichkeit, daß die Verschiedenen Willen von verschiedenen Menschen, die auf Entgegengesetztes gehen, gleichwohl gut sind, so sie nämlich in verschiedenen eingeschränkten Hinsichten etwas wollen oder nicht wollen.

Der Wille eines Menschen, der irgendein eingeschränktes Gut will, ist aber nur dann recht, wenn er es auf das umfassende Gute als sein Ziel bezieht; es richtet sich nämlich auch das natürliche Streben jedes Teiles auf das umfassende Gute des Ganzen. Im Ziel liegt nun aber gleichsam der Formalgrund des Wollens, das ein auf dieses Ziel Hingeordnete will. Daher ist dazu, daß jemand mit einem rechten Willen ein eingeschränktes Gut will, erforderlich, daß dieses eingeschränkte Gut das in materialer Hinsicht Gewollte, das umfassende göttliche Gut aber das in formaler Hinsicht Gewollte ist.

Der menschliche Wille ist somit gehalten, sich dem göttlichen Willen in formaler Hinsicht anzugleichen: Er ist nämlich gehalten, das göttliche und umfassende Gute zu wollen. Aus dem genannten Grunde gilt das nicht für die materiale Hinsicht. Dennoch gleicht sich aber in gewisser Weise in beiden Hinsichten der menschliche Wille dem göttlichen an: Insofern er dem göttlichen Willen in der umfassenden Hinsicht des Gewollten angeglichen wird, wird er diesem als dem letzten Ziel angeglichen; sofern er diesem aber nicht in materialer Hinsicht des Gewollten angeglichen wird, wird er diesem angeglichen im Sinne einer Wirkursache. Das liegt daran, daß das Ding die eigentümliche Neigung, die aus der Wesensnatur oder der eingeschränkten Auffassungsweise dieses Dinges folgt, von Gott als von seiner Wirkursache hat. Daher pflegt man auch zu sagen, daß der menschliche Wille dem göttlichen insofern angeglichen wird, als er das will, von dem Gott will, daß er es will. Es gibt aber auch noch eine andere Weise der Angleichung, nämlich eine unter dem Aspekt der Formalursache, wenn etwa ein Mensch etwas aus Liebe will, wie Gott auch. Diese Angleichung läßt sich ebenfalls auf die in formaler Hinsicht zurückführen, welche sich aus der Hinordnung auf das letzte Ziel, das heißt das eigentümliche Objekt der Liebe, bemißt.

Meister Eckhart (1260–ca. 1328)

99. Vom edlen Menschen

Unser Herr spricht im Evangelium: „Ein edler Mensch zog aus in ein fernes Land, sich ein Reich zu gewinnen, und kehrte zurück" (Luk. 19, 12). Unser Herr lehrt uns in diesen Worten, wie edel der Mensch geschaffen ist in seiner Natur und wie göttlich das ist, wozu er aus Gnade zu gelangen vermag, und überdies, wie der Mensch dahin kommen soll. Auch ist in diesen Worten ein großer Teil der Heiligen Schrift berührt.

Man soll zum ersten wissen, und es ist auch deutlich offenbar, daß der Mensch in sich zweierlei Naturen hat: Leib und Geist. Darum sagt eine Schrift: Wer sich selbst erkennt, der erkennt alle Kreaturen, denn alle Kreaturen sind entweder Leib oder Geist. Darum sagt die Schrift vom Menschen, es gebe in uns einen äußeren und einen anderen, den inneren Menschen.

Zu dem äußeren Menschen gehört alles, was der Seele anhaftet, jedoch umfangen ist von und vermischt mit dem Fleische, und mit und in einem jeglichen Gliede ein körperliches Zusammenwirken hat, wie etwa mit dem Auge, dem Ohr, der Zunge, der Hand und dergleichen. Und dies alles nennt die Schrift den alten Menschen, den irdischen Menschen, den äußeren Menschen, den feindlichen Menschen, einen knechtischen Menschen.

Der andere Mensch, der in uns steckt, das ist der innere Mensch; den heißt die Schrift einen neuen Menschen, einen himmlischen Menschen, einen jungen Menschen, einen Freund und einen edlen Menschen. Und der ist gemeint, wenn unser Herr sagt, daß „ein edler Mensch auszog in ein fernes Land und sich ein Reich gewann und wiederkam." [...]

Die erste Stufe des inneren und des neuen Menschen, spricht Sankt Augustinus, ist es, wenn der Mensch nach dem Vorbilde guter und heiliger Leute lebt, dabei aber noch an den Stühlen geht und sich nahe bei den Wänden hält, sich noch mit Milch labt.

Die zweite Stufe ist es, wenn er jetzt nicht nur auf die äußeren Vorbilder, (darunter) auch auf gute Menschen, schaut, sondern läuft und eilt zur Lehre und zum Rate Gottes und göttlicher Weisheit, kehrt den Rücken der Menschheit und das Antlitz Gott zu, kriecht der Mutter aus dem Schoß und lacht den himmlischen Vater an.

Die dritte Stufe ist es, wenn der Mensch mehr und mehr sich der Mutter entzieht und er ihrem Schoß ferner und ferner kommt, der Sorge entflieht, die Furcht abwirft, so daß, wenn er gleich ohne Ärgernis aller Leute (zu erregen) übel und unrecht tun könnte, es ihn doch nicht danach gelüsten würde; denn er ist in Liebe so mit Gott verbunden in eifriger Beflissenheit, bis der ihn setzt und führt in Freude und in Süßigkeit und Seligkeit, wo ihm alles das zuwider ist, was ihm (Gott) ungleich und fremd ist.

Die vierte Stufe ist es, wenn er mehr und mehr zunimmt und verwurzelt wird in der Liebe und in Gott, so daß er bereit ist, auf sich zu nehmen alle Anfechtung, Versuchung, Widerwärtigkeit und Leid-Erduldung willig und gern, begierig und freudig.

Die fünfte Stufe ist es, wenn er allenthalben in sich selbst befriedet lebt, still ruhend im Reichtum und Überfluß der höchsten unaussprechlichen Weisheit.

Die sechste Stufe ist es, wenn der Mensch entbildet ist und überbildet von Gottes Ewigkeit und gelangt ist zu gänzlich vollkommenem Vergessen vergänglichen und zeitlichen Lebens und gezogen und hinüberverwandelt ist in ein göttliches Bild, wenn er Gottes Kind geworden ist. Darüber hinaus noch höher gibt es keine Stufe, und dort ist ewig Ruhe und Seligkeit, denn das Endziel des inneren Menschen und des neuen Menschen ist: ewiges Leben. [...] „Nehmt weg", spricht Salomon, „den Rost von dem Silber, so leuchtet und glänzt hervor das allerlauterste Gefäß" (Spr. 25, 4), das Bild, Gottes Sohn, in der Seele. Und das ist es, was unser Herr in jenen Worten sagen will, da er spricht, daß „ein edler Mensch auszog", denn der Mensch muß aus allen Bildern und aus sich selbst ausgehen und allem dem gar fern und ungleich werden, wenn anders er (wirklich) den Sohn nehmen und Sohn werden will und soll in des Vaters Schoß und Herzen.

Jederart Vermittlung ist Gott fremd. „Ich bin", spricht Gott, „der Erste und der Letzte" (Geh. Offenb. 22, 13). Unterschiedenheit gibt es weder in der Natur Gottes noch in den Personen entsprechend der Einheit der Natur. Die göttliche Natur ist Eins, und jede Person ist auch Eins und ist dasselbe Eine, das die Natur ist. Der Unterschied zwischen Sein und Wesenheit wird als Eins gefaßt und ist Eins (Erst) da, wo es (dieses Eine) und (mehr) in sich verhält, da empfängt, besitzt und ergibt es Unterschied. Darum: Im Einen findet man Gott, und Eins muß der werden, der Gott finden soll. „Ein Mensch", spricht unser Herr, „zog aus". Im Unterschied findet man weder das Eine noch das Sein noch Gott noch Rast noch Seligkeit noch Genügen. Sei Eins, auf daß du Gott finden könnest! Und wahrlich, wärest du recht Eins, so bliebest du auch Eins im Unterschiedlichen, und das Unterschiedliche würde dir Eins und vermöchte dich nun ganz und gar nicht zu hindern. Das Eine bleibt gleichmäßig Eins in tausendmal tausend Steinen wie in vier Steinen, und Tausendmaltausend ist ebenso gewiß eine einfache Zahl, wie (die) Vier eine Zahl ist. [...]

Noch gibt es eine andere Erklärungsweise und Belehrung für das, was unser Herr einen „edlen Menschen" nennt. Man muß nämlich auch wissen, daß diejenigen, die Gott unverhüllt erkennen, mit ihm zugleich die Kreaturen erkennen; denn die Erkenntnis ist ein Licht der Seele, und alle Menschen begehren von Natur nach Erkenntnis, denn selbst böser Dinge Erkenntnis ist gut. Nun sagen die Meister: Wenn man die Kreatur in ihrem eigenen Wesen erkennt, so heißt das eine „Abenderkenntnis" und da sieht man die Kreaturen in Bildern mannigfaltiger Unterschiedenheit; wenn man aber die Kreaturen in Gott erkennt, so heißt und ist das eine „Morgenerkenntnis", und auf diese Weise schaut man die Kreaturen ohne alle Unterschiede und aller Bilder entbildet und aller Gleichheit entkleidet in dem Einen, das Gott selbst ist. Auch dies ist der „edle Mensch", von dem unser Herr sagt: „Ein edler Mensch zog aus", darum edel, weil er Eins ist und Gott und Kreatur im Einen erkennt. [...]

Darum sagt unser Herr gar recht, daß „ein edler Mensch auszog in ein fernes Land, sich ein Reich zu gewinnen, und zurückkam". Denn der Mensch muß in sich selber Eins sein und muß dies suchen in sich und im Einen und empfangen im Einen, das heißt: Gott lediglich *schauen;* und „zurückkommen", das heißt: wissen und erkenne, *daß* man Gott erkennt und weiß.

Und alles hier Vorgetragene hat der Prophet Ezechiel vorausgesprochen, als er sagte, daß „ein mächtiger Adler mit großen Flügeln, mit langen Gliedern voll mancherlei Federn zu dem lautern Berge kam und entnahm das Mark oder den Kern des höchsten Baumes, riß ab die Krone seines Laubes und brachte es herunter" (Ez. 17, 3f.). Was unser Herr einen edlen Menschen heißt, das nennt der Prophet einen großen Adler. Wer ist denn nun edler, als der einerseits vom Höchsten und Besten, was die Kreatur besitzt, geboren ist und zum andern aus dem innersten Grunde göttlicher Natur und dessen Einöde? „Ich", spricht unser Herr im Propheten Osee, „will die edle Seele führen in eine Einöde, und ich will dort sprechen in ihr Herz" (Hosea 2, 14). Eines mit Einem, Eines von Einem, Eines in Einem und in Einem Eines ewiglich. Amen.

Dante Alighieri (1265–1321)

100. Irdische und ewige Glückseligkeit

Zu dessen Verständnis muß man wissen, daß der Mensch als einziges von den Seienden in der Mitte zwischen dem Vergänglichen und Unvergänglichen steht. Deshalb wird er von den Philosophen zu Recht mit dem Horizont verglichen, der die Mitte einnimmt zwischen zwei Hemisphären.

Denn der Mensch, sofern er hinsichtlich seiner beiden wesentlichen Teile betrachtet wird, nämlich der Seele und des Körpers, ist vergänglich. Wird er nur hinsichtlich des einen Teiles, nämlich der Seele, betrachtet, ist er unvergänglich. Deswegen sagt der Philosoph treffend von der Seele, sofern sie unsterblich ist, im zweiten Buch *Von der Seele*: „Und sie allein kann abgetrennt werden, wie das Immerwährende vom Vergänglichen."

Wenn also der Mensch eine gewisse Mitte zwischen Vergänglichem und Unvergänglichem einnimmt und jede Mitte an der Natur der Extreme teilhat, ist es notwendig, daß der Mensch beide Naturen besitzt.

Und da jede Natur auf ein gewisses Ziel ausgerichtet ist, folgt, daß für den Menschen ein zweifaches Ziel existiert: So wie er als einziges von allen Seienden an der Vergänglichkeit und der Unvergänglichkeit teilhat, ebenso ist er als einziges von allen Seienden auf zwei Ziele hingeordnet. Das eine ist sein Ziel, insofern er vergänglich ist; das andere, insofern er unvergänglich ist.

Die unaussprechliche Vorsehung hat also für den Menschen zwei anzustrebende Ziele vorgesehen, nämlich die Glückseligkeit dieses Lebens, die in der Verwirklichung der eigenen Fähigkeit besteht und durch das irdische Paradies versinnbildlicht wird; und die Glückseligkeit des ewigen Lebens, die im Genuß des göttlichen Anblickes besteht und zu der die eigene Fähigkeit nicht aufzusteigen vermag, wenn sie nicht vom göttlichen Licht unterstützt wird. Sie wird durch das himmlische Paradies versinnbildlicht.

Zu diesen beiden Glückseligkeiten muß der Mensch durch verschiedene Mittel wie zu verschiedenen Schlußfolgerungen gelangen. Die erste erreichen wir durch die philosophische Unterweisung, sofern wir diese durch die Verwirklichung der moralischen und intellektuellen Tugenden befolgen. Zur zweiten gelangen wir durch die geistliche Unterweisung, die den menschlichen Verstand übersteigt, sofern wir diese durch die Verwirklichung der theologischen Tugenden befolgen, nämlich Glaube, Hoffnung und Liebe.

Dies sind also die Schlußfolgerungen und Mittel, die uns gezeigt sind; die einen durch den menschlichen Verstand, der uns durch die Philosophen in seiner Gesamtheit bekannt ist; die anderen vom Heiligen Geist, der uns durch die Propheten und die Verfasser der Heiligen Schriften, durch den ihm gleichewigen Sohn Gottes, Jesus Christus, und durch seine Jünger die übernatürliche und für uns notwendige Wahrheit offenbart hat. Aber die menschliche Begierde würde diesen Schlußfolgerungen den Rücken kehren, wenn nicht die Menschen gleichsam wie wild durchgehende Pferde auf dem Weg durch „Zaum und Zügel" gebändigt würden.

IV. Renaissance, Humanismus, Aufklärung

Francesco Petrarca (1304–1374)

101. Vorrang des Guten vor dem Wahren

Das also sind die wahren Philosophen und die besten Tugend-
lehrer, deren erste und letzte Absicht ist, den Hörer und Leser
gut zu machen, die nicht nur lehren, was das Wesen von Tugend und Laster ist, und unser Ohr mit der ewigen Versicherung quälen, daß die erstere schön und das andere häßlich sei,
sondern die uns Liebe und Sehnsucht nach diesem höchsten
Gute einflößen und Haß gegen die Schlechtigkeit und Flucht
vor der Sünde predigen. Besser ist es, für einen guten und
frommen Willen als für einen klaren Verstand zu sorgen. Die
Weisen sagen, der Gegenstand des Willens sei die Güte, der des
Verstandes die Wahrheit. Wertvoller aber ist es, das Gute zu
wollen als das Wahre zu erkennen. Denn das erstere entbehrt
nie des Verdienstes, das letztere aber kann oft mit Sünden verknüpft sein, ohne sie zu entschuldigen. Darum gehen diejenigen gar sehr fehl, die ihre Zeit vergeuden in der Erkenntnis der
Wahrheit und nicht in dem Streben des Willens nach ihr, in der
Erkenntnis und nicht in der Liebe Gottes. Denn voll erkannt
kann Gott in dieser Welt nie werden, geliebt aber kann er werden voll und glühend. Und diese Liebe ist immer glücklich, die
Erkenntnis aber kann bisweilen schrecklich und bitter sein,
wie die der Teufel, die Gott in der Hölle erkennen und vor ihm
zittern.

Marsilio Ficino (1433–1499)

102. Über das Glück

Drei Arten von menschlichen Gütern zählt man; nämlich Güter des Glücks, des Körpers und der Seele. Güter des Glücks
sind Geld, Ehre, Wohlwollen, Herrschaft. Um nun mit dem
ersten zu beginnen: Geld ist nicht das höchste Gut, wie Midas
meinte; denn man erwirbt es nicht um seiner selbst willen,
sondern zum Vorteile des Leibes und der Seele. Auch nicht
Ehre und Wohlwollen, wie Augustus zu sagen pflegte, weil sie
in fremdem Ermessen stehen und sehr oft ohne Verdienst erteilt und entzogen werden. Ebensowenig die Herrschaft, wie

Caesar meinte, weil, je ausgedehnter diese ist, man desto härter von Sorgen bedrückt wird, desto größere Gefahr läuft, desto mehr von Menschen und Geschäften in Anspruch genommen wird und desto mehr Feinde hat.

Die körperlichen Güter sind: Stärke, Gesundheit und Schönheit. Stärke und Gesundheit sind nicht das höchste Gut, wie wohl Milon aus Kroton meinte; denn man unterliegt auch den geringsten Schädigungen. Auch nicht die Schönheit, welche der Skeptiker Herillus rühmte; denn niemand lebt, so schön er auch sein mag, damit allein zufrieden, und die Schönheit ist eher für die anderen ein Gut als für die Schönen selbst.

Die Güter der Seele gehören teils dem vernunftlosen Teile der Seele an, teils dem vernünftigen. Dem vernunftlosen Teile gehören an die Schärfe der Sinne und ihre Vergnügungen. Aristippos war der Meinung, in beiden bestehe das höchste Gut. Wir hingegen urteilen, daß in keinem von beiden die Glückseligkeit besteht: nicht in der Schärfe der Sinne, weil wir darin von vielen Tieren übertroffen werden, dann aber weil uns ein scharfer Sinn eher schädlich als förderlich zu sein pflegt; nicht in der Lust der Sinne, weil ihr Überreizung voraufgeht, Mißtrauen sie begleitet, Reue ihr folgt und mit vielen langdauernden Schmerzen eine kurze Lust erkauft wird. Auch dauert nur so lange die Stärke der Lust an, als das Bedürfnis des Körpers dauert, wie zum Beispiel die Erquickung des Trunkes so lange, als der Durst anhält, jedes Bedürfnis aber lästig ist. Die Lust der Sinne ist also, weil sie oft mit ihrem Gegenteil, nämlich dem Schmerz, vermischt ist, keine reine und wahre Lust und verschafft keine Befriedigung. Wenn aber jemand behauptet, es gebe einige Vergnügungen der Sinne, denen kein Bedürfnis vorausgeht, so antworte ich: dann sind sie so schwach, daß niemand in sie die Glückseligkeit setzt. Auch soll es niemand wagen, die Glückseligkeit mit einem Zustand gleichzustellen, der aus der Schärfe und den Ergötzungen der Sinne zusammen besteht; denn ein solcher Zustand ist trügerisch, vergänglich und unruhig. Niedrige Vergnügungen befriedigen nicht die Seele, welche aus angeborenem Triebe nach Höherem strebt.

Dem vernünftigen Teil der Seele schreibt man einige angeborene Güter zu, wie Schärfe des Geistes, Gedächtnis und schnell entschlossene Kühnheit des Willens. In ihnen besteht die Glückseligkeit nicht; macht man von ihnen guten Gebrauch, so sind sie gut, andernfalls schlecht. Andere Güter der vernünftigen Seele sind erworbene, wie die sittlichen und die spekulativen Tugenden. Besteht nun in der Sittlichkeit das Glück, wie es die Stoiker und die Cyniker annehmen? Keineswegs. Denn die Betätigungsweisen der sittlichen Tugenden, wie der Mäßigung und der Tapferkeit sind mühselig und beschwerlich. In der Arbeit beruht das Ziel nicht, das wir suchen; unruhig vielmehr sind wir tätig auch in der Muße, und Krieg führen wir, auch wenn wir in Frieden leben. Überdies erstrebt man die Sittlichkeit nicht um ihretwillen, sondern gleichsam als Arznei für die Läuterung und die Ruhe der Seele. Aber in der epikureischen Ruhe besteht nicht das höchste Ziel. Die Ruhe der Seele geht auf die Betrachtung der Wahrheit zurück, wie die Klarheit der Luft auf das Sonnenlicht.

Beruht nun also die Glückseligkeit auf den spekulativen Tugenden, als da die Betrachtung der Wahrheit ist? Ganz gewiß. Eine Art aber der Betrachtung ist, um mich so auszudrücken, die des Unterhimmlischen, eine andere die des Himmlischen, und wieder eine andere die das Überhimmlischen. Demokrit fand sein Ziel in der ersten Art. Anaxagoras wollte sich dabei nicht beruhigen, weil das Himmlische vorzüglicher ist als das unter dem Himmel Befindliche; aber er begnügte sich mit der Erforschung des Himmlischen. Zu dessen Betrachtung, sagte er, sei er geboren, und der Himmel sei ihm die Hauptsache. Dies tadelte Aristoteles, weil doch die Betrachtung des Überhimmlischen ein weitaus würdigerer Gegenstand sei. Die Glückseligkeit ist der höchste Akt des höchsten Vermögens in bezug auf das höchste Objekt.

Niccolò Machiavelli (1469–1527)

103. Über Tugenden des Herrschers

Weshalb die Menschen und vor allem die Herrscher gelobt und getadelt werden. Es bleibt noch zu untersuchen, wie sich ein Herrscher gegen seine Untertanen und seine Freunde zu verhalten hat. Da es mir bewußt ist, daß schon viel darüber geschrieben wurde, fürchte ich, daß man mich für anmaßend hält, wenn auch ich darüber schreibe, zumal ich gerade bei der Erörterung dieses Stoffes von der üblichen Behandlungsweise abgehe. Da es aber meine Absicht ist, etwas Brauchbares für den zu schreiben, der Interesse dafür hat, schien es mir zweckmäßiger, dem wirklichen Wesen der Dinge nachzugehen als deren Phantasiebild. Viele haben sich Vorstellungen von Freistaaten und Alleinherrschaften gemacht, von denen man in Wirklichkeit weder etwas gesehen noch gehört hat; denn zwischen dem Leben, wie es ist, und dem Leben, wie es sein sollte, ist ein so gewaltiger Unterschied, daß derjenige, der nur darauf sieht, was geschehen sollte, und nicht darauf, was in Wirklichkeit geschieht, seine Existenz viel eher ruiniert als erhält. Ein Mensch, der immer nur das Gute möchte, wird zwangsläufig zugrunde gehen inmitten von so vielen Menschen, die nicht gut sind. Daher muß sich ein Herrscher, wenn er sich behaupten will, zu der Fähigkeit erziehen, nicht allein nach moralischen Gesetzen zu handeln sowie von diesen Gebrauch oder nicht Gebrauch zu machen, je nachdem es die Notwendigkeit erfordert.

Ich lasse also alles beiseite, was über Herrscher zusammenphantasiert wurde, und spreche nur von der Wirklichkeit. Da ist zunächst zu sagen, daß allen Menschen und insbesondere regierenden Persönlichkeiten infolge ihres außerordentlichen Rangs bei Unterhaltungen über sie manche Eigenschaften zugesprochen werden, die ihnen Tadel oder Lob eintragen. Da wird der eine für freigebig gehalten, der andere für „filzig" (ich benütze hier einen toskanischen Ausdruck; denn „geizig" ist nach unserem Sprachgebrauch auch der, der aus Habgier nach Besitz trachtet, während wir „filzig" den nennen, der allzu wenig Gebrauch von seinem Besitz macht). Mancher gilt für freigebig, mancher für habgierig, der eine für grausam, der andere für weichherzig, der für wortbrüchig, jener für treu; den einen heißt man weibisch und feig, den anderen kraftvoll und mutig, freundlich heißt der eine, hochfahrend der andere; der gilt als ausschweifend, jener als keusch; der eine als aufrichtig, der andere als verschlagen; der als hartherzig, jener als nachgiebig; dieser als schwerblütig, jener als leichtsinnig; der eine als fromm, der andere als ungläubig und so weiter.

Ich bin mir wohl bewußt, daß es nach aller Meinung das Löblichste wäre, wenn ein Herrscher von all den aufgezählten Eigenschaften nur die besäße, die für gut gelten. Da es nun einmal unmöglich ist, sie alle zu besitzen oder sie alle miteinander zu beachten, und zwar wegen der menschlichen Anlage, die dies nun einmal nicht zuläßt, muß ein Herrscher so klug sein, den schlechten Ruf jener Laster zu meiden, die ihn um die Macht bringen können; und auch vor den Lastern, die seine Macht nicht in Gefahr bringen, soll er sich, wenn irgend möglich, hüten. Ist er jedoch nicht dazu imstande, so kann er sich hierin mit einiger Vorsicht gehen lassen. Es braucht ihn auch nicht zu berühren, den schlechten Ruf jener Laster auf sich zu nehmen, ohne die er sich nur schwer an der Macht halten kann; denn wenn man alles genau betrachtet, so wird man finden, daß manches, was als Tugend gilt, zum Untergang führt, und daß manches andere, das als Laster gilt, Sicherheit und Wohlstand bringt. [...]

Über Freigebigkeit [...]. Nichts verzehrt sich selber so sehr wie die Freigebigkeit; indem du sie ausübst, schmälerst du gleichzeitig die Möglichkeit, sie auszuüben. Du wirst entweder arm und verachtet oder, um der Armut zu entgehen, raubgierig und verhaßt. Vor nichts muß sich ein Herrscher mehr in acht nehmen als vor Verachtung und Haß; Freigebigkeit aber führt zu beiden. Daher ist es klüger, im Ruf der Knauserigkeit zu stehen, die nur Schimpf, aber keinen Haß mit sich bringt, als im Rufe der Freigebigkeit stehen zu wollen und dadurch gezwungen zu sein, sich den Ruf der Raubgier zuzuziehen, der immer Schimpf und gleichzeitig Haß mit sich bringt. [...]

Über Grausamkeit und Milde; und ob es besser ist, geliebt oder gefürchtet zu werden oder umgekehrt. Ich möchte den vorgenannten Eigenschaften eines Herrschers noch andere hinzufügen, indem ich bemerke, daß jeder Herrscher danach trachten sollte, im Ruf der Milde und nicht in dem der Grausamkeit zu stehen. Doch muß er darauf achten, daß er von der Milde keinen schlechten Gebrauch macht. [...]

Ein Herrscher darf sich also um den Vorwurf der Grausamkeit nicht kümmern, wenn er dadurch seine Untertanen in Einigkeit und Ergebenheit halten kann. Statuiert er nämlich einige wenige abschreckende Beispiele, so ist er barmherziger als diejenigen, die infolge allzu großer Milde Unordnung einreißen lassen, aus der Mord und Plünderung entstehen. Diese treffen gewöhnlich die Allgemeinheit; Exekutionen, die vom Herrscher ausgehen, treffen nur einzelne. Unter allen Herrschern ist es einem neu zur Macht gekommenen unmöglich, den Ruf der Grausamkeit zu vermeiden, da eine neu gegründete Herrschaft voller Gefahren ist. [...]

Doch darf ein Herrscher nicht leichtgläubig und beeinfluß-
bar sein; er darf sich auch nicht vor vermeintlichen Gefahren
fürchten. Vielmehr soll er maßvoll, klug und menschenfreund-
lich handeln, damit ihn allzu großes Vertrauen nicht unvor-
sichtig und allzu großes Mißtrauen nicht unerträglich machen.

Daran schließt sich eine Streitfrage: ist es besser, geliebt als
gefürchtet zu werden oder umgekehrt? Die Antwort lautet,
daß man sowohl das eine als das andere sein sollte. Da es aber
schwer ist, beides zu vereinigen, ist es viel sicherer, gefürchtet
als geliebt zu sein, wenn man schon auf eines von beiden verzichten muß. Denn von den Menschen kann man im allgemeinen sagen, daß sie undankbar, wankelmütig, verlogen, heuch-
lerisch, ängstlich und raffgierig sind. Solange du ihnen Vorteile
verschaffst, sind sie dir ergeben und bieten dir Blut, Habe, Leben und Söhne an, aber nur, wie ich oben schon sagte, wenn
die Not ferne ist. Rückt sie aber näher, so empören sie sich. Ein
Herrscher, der ganz auf ihre Versprechungen baut und sonst
keine Vorkehrungen trifft, ist verloren; denn Freundschaften,
die man nur mit Geld und nicht durch Großherzigkeit und
edle Gesinnung gewinnt, erwirbt man zwar, doch man besitzt
sie nicht und kann in Notzeiten nicht auf sie rechnen. Auch
haben die Menschen weniger Scheu, gegen einen beliebten
Herrscher vorzugehen als gegen einen gefürchteten; denn Liebe wird nur durch das Band der Dankbarkeit erhalten, das die
Menschen infolge ihrer Schlechtigkeit bei jeder Gelegenheit
aus Eigennutz zerreißen. Furcht dagegen beruht auf der Angst
vor Strafe, die den Menschen nie verläßt.

Trotzdem soll ein Herrscher nur insoweit gefürchtet sein,
daß er, falls er schon keine Liebe erwirbt, doch nicht verhaßt
ist; denn es kann sehr wohl vorkommen, daß man gefürchtet
und doch nicht verhaßt ist. Einem Herrscher wird dies stets
gelingen, wenn er sich nicht an der Habe und den Frauen seiner Mitbürger und Untertanen vergreift. Und wird er auch in
die Notwendigkeit versetzt, jemandem das Leben zu nehmen,
so mag er es tun, wenn er eine hinreichende Rechtfertigung
und einen ersichtlichen Grund hierfür hat. Doch keinesfalls
darf er das Eigentum anderer antasten; denn die Menschen
vergessen rascher den Tod ihres Vaters als den Verlust ihres
väterlichen Erbes. Abgesehen davon fehlt es nie an Gründen,
sich fremdes Gut anzueignen. Und wer erst anfängt, von Raub
zu leben, findet immer Anlaß, sich fremdes Gut anzueignen.

Im Gegensatz hierzu sind die Gelegenheiten zum Blutvergießen seltener und häufig fehlen sie ganz. [...]

Ich kehre also zum Thema „Liebe und Furcht" zurück und stelle abschließend fest: Da es vom Belieben der Menschen abhängt, ob sie Zuneigung empfinden, und vom Willen des Herrschers, ob sie Furcht empfinden, darf ein kluger Herrscher sich nur auf das verlassen, worüber er zu bestimmen hat, und nicht auf das, worüber andere bestimmen. Nur soll er bemüht sein, dem Haß zu entgehen, wie ich bereits erwähnte.

Inwieweit Herrscher ihr Wort halten sollen. Jeder sieht ein, wie lobenswert es für einen Herrscher ist, wenn er sein Wort hält und ehrlich, ohne Verschlagenheit seinen Weg geht. Trotzdem sagt uns die Erfahrung unserer Tage, daß gerade jene Herrscher Bedeutendes geleistet haben, die nur wenig von der Treue gehalten und es verstanden haben, mit Verschlagenheit die Köpfe der Menschen zu verdrehen; und schließlich haben sie über die die Oberhand gewonnen, die ihr Verhalten auf Ehrlichkeit gegründet haben.

Ihr müßt euch nämlich darüber im klaren sein, daß es zweierlei Arten der Auseinandersetzung gibt: die mit Hilfe des Rechts und die mit Gewalt: Die erstere entspricht dem Menschen, die letztere den Tieren. Da die erstere oft nicht zum Ziele führt, ist es nötig, zur zweiten zu greifen. Deshalb muß ein Herrscher gut verstehen, die Natur des Tieres und des Menschen anzunehmen. [...]

Wenn sich also ein Herrscher gut darauf verstehen muß, die Natur des Tieres anzunehmen, soll er sich den Fuchs und den Löwen wählen; denn der Löwe ist wehrlos gegen Schlingen, der Fuchs ist wehrlos gegen Wölfe. Man muß also Fuchs sein, um die Schlingen zu wittern, und Löwe, um die Wölfe zu schrecken. Wer nur Löwe sein will, versteht seine Sache schlecht. Ein kluger Machthaber kann und darf daher sein Wort nicht halten, wenn ihm dies zum Schaden gereichen würde und wenn die Gründe weggefallen sind, die ihn zu seinem Versprechen veranlaßt haben. Wären die Menschen alle gut, so wäre dieser Vorschlag nicht gut; da sie aber schlecht sind und das gegebene Wort auch nicht halten würden, hast auch du keinen Anlaß, es ihnen gegenüber zu halten. Auch hat es einem Herrscher noch nie an rechtmäßigen Gründen gefehlt, seinen Wortbruch zu bemänteln. Man könnte hier zahllose Beispiele aus unserer Zeit anführen, wie viele Friedensschlüsse, wie viele

Versprechungen infolge der Treulosigkeit der Herrscher nichtig und vergeblich geworden sind. Wer am besten Fuchs zu sein verstanden hat, ist am besten gefahren! Doch muß man sich darauf verstehen, die Fuchsnatur gut zu verbergen und Meister in der Heuchelei und Verstellung zu sein. Die Menschen sind ja so einfältig und gehorchen so leicht den Bedürfnissen des Augenblicks, daß der, der betrügen will, immer einen findet, der sich betrügen läßt. [...]

Ein Herrscher braucht also alle die vorgenannten guten Eigenschaften nicht in Wirklichkeit zu besitzen; doch muß er sich den Anschein geben, als ob er sie besäße. Ja, ich wage zu behaupten, daß sie schädlich sind, wenn man sie besitzt und stets von ihnen Gebrauch macht, und daß sie nützlich sind, wenn man sich nur den Anschein gibt, sie zu besitzen. So muß ein Herrscher milde, treu, menschlich, aufrichtig und fromm scheinen und er soll es gleichzeitig auch sein; aber er muß auch die Seelenstärke besitzen, im Fall der Not alles ins Gegenteil wenden zu können. Man muß Verständnis dafür haben, daß ein Herrscher, und vor allem ein solcher in einer neu gegründeten Herrschaft, nicht alles beachten kann, wodurch die Menschen in einen guten Ruf kommen, sondern oft gezwungen ist, gegen Treue, Barmherzigkeit, Menschlichkeit und Religion zu verstoßen, eben um die Herrschaft zu behaupten. Darum muß er die Seelenstärke haben, sich nach den Winden des Glücks und dem Wechsel der Verhältnisse zu richten und, wie ich oben sagte, vom Guten so lange nicht abzugehen, als es möglich ist, aber im Notfall auch verstehen, Böses zu tun.

Ein Herrscher muß also sehr darauf bedacht sein, daß kein Wort über seine Lippen kommt, das nicht von den oben genannten fünf Eigenschaften zeugt, damit jeder, der ihn sieht oder hört, den Eindruck hat, als sei er die Milde, Treue, Redlichkeit, Menschlichkeit und Gottesfurcht in Person. Besonders notwendig ist es, den Eindruck zu erwecken, daß er gerade die letztere Tugend besäße. Die Menschen urteilen im allgemeinen mehr nach dem, was sie mit den Augen sehen, als nach dem, was sie mit den Händen greifen; denn jedem wird es einmal zuteil, etwas in Augenschein zu nehmen; aber nur wenige haben Gelegenheit, etwas zu berühren. Jeder sieht, was du scheinst, und nur wenige fühlen, was du bist. Und diese wenigen wagen nicht, sich der Meinung der großen Masse entgegenzustellen, die die Majestät des Staates, der sie schützt, auf ihrer Seite hat. Die Handlungen aller Menschen und besonders die eines Herrschers, der keinen Richter über sich hat, beurteilt man nach dem Enderfolg. Ein Herrscher braucht also nur zu siegen und seine Herrschaft zu behaupten, so werden die Mittel dazu stets für ehrenvoll angesehen und von jedem gelobt. Denn der Pöbel hält sich immer an den Schein und den Erfolg; und in der Welt gibt es nur Pöbel. Die wenigen zählen nicht gegen die Masse, wenn diese am Staat einen Rückhalt hat. Ein Fürst unserer Zeit, den man besser nicht nennt, führt nur die Worte „Friede und Treue" im Munde und ist in Wirklichkeit deren größter Feind. Beide hätten ihn des öfteren Ansehen und Herrschaft gekostet, wenn er an ihnen festgehalten hätte.

Erasmus von Rotterdam (1469–1536)

104. Lob der Torheit

Wenn sich die Menschen von der Berührung mit der Weisheit ganz fernhielten und ihr Leben nur mit mir verbrächten, gäbe es gar kein Greisenalter, und sie genössen das Glück einer ewigen Jugend. Seht ihr denn nicht, wie sie sich mit Leichenbittermiene der Philosophie oder anderen ernsthaften und anspruchsvollen Aufgaben verschreiben und schon Greise werden, bevor sie noch recht angefangen haben, jung zu sein. Allerlei Sorgen und stete heftige Gedankenarbeit haben ihnen allmählich die geistige Kraft und den Lebenssaft ausgesaugt. Dagegen glänzt meine Narrenherde vor Körperfülle und Glätte der Haut, richtige akarnanische Schweine, wie man so sagt, und sie spüren keine Last des Alters, wenn sie nicht gerade, wie es bisweilen vorkommt, im Verkehr mit weisen Leuten Schaden litten. Ein vollkommenes Glück gibt es nun einmal nicht im menschlichen Leben. Aufs beste bezeugt das ja jenes landläufige Sprichwort, wonach die Torheit zugleich die sonst recht flüchtige Jugend erhält und das lästige Alter in die Ferne rückt. [...]
Was willst du denn in den verschiedenen Lagen des Lebens selbst oder bei anderen mit Schicklichkeit erreichen – die Schicklichkeit deines Tuns ist nicht nur in der Kunst, sondern auch im täglichen Leben der Maßstab jedes Handelns –, wenn dir nicht die Eigenliebe zur Seite steht, die ich mit Fug und

Recht als Schwester betrachte. So nachdrücklich verficht sie überall meine Sache. Könnte es auch eine größere Torheit geben als die Selbstgefälligkeit und die Selbstbeweihräucherung? Was könnte anderseits geschmackvoll, liebenswert oder schicklich an deinem Tun sein, wenn du dir selbst mißfielest? Nimm dem Leben diese seine Würze, und der Redner wird kaltlassen mit seinen Worten, der Musiker wird mit seinen Weisen keinen Beifall ernten, der Schauspieler wird ausgezischt mit seinen Gebärden, der Dichter ruft mit seinen Werken Gelächter hervor, der Maler stößt mit seinem Bild auf Ablehnung, und der Arzt hungert inmitten seiner Heilmittel. So könntest du aus einem (schönen) Nireus leicht zu einem (häßlichen) Thersites, aus einem Phaon ein Nestor, aus einer Minerva ein Schwein, aus einem Redegewandten ein Tölpel, aus einem Weltmann ein Bauernlümmel werden. Es muß jeder ohne Ausnahme sich selbst schmeicheln und gewissermaßen sein eigenes Lob singen, ehe er anderen genehm ist. Schließlich hängt das Glück ja zum großen Teil davon ab, daß du innerlich zu dir ja sagst. Meine Philautia (Eigenliebe) sorgt aber dafür, daß keiner sich seiner Gestalt, seiner Veranlagung, seiner Herkunft, seiner Lage, seiner Lebensweise und seiner Heimat schämt. Das geht so weit, daß der Irländer nicht einmal mit dem Italiener, der Thraker nicht mit dem Athener und der Skythe nicht mit den Inseln der Glückseligen tauschen möchte. O einzigartige Fürsorge der Natur, die bei solcher Vielfalt überall Ausgleich schafft! Wo sie einem Menschen weniger Talent gegeben hat, pflegt die Philautia ein wenig hinzuzutun; dies hier habe ich allerdings so töricht gesagt, weil meine Begabung darin am höchsten ist.

Ja, ich möchte sogar behaupten, daß keine vortreffliche Tat ohne meinen Antrieb und keine hervorragenden Erfindungen ohne meine Urheberschaft gemacht wären. [...]

Wenn Klugheit vor allem Erfahrung ist, wem gebührt, denn die Ehre dieses Beinamens mehr, dem Weisen, der teils aus Scham, teils aus Vorsicht nichts unternimmt, oder dem Törichten, den weder die Scham, die er nicht kennt, noch die Gefahr, die er nicht berücksichtigt, von irgend etwas abschrecken kann? Der Weise nimmt seine Zuflucht zu den Schriften der Alten und prägt sich da abgeschmackte Spitzfindigkeiten ein. Der Törichte greift einfach zu, schlägt sich mit den Dingen herum und gewinnt dabei die – wenn ich mich nicht täusche –

wahre Klugheit. Das scheint Homer schon, so blind er auch war, bemerkt zu haben, wenn er sagt: „Die Wirklichkeit hat sogar der Törichte erkannt." Auf dem Wege der Lebenserfahrung gibt es nämlich hauptsächlich zwei Hindernisse, die Scham, die den Sinn umnebelt, und die Furcht, die die Gefahr zeigt und vom Abenteuer abrät. Die Torheit befreit uns davon gründlich.

Thomas Morus (1478–1546)

105. Lob des utopischen Staates – Kritik der bestehenden Staaten

Ich habe euch so wahrheitsgetreu wie möglich die Verfassung dieses Staatswesens beschrieben, das nach meiner festen Überzeugung nicht nur das beste, sondern auch das einzige ist, das mit Recht den Namen eines ‚Gemeinwesens' für sich beanspruchen kann. Denn wo man sonst von Gemeinwohl spricht, haben es alle nur auf den eigenen Nutzen abgesehen; hier, wo es nichts Eigenes gibt, berücksichtigt man ernstlich die Belange der Allgemeinheit. Hier wie da handelt man mit gutem Grund. Denn wie wenige gibt es anderswo, die nicht wissen, daß sie, falls sie nicht für sich selbst sorgen, trotz noch so großer Blüte des Staates Hungers sterben müßten? Und deshalb drängt jeden die Not, mehr sich selbst als das Volk, das heißt: die anderen, zu berücksichtigen. Hier dagegen, wo allen alles gehört, ist jeder sicher, daß keinem etwas für seine persönlichen Bedürfnisse fehlt, sofern nur dafür gesorgt wird, daß die öffentlichen Speicher gefüllt sind. Es gibt nämlich keine mißgünstige Güterverteilung, es gibt weder Arme noch Bettler dort, und obwohl keiner etwas besitzt, sind doch alle reich. Denn welch größeren Reichtum kann es geben, als wenn man, jeder Sorge ledig, frohen und ruhigen Herzens leben kann, ohne um sein tägliches Brot zu bangen, ohne von der jammernden Ehefrau um Geld geplagt zu werden, ohne die Verarmung des Sohnes fürchten zu müssen und sich um die Mitgift der Tochter zu sorgen, sondern des eigenen Auskommens und Glückes genauso sicher zu sein wie dessen aller seiner Angehörigen: Frau, Kinder, Enkel, Urenkel. Ururenkel, kurz wie lang sich die Reihe seiner Nachkommen ein Edelmann vorstellt? Zumal nicht weniger für die gesorgt ist, die jetzt arbeitsunfähig sind, einst aber geschafft haben, als für die, die jetzt arbeiten.

Da möchte ich den sehen, der es wagte, mit solcher Gleichheit die Gerechtigkeit anderer Völker zu vergleichen! Ich will verloren sein, wenn sich bei diesen auch nur eine Spur von Gerechtigkeit und Gleichheit findet. Denn was ist das für eine Gerechtigkeit, wenn jeder beliebige Adlige oder Goldschmied oder Wucherer oder sonst einer von denen, die überhaupt nichts tun, oder bei denen das, was sie tun, von der Art ist, daß es für das Gemeinwesen nicht dringend nötig ist, ein vornehmes und glänzendes Leben in Muße oder überflüssiger Beschäftigung führt, während sich Tagelöhner, Fuhrleute, Handwerker und Bauern mit ihrer so schweren und unablässigen Arbeit, wie sie kaum das Zugvieh aushält, die aber so nötig ist, daß ohne sie kein Staat auch nur ein Jahr lang bestehen könnte, doch nur einen so kümmerlichen Lebensunterhalt verdienen und ein so erbärmliches Leben führen, daß einem das Los der Zugochsen weit besser erscheinen könnte, die sich weder so andauernd abschinden müssen noch viel schlechtere, dabei sogar für sie noch schmackhaftere Nahrung bekommen und zudem keine Sorge um die Zukunft haben? Diese Menschen jedoch peinigt die ertraglose und vergebliche Arbeit in der Gegenwart und quält der Gedanke an das mittellose Alter; denn da ihr täglicher Lohn zu gering ist, als daß er auch nur für denselben Tag ausreichen könnte, wie soll da etwas herausspringen und übrigbleiben, das man zurücklegen könnte, um im Alter sein Leben zu fristen?

Ist das nicht ein ungerechter und undankbarer Staat, der an sogenannte Edelleute, an Goldschmiede und andere derartige Nichtstuer oder bloße Schmeichler und Verfertiger nutzlosen Tandes so große Vergünstigungen verschwendet, andererseits gegenüber Bauern, Köhlern, Tagelöhnern, Fuhrleuten und Handwerkern, ohne die überhaupt kein Staat bestehen könnte, keinerlei Fürsorge kennt, sondern die Arbeitskraft ihrer besten Jahre ausnützt und sie dann, wenn sie schließlich, durch Alter und Krankheit gebeugt, völlig mittellos sind, mit schnödestem Undank in Jammer und Elend sterben läßt, ohne ihrer so vielen durchwachten Nächte, ihrer so vielen und so schweren Dienstleistungen zu gedenken? Was soll man vollends dazu sagen, wenn die Reichen von dem Tagelohn der Armen nicht nur durch privaten Betrug, sondern sogar auf

Grund staatlicher Gesetze etwas abzwacken? Was früher als ungerecht galt: den treuesten Dienern des Staates mit ärgstem Undank zu lohnen, das haben sie auf diese Weise ins Gegenteil verkehrt, ja durch ein öffentlich verkündetes Gesetz als Gerechtigkeit erklärt!

Wenn ich daher alle diese Staaten, die heute irgendwo in Blüte stehen, prüfend an meinem Geiste vorbeiziehen lasse, so finde ich – so wahr mir Gott helfe! – nichts anderes als eine Art von Verschwörung der Reichen, die im Namen und unter dem Rechtstitel des Staates für ihren eigenen Vorteil sorgen. Alle möglichen Schliche und Kniffe ersinnen und erdenken sie, um zunächst einmal das, was sie durch üble Machenschaften zusammengerafft haben, ohne Furcht vor Verlust zusammenzuhalten, dann aber alle Mühe und Arbeit der Armen so billig wie möglich zu erkaufen und ausnützen zu können. Sobald die Reichen erst einmal im Namen der Allgemeinheit, das heißt also auch der Armen, den Beschluß gefaßt haben, diese Methoden anzuwenden, so erhalten sie auch schon Gesetzeskraft. Aber selbst wenn diese üblen Elemente in ihrer unersättlichen Gier alles das untereinander aufgeteilt haben, was für alle ausgereicht hätte: wie weit sind sie trotzdem entfernt von dem glücklichen Zustand der Utopier! Welche Last von Beschwerlichkeiten ist doch diesem Gemeinwesen abgenommen, welche Saat von Verbrechen mit Stumpf und Stiel ausgerottet, seit dort mit dem Gebrauch des Geldes zugleich jede Gier danach aus der Welt geschafft ist! Denn wer weiß denn nicht, daß Betrug, Diebstahl, Raub, Streit, Aufruhr, Zank, Empörung, Mord, Verrat und Giftmischerei, durch die üblichen Strafen mehr nur geahndet als verhütet, mit der Abschaffung des Geldes zugleich abstürben und zudem Furcht, Kummer, Sorge, Mühsal und Schlaflosigkeit im selben Augenblick wie das Geld vergehen würden? Ja, die Armut selbst, die allein des Geldes zu bedürfen scheint, schwände sofort dahin, wenn man überall das Geld völlig abschaffte.

Martin Luther (1483–1546)

106. Von der Freiheit eines Christenmenschen

Zum achten: Wie geht es aber zu, daß der Glaube allein kann fromm machen, und ohne alle Werke so überschwänglichen Reichtum geben, so doch so viel Gesetze, Gebote, Werke und Weisen uns vorgeschrieben sind in der Schrift? Hier ist fleißig zu merken und ja mit Ernst zu behalten, daß allein der Glaube ohne alle Werke fromm, frei und selig machet, wie wir hernach mehr hören werden, und ist zu wissen, daß die ganze Heilige Schrift wird in zweierlei Worte geteilet, welche sind: Gebote oder Gesetze Gottes und Verheißen oder Zusagungen. Die Gebote lehren und schreiben uns vor mancherlei gute Werke, aber damit sind sie noch nicht geschehen. Sie weisen wohl, sie helfen aber nicht, lehren, was man tun soll, geben aber keine Stärke dazu. Darum sind sie nur dazu geordnet, daß der Mensch darinnen sehe sein Unvermögen zu dem Guten und lerne an sich selbst verzweifeln. Und darum heißen sie auch das Alte Testament und gehören alle ins Alte Testament. Wie das Gebot: ‚Du sollst nicht böse Begierde haben‘ beweiset, daß wir allesamt Sünder sind und kein Mensch vermag zu sein ohne böse Begierde, er tue, was er will, woraus er lernet an sich selbst verzagen und anderswo zu suchen Hilfe, daß er ohne böse Begierde sei und also das Gebot erfülle durch einen andern, was er aus sich selbst nicht vermag, also sind auch alle andern Gebote uns unmöglich.

Zum neunten: Wenn nun der Mensch aus den Geboten sein Unvermögen gelernet und empfunden hat, so daß ihm nun Angst wird, wie er dem Gebot Genüge tue, sintemal das Gebot muß erfüllet sein oder er muß verdammt sein, so ist er recht gedemütigt und zunichte geworden in seinen Augen, findet nichts in sich, damit er könne fromm werden. Dann kommt das andre Wort, die göttliche Verheißung und Zusagung, und spricht: Willst du alle Gebote erfüllen, deine böse Begierde und Sünde los werden, wie die Gebote zwingen und fordern, siehe da, glaube an Christum, in welchem ich dir zusage alle Gnade, Gerechtigkeit, Frieden und Freiheit; glaubst du, so hast du, glaubst du nicht, so hast du nicht; denn was dir unmöglich ist mit allen Werken der Gebote, deren viele und doch keines nütze sein müssen, das wird dir leicht und kurz durch den Glauben; denn ich habe kurz in den Glauben gestellet alle Dinge, daß, wer ihn hat, soll alle Dinge haben und selig sein, wer ihn nicht hat, soll nichts haben. Also geben die Zusagungen Gottes, was die Gebote erfordern, und vollbringen, was die Gebote heißen, auf daß es alles Gottes eigen sei, Gebot und Erfüllung. Er heißet allein, er erfüllet auch allein. Darum sind die Zusagungen Gottes Worte des Neuen Testaments und gehören auch ins Neue Testament.

Zum zehnten: Nun sind diese und alle Gottesworte heilig, wahrhaftig, gerecht, friedsam, frei und aller Güte voll; darum, wer ihnen mit einem rechten Glauben anhängt, des Seele wird mit ihm vereinigt so ganz und gar, daß alle Tugenden des Wortes auch eigen werden der Seele und also durch den Glauben die Seele von dem Gotteswort heilig, gerecht, wahrhaftig, friedsam, frei und aller Güte voll, ein wahrhaftiges Kind Gottes wird, wie Johann. 1,12 sagt: ‚Er hat ihnen gegeben, daß sie mögen Kinder Gottes werden, alle, die in seinem Namen glauben.‘

Hieraus leichtlich zu merken ist, warum der Glaube so viel vermag und daß keine guten Werke ihm gleich sein können. Denn kein gutes Werk hänget an dem göttlichen Wort wie der Glaube, kann auch nicht in der Seele sein, sondern allein das Wort und der Glaube regieren in der Seele. Wie das Wort ist, so wird auch die Seele von ihm, gleich wie das Eisen wird glutrot wie das Feuer aus der Vereinigung mit dem Feuer. Also sehen wir, daß an dem Glauben ein Christenmensch genug hat; er bedarf keines Werks mehr, so ist er gewißlich entbunden von allen Geboten und Gesetzen; ist er entbunden, so ist er gewißlich frei. Das ist die christliche Freiheit, einzig der Glaube, der da macht, nicht daß wir müßig gehn oder übel tun können, sondern daß wir keines Werkes bedürfen, die Frommheit und Seligkeit zu erlangen, wovon wir hernach mehr sagen wollen.

Francisco de Vitoria (ca. 1490–1546)

107. Über den gerechten Krieg

Kein Krieg ist gerecht, wenn feststeht, daß er dem Staat mehr Unheil als Gutes und Nützliches einträgt, mögen auch anderswoher Rechtsansprüche und Gründe für einen gerechten

Krieg vorhanden sein. Das wird bewiesen. Denn wenn ein Staat seine Gewalt, einen Krieg anzufangen, nur hat, um sich und seine Angelegenheiten zu erhalten und zu schützen, dann ist ein Krieg, bei dem der Staat durch diesen Krieg eher geschwächt und verkleinert als vermehrt würde, ungerecht, sei er vom König, sei er vom Staat begonnen worden. Mehr noch: Weil ein Staat ein Teil der ganzen Welt und eine christliche Provinz in besonderem Maß Teil eines ganzen Staates ist, halte ich darüber hinaus einen Krieg, auch wenn er einer Provinz oder einem Staat nützlich sein sollte, für ungerecht, wenn er zum Schaden des Erdkreises oder der Christenheit ist. Wenn beispielsweise ein Krieg der Spanier gegen die Franzosen aus gerechten Gründen unternommen würde und er im übrigen der Königsherrschaft der Spanier zuträglich wäre, wenn er aber dennoch größeres Unglück und Verluste für die Christenheit zur Folge hätte, etwa weil die Türken währenddessen christliche Provinzen eroberten, so muß man einen solchen Krieg abbrechen.

Johannes Calvin (1509–1564)

108. Unser Unvermögen ist Schuld

Obgleich wir nun von Natur nicht die Fähigkeit haben, zur reinen und lauteren Erkenntnis Gottes zu gelangen, so ist dies Unvermögen doch unser eigener Fehler, und deshalb ist uns alle Entschuldigung abgeschnitten. Wir können nicht Unwissenheit vorschützen; denn unser Gewissen selbst überführt uns stets unserer Trägheit und Undankbarkeit. Das wäre wahrlich eine feine Entschuldigung, wenn der Mensch behaupten wollte, ihm fehlte das Ohr, um die Wahrheit zu vernehmen – welche doch die stumme Kreatur mit mehr denn hellhörenden Stimmen verkündet, wenn er einwenden wollte, er könne nicht mit Augen sehen – was doch alle Kreatur, ohne selbst sehen zu können, so deutlich zeigt, wenn er sich mit Schwachheit seines Geistes entschuldigen wollte, wo alle vernunftlosen Geschöpfe als Lehrer auftreten! Wir haben wirklich nicht das mindeste Recht zur Entschuldigung, wenn wir irrend und schweifend das Ziel verfehlen – wo doch alles den rechten Weg zeigt! Freilich, so sehr es Schuld des Menschen ist, wenn er das Samenkorn des Wissens um Gott, wie es durch den wundersamen Bau der Natur in ihm gesät ist, so bald verdirbt, daß es nicht zu rechter und lauterer Frucht kommen kann, so ist es doch auch andererseits richtig, daß wir durch jene bloße und schlichte Bezeugung, welche Gottes Majestät von seiten der Kreatur so reichlich erfährt, niemals ausreichend unterwiesen werden. Denn kaum haben wir aus der Betrachtung der Welt einigermaßen ein Empfinden für die Gottheit erlangt, da verlassen wir den wahren Gott und setzen an seine Statt die Träume und Gespinste unseres eigenen Hirns und leiten das Lob der Gerechtigkeit, Weisheit, Güte und Macht von der eigentlichen Quelle ab – bald dahin, bald dorthin! Alle Tage tut Gott sein Werk – aber wir verdunkeln oder verdrehen es durch unbilliges Urteil und rauben so dem Werk seine Ehre und dem Wirker den gebührenden Lobpreis.

Michel de Montaigne (1533–1592)

109. Die Verschiedenheit der Sitten

Aber man entdeckt die Wirkungen der Gewohnheit weit besser an den seltsamen Spuren, die sie unserer Seele einprägt, wo sie nicht so viel Widerstand findet. Was vermag sie nicht über unser Urteil und unsern Glauben? Gibt es wohl eine so absonderliche Meinung (und ich lasse die plumpen Lügengewebe der Religionen beiseite, an denen sich so viele große Völker und so tüchtige Männer berauscht haben: denn da dieser Gegenstand außerhalb unserer menschlichen Vernunft liegt, ist es verzeihlicher, wenn man sich darin verliert, es sei denn einer darin auf außerordentliche Weise durch göttliche Gnade erleuchtet), aber gibt es wohl unter den andern Meinungen so absonderliche, daß die Gewohnheit sie nicht, in welcher Weltgegend es ihr immer gefiel, eingepflanzt und zum Gesetz erhoben hätte?

Ich glaube, es fällt der menschlichen Einbildung keine so verrückte Grille bei, für die sich nicht das Beispiel irgend eines öffentlichen Brauches findet und die also unsere Vernunft nicht stützt und begründet. Es gibt Völker, bei denen man dem den Rücken wendet, den man begrüßt, und den niemals anblickt, den man ehren will. Es gibt solche, bei denen, wenn der König ausspuckt, die Lieblingsdame seines Hofes ihm dazu die Hand hinstreckt; und bei einer andern Nation bücken sich die Vornehmsten seiner Umgebung zur Erde, um seinen Aufwurf in Linnen aufzuraffen! [...]

Die Wunder sind Wunder gemäß der Unwissenheit, darin wir uns über die Natur befinden, nicht gemäß dem Wesen der Natur. Die Gewöhnung schläfert den Blick unseres Urteils ein. Die Barbaren setzen uns nicht stärker in Verwunderung, als wir sie, und mit nicht mehr Grund, wie ein jeder eingestehen würde, wenn ein jeder, nachdem er diese fremdartigen Beispiele durchwandert hätte, sich über die eigenen zu beugen und gesunden Sinnes zu vergleichen wüßte. Die menschliche Vernunft ist eine Lauge, die ungefähr im gleichen Maße allen unsern Meinungen und Sitten eingetränkt ist, von welcher Gestalt sie auch seien: unbegrenzt in der Fülle, unbegrenzt in der Vielfalt. [...]

Die Gesetze des Gewissens, von denen wir sagen, daß die Natur sie hervorbringt, werden von der Gewohnheit hervorgebracht: da jeder die Meinungen und Sitten, die um ihn herum gebilligt und angenommen sind, in innerlicher Verehrung hält und sich nicht ohne Gewissensbisse von ihnen abwenden, noch sich ihrer befleißigen kann, ohne ihnen beizustimmen. Wenn vor alters die Kreter jemand fluchen wollten, so baten sie die Götter, ihn in eine schlechte Gewohnheit fallen zu lassen. Aber die vornehmste Wirkung ihrer Macht ist, uns solchermaßen zu ergreifen und zu unterjochen, daß wir kaum mehr vermögen, uns aus ihrem Griff zu lösen und unsern Geist zu sammeln, um ihre Vorschriften zu überdenken und zu prüfen. In der Tat, weil wir sie mit der Muttermilch in uns aufnehmen und weil sich das Antlitz der Welt unserem ersten Blick in dieser Gestalt darbietet, scheinen wir von Geburt bestimmt, mit diesem Strom zu schwimmen. Und die überkommenen Vorstellungen, die wir um uns her in Ansehen und mit dem Samen unserer Väter in unsere Seele eingeflößt finden, scheinen uns allgemein gültig und naturgegeben zu sein. Daher es denn kommt, daß man, was aus den Angeln des Herkommens ist, aus den Angeln der Vernunft geraten glaubt: Gott weiß, wie unvernünftigerweise zumeist.

110. Über Tierschutz

110.1 Ich für meinen Teil habe nicht ohne Unmut mitansehen können, wie man ein unschuldiges Tier, das wehrlos ist und das uns nichts zuleide getan hat, verfolgt und tötet. Und wenn der Hirsch, wie es sich gemeinhin zuträgt, da er den Atem und die Kraft schwinden fühlt und keinen andern Ausweg mehr sieht, sich uns entgegenwirft und ergibt, die wir ihn verfolgen, und uns durch seine Tränen um Gnade bitte, [...] das hat mir immer ein sehr trauriges Schauspiel geschienen. Ich fange selten ein Tier lebendig, das ich nicht wieder in Freiheit setze. Pythagoras kaufte sie von Fischern und Vogelstellern, um desgleichen zu tun. Die Menschen, die blutdürstig gegen Tiere sind, bekunden damit einen natürlichen Hang zur Grausamkeit.

Nachdem man sich in Rom erst an das Schauspiel der Tierschlächtereien gewöhnt hatte, kam die Reihe an die Menschen und an die Gladiatoren. Die Natur selbst, fürchte ich, hat dem Menschen einen Trieb zur Unmenschlichkeit mitgegeben. Niemand nimmt sein Ergötzen am Anblick von Tieren, die miteinander spielen und kosen, und niemand verfehlt, sie mit Lust einander zerfleischen und zerreißen zu sehen.

Und damit man nicht dieses Mitgefühl spotte, das ich für sie empfinde: die Theologie selbst schreibt uns vor, uns des Viehs zu erbarmen; und wenn wir bedenken, daß ein einziger Meister uns zu seinem Dienst in dieses Weltgebäude versetzt hat, und daß sie wie wir seine Kinder sind, so hat sie recht, und einige Achtung und Zuneigung für sie anzubefehlen. [...] Und wenn all das nicht wäre, so gibt es doch eine gewisse Ehrfurcht und eine allgemeine Pflicht der Menschlichkeit, die uns nicht nur dem mit Leben und Empfindungen begabten Getier verbindet, sondern den Bäumen sogar und den Pflanzen. Dem Menschen sind wir die Gerechtigkeit schuldig, die Milde und Barmherzigkeit aller übrigen Kreaturen, die für sie empfänglich ist. Es besteht eine gewisse Geselligkeit zwischen ihnen und uns, und eine gewisse gegenseitige Verpflichtung.

110.2 Die Anmaßung ist unsere natürliche Erbkrankheit. Das unglückseligste und gebrechlichste aller Geschöpfe ist der Mensch, und allzumal das hoffärtigste. Er sieht und fühlt sich hienieden im Kot und Auswurf der Erde hausen, in den übelsten, abgestorbensten und vermodertsten Winkel des Alls ausgesetzt und angeschmiedet, im untersten und dem Himmelsgewölbe fernsten Stockwerk des Gebäudes, mit den Tieren, denen das schlechteste Los unter allen drei Gattungen zuteil ward; und geht hin und setzt sich in seiner Einbildung über den Mondkreis und macht den Himmel zum Schemel seiner Füße. Aus dem Hochmut dieser gleichen Einbildung kommt es, daß er sich Gott gleichstellt, daß er sich göttliche Eigenschaften beimißt, daß er sich auserlesen dünkt und vom großen Haufen der übrigen Geschöpfe absondert, den Tieren, seinen Brüdern und Genossen, ihr Teil zuweist und ihnen das Maß von Fähigkeiten und Kräften zuwägt, das er ihnen gönnen will. Wie vermag er durch die Kraft seines Verstandes die inneren und geheimen Regungen der Tiere zu erkennen? Durch welche Vergleichung zwischen ihnen und uns schließt er die Unvernunft, die er ihnen beilegt?

Wenn ich mit meiner Katze spiele, wer weiß, ob sie sich nicht mehr noch die Zeit mit mir vertreibt, als ich mir mit ihr? Dieser Mangel, der die Geselligkeit zwischen ihnen und uns hindert, warum läge er nicht ebensowohl an uns wie an ihnen? Es wäre noch zu erraten, wessen Fehler es ist, daß wir uns nicht verstehen: denn wir verstehen sie ebensowenig, wie sie uns. Aus eben diesem gleichen Grunde können sie uns für vernunftloses Vieh halten, wie wir sie.

Francis Bacon (1561–1654)

111. Über die Eigennützigkeit

Eine Ameise ist an sich ein kluges Geschöpf, aber ein gefährliches Ding in einem Obst- oder Blumengarten. Ebenso sind Leute, die sich selbst sehr liebhaben, ein Schaden für die Allgemeinheit. Teile dich daher feinklüglich zwischen Eigenliebe und Liebe zur Gemeinschaft, und sei dir selber so treu, daß du nicht falsch gegen andere wirst, besonders gegen König und Vaterland. Das Ich des Menschen ist ein kümmerlicher Mittelpunkt seiner Handlungen. Es ist damit genau wie mit der Erde. Als einzige hat sie einen Halt an ihrem eigenen Mittelpunkt, während sonst alles, was zum Firmament gehört, sich um den Mittelpunkt eines anderen Gestirnes bewegt, dem es Nutzen bringt. Alles mit Bezug auf sich selbst zu betrachten ist noch am ehesten bei einem regierenden Fürsten zu ertragen, denn er ist nicht allein er selbst, sondern sein Wohl und Wehe deckt sich mit dem Wohl des Staates; dagegen ist es ein verhängnisvoller Fehler bei dem Diener eines Fürsten oder dem Bürger in einer Republik. Denn was für Geschäfte auch immer durch eines solchen Menschen Hände gehen, so dreht er sie zu seinem eigenen Vorteil, was natürlich von dem Besten seines Herrn oder Landes oft erheblich abweicht. Daher sollten sich Fürsten oder Staaten solche Diener wählen, die diese Eigenschaft nicht besitzen, wenn anders sie ihren Dienst nicht als Nebensache behandelt sehen wollen. Was die Auswirkung noch verderblicher macht, ist die Vernichtung jedes Gleichgewichts. Es wäre schon ein hinreichendes Mißverhältnis, wenn das Wohl eines Dieners demjenigen seines Herrn vorangesetzt würde; indessen in noch weit höherem Grade, wenn ein geringer Vorteil des Dieners einen bedeutenden Vorteil des Herrn aufwöge. Dennoch ist dies bei schlechten Beamten, Schatzmeistern, Gesandten, Feldherrn und andern treulosen und bestechlichen Staatsdienern der Fall, die um ihrer eigenen kleinlichen Zwecke und Bosheiten willen ihre Kugel in einer schiefen Richtung ansetzen, zum Verderben der vornehmen und wichtigen Angelegenheit ihres Herrn. Meistens entspricht dann noch der Vorteil, der solchen Dienern erwächst, dem Maße ihres eigenen, aber der Schaden, mit dem sie ihn erkaufen, dem von ihres Herrn Vermögen. Allein das ist das Wesen der krassen Egoisten, daß sie sich nichts daraus machen, ein Haus anzustecken, wäre es auch nur, um ihre Eier daran zu backen. Trotzdem erhält sich diese Art Leute oftmals in der Gunst ihres Herrn, weil es ihr Streben ist, ihnen wohl zu gefallen, sich selbst aber zu nützen, und um beides zu erreichen, setzen sie das Wohl ihres Herrn aufs Spiel.

Eigennützigkeit ist in allen ihren Spielarten etwas Niederträchtiges. Sie ist die Klugheit der Ratten, die bestimmt ein Haus kurz vor seinem Einsturz verlassen; sie ist die Klugheit des Fuchses, der den Dachs vertreibt, der für ihn gegraben und eine Wohnstatt bereitet hat; sie ist die Klugheit der Krokodile, die Tränen vergießen, wenn sie einen verschlingen möchten. Was aber besonders hervorgehoben werden muß, ist, daß diejenigen, die, wie Cicero von Pompeius sagt, „sich selbst ohne Nebenbuhler lieben", sui amantes, sine rivali, häufig unglücklich sind. Denn während sie alle ihre Zeit ihrem Selbst opfern, werden sie am Ende ihrerseits die Opfer der Unbeständigkeit des Glücks, dessen Schwingen sie durch ihre Selbstsucht gefesselt zu haben glaubten.

Johann Valentin Andreae (1586–1654)

112. Über vollkommenes Menschentum

Im siebten Auditorium herrscht die Ethik, die Meisterin aller menschlichen Tugenden: der Klugheit, Gerechtigkeit, Mäßigkeit und Tapferkeit und den damit verbundenen anderen. Sie soll sich, so wollen sie es, nicht so sehr durch Fleiß in Vorschriften und Regeln auszeichnen, sondern vor allem durch die Sache selbst und in täglichen guten Beispielen. Es ist lächerlich, andere zu etwas zu ermahnen, das zur eigenen Lebensweise in Widerspruch steht. Die nur den Himmel anrufen, sollen auch nach nichts Irdischem riechen; die die Gerechtigkeit lehren, sollen niemandem unrecht tun; die zur Mäßigkeit raten, sollen nicht schwelgen; die die Tapferkeit herausstreichen, dürfen niemals kleinmütig werden. Wenn es welche gibt, die vorangehen, wird es nicht an solchen fehlen, die folgen: dafür gibt es reichlich Beispiele. Hier erwerben sie den Preis der Mühe, denn sie verbannen alles zufällige Glück aus der Gemeinschaft der Guten. Sie nennen es ein Hirngespinst, das nur in unserer Meinung besteht; denn was wir uns an Gutem oder Üblem einbilden, das erstreben oder fliehen wir auch. Und wenn es auch in unserer Macht stehen könnte, daß immer alles gut ist und ausreicht, so sieht es doch durch unsere Selbstüberredung so aus, als sei notwendig alles übel und als herrsche Mangel. Wir werden immer darben, sagen sie, wenn wir erlangen wollen, worüber wir keine Macht haben; wir werden immer Überfluß haben, wenn wir davon genug besitzen, was uns niemand entreißen kann. So ist es doch in der Tat, und so gibt es kein Unglück außer, an dem wir selbst schuld sind. Denn wir wollen jeder für sich, was allen gemeinsam zusteht, und so machen wir uns an Fremdes heran, haben immer jemanden, mit dem wir streiten, und immer ist jemand da, der uns besiegt und unterdrückt, und wenn wirklich einmal kein anderer uns bedrängt, sind wir gewiß immer noch nicht zufrieden. Da dies die Bürger der besten Stadt eingesehen haben, wollten sie nicht, daß das höchste Gut sich anderswo aufhalte als in ihrem Herzen. Und da sie dieses Gut nicht als ein nur eingebildetes wollen, glauben und erkennen sie, daß Christus es ist. Durch die Liebe zu ihm sind sie in vollkommener Freundschaft verbunden, durch vollkommene Wahrheit geformt, besitzen sie die vollkommene Höflichkeit, sind durchdrungen von der vollkommenen Großmut – mit einem Wort: sie adeln sich in vollkommenem Menschentum. Ich bitte Gott, den Urheber, Erhalter und Belohner des gesitteten und ordentlichen Lebens aus ganzer Seele darum, daß wir ihrem Beispiel folgen können, wie es auch denen vergönnt sein mag, die die Welt mit den schmutzigsten Sitten und eitelsten Gewohnheiten erfüllen.

Thomas Hobbes (1588–1654)

113. Über das Gute

113.1 Hierbei haben wir zu beachten, daß die Glückseligkeit dieses Lebens nicht in der zufriedenen Seelenruhe besteht. Denn es gibt kein *finis ultimus,* das heißt letztes Ziel, oder *summum bonum,* das heißt höchstes Gut, von welchen in den Schriften der alten Moralphilosophen die Rede ist. Auch kann ein Mensch, der keine Wünsche mehr hat, so wenig weiterleben wie einer, dessen Empfindungen und Vorstellungen zum Stillstand gekommen sind. Glückseligkeit ist ein ständiges Fortschreiten des Verlangens von einem Gegenstand zu einem anderen, wobei jedoch das Erlangen des einen Gegenstandes nur der Weg ist, der zum nächsten Gegenstand führt. Der Grund hierfür liegt darin, daß es Gegenstand menschlichen Verlangens ist, nicht nur einmal und zu einem bestimmten Zeitpunkt zu genießen, sondern sicherzustellen, daß seinem zukünftigen Verlangen nichts im Wege steht. Und deshalb gehen die willentlichen Handlungen und Neigungen aller Menschen nicht nur darauf aus, sich ein zufriedenes Leben zu verschaffen, sondern auch darauf, es zu sichern.

113.2 Alle Dinge, die erstrebt werden, bezeichnet man, sofern sie erstrebt werden, mit einem gemeinsamen Namen als „Güter", alle, die wir vermeiden, als „Übel". Daher hat Aristoteles richtig definiert, ein Gut sei, was alle erstreben. Da aber die verschiedenen Menschen verschiedene Dinge erstreben und vermeiden, so muß es viele Dinge geben, die für einige Güter, für andere Übel sind, wie für unsere Feinde das ein Übel ist, was für uns ein Gut ist. Gut und Übel sind also relativ je nach den Erstrebenden und Vermeidenden. Ein Gut kann allgemein sein und man kann zutreffend von etwas sagen, es sei gemeinhin ein Gut, das heißt für viele von Nutzen, oder für den Staat ein Gut. Man kann auch bisweilen sagen „für alle ein Gut", zum Beispiel von der Gesundheit. Aber auch diese Ausdrücke sind relativ, daher darf man nicht von einem Gut schlechthin reden. Denn jedes Gut ist gut für irgendwelche oder irgendeinen Menschen. Gut war ursprünglich alles, was Gott schuf. Warum? Weil ihm selbst alle seine Werke gefielen. Man sagt auch, „gut" ist Gott für alle, die seinen Namen anrufen, nicht aber für die, welche seinen Namen lästern. „Gut" also wird gesagt relativ zu Person, Ort und Zeit. Diesem Menschen, hier, jetzt gefällt etwas; jenem, dort, zu jener Zeit mißfällt es. Und ebenso kommen die übrigen Umstände in Betracht. Denn die Natur des Guten und Schlechten ist von den jeweilig zusammentreffenden Bedingungen abhängig. [...]

Das erste Gut ist für jeden die Selbsterhaltung. Denn die Natur hat es so eingerichtet, daß alle ihr eigenes Wohlergehen wünschen. Um das erlangen zu können, müssen sie Leben und Gesundheit wünschen und für beide, soweit es möglich ist, Gewähr für die Zukunft. Auf der anderen Seite steht unter allen Übeln an erster Stelle der Tod, besonders der Tod unter Qualen; denn die Leiden des Lebens können so groß werden, daß sie, wenn nicht ihr nahes Ende abzusehen ist, uns den Tod als ein Gut erscheinen lassen.

114. Tugend und Laster

Wenn die Anlagen durch Gewöhnung so gefestigt sind, daß sie leicht und ohne daß die Vernunft widerstrebt, sie betätigen, so nennt man sie insgesamt „Charakter". Ist dieser gut, so spricht man von Tugenden, ist er schlecht, von Lastern; da nun aber nicht für alle dasselbe gut und schlecht ist, so wird derselbe Charakter von den einen gelobt, von den anderen getadelt, das heißt von den einen als gut, von den anderen als schlecht bezeichnet, und es werden ihm von dem einen Tugenden, von dem anderen Laster zugeschrieben. Daher kann man, wie man sagt, „soviel Köpfe, soviel Meinungen", auch sagen, „soviel Menschen, soviel verschiedene Regeln für Tugend und Laster". Dies ist indessen von den Menschen nur zu verstehen, insofern sie Menschen sind, nicht auch insofern sie Bürger sind. Denn der Mensch außerhalb des Staates ist nicht verpflichtet, einer fremden Vorschrift zu folgen; innerhalb des Staates dagegen sind die Menschen durch Verträge verpflichtet. Daraus ergibt sich, daß für den Menschen an sich und gleichsam außerhalb der bürgerlichen Gesellschaft eine Moralwissenschaft nicht entwickelt werden kann, da es an einem sicheren Maßstabe fehlt, nach dem Tugend und Laster zu messen und zu bestimmen wäre. Alle Wissenschaften beginnen aber mit Begriffsbestimmungen; sonst verdienen sie es nicht, Wissenschaften zu heißen, sondern sind leeres Gerede.

Nur im staatlichen Leben gibt es daher einen allgemeinen Maßstab für Tugenden und Laster; und eben darum kann dieser nichts anderes sein als die Gesetze eines jeden Staates; selbst die natürlichen Gesetze werden nach Errichtung des Staates ein Teil der Staatsgesetze. Und daß es ihrer unzählige gibt und ehemals die Staaten abweichende Gesetze hatten, steht dem nicht im Wege. Denn wie immer die Gesetze sind, immer und überall hat es als Tugend der Bürger gegolten, gegen diese Gesetze nicht zu verstoßen, und als Laster, gegen sie zu verstoßen. Mögen also auch gewissen Handlungen, die in dem einen Staate gerecht sind, in einem anderen ungerecht sein, die Gerechtigkeit, das heißt das Befolgen der Gesetze, ist überall dieselbe und wird es sein. Die sittliche Tüchtigkeit nun, soweit wir sie an den staatlichen Gesetzen, die in verschiedenen Staaten verschieden sind, messen können, ist nur Gerechtigkeit und Billigkeit; soweit wir sie aber an den rein natürlichen Gesetzen messen, ist sie nur Liebe. Und in diesen beiden besteht jede sittliche Tüchtigkeit. Was dagegen die drei übrigen sogenannten Kardinaltugenden außer der Gerechtigkeit angeht, die Tapferkeit, Besonnenheit und Mäßigkeit, so sind sie nicht Tugenden der Bürger als Bürger, sondern als Menschen; denn sie sind nicht so sehr dem Staate als den einzelnen Menschen selbst, die sie besitzen, nützlich. Ein Staat nämlich wird zwar erhalten nur durch Tapferkeit, Besonnenheit und Mäßigkeit der guten Bürger, zerstört aber wird er wiederum nur durch Tapferkeit, Besonnenheit und Mäßigkeit der Feinde.

Tapferkeit und Besonnenheit sind überhaupt mehr eine Fähigkeit des Geistes als ein Vorzug des Charakters, und Mäßigkeit weniger eine Tugend als ein Nichtvorhandensein der Laster, die einem begehrlichen Sinne entspringen und weniger den Staat als vielmehr den einzelnen Menschen schädigen. Wie es für jeden einzelnen Bürger ein persönliches Gut gibt, so gibt es auch für den Staat ein allgemeines Gut. Man kann nun nicht verlangen, daß Tapferkeit und Besonnenheit eines einzelnen Menschen, wenn sie ihm allein nützlich sind, von den Staaten oder von irgendwelchen anderen Menschen, denen dieselben nicht nützlich sind, gelobt, das heißt als Tugend angesehen werden.

Kurz zusammengefaßt besagt diese ganze Lehre vom Charakter und den Anlagen also folgendes: Gute Anlagen sind solche, die geeignet sind, eine staatliche Gemeinschaft zu bilden; ein guter Charakter, das heißt sittliche Tüchtigkeit, ist ein solcher, durch den die Gemeinschaft, wenn sie gebildet ist, am besten erhalten werden kann. Alle Tugenden aber sind enthalten in Gerechtigkeit und Liebe. Damit ist gegeben, daß diesen entgegengesetzte Anlagen schlecht sind und daß die entgegengesetzten Charaktereigenschaften und alle Laster in Ungerechtigkeit und Gefühllosigkeit fremden Leiden gegenüber, das heißt in dem Mangel an Liebe, bestehen.

115. Der Krieg aller gegen alle

Die Natur hat jedem ein Recht auf alles gegeben; das heißt in dem reinen Naturzustande oder ehe noch die Menschen durch irgendwelche Verträge sich gegenseitig gebunden hatten, war es jedem erlaubt zu tun, was er wollte und gegen wen er es wollte, und alles in Besitz zu nehmen, zu gebrauchen und zu genießen, was er wollte und konnte. Da nun alles, was jemand will, ihm gut erscheint, weil er es will, und dies entweder wirklich zu seiner Erhaltung dient oder ihm wenigstens so scheint (denn nach dem Vorigen ist er selbst Richter hierüber; deshalb muß das für notwendig gelten, was er selbst dafür hält), und da [...] das mit dem Rechte der Natur geschieht und besessen wird, was notwendig zum Schutz des Lebens und der Glieder dient, so folgt, daß in dem Naturzustande jeder alles haben und tun darf. Und das ist der Sinn des bekannten Satzes:

Die Natur hat allen alles gegeben. Daraus ersieht man auch, daß im Naturzustande der Nutzen der Maßstab des Rechtes ist.

Es brachte aber den Menschen durchaus keinen Nutzen, in dieser Weise ein gemeinsames Recht auf alles zu haben. Denn die Wirkung eines solchen Rechts ist so ziemlich dieselbe, als wenn überhaupt kein Recht bestände. Wenn auch jeder von jeder Sache sagen konnte: *diese ist mein,* so konnte er doch seines Nachbars wegen sie nicht genießen, da dieser mit gleichem Rechte und mit gleicher Macht behauptete, daß sie sein sei.

Nimmt man nun zu der natürlichen Neigung der Menschen, sich gegenseitig Schaden zuzufügen, einer Neigung, die aus ihren Leidenschaften, hauptsächlich aber aus ihrer eitlen Selbstüberschätzung hervorgeht, dies Recht aller auf alles hinzu, nach welchem der eine mit Recht angreift und der andere mit Recht Widerstand leistet, und aus welchem stetes Mißtrauen und Verdacht nach allen Seiten hin hervorgeht, und erwägt man, wie schwer es ist, gegen Feinde, selbst von geringer Zahl und Macht, die mit der Absicht, uns zu unterdrücken und zu vernichten, uns angreifen, sich zu schützen: so kann man nicht leugnen, daß der natürliche Zustand der Menschen, bevor sie zur Gesellschaft zusammentraten, der *Krieg* gewesen ist, und zwar nicht der Krieg schlechthin, sondern der Krieg aller gegen alle. Denn was ist der Krieg anderes als jene Zeit, wo der Wille, mit Gewalt seinen Streit auszufechten, durch Worte oder Taten deutlich erklärt wird? Die übrige Zeit nennt man *Frieden.*

Wie schädlich aber ein ewiger Krieg für die Erhaltung des menschlichen Geschlechts oder des einzelnen Menschen ist, kann man leicht ermessen. Nun ist aber dieser Krieg seiner eigenen Natur nach ewig, da er bei der Gleichheit der Streitenden durch keinen Sieg beendet werden kann. Denn selbst der Sieger bleibt weiter bedroht, so daß es fast ein Wunder scheint, wenn in diesem Zustand jemand, und sei er auch noch so stark, eines natürlichen Todes im Alter stirbt. Als ein Beispiel hierfür zeigt uns das jetzige Jahrhundert die Amerikaner; frühere Zeiten zeigen andere Völker, die jetzt zwar gebildet und blühend sind, aber damals gering an Zahl, roh, von kurzer Lebensdauer, arm und unansehnlich waren und alle Erleichterungen und allen Schmuck des Lebens entbehrten, welche der Friede und die Gesellschaft gewöhnlich gewähren. Wer also meint, daß man am besten in dem Zustande geblieben wäre, wo allen alles erlaubt war, der widerspricht sich selbst; denn jeder verlangt aus natürlicher Notwendigkeit nach dem für ihn Guten, und niemand wird einen solchen Krieg aller gegen alle, welcher diesem Zustande natürlicherweise anhaftet, als etwas für ihn Gutes ansehen. Dadurch kommt es, daß man infolge gegenseitiger Furcht es für ratsam hält, aus einem solchen Zustande herauszutreten und Genossen zu suchen, damit, wenn Krieg sein muß, er doch nicht gegen alle und nicht ohne Hilfe geführt werde.

René Descartes (1596–1650)

116. Provisorische Moral

Und also in meinem Tun nicht unentschlossen zu bleiben, solange mich die Vernunft nötigte, es in meinen Urteilen zu sein, und um so glücklich wie möglich weiterleben zu können, entwickelte ich mir eine Moral auf Zeit, die nur aus drei oder vier Grundsätzen bestand, die ich Ihnen gern mitteilen möchte.

Der erste war, den Gesetzen und Sitten meines Vaterlandes zu gehorchen, an der Religion beharrlich festzuhalten, in der ich durch Gottes Gnade seit meiner Kindheit unterrichtet worden bin, und mich in allem anderen nach den maßvollsten, jeder Übertreibung fernsten Überzeugungen zu richten, die von den Besonnensten unter denen, mit denen ich leben würde, gemeinhin in die Tat umgesetzt werden. Denn ich war ja im Begriff, meine eigenen für nichts gelten zu lassen, weil ich sie alle der Prüfung unterwerfen wollte, und war daher sicher, daß ich nichts Besseres tun könne, als den Ansichten der Besonnensten zu folgen. […] Und unter mehreren Überzeugungen, die gleichermaßen anerkannt werden, wählte ich nur die gemäßigtsten, einmal weil sie für die Praxis immer die bequemsten und wahrscheinlich die besten sind – denn alles Übermaß ist für gewöhnlich schlecht – dann auch, um mich für den Fall eines Fehlgriffs weniger vom wahren Wege zu entfernen, als wenn ich ein Extrem gewählt hätte und dem anderen hätte folgen müssen. Besonders rechnete ich alle Versprechungen unter das Übermaß, mit denen man etwas von seiner Freiheit aufgibt. Nicht daß ich die Gesetze mißbilligte, die der Unbeständigkeit schwacher Gemüter abhelfen sollen und es, wenn man einen guten Vorsatz gefaßt hat oder sogar nur einen, der weder gut noch bös ist, erlauben – im letzteren Falle um der Sicherheit von Handel und Wandel willen – Gelübde oder Verträge einzugehen, die dazu verpflichten, bei diesem Vorsatz zu bleiben; sondern: weil ich nichts auf der Welt fand, was immer im selben Zustand bliebe, und weil ich für meine Person die Absicht hatte, meine Urteile mehr und mehr zu vervollkommnen und nicht zu verderben, so hätte ich geglaubt, mich sehr gegen den gesunden Verstand zu vergehen, wenn ich mich damals durch die Anerkennung von irgend etwas gebunden hätte, dies auch nachher noch für gut zu achten, wenn es vielleicht nicht mehr gut ist oder ich es nicht mehr dafür halte.

Mein zweiter Grundsatz war, in meinen Handlungen so fest und entschlossen zu sein wie möglich und den zweifelhaftesten Ansichten, wenn ich mich einmal für sie entschieden hätte, nicht weniger beharrlich zu folgen, als wären sie ganz gewiß. Hierin ahmte ich die Reisenden nach, die, wenn sie sich im Walde verirrt finden, nicht umherlaufen und sich bald in diese, bald in jene Richtung wenden, noch weniger an einer Stelle stehen bleiben, sondern so geradewegs wie möglich immer in derselben Richtung marschieren und davon nicht aus unbedeutenden Gründen abweichen sollten, obschon es vielleicht im Anfang bloß der Zufall gewesen ist, der ihre Wahl bestimmt hat; denn so werden sie, wenn sie nicht genau dahin kommen, wohin sie wollten, wenigstens am Ende irgendeine Gegend erreichen, wo sie sich wahrscheinlich besser befinden als mitten im Wald. Ebenso dulden die Handlungen im Leben häufig keinen Aufschub, und daher ist es eine ganz unbestreitbar wahre Forderung, daß wir, wenn es nicht in unserer Macht steht, die wahrsten Ansichten zu erkennen, den wahrscheinlichsten folgen sollten, und selbst wenn wir nicht bemerken, daß die Wahrscheinlichkeit der einen die der anderen überwiegt, sollten wir uns nichtsdestoweniger zu irgendeiner entscheiden und sie hernach, soweit sie für die Praxis Bedeutung hat, nicht mehr als zweifelhaft, sondern als ganz wahr und ganz sicher ansehen, weil der Grund, der uns dazu bewogen hat, doch wahr und sicher ist. Und dies war geeignet, mich seit dieser Zeit von aller Reue und allen Gewissensbissen zu befreien, die für gewöhnlich das Gewissen schwacher und unbeständiger Gemüter zu beunruhigen pflegen, die sich wankelmütig gehen lassen und Dinge tun, als seien sie gut, von denen sie später erkennen, daß sie schlecht sind.

Mein dritter Grundsatz war, stets bemüht zu sein, eher mich selbst zu besiegen als das Schicksal, eher meine Wünsche zu ändern als die Weltordnung und überhaupt mich an den Gedanken zu gewöhnen, daß nichts völlig in unserer Macht steht außer unseren Gedanken. Haben wir also bezüglich der Dinge außer uns unser Bestes getan, so ist alles, was am Gelingen fehlt, in Hinsicht auf uns völlig unmöglich. Dies allein schien mir auszureichen, mich für die Zukunft nichts wünschen zu lassen, was ich nicht erreichte, und mich auf diese Weise zufrieden zu machen. Denn unser Wille geht in seinen Wünschen von Natur nur auf Dinge, die unser Verstand ihm auf irgendeine Weise als möglich darstellt; betrachten wir daher alle äußeren Güter als gleich weit außerhalb unserer Macht gelegen, so werden wir uns gewiß nicht stärker darüber grämen, daß uns fehlt, was wir anscheinend schon sollten mit auf die Welt bekommen haben, falls wir es ohne unser Verschulden entbehren, als darüber, daß uns die Königreiche von China oder Mexiko nicht gehören, und indem wir, wie man so sagt, aus der Not eine Tugend machen, werden wir ebensowenig wünschen, gesund zu sein, wenn wir krank sind, oder frei zu sein, wenn wir im Gefängnis sitzen, wie wir uns jetzt etwa wünschen, einen Körper aus ähnlich unzerstörbarem Material wie Diamanten zu haben oder Flügel zum Fliegen wie die Vögel. Aber ich gebe zu, daß es langer Übung und oft wiederholten Nachdenkens bedarf, um sich daran zu gewöhnen, alle Dinge unter diesem Gesichtspunkt zu sehen. [...]

Endlich, um diese Moral abzuschließen, verfiel ich darauf, eine Musterung der verschiedenen Beschäftigungen zu halten, denen die Menschen in diesem Leben nachgehen, um die beste darunter auszuwählen, und glaubte (die Beschäftigungen anderer will ich übergehen), ich könne nichts Besseres tun, als mit der fortfahren, die ich bereits nachging, das heißt mein ganzes Leben darauf verwenden, meinen Verstand zu kultivieren und, soweit ich könnte, nach der Methode, die ich mir vorgeschrieben, in der Erkenntnis fortzuschreiten. Mir war, seit ich diese Methode zuerst in Gebrauch genommen hatte, so außerordentliche Befriedigung zuteil geworden, wie sie in diesem Leben nach meiner Überzeugung nicht wohltuender und unschuldiger sein konnte. Jeden Tag entdeckte ich mit ihrer Hilfe etwas Wahres, das mir wichtig genug und anderen gemeinhin unbekannt schien, und die Befriedigung, die mir dies gab, erfüllte mich so, daß alles andere mich nicht berührte. Außerdem gründeten sich die drei vorhergehenden Regeln allein auf meinen Plan fortzufahren, mich zu unterrichten; denn da Gott jedem von uns ein Licht gegeben hat, Wahres und Falsches zu unterscheiden, so glaubte ich nicht, ich dürfe mich mit den Ansichten anderer nur einen Augenblick zufriedengeben ohne den Vorsatz, mein eigenes Urteil zu ihrer Prüfung zu benutzen, sobald die Zeit reif sein würde. Und ich hätte ihnen nicht ohne Bedenken folgen können, wenn ich nicht gehofft hätte, ich verlöre dadurch keine Gelegenheit, bessere zu finden, falls es sie gäbe. Schließlich hätte ich meine Wünsche nicht in Schranken halten und zufrieden sein können, hätte ich nicht einen Weg verfolgt, der mir die Gewißheit gab, ich werde auf ihm nicht nur alle Erkenntnisse erwerben, deren ich fähig wäre, sondern mit denselben Mitteln auch alle wahren Güter, die jemals in meiner Macht stehen würden; denn unser Wille entschließt sich nur in dem Maße, etwas zu verfolgen oder zu meiden, wie unser Verstand es ihm als gut oder schlecht darstellt, und deshalb genügt es, recht zu urteilen, um recht zu tun, und nach besten Kräften zu urteilen, um sein Bestes zu erreichen, das heißt alle Tugenden zu erwerben und damit zugleich auch alle anderen Güter, die man erwerben kann. Und wenn man sicher ist, daß dies erreicht ist, so muß man zufrieden sein.

117. Humanitäre Wissenschaft

Ich habe nie viel Staat mit den Produkten meines Geistes gemacht, und solange ich aus der Methode, die ich benutze, keinen anderen Vorteil zog, als daß ich mir selbst bezüglich einiger Probleme in den spekulativen Wissenschaften Befriedigung verschaffte oder auch mein Leben nach den Maximen, die sie vorschreibt, zu regeln suchte, hielt ich mich nicht für verpflichtet, etwas darüber zu veröffentlichen. Denn was die Lebensregeln angeht, so besteht jeder so sehr auf seinen eigenen Grundsätzen, daß man ebenso viele Reformatoren auf diesem Gebiet würde finden können wie Köpfe, wäre es auch anderen als denen erlaubt, die Gott zu Herren über ihre Völker gesetzt oder denen er Gnade und Glaubenseifer genug verliehen hat, um Propheten zu sein, hier etwas zu verändern. Zwar gefielen mir meine Spekulationen sehr, aber ich glaubte, daß auch andere solche hätten, die ihnen vielleicht noch besser gefielen. Sobald ich mir aber einige allgemeine Grundbegriffe in der Physik verschafft hatte, diese bei verschiedenen Einzelproblemen zu erproben begann und dabei bemerkte, wohin sie führen können und wieweit sie sich von den Prinzipien unterscheiden, deren man sich bis heute bedient hat, so glaubte ich sie nicht verbergen zu dürfen, ohne sehr gegen das Gesetz zu verstoßen, das uns verpflichtet, soviel an uns liegt, das allgemeine Beste aller Menschen zu befördern. Denn sie haben mir gezeigt, daß es möglich ist, zu Kenntnissen zu kommen, die von großem Nutzen für das Leben sind, und statt jener spekulativen Philosophie, die in den Schulen gelehrt wird, eine praktische zu finden, die uns die Kraft und Wirkungsweise des Feuers, des Wassers, der Luft, der Sterne, der Himmelsmaterie und aller anderen Körper, die uns umgeben, ebenso genau kennen lehrt, wie wir die verschiedenen Techniken unserer Handwerker kennen, so daß wir sie auf ebendieselbe Weise zu allen Zwecken, für die sie geeignet sind, verwenden und uns so zu Herren und Eigentümern der Natur machen könnten. Dies ist nicht nur für die Erfindung einer unendlichen Zahl von Kunstgriffen zu wünschen, die uns ohne jede Mühe zum Genuß der Früchte der Erde und aller Annehmlichkeiten auf ihr verhelfen würden, sondern vor allem auch für die Erhaltung der Gesundheit, die ohne Zweifel das erste Gut und die Grundlage aller anderen Güter dieses Lebens ist.

Balthasar Gracian (1601–1658)

118. Kunst der Weltklugheit

Leidenschaftslos sein: eine Eigenschaft der höchsten Geistesgröße, deren Überlegenheit selbst sie loskauft vom Joche gemeiner äußerer Eindrücke. Keine höhere Herrschaft als die über sich selbst und über seine Affekte: sie wird zum Triumph des freien Willens. Sollte aber jemals die Leidenschaft sich der Person bemächtigen, so darf sie doch nie sich an das Amt wagen, und um so weniger, je höher solches ist. Dies ist eine edle Art, sich Verdrießlichkeiten zu ersparen, ja sogar auf dem kürzesten Wege zu Ansehn zu gelangen.

Die Kunst, Glück zu haben. Es gibt Regeln für das Glück: denn für den Klugen ist nicht alles Zufall. Die Bemühung kann dem Glücke nachhelfen. Einige begnügen sich damit, sich wohlgemut an das Tor der Glücksgöttin zu stellen und zu erwarten, daß sie öffne. Andere, schon besser, streben vorwärts und machen ihre kluge Kühnheit geltend, damit sie, auf den Flügeln ihres Wertes und ihrer Tapferkeit, die Göttin erreichen und ihre Gunst gewinnen mögen. Jedoch, richtig philosophiert, gibt es keinen andern Weg als den der Tugend und Umsicht; indem jeder gerade so viel Glück und so viel Unglück hat als Klugheit oder Unklugheit.

Nie setze man die Achtung gegen sich selbst aus den Augen und mache sich nicht mit sich selbst gemein. Unser eigene Makellosigkeit muß die Richtschnur für unsern untadelhaften Wandel sein, und die Strenge unsers eigenen Urteils muß mehr über uns vermögen als alle äußeren Vorschriften. Das Ungeziemende unterlasse man mehr aus Scheu vor seiner eigenen Einsicht als aus der vor der strengsten fremden Autorität. Man gelange dahin, sich selbst zu fürchten; so wird man nicht Senecas imaginären Hofmeister nötig haben.

Kunst, lange zu leben. Gut leben. Zwei Dinge werden schnell mit dem Leben fertig: Dummheit und Liederlichkeit. Die einen verlieren es, weil sie es zu bewahren nicht den Verstand, die andern, weil sie nicht den Willen haben. Wie Tugend ihr eigener Lohn, ist Laster seine eigne Strafe. Wer eifrig dem Laster lebt, endigt bald, im zwiefachen Sinn: wer eifrig der Tugend lebt, stirbt nie. Die Untadelhaftigkeit der Seele teilt sich dem Leibe mit: und ein gutgeführtes Leben wird nicht nur intensiv, sondern selbst extensiv ein langes sein. –

Keine Selbstzufriedenheit zeigen. Man sei weder unzufrieden mit sich selbst, denn das wäre Kleinmut – noch selbstzufrieden, denn das wäre Dummheit. Die Selbstzufriedenheit entsteht meistens aus Unwissenheit und wird zu einer Glückseligkeit des Unverstandes, die zwar nicht ohne Annehmlichkeit sein mag, jedoch unserm Ruf und Ansehn nicht förderlich ist. Weil man die unendlich höhern Vollkommenheiten anderer nicht einzusehn imstande ist, wird man durch irgendein gemeines und mittelmäßiges Talent in sich höchlich befriedigt. Mißtrauen ist stets klug und überdies auch nützlich, entweder um dem übeln Ausgang der Sachen vorzubeugen, oder um sich, wenn er da ist, zu trösten; da ein Unglück den nicht überrascht, der es schon fürchtete. Auch Homer schläft zuzeiten, und Alexander fiel von seiner Höhe und aus seiner Täuschung. Die Dinge hängen von gar vielerlei Umständen ab, und was an einer Stelle und bei einer Gelegenheit einen Triumph feierte, wurde bei einer andern zu Schande. Inzwischen besteht die unheilbare Dummheit darin, daß die leerste Selbstzufriedenheit zu voller Blüte aufgegangen ist und mit ihrem Samen immer wieder wuchert.

Freunde haben. Es ist ein zweites Dasein. Jeder Freund ist gut und weise für den Freund, und unter ihnen geht alles gut ab. Ein jeder gilt so viel, als die andern wollen; damit sie aber wollen, muß man ihr Herz und dadurch ihre Zunge gewinnen. Kein Zauber ist mächtiger als erzeigte Gefälligkeit, und um Freunde zu erwerben, ist das beste Mittel, sich welche zu machen. Das meiste und Beste, was wir haben, hängt von andern ab. Wir müssen entweder unter Freunden oder unter Feinden leben. Jeden Tag suche man einen zu erwerben, nicht gleich zum genauen, aber doch zum wohlwollenden Freunde: einige werden nachher, nachdem sie eine prüfende Wahl bestanden haben, als Vertraute zurückbleiben.

Ohne zu lügen nicht alle Wahrheiten sagen. Nichts erfordert mehr Behutsamkeit als die Wahrheit: sie ist ein Aderlaß des Herzens. Es gehört gleichviel dazu, sie zu sagen und sie zu verschweigen zu verstehn. Man verliert durch eine einzige Lüge den ganzen Ruf seiner Unbescholtenheit. Der Betrug gilt für ein Vergehn und der Betrüger für falsch, welches noch schlimmer ist. Nicht alle Wahrheiten kann man sagen, die einen nicht unser selbst wegen, die andern nicht des andern wegen.

Mit einem Wort, ein Heiliger sein, und damit ist alles auf einmal gesagt. Die Tugend ist das gemeinsame Band aller Vollkommenheiten und der Mittelpunkt aller Glückseligkeit. Sie macht einen Mann vernünftig, umsichtig, klug, verständig, weise, tapfer, überlegt, redlich, glücklich, beifällig, wahrhaft und zu einem Helden in jedem Betracht. Drei Dinge, welche im Spanischen mit einen S anfangen, machen glücklich: Heiligkeit, Gesundheit und Weisheit *(santo, sano, sabio)*. Die Tugend ist die Sonne des Mikrokosmos oder der kleinen Welt und ihre

Hemisphäre ist das gute Gewissen. Sie ist so schön, daß sie Gunst findet vor Gott und Menschen. Nichts ist liebenswürdig als nur die Tugend und nichts verabscheuungswert als nur das Laster. Die Tugend allein ist Sache des Ernstes, alles andere ist Scherz. Die Fähigkeit und die Größe soll man nach der Tugend messen und nicht nach Umständen des Glücks. Sie allein ist sich selbst genug: sie macht den Menschen im Leben liebenswürdig und im Tode denkwürdig.

La Rochefoucauld (1613–1680)

119. Maximen und Reflexionen

1. Was wir für Tugenden halten, ist oft nur eine bunte Reihe von Handlungen und Interessen, die das Schicksal oder unser eigenes Geschick zu einem Ganzen verbunden hat: und nicht immer aus Tapferkeit und Keuschheit sind die Männer tapfer und die Frauen keusch.

2. Die Eigenliebe übertrifft alle Schmeichler.

4. Die Eigenliebe ist klüger als der klügste Mann der Welt.

5. Die Dauer unserer Leidenschaften hängt so wenig von uns ab wie die Dauer unseres Lebens.

6. Die Leidenschaft macht oft den klügsten Mann zum Narren und den größten Dummkopf zum klugen Mann.

7. Die großen und glänzenden Taten, die das Auge blenden, werden von den Politikern als Ergebnis großer Pläne hingestellt, während sie doch gewöhnlich nur Auswirkungen von Launen und Leidenschaften sind. So war der Krieg zwischen Augustus und Antonius, den man ihrem Ehrgeiz, sich zu Herren der Welt zu machen, zuschreibt, vielleicht nur eine folge ihrer Eifersucht.

8. Die Leidenschaft ist der einzige Redner, der immer überredet. Sie gleicht einer Kunst der Natur, deren Regeln unfehlbar sind; und der einfältigste Mensch, aus dem die Leidenschaft spricht, überzeugt mehr als der beredteste ohne Leidenschaft.

9. Den Leidenschaften eignet eine Ungerechtigkeit und ein Eigennutz, denen zu folgen gefährlich ist; man muß ihnen daher mißtrauen, selbst wenn sie noch so vernünftig erscheinen.

19. Wir alle sind stark genug, das Unglück anderer zu ertragen.

25. Es bedarf größerer Tugenden, das Glück zu ertragen als das Unglück.

39. Der Eigennutz spricht jede Sprache und spielt jede Rolle, selbst die der Uneigennützigkeit.

40. Der Eigennutz, der die einen blind macht, macht andere sehend.

76. Mit der wahren Liebe ist es wie mit Gespenstererscheinungen: alle Welt spricht davon, aber wenige haben sie gesehen.

78. Gerechtigkeitsliebe ist bei den meisten Menschen nur Besorgnis, Ungerechtigkeit zu erleiden.

83. Was die Menschen Freundschaft genannt haben, ist nur eine Verabredung zur gegenseitigen Schonung der Interessen und zum Austausch guter Dienste; es ist schließlich nur ein Handel, bei dem die Eigenliebe stets auf ihren Gewinn bedacht ist.

102. Der Verstand wird stets vom Herzen getäuscht.

103. Wer seinen Verstand kennt, kennt nicht immer sein Herz.

119. Wir sind so gewohnt, uns vor anderen zu verstellen, daß wir uns am Ende vor uns selbst verstellen.

125. Immer listig sein ist das Kennzeichen kleiner Geister, und fast immer, wenn man sich dadurch auf der einen Seite deckt, gibt man sich auf der andern eine Blöße.

126. List und Verrat entspringen aus dem Mangel an wahrer Klugheit.

127. Das beste Mittel, betrogen zu werden, ist, sich für schlauer zu halten als andere.

132. Es ist leichter, für andere weise zu sein als für sich selbst.

171. Die Tugenden verlieren sich im Eigennutz, wie die Ströme sich im Meer verlieren.

182. Die Laster mengen sich in das Zusammenspiel der Tugenden wie die Gifte in das System der Heilmittel. Die Klugheit vereinigt und mildert sie und bedient sich ihrer mit Nutzen gegen die Übel des Lebens.

187. Der Eigennutz weiß den Namen der Tugend ebenso vorteilhaft für sich zu gebrauchen wie das Laster.

209. Wer kein Narr ist, ist deshalb noch lange nicht so weise, wie er glaubt.

216. Die wahre Tapferkeit besteht darin, daß man ohne Zeugen tut, was man vor aller Welt zu tun fähig wäre.

237. Niemand verdient das Lob der Güte, wenn er nicht die Kraft hat, böse zu sein; jede andere Güte ist zumeist nur Trägheit oder Willensschwäche.

254. Die Demut ist oft nur eine erheuchelte Unterwürfigkeit, um sich andere zu unterwerfen. Sie ist ein Kunstgriff des Stolzes, der sich erniedrigt, um sich zu erheben; und mag er sich auf tausend Arten verwandeln, nie ist er besser verkleidet und fähiger zu täuschen, als wenn er sich unter der Maske der Demut verbirgt.

262. Bei keiner Leidenschaft herrscht die Selbstliebe so gewaltig wie bei der Liebe, und man ist stets mehr geneigt, die Ruhe der geliebten Person aufzuopfern, als die eigene zu verlieren.

263. Was man Freigebigkeit nennt, ist meist nur die Eitelkeit zu geben, an der uns mehr gelegen ist als an dem, was wir geben.

264. Das Mitleid ist oft ein Gefühl unserer eigenen Leiden in den Leiden anderer. Es ist eine kluge Voraussicht der Unglücksfälle, die uns selbst begegnen können. Wir gewähren anderen Hilfe, um sie zu verpflichten, sie uns in ähnlichen Fällen zu gewähren; und diese Dienste, die wir ihnen leisten, sind genau genommen Wohltaten, die wir uns selber im voraus erweisen.

Blaise Pascal (1623–1662)

120. Gedanken

Nur sich selbst zu lieben und nichts als sich selbst zu bedenken, ist die Art der Eigenliebe und dieses menschlichen Ichs. Aber wie wird es dies vollbringen? Das Ich kann nicht hindern, daß das, was es liebt, voll von Mängeln und Elend ist: es wünscht sich groß und findet sich gering; es wünscht sich glücklich und findet sich unglücklich; es wünscht sich vollkommen und findet sich voller Unvollkommenheiten; es wünscht sich von Menschen geliebt und geachtet und findet, daß seine Mängel nur ihre Abneigung und Verachtung verdienen. Diese Verlegenheit, in der es sich findet zeugt in ihm die ungerechteste und verbrecherischste Leidenschaft, die man ersinnen kann, denn sie zeugt einen tödlichen Haß gegen die Wahrheit, die es bemäkelt und es von seinen Fehlern überzeugt. Es wird sie zu vernichten wünschen, und da es nicht fähig ist, sie selbst zu zerstören, zerstört es sie, soweit es dies vermag, in seinem Bewußtsein und in dem der andern; das heißt es richtet seine ganze Mühe darauf, vor den andern und vor sich selbst seine Fehler zu verbergen, es kann nicht dulden, daß man sie ihm zeige, noch daß man sie bemerke.

Es ist fraglos ein Übel, voller Fehler zu sein, aber es ist ein noch größeres Übel, es zu sein und sie nicht kennen zu wollen, weil das heißt, daß man ihnen willentlich noch den Betrug hinzufügt. Wir wollen von den andern nicht getäuscht werden, wir finden es unrecht, daß sie von uns mehr geschätzt werden wollen, als sie verdienen: Also ist auch unrecht, daß wir sie täuschen und daß wir von ihnen mehr geschätzt werden wollen, als wir verdienen.

Wenn sie also an uns nur Laster und Unvollkommenheiten bemerken, die uns wirklich eignen, so ist offensichtlich, daß sie uns darin kein Unrecht tun, da wir und nicht sie die Schuld daran haben, und daß sie uns Gutes tun, wenn sie uns helfen, uns von einem Übel zu befreien, nämlich von dem, diese Mängel nicht zu kennen. Wir dürfen nicht betroffen sein, daß sie sie kennen und uns deshalb mißachten, da es richtig ist, daß sie uns kennen, wie wir sind, und daß sie uns verachten, wenn wir verächtlich sind.

So etwa müßte ein Herz, das voll von Rechtlichkeit und Gerechtigkeit wäre, empfinden. Was aber können wir von unserm sagen, wenn wir in ihm völlig gegensätzliche Neigungen finden? Ist es etwa nicht wahr, daß wir die Wahrheit und die, die sie uns sagen, hassen und nur die schätzen, die sich zu unserm Vorteil täuschen, und daß wir von ihnen anders eingeschätzt werden wollen, als wir wirklich sind? [...]

Das Beispiel der Keuschheit Alexanders hat nicht so zur Nachahmung verlockt, wie das Beispiel seiner Trunkenheit Unmäßige gemacht hat. Es ist nicht schandbar, weniger tugendhaft, und es scheint entschuldbar, nicht lasterhafter zu sein als er. Man glaubt, man teile nicht völlig die Laster des großen Haufens, wenn man die Laster dieser großen Männer teilt; aber man beachtet dabei nicht, daß diese eben darin dem großen Haufen gleichen. Man hält sich an den Teil, mit dem sie zum Volk gehören, denn so hoch sie auch immer stehen mögen, in irgend etwas sind sie dem Geringsten der Menschen verbunden. Sie hängen nicht in der Luft, völlig außerhalb der Gesellschaft. Nein, nein, wenn sie größer sind als wir, so nur, weil sie uns mit dem Kopf überragen, ihre Füße stehen so niedrig wie unsere. Die stehen auf derselben Ebene und stützen sich auf den gleichen Boden; die stehen so niedrig wie wir, wie die Geringsten, wie die Kinder, wie die Tiere. [...]

Das einzige, was uns in unserm Elend tröstet, ist die Zerstreuung, und dabei ist sie die Spitze unseres Elends; denn sie ist es, die uns grundsätzlich hindert, über uns selbst nachzudenken, die uns unmerklich verkommen läßt. Sonst würden wir uns langweilen, und diese Langeweile würde uns antreiben, ein besseres Mittel zu suchen, um sie zu überwinden. Die Zerstreuungen aber vergnügen uns und geleiten uns unmerklich bis zum Tode. [...]

Wenn ich es mitunter unternommen habe, die mannigfaltige Unruhe der Menschen zu betrachten, sowohl die Gefahren wie die Mühsale, denen sie sich, sei es bei Hofe oder im Krieg, aussetzen, woraus so vielerlei Streit, Leidenschaften, kühne und oft böse Handlungen usw. entspringen, so habe ich oft gesagt, daß alles Unglück der Menschen einem entstammt, nämlich daß sie unfähig sind, in Ruhe allein in ihrem Zimmer bleiben zu können. Kein Mensch, der genug zum Leben hat, würde sich, wenn er es nur verstünde, zufrieden zu Haus zu bleiben, aufmachen, um die Meere zu befahren oder eine Festung zu belagern. Die Charge im Heer würde man nicht so teuer bezahlen, wenn man es nicht unerträglich fände, nicht aus der Stadt herauszukommen, und die Unterhaltungen und Zerstreuungen des Spiels sucht man nur, weil man nicht mit Vergnügen zu Haus bleiben kann.

Baruch de Spinoza (1632–1677)

121. Ist der Wille frei?

Lehrsatz 48: *Es gibt im Geiste keinen absoluten oder freien Willen; sondern der Geist wird dieses oder jenes zu wollen von einer Ursache bestimmt, die auch wieder von einer anderen bestimmt worden ist, und diese wieder von einer anderen und so fort ins Unendliche.*

Beweis: Der Geist ist ein gewisser und bestimmter Modus des Denkens (nach Lehrsatz 11 dieses Teils). Daher kann er (nach Zusatz 2 zu Lehrsatz 17 des 1. Teils) die freie Ursache seiner Handlungen nicht sein, oder er kann keine absolute Fähigkeit des Wollens und Nichtwollens haben; sondern er muß zu diesem oder jenem Wollen (nach Lehrsatz 28 des 1. Teils) von einer Ursache bestimmt werden, die auch wieder von einer anderen bestimmt wird, und diese wieder von einer anderen und so weiter. Was zu beweisen war.

Anmerkung: Auf eben diese Weise wird bewiesen, daß es im Geiste keine absolute Fähigkeit gibt zu verstehen, zu begehren, zu lieben und so weiter. Daraus folgt, daß diese und ähnliche Fähigkeiten entweder reine Einbildungen oder nichts als metaphysische oder universale Seiende sind, die wir von den besonderen zu bilden gewohnt sind. Es verhalten sich daher Verstand und Wille zu dieser und jener Idee, beziehungsweise zu diesem und jenem Wollen, geradeso wie das Steinsein zu diesem oder jenem Stein, oder wie Mensch zu Peter und Paul. Die Ursache aber, weshalb die Menschen frei zu sein glauben, habe ich im Anhang zum 1. Teil dargelegt. Bevor ich indes weitergehe, muß ich bemerken, daß ich unter Willen die Fähigkeit zu bejahen und zu verneinen verstehe, nicht aber das Verlangen, es zu tun. Ich verstehe, sage ich, hierunter die Fähigkeit, durch die der Geist, was wahr und was falsch ist, bejaht oder verneint, nicht aber das Verlangen, durch das der Geist die Dinge begehrt oder abwehrt. Nachdem ich aber bewiesen habe, daß jene Fähigkeiten Universalbegriffe sind, die sich von den Einzelbegriffen, aus denen wir sie bilden, nicht unterscheiden, ist nun zu untersuchen, ob das Wollen selbst noch etwas anderes ist als die Ideen der Dinge selbst. Ich sage, wir müssen untersuchen, ob es im Geiste noch eine andere Bejahung und Verneinung gibt als jene, welche die Idee, insofern sie Idee ist, in sich schließt; worüber man den folgenden Lehrsatz nachsehen mag, wie auch die Definition 3 dieses Teils, damit das Denken nicht auf Gemälde verfalle. Denn unter Ideen verstehe ich nicht Bilder, wie sie sich auf dem Grunde des Auges oder, wenn man will, im Innern des Gehirns bilden, sondern Begriffe des Denkens.

122. Tugend und Glückseligkeit

Lehrsatz 42: *Die Glückseligkeit ist nicht der Lohn der Tugend, sondern die Tugend selbst; und wir erfreuen uns ihrer nicht, weil wir die Lüste einschränken, sondern umgekehrt, weil wir uns ihrer erfreuen, können wir die Lüste einschränken.*

Beweis: Die Glückseligkeit besteht in der Liebe zu Gott (nach Lehrsatz 36 dieses Teils und seiner Anmerkung). Diese Liebe entspringt aus der dritten Gattung der Erkenntnis (nach Zusatz zu Lehrsatz 32 dieses Teils). Daher muß sich diese Liebe (nach den Lehrsätzen 59 und 3 des 3. Teils) auf den Geist, insofern er tätig ist, beziehen. Mithin ist sie (nach Definition 8 des 4. Teils) die Tugend selbst. Damit ist das erste bewiesen. Je mehr sodann der Geist sich dieser göttlichen Liebe oder Glückseligkeit erfreut, desto mehr erkennt er (nach Lehrsatz 32 dieses Teils), das heißt (nach Zusatz zu Lehrsatz 3 dieses Teils) eine um so größere Macht hat er über die Affekte und (nach Lehrsatz 38 dieses Teils) desto weniger leidet er von den Affekten, die schlecht sind. Dadurch also, daß sich der Geist dieser göttlichen Liebe oder Glückseligkeit erfreut, hat er die Macht, die Begierden einzuschränken. Und weil das menschliche Vermögen, die Affekte einzuschränken, in der Erkenntnis allein besteht, darum erfreut sich niemand der Glückseligkeit, weil er die Affekte eingeschränkt hat, sondern umgekehrt entspringt die Macht, die Affekte einzuschränken, aus der Glückseligkeit selbst. Was zu beweisen war.

Anmerkung: Damit habe ich alles erledigt, was ich über die Macht des Geistes über die Affekte und über die Freiheit des Geistes darlegen wollte. Es ergibt sich daraus, wie sehr der Weise dem Unwissenden überlegen ist und wieviel mächtiger er ist als dieser, der nur von den Lüsten getrieben wird. Denn außer daß der Unwissende von äußeren Ursachen auf vielfache Weisen umhergetrieben wird und nicht im Besitze der wahren Befriedigung des Gemüts ist, lebt er überdies gleichsam ohne Bewußtsein seiner selbst, Gottes und der Dinge, und sobald er aufhört zu leiden, hört er auf zu sein. Der Weise dagegen, insofern man ihn als solchen betrachtet, wird in seinem Gemüte kaum beunruhigt, sondern seiner selbst, Gottes und der Dinge mit einer gewissen ewigen Notwendigkeit bewußt, hört er niemals auf zu sein und ist immer im Besitze der wahren Befriedigung des Gemüts. Wenn nun auch der von mir gezeigte Weg, der dahin führt, sehr schwierig erscheint, so kann er doch gefunden werden. Etwas, das so selten angetroffen wird, muß allerdings schwierig sein. Denn wenn das Heil so bequem wäre und ohne große Mühe gefunden werden könnte, wie wäre es dann möglich, daß es fast von jedermann vernachlässigt wird? Aber alle Herrlichkeit ist ebenso schwierig wie selten.

Samuel Pufendorf (1632–1694)

123. Über das Naturrecht

§ 1 Das Wesen des Naturrechts, das heißt seine grundsätzliche Unentbehrlichkeit und seinen Inhalt beim gegenwärtigen Zustand der Menschheit, erkennt man am besten aufgrund einer sorgfältigen Erforschung von Natur und Veranlagung des Menschen. Ebenso wie eine gründliche Kenntnis der Staatsverfassung, der Sitten und Gewohnheiten sowie der Vorlieben der Bürger höchst wichtig ist für ein richtiges Verständnis des positiven Rechts, so zeigt sich auch erst nach Erkenntnis der Gemeinsamkeiten in Veranlagung und Lage der Menschen, welche Gesetze ihre Sicherheit gewährleisten. […]

§ 7 Der Mensch ist also das Lebewesen, das am meisten auf seine Selbsterhaltung bedacht ist. Dabei ist er aber auf sich allein gestellt ganz hilflos. Er ist nicht in der Lage, ohne Unterstützung von seinesgleichen zu überleben, ist aber auch bestens geeignet zur gegenseitigen Förderung. Bei allem ist er jedoch böswillig, angriffslustig und leicht reizbar und ebenso schnell bereit, anderen zu schaden, wie er dazu auch in der Lage ist. Daraus ergibt sich, daß der Mensch, um zu überleben, ein Leben in der Gemeinschaft führen muß, das heißt, er muß sich mit seinen Mitmenschen zusammentun und sich ihnen gegenüber so betragen, daß sie ihrerseits nicht jeden Vorwand ergreifen, ihm zu schaden, sondern statt dessen bereit sind, auch seinen Vorteil zu wahren und zu fördern.

§ 8 Die Regeln dieses Gemeinschaftslebens oder die Lehren darüber, wie sich ein jeder betragen muß, um ein nützliches Glied der menschlichen Gesellschaft zu sein, werden als Naturrecht bezeichnet.

§ 9 Daraus ergibt sich folgende Grundregel des Naturrechts: Jeder muß die Gemeinschaft nach Kräften schützen und fördern. Nach dem Grundsatz „Wer ein Ziel will, dessen Wille umfaßt notwendigerweise auch die Mittel, ohne die das Ziel nicht erreicht werden kann" folgt daraus: Gebot des Naturrechts ist alles, was für das Leben in der Gemeinschaft notwendig und nützlich ist; was stört und schadet, ist verboten. Alle übrigen Vorschriften, deren Richtigkeit im Lichte der natürlichen Vernunft, die dem Menschen gegeben ist, unmittelbar einleuchtet, sind nur Folgesätze dieses obersten Grundsatzes.

§ 10 Wenn auch der Nutzen dieser Gebote offensichtlich ist, so ist doch für ihre Geltung als Gesetz notwendige Voraussetzung, daß es einen Gott gibt, der in seiner Vorsehung alles lenkt, und der den Menschen die Verpflichtung auferlegt hat, die Gebote der Vernunft wie Gesetze, die von ihm kraft des angeborenen Lichtes der Vernunft verkündet worden sind, zu befolgen. Wenn das nicht der Fall wäre, könnten diese Vorschriften zwar im Hinblick auf ihre Nützlichkeit befolgt werden, so wie etwas, das von Ärzten zum Zwecke der Wiederherstellung der Gesundheit verordnet worden ist, aber keinesfalls die Wirkung eines Gesetzes haben. Denn ein Gesetz setzt eine Obrigkeit voraus, die so beschaffen ist, daß sie die Leitung der anderen tatsächlich übernommen hat.

§ 11 Daß aber Gott der Urheber des Naturrechts ist, beweist die natürliche Vernunft, wenn wir ganz genau an die gegenwärtige Lage des Menschen anknüpfen und nicht danach fragen, ob die ursprüngliche Lage des Menschen vor dem Sündenfall anders war, und wie es zu einer Veränderung gekommen ist. Die Natur des Menschen ist so beschaffen, daß die Menschheit ohne das Leben in der Gemeinschaft nicht bestehen kann. Und der Mensch ist auch imstande, mit Hilfe seines Verstandes die hierher gehörenden Gebote zu erkennen. Weiter verdankt offensichtlich die Menschheit, ebenso wie die übrige Schöpfung, Gott nicht nur ihr Dasein, sondern weiß sich auch in seiner gegenwärtigen Lage unter der Lenkung seiner Vorsehung geborgen. Daraus folgt: Gott will, daß der Mensch die Kräfte, die er im Unterschied zu den Tieren in sich spürt, zur Wahrung der Unverletzlichkeit seiner Natur einsetzt, damit sich das menschliche Leben vom gesetzlosen Zustand der Tiere abhebe. Das läßt sich aber nur durch Gehorsam gegenüber dem Naturrecht erreichen. Daher ist es klar, daß Gott den Menschen zu dessen Befolgung verpflichtet hat. Somit ist das Naturrecht nicht etwa ein Mittel, das menschliches Gutdünken hervorgebracht hat und das nach Belieben geändert werden kann, vielmehr ist es ausdrücklich von Gott selbst zur Erfüllung seiner Ziele eingesetzt worden. Wer ein verbindliches Ziel aufgestellt hat, schreibt auch die Mittel, die zur Erlangung des Zieles führen, zwingend vor. Anzeichen dafür, daß Gott dem Menschen das Leben in einer geordneten Gemeinschaft befohlen hat, ist, daß kein anderes Geschöpf religiöse Gefühle und Gottesfurcht kennt, die bei einem gesetzlos lebenden Wesen auch gar nicht vorstellbar sind. Diese Gefühle rufen in einem nicht vollständig verdorbenen Menschen ein Gespür dafür hervor, daß ein Verstoß gegen das Naturrecht den beleidigt, dem die Herrschaft über die Seele des Menschen zusteht, und dem auch da Ehrfurcht gebührt, wo Zwang von Seiten anderer Menschen nicht zu befürchten ist.

§ 12 Gewöhnlich sagt man, das Naturrecht sei jedem von Natur aus bekannt. Das ist aber nicht so zu verstehen, als wären dem Menschen von Geburt an genaue und fest umrissene Regeln über das, was zu tun und zu lassen ist, mitgegeben. Die Sache ist vielmehr so: Teilweise kann der Mensch das Naturrecht im Lichte seiner Vernunft erkennen. Und teilweise sind zumindest die allgemein geltenden und besonders wichtigen Hauptregeln des Naturrechts so klar und eindeutig, daß sie ohne weiteres Zustimmung finden. Sie setzen sich so sehr im Bewußtsein fest, daß sie daraus nicht wieder beseitigt werden können, selbst wenn sich ein gottloser Mensch bemühen würde, den Gedanken daran auszulöschen, um die Stimme seines

Gewissens verstummen zu lassen. In diesem Sinne heißt es auch in der Heiligen Schrift, daß das Naturrecht dem Menschen ins Herz geschrieben sei. Sodann sind wir von Kind an durch die Erziehung zum Leben in der Gemeinschaft mit naturrechtlicher Denkweise vertraut gemacht worden, so daß wir uns nicht mehr an die Zeit erinnern können, als wir zum ersten Male davon gehört haben. Auch deswegen kann man sagen, daß uns die Kenntnis des Naturrechts geradezu angeboren ist. So, wie es jedem auch mit seiner Muttersprache geht.

§ 13 Die einzelnen Pflichten, die das Naturrecht dem Menschen auferlegt, werden am besten nach der Art der Gegenstände, auf die sie sich beziehen, unterschieden. Demgemäß sind drei Hauptteile zu unterscheiden. Der erste Hauptteil enthält die Pflichten, die man allein gemäß dem Gebot der Vernunft im Verhalten zu Gott befolgen muß, der zweite die Pflichten, die man gegenüber sich selbst, und der dritte die, die man gegenüber anderen Menschen befolgen muß.

Grundsätzlich können die Regeln des Naturrechts, die sich auf das Verhalten zu anderen Menschen beziehen, unmittelbar aus dem Prinzip des Lebens in der Gemeinschaft abgeleitet werden, das wir hier als obersten Grundsatz angenommen haben. Aber indirekt lassen sich daraus auch die Pflichten der Menschen gegenüber Gott als ihrem Schöpfer ableiten. Denn die Religion und die Ehrfurcht vor Gott bilden den letzten Grund auch für die Pflichten, die zwischen den Menschen untereinander bestehen. Ohne die Religion wäre der Mensch kein für die Gemeinschaft geschaffenes Wesen. Allerdings hat die bloße Vernunft im Bereich der Religion nur insoweit eine Aufgabe, als auch die Religion einen Beitrag zur Beförderung eines friedlichen Zusammenlebens in der Gemeinschaft leistet. Die Sorge der Religion für das Heil der Seelen beruht im Unterschied dazu auf einer besonderen göttlichen Offenbarung.

Die Pflichten des Menschen gegenüber sich selbst ergeben sich schließlich sowohl aus der Religion als auch aus dem Leben in der Gemeinschaft. Es gibt also zwei Gründe dafür, daß der Mensch nicht nach Belieben uneingeschränkt über sich selbst verfügen darf: Er soll imstande sein, Gott anzubeten, und er soll ein gutes und nützliches Glied der menschlichen Gesellschaft sein.

John Locke (1632–1704)

124. Ist der Wille frei?

12. Ebenso wie mit den Bewegungen des Körpers verhält es sich auch mit den Gedanken unseres Geistes. Soweit sie so beschaffen sind, daß wir sie je nach der Entscheidung des Geistes annehmen oder abweisen können, soweit sind wir frei. Da der Mensch im Wachen unter der Notwendigkeit steht, immer irgendwelche Ideen im Geist zu haben, so besitzt er nicht die Freiheit zu denken oder nicht zu denken; er besitzt sie ebensowenig wie jene Freiheit, ob sein Körper einen andern berühren soll oder nicht. Wohl aber hat er oftmals die Wahl, ob er sich mit seiner Betrachtung von einer Idee zu einer andern wenden will; hier ist er hinsichtlich seiner Ideen ebenso frei wie hinsichtlich der Körper, worauf er sich stützt; er kann nach Belieben von einem zum andern übergehen. Indessen sind manche Ideen für den Geist wie manche Bewegungen für den Körper von solcher Art, daß er sie unter gewissen Umständen nicht vermeiden und trotz äußerster Kraftanstrengung ihre Abwesenheit nicht bewirken kann. Ein Mensch, der auf die Folter gespannt ist, hat nicht die Freiheit, die Idee des Schmerzes auszuschalten und sich durch Betrachtungen anderer Art abzulenken. Bisweilen reißt eine stürmische Leidenschaft unsere Gedanken mit sich fort wie ein Wirbelsturm unseren Körper, ohne uns die Freiheit zu lassen, an andere Dinge zu denken, was wir lieber täten. Sobald aber der Geist wieder die Kraft erlangt, irgendwelche von diesen Bewegungen des Körpers draußen oder einzelne Gedanken drinnen abzubrechen oder fortzusetzen, anzufangen oder zu unterlassen, je nachdem es ihm passend erscheint, das eine dem anderen vorzuziehen, betrachten wir den Menschen wieder als *frei handelndes Wesen.*

13. Überall da, wo das Denken oder das Vermögen, der Weisung des Denkens entsprechend zu handeln oder nicht zu handeln, völlig fehlt, tritt die Notwendigkeit ein. Diese heißt Zwang, wenn bei einem Wesen, das einer Willensäußerung fähig ist, der Beginn oder die Fortsetzung einer Handlung zu dem im Widerspruch steht, was der Geist bevorzugt; sie heißt Hemmung, wenn die Verhinderung oder Beendigung einer Handlung seiner Willensäußerung widerspricht. Han-

delnde Wesen, die überhaupt kein Denken und keine Willens-
äußerungen haben, sind in jedem Fall *notwendig handelnde
Wesen.*

14. Wenn dies richtig ist (und ich glaube, daß dies der Fall
ist), so gebe ich zu bedenken, ob es nicht dazu beitragen
könnte, eine lange erörterte und meines Erachtens unvernünf-
tige, weil unverständliche Frage aus der Welt zu schaffen, diejenige nämlich, *ob der Wille des Menschen frei sei oder nicht.*
Wenn ich mich nicht täusche, folgt aus meinen Darlegungen,
daß die Frage als solche vollkommen falsch gestellt ist. Die
Frage, ob der *Wille* des Menschen frei sei, ist ebenso sinnlos
wie die, ob sein Schlaf geschwind oder seine Tugend viereckig
sei. Denn die Freiheit läßt sich ebensowenig auf den Willen
anwenden wie die Geschwindigkeit einer Bewegung auf den
Schlaf oder die Figur eines Vierecks auf die Tugend. Über die
Absurdität von Fragen wie die beiden letzten würde jeder la-
chen, weil es klar zutage liegt, daß die Modifikationen der Bewegung nichts mit dem Schlaf, die der Figur nichts mit der Tugend zu tun haben. Ebenso deutlich wird meiner Meinung
nach jeder, der die Sache recht betrachtet, einsehen, daß die
Freiheit, die nur eine Kraft ist, lediglich *handelnden Wesen* zukommt und nicht ein Attribut oder eine Modifikation des
Willens sein kann, der gleichfalls nur eine Kraft ist. [...]

Denn läßt es sich leugnen, daß jedes wirkende Wesen, das
die Kraft hat, über seine eigenen Handlungen nachzudenken
und eins von beiden, ihre Ausführung oder ihre Unterlassung
vorzuziehen, die Fähigkeit besitzt, die wir Willen nennen Der
Wille ist demnach nichts anderes als eine solche Kraft. *Freiheit*
dagegen ist die Macht, die der *Mensch* hat, eine bestimmte
Handlung zu tun oder zu unterlassen, je nachdem das eine
oder andere in seinem Geist tatsächlich den Vorzug genießt;
das heißt, mit andern Worten ausgedrückt, je nachdem wie er
es selbst will. [...]

56. Wenn wir diese Dinge recht erwägen, so gewähren sie
uns meines Erachtens einen klaren Einblick in die Beschaffenheit der menschlichen Freiheit. Offenbar besteht diese in einer
Kraft, etwas zu tun oder nicht zu tun, zu handeln oder das
Handeln zu unterlassen, *je nachdem, wie wir wollen.* Das kann
nicht geleugnet werden. Weil dies aber nur diejenigen Handlungen eines Menschen zu betreffen scheint, die auf sein Wollen hin erfolgen, so hat man weiter gefragt, ob wir die Freiheit

haben, zu wollen oder nicht zu wollen. Die Antwort darauf lautete: In den meisten Fällen haben wir nicht die Freiheit, den Willensakt zu unterlassen; wir müssen vielmehr einen solchen vollziehen, wodurch die vorgestellte Handlung ausgeführt wird oder unvollzogen bleibt. Es gibt jedoch einen Fall, in dem der Mensch hinsichtlich seines Willens frei ist, nämlich bei der Wahl eines *entfernten* Gutes als eines zu verfolgenden Ziels. Hier können wir den Akt der Wahl, der durch die Entscheidung für oder gegen eine vorgestellte Sache bestimmt wird, *hinausschieben,* bis wir geprüft haben, ob die Sache als solche und in ihren Folgen so beschaffen ist, daß sie uns glücklich macht oder nicht. Denn wenn wir sie einmal gewählt haben und sie damit ein Teil unseres Glücks geworden ist, so ruft sie unser Begehren hervor; dieses verursacht uns seinerseits ein entsprechendes Unbehagen, welches den Willen bestimmt und uns dazu antreibt, die Erlangung des Gewählten bei jeder sich bietenden Gelegenheit anzustreben. Hieraus können wir ersehen, wie es kommt, daß ein Mensch mit Recht einer Bestrafung verfallen kann, obwohl es gewiß ist, daß er bei jeder einzelnen von ihm gewollten Handlung immer das will und notwendig will, was er jeweils für gut hält. Wenn auch sein Wille stets durch das bestimmt wird, was sein Verstand als gut beurteilt, so ist das doch für ihn keine Entschuldigung, da er sich durch eine übereilte, selbstgetroffene Wahl selbst unrichtige Maßstäbe für Gut und Böse aufgedrängt hat; diese beeinflussen nun, so verkehrt und irreführend sie auch sein mögen, dennoch sein ganzes weiteres Verhalten ebenso, als ob sie wahr und richtig wären. Er hat sich selbst den Geschmack verdorben und muß sich vor sich selbst verantworten, wenn Krankheit und Tod daraus folgen. Das ewige Gesetz und die Natur der Dinge dürfen seiner falsch getroffenen Wahl zuliebe nicht geändert werden. Wenn er irregeführt wird, weil er die Freiheit, das zu prüfen, was wirklich und wahrhaft zu seinem Glück führen könnte, außer acht gelassen oder mißbraucht hat, so müssen die sich daraus ergebenden Übelstände seiner eigenen Wahl zur Last gelegt werden. *Er hatte die Kraft, seine Entscheidung hinauszuschieben;* sie war ihm gegeben, damit er prüfen, für sein Glück sorgen und sich vor Täuschung hüten könne. Er konnte nie der Ansicht sein, daß es in einer Sache von so großem und brennendem Interesse besser sei, getäuscht zu werden als nicht getäuscht zu werden.

125. Theodizee

[D]a ein geringeres Übel eine Art Gut ist, ist ebenso ein geringeres Gut eine Art Übel, wenn es einem größeren Gut hinderlich ist, und es würde an den Handlungen Gottes etwas zu rügen sein, wenn es ein Mittel gab, es besser zu machen. Und wie in der Mathematik, wenn es kein *Maximum* und kein *Minimum*, kurzum, nichts Bestimmtes gibt, alles gleichmäßig geschieht oder, wenn das nicht möglich ist, gar nichts geschieht, so kann man auch bezüglich der Weisheit, die nicht minder geregelt ist als die Mathematik, behaupten, daß, wenn es keine beste *(optimum)* unter allen möglichen Welten gäbe, Gott gar keine geschaffen haben würde. Ich nenne *Welt* die ganze Folge und Ansammlung aller bestehenden Dinge, damit man nicht sage, daß verschiedene Welten zu verschiedenen Zeiten und an verschiedenen Orten bestehen konnten; denn diese müßten alle zusammen für eine Welt oder, wenn man will, für ein Universum gelten. Und wenn man auch alle Zeiten und alle Orte anfüllte, so bleibt es doch allemal wahr, daß man sie auf unendlich viele Arten hätte anfüllen können, und daß es unendlich viele mögliche Welten gibt, von denen Gott die beste gewählt haben muß, da er nichts tut, ohne der höchsten Vernunft gemäß zu handeln.

Ein Gegner, der auf dieses *Argument* nichts entgegnen kann, wird nun vielleicht auf die Schlußfolgerung mit einem entgegengesetzten Argument antworten, indem er behauptet, daß die Welt ohne Sünde und ohne Leiden hätte sein können: allein ich bestreite, daß sie dann *besser* gewesen wäre. Denn man muß beachten, daß in jeder der möglichen Welten alles eng miteinander verknüpft ist: das Universum, welches es auch sein mag, ist völlig aus einem Stück, wie ein Ozean. Die geringste Bewegung erstreckt hier ihre Wirkung bis auf die weiteste Entfernung, wenn auch diese Wirkung im Verhältnis zur Entfernung immer wenig spürbar wird, so daß Gott, da er die Gebete, die guten und schlechten Taten und alles übrige vorhersah, alles ein für allemal im voraus geordnet hat; und jedes Ding hat vor seinem Dasein *in der Vorstellung* bei dem Entschluß mitgewirkt, der über das Dasein aller Dinge gefaßt worden ist. Deshalb kann im Universum (nicht mehr als bei einer Zahl) unbeschadet seines Wesens oder, wenn man will, seiner *numerischen Individualität* nichts geändert werden. Wenn also das geringste Übel, das in der Welt geschieht, in ihr fehlte, so würde sie nicht mehr diese Welt sein, die, alles in Rechnung gestellt, von dem Schöpfer, der sie erwählt hat, als die beste befunden worden ist. [...]

58. Alles Zukünftige ist bestimmt, daran gibt es keinen Zweifel; da wir aber nicht wissen, wie es bestimmt ist, noch, was vorhergesehen oder beschlossen ist, so müssen wir unsere Pflicht tun, nach der uns von Gott gegebenen Vernunft und den uns von ihm vorgeschriebenen Regeln. Danach dürfen wir ruhigen Gemütes sein und Gott selbst die Sorge für den Erfolg überlassen; denn er wird nie verfehlen, das zu tun, was sich als das Beste erweist, nicht nur im allgemeinen, sondern auch im besonderen für die, die wahrhaftes Vertrauen zu ihm haben, das heißt ein Vertrauen, das sich in nichts von wahrer Frömmigkeit, lebendigem Glauben und heißer Liebe unterscheidet und das uns nichts von dem versäumen läßt, was wir ihm an Pflichten und Dienstbarkeit schuldig sind. Allerdings können wir ihm keinen Dienst leisten, denn er entbehrt nichts; aber in unserer Sprache heißt ihm dienen, wenn wir seinen *mutmaßlichen Willen* zu erfüllen trachten, indem wir an dem Guten mitwirken, das wir kennen, wo immer wir dazu beitragen können. Denn wir müssen immer voraussetzen, daß sein Streben darauf gerichtet ist, bis das Ereignis uns zeigt, daß er stärkere, wenn auch uns unbekannte Gründe gehabt hat, dieses Gut, nach dem wir streben, hinter ein anderes größeres Gut zurückzustellen, das er sich zum Ziel gesetzt hat und das zu verwirklichen er nichts unterlassen hat oder unterlassen wird. [...]

Es ist nicht im strengen Sinne wahr (obgleich es plausibel scheint), daß die Wohltaten, die Gott den der Glückseligkeit fähigen Geschöpfen mitteilt, einzig deren Glück bezwecken. In der Natur ist alles miteinander verknüpft, und wenn schon ein geschickter Handwerker, Mechaniker, Baumeister oder Staatsmann oft ein und dieselbe Sache zu mehreren Zwecken benutzt, wenn er mit einem Stein zwei Züge macht, sobald sich das bequem tun läßt, so darf man wohl behaupten, daß Gott, dessen Weisheit und Macht vollkommen sind, solches immer tut. Es heißt das Zeit, Raum, Platz und Stoff sparen, die sozusagen seine Unkosten sind. Gott hat also bei seinen Plänen mehr als eine Absicht. Die Glückseligkeit aller vernünftigen

Geschöpfe ist einer der Zwecke, auf die er abzielt; aber sie ist nicht sein ganzer Zweck oder gar sein Endzweck. Deshalb kann das Unglück einiger dieser Geschöpfe als Begleitumstand und als eine Folge anderer größerer Güter eintreten. [...] Gott wird soviel Vernunft und Erkenntnis im Weltall hervorbringen, wie sein Plan zulassen kann.

Bernard de Mandeville (1670–1733)

126. Private Laster – öffentlicher Nutzen

> *Die Tugend, die von Politik*
> *Gelernt gar manchen schlauen Trick,*
> *Auf der so vorgeschriebnen Bahn*
> *Ward nun des Lasters Freund.*

Daß die Tugend des Lasters Freund wird, kann man sagen, wenn fleißige, anständige Leute, die ihre Familien ernähren und ihre Kinder ordentlich aufziehen, Steuern zahlen und in mehrfacher Hinsicht nützliche Mitglieder der Gesellschaft sind, ihren Lebensunterhalt mit etwas verdienen, was in erheblichem Maße von den verbrecherischen Neigungen anderer begünstigt wird oder wesentlich von ihnen abhängt, ohne daß sie selbst ihrer schuldig machen oder auf irgendeinem anderen Wege als dem des Handels dazu beitragen, etwa wie ein Drogist zu einer Vergiftung oder ein Schwertfeger zum Blutvergießen.

So trägt ein Kaufmann, der Getreide oder Tuch in fremde Länder schickt und dafür Wein und Branntwein einkauft, zum Gedeihen des Gewerbes in seinem Vaterlande bei; er begünstigt die Schiffahrt, vergrößert die Zolleinnahmen und befördert auf verschiedene Weise das öffentliche Wohl. Doch läßt sich nicht leugnen: die Hauptsache für ihn sind die Liederlichkeit und Trunksucht seiner Mitmenschen. Denn wenn niemand Wein tränke, als wer seiner bedarf, und auch keiner mehr, als sein Wohlbefinden erfordert, so würden die vielen Weingroßhändler, Weinstubenbesitzer und Küfer, die in unserer blühenden Stadt so glänzend dastehen, in einer üblen Lage sein. Das gleiche wäre nicht bloß von Karten- und Würfelfabrikanten zu sagen, sondern auch von Seiden- und Polsterwarenhändlern, von Schneidern und vielen anderen, die innerhalb eines halben

Jahres verhungern müßten, wenn Eitelkeit und Luxus einmal
aus dem Volke verbannt werden sollten.

> *Der Allerschlechteste sogar*
> *Fürs Allgemeinwohl tätig war.*

Ich weiß, daß dies vielen als ein seltsames Paradoxon erscheinen wird, und man wird mich fragen, welcher Vorteil der Allgemeinheit aus Dieben und Einbrechern erwächst. Ich gebe zu,
daß sie ein großer Schaden für die menschliche Gesellschaft
sind, und jede Regierung sollte sich alle erdenkliche Mühe geben, sie unschädlich zu machen und auszurotten. Wenn aber
alle Leute durch und durch redlich wären, und keiner würde
sich an anderen Dingen als seinen eigenen zu schaffen machen
oder vergreifen, so würde die Hälfte aller Schmiede im Lande
beschäftigungslos sein. In der Stadt wie auf dem Lande gibt es
eine Unmenge von kunstgewerblichen Arbeiten, die jetzt sowohl zur Verzierung wie zum Schutze dienen, an die man aber
niemals gedacht hätte, wenn man sich nicht gegen Diebe und
Räuber hätte sichern wollen.

François Marie Aronet Voltaire (1694–1778)

127. Toleranz

Es bedarf keiner großen Kunst, keiner gesuchten Beredsam-
keit, um zu beweisen, daß die Christen einander zu dulden
schuldig sind. Ich gehe weiter; ich sage, man muß alle Menschen wie seine Brüder ansehen. – Wie, der Türke mein Bruder? der Chineser, der Jude, der Siameser mein Bruder? – Ja,
zuverlässig. Denn sind wir nicht alle Kinder *eines* Vaters? Hat
uns nicht *ein* Gott erschaffen?

Aber diese Völker verachten uns! Sie behandeln uns wie
Abgötter! Gut; ich will ihnen sagen, daß sie daran höchst unrecht tun. Mich dünkt doch, ich würde die stolze Halsstarrig-
keit eines Iman oder Talopoin ziemlich aus der Fassung bringen, wenn ich etwa so zu ihm redete:

„Dieser kleine Erdball, der nicht mehr als ein Punkt ist,
dreht sich im Raume so gut als andre Weltkugeln. Wir verlieren
uns in dieser Unermeßlichkeit. Der etwa fünf Schuh hohe

Mensch ist gewiß eine Kleinigkeit in der Schöpfung. Eins dieser kleinen unmerklichen Wesen redete einmal einige seiner Nachbarn in Arabien oder auf der Küste der Kaffern folgendergestalt an: ‚Hört mir zu, denn der Schöpfer aller dieser Welten hat mich erleuchtet. Es gibt neunhundert Millionen kleiner Ameisen wie wir auf der Erde; aber Gott liebt nur meinen Ameisenhaufen; alle andern sind ihm von Ewigkeit her ein Greuel. Mein Ameisenhaufen allein wird glücklich und alle übrigen werden ewig unglücklich sein.‘"

Hier wird man mich sogleich unterbrechen und fragen, wer der Narr gewesen ist, der so unvernünftig Zeug geredet hat. Und ich werde mich genötigt sehen, ihnen zu antworten: „Ihr selbst." Ich werde dann sie wieder zu besänftigen suchen; aber dies wird schwer halten.

Itzt werde ich mich zu den Christen wenden und zum Beispiel zu einem Pater Inquisitor aus dem Dominikanerorden etwa so reden: „Lieber Bruder, du weißt, daß jede Provinz in Italien ihre eigene Sprache hat und daß man zu Venedig und Bergamo nicht spricht wie zu Florenz. Die Akademie della crusca hat der Sprache Bestimmtheit gegeben. Ihr Wörterbuch ist eine Richtschnur, von der man sich nicht entfernen, und die Grammatik des Buon Mattei ein Führer, dem man folgen muß. Aber glaubst du wohl, daß der Konsul der Akademien oder in seiner Abwesenheit Buon Mattei allen Venezianern und Bergamasken, die auf ihrem platten Dialekt beharrten, auf ihr Gewissen hätte die Zungen abschneiden können?"

Der Inquisitor wird mir antworten: „Das ist eine ganz andre Sache. Da ist die Rede nicht vom Heil eurer Seele. Es geschieht zu eurem Besten, daß das Direktorium der Inquisition euch ergreifen läßt auf die Angabe eines einzigen Menschen, sollte er auch infam und vor Gericht verwerflich sein; daß ihr keinen Advokaten erhaltet, euch zu verteidigen; daß euch nicht einmal der Name eures Anklägers bekannt wird; daß der Inquisitor euch Gnade verspricht und darauf verdammt; daß er euch die fünf Grade der Tortur geben läßt; daß ihr darauf gepeitscht, auf die Galeeren geschickt oder feierlich verbrannt werdet." [...]

Ich würde mir die Freiheit nehmen, ihm darauf zu erwidern: „Lieber Bruder, du kannst recht haben. Ich bin überzeugt, daß du mir Gutes erweisen willst. Aber kann meine Seele nicht ohne das gerettet werden?" Freilich wird die Erde nicht täglich von diesen ungereimten Greueln befleckt; aber sie geschehen doch häufig, und man könnte ein Buch darüber schreiben, das größer wäre als die Evangelien, die sie mißbilligen. Es ist nicht nur grausam, in diesem kurzen Leben diejenigen zu verfolgen, die anders denken als wir, sondern auch, wie es scheint, sehr kühn, sie für ewig verdammt zu erklären. Mich dünkt, Atome eines Augenblicks wie wir sollen nicht so den Urteilen Gottes vorgreifen. Ich bin weit entfernt, die Lehre der Kirche: „Außer der Kirche ist keine Seligkeit" zu bestreiten. Ich habe Achtung davor wie vor allem, was sie lehrt. Aber kennt ihr denn alle Wege Gottes und den ganzen Umfang seiner Barmherzigkeit? Ist es nicht ebenso erlaubt, zu ihm zu hoffen, als ihn zu fürchten? Ist es nicht genug, der Kirche getreu zu bleiben? Muß ein einzelner Mensch die Rechte der Gottheit an sich reißen und noch eher als sie das ewige Schicksal aller Menschen entscheiden?

David Hume (1711–1776)

128. Über das moralische Gefühl

[Es wird] nun einfach für uns sein, die anfangs gestellte Frage nach den allgemeinen Grundlagen der Moral zu bestimmen; und obwohl wir die Entscheidung dieser Frage aufgeschoben hatten, um uns zu dem damaligen Zeitpunkt nicht in komplizierte Spekulationen zu verwickeln, die für moralische Abhandlungen unpassend sind, können wir sie jetzt wieder aufnehmen und untersuchen, inwieweit entweder der *Verstand* oder das *Gefühl* bei allen Entscheidungen über Lob und Tadel beteiligt sind.

Da unserer Annahme zufolge ein Hauptgrund für moralisches Lob in der Nützlichkeit einer Eigenschaft oder Handlung besteht, ist es offensichtlich, daß der *Verstand* bei allen Entscheidungen dieser Art einen wesentlichen Anteil haben muß, denn außer dieser Fähigkeit gibt es nichts, das uns über die Tendenzen von Eigenschaften und Handlungen informieren und uns auf ihre vorteilhaften Konsequenzen für die Gesellschaft oder ihren Besitzer aufmerksam machen kann. In vielen Fällen gibt diese Angelegenheit Anlaß zu großen Meinungsverschiedenheiten: Zweifel können entstehen; entgegengesetzte Interessen können auftauchen; und einer Seite muß der Vorzug gegeben werden aufgrund genauer Überlegungen und eines geringfügigen Übergewichts an Nützlichkeit. Das macht sich besonders bei Fragen der Gerechtigkeit bemerkbar, wie es sich bei der Art von Nützlichkeit, die dieser Tugend eigen ist, tatsächlich als natürlich erwarten läßt. Wäre jeder einzelne Akt der Gerechtigkeit wie jede Tat des Wohlwollens der Gesellschaft nützlich, so würden die Dinge viel einfacher liegen und selten zu großen Kontroversen Anlaß geben. Aber da einzelne Fälle von Gerechtigkeit in ihrer ersten und unmittelbaren Tendenz oft schädlich sind und der Gesellschaft der Vorteil erst aus der Beachtung der allgemeinen Regel erwächst sowie aus dem Zusammenwirken und Zusammenschluß verschiedener Individuen zu demselben rechtlichen Verhalten, wird die Angelegenheit hier schwieriger und verwickelter. Die mannigfachen Zustände der Gesellschaft; die mannigfachen Konsequenzen einer jeden Handlungsweise; die mannigfachen Interessen, die vorgebracht werden können; alles das ist in vielen Fällen zweifelhaft und Gegenstand ausführlicher Diskussion und Untersuchung. Zweck der bürgerlichen Gesetze ist es, alle Fragen hinsichtlich der Gerechtigkeit zu bestimmen: die Debatten der Rechtsgelehrten; die Überlegungen der Politiker; die Erarbeitung von Präzedenzfällen aus der Geschichte und aus öffentlichen Archiven; sie alle dienen demselben Zweck, und häufig bedarf es eines sehr genauen *Verstandes* und einer sehr genauen *Urteilsfähigkeit,* um bei so verwickelten Fragen, wie sie die Undurchsichtigkeit oder Gegensätzlichkeit nützlicher Tendenzen mit sich bringt, die richtige Entscheidung zu treffen.

Aber auch wenn der Verstand, falls er vollkommen ausgebildet und entwickelt ist, dafür ausreicht, um uns über die schädliche oder nützliche Tendenz von Eigenschaften oder Handlungen aufzuklären, genügt er dennoch nicht, um irgendeine moralische Ablehnung oder Zustimmung hervorzurufen. Nützlichkeit ist nichts anderes als eine Tendenz auf einen bestimmten Zweck hin; und wäre uns der Zweck gänzlich gleichgültig, so würden wir dieselbe Gleichgültigkeit auch gegenüber den Mitteln empfinden. Es ist erforderlich, daß sich hier ein *Gefühl* einstellt, damit den nützlichen gegenüber den schädlichen Tendenzen der Vorzug gegeben wird. Dieses Gefühl kann kein anderes sein als eine Sympathie mit dem Glück der Menschheit und eine Empörung über ihr Elend, da dies die verschiedenen Ziele sind, auf deren Förderung Tugend und

Laster hinarbeiten. Hier gibt uns also der *Verstand* Aufschluß über die verschiedenen Tendenzen der Handlungen, und die *Menschlichkeit* macht eine Unterscheidung zugunsten derjenigen, die nützlich und wohltätig sind. [...]

Da nun Tugend ein Endzweck und um ihrer selbst willen, ohne Entgelt oder Belohnung, lediglich um der unmittelbaren Befriedigung willen, die sie gewährt, erstrebenswert ist, so muß notwendigerweise irgendein Gefühl vorhanden sein, an welches sie rührt, eine innere Neigung oder ein inneres Empfinden, oder wie immer man es sonst nennen mag, das zwischen dem moralisch Guten und Bösen unterscheidet und das sich dem einen zuwendet und das andere verwirft.

So sind also die getrennten Gebiete und Aufgaben des *Verstandes* und des *Geschmacks* leicht zu bestimmen. Von jenem stammt das Wissen um Wahrheit und Falschheit; von diesem das Gefühl für Schönheit und Häßlichkeit, für Laster und Tugend. Der eine entdeckt Gegenstände, wie sie sich in Wirklichkeit in der Natur finden, ohne etwas hinzuzufügen oder wegzunehmen; der andere besitzt eine produktive Kraft und bringt gleichsam eine neue Schöpfung hervor, indem er alle Gegenstände der Natur mit den Farben, die aus dem inneren Gefühl stammen, entweder vergoldet oder befleckt. Der Verstand, weil kühl und gleichgültig, liefert kein Handlungsmotiv und weist nur dem von Begierde oder Neigung empfangenen Impuls den Weg, indem er uns die Mittel zur Erreichung des Glücks und Vermeidung des Unglücks zeigt. Der Geschmack, da er Lust oder Unlust bringt und dadurch Glück oder Unglück schafft, wird zu einem Handlungsmotiv und ist der erste Antrieb oder Impuls zum Begehren oder Wollen. Von bekannten oder angenommenen Ereignissen und Relationen führt uns der erstere zur Entdeckung der verborgenen und unbekannten; nachdem alle Ereignisse und Relationen vorliegen, läßt uns der letztere aus dem Ganzen ein neues Gefühl des Tadels oder der Billigung empfinden. Der Maßstab des einen, weil auf der Natur der Dinge gegründet, ist ewig und unveränderlich, selbst für den Willen des höchsten Wesens; der Maßstab des anderen, weil aus der inneren Struktur und Beschaffenheit lebender Wesen entspringend, geht in letzter Instanz auf jenen höchsten Willen zurück, der jedem Wesen seine besondere Natur verliehen und die verschiedenen Klassen und Ordnungen des Seins eingerichtet hat.

Jean-Jacques Rousseau (1712–1778)

129. Wissenschaft und Moralverfall

Wo keine Wirkung ist, braucht man keine Ursache zu suchen. Hier aber steht die Wirkung fest: der tatsächliche Verfall. In dem Maß, in dem unsere Wissenschaften und Künste zur Vollkommenheit fortschritten, sind unsere Seelen verderbt geworden. Soll das etwa nur ein besonderes Übel unserer Zeit sein? Nein, meine Herren, die durch unsere eitele Neugier verursachten Übel sind so alt wie die Welt. Die tägliche Ebbe und Flut der Wasser des Ozeans sind dem Gang des Gestirns, das uns die Nächte erhellt, nicht regelmäßiger unterworfen als das Schicksal der Sitten und der Rechtschaffenheit dem Fortschritt der Wissenschaften und Künste. Man sah die Tugend in dem Maß verschwinden, wie deren Licht über den Horizont emporstieg. Und das gleiche Phänomen läßt sich zu allen Zeiten und an allen Orten beobachten. [...]

Während die Annehmlichkeiten des Lebens zunehmen, die Künste sich vervollkommnen, der Luxus sich ausbreitet, wird die echte Tapferkeit entnervt, die militärischen Tugenden verschwinden. Das ist auch das Werk der Wissenschaften und all jener Künste, die man in der Stube hockend ausübt. Als die Goten Griechenland verwüsteten, wurden alle Bibliotheken nur deshalb vom Feuer verschont, weil einer die Meinung ausstreute, man müsse den Feinden die Möbel lassen, die so gut geeignet waren, sie vom Militärdienst abzuwenden und sich mit einer sitzenden und müßigen Beschäftigung zu vergnügen. [...]

Der Weise läuft nicht dem Geld nach, aber er ist nicht unempfindlich gegen den Ruhm. Wenn er ihn so schlecht verteilt sieht, so fällt seine Tugend, die ein kleiner Ansporn angestachelt und für die Gesellschaft fruchtbringend gemacht hätte, in Gleichgültigkeit zurück, und geht in Elend und Vergessen unter. Dies muß auf die Dauer überall die Bevorzugung der angenehmen Talente vor den nützlichen mit sich bringen – wie die Erfahrung seit der Erneuerung der Wissenschaften und Künste nur zu sehr bestätigt hat. Wir haben Physiker, Geometer, Chemiker, Astronomen, Poeten, Musiker, Maler, aber wir haben keine Bürger mehr. Oder – wenn noch einige übrig geblieben sind, verkommen sie unwürdig und verachtet und in unsere abliegenden Gegenden verstreut. In einen derartigen Zustand sind diejenigen zurückgeworfen – und mit solcher Achtung begegnen wir ihnen, die uns das Brot und unseren Kindern die Milch liefern. [...]

O Tugend, erhabene Wissenschaft der schlichten Seelen – bedarf es so großer Mühen und Vorbereitungen, um dich zu erkennen? Sind deine Prinzipien nicht in alle Herzen eingegraben? Genügt es nicht, um deine Gesetze zu erkennen, wenn man in sich geht und die Stimme des Gewissens hört, wenn die Leidenschaften schweigen? Das ist die wahre Philosophie! Seien wir einsichtig genug, uns dabei zu beruhigen. Ohne jene berühmten Leute um ihren Ruhm zu beneiden, versuchen wir zwischen ihnen und uns jene ruhmvolle Unterscheidung zu machen, die man einst zwischen zwei großen Völkern wahrnahm. Das eine wußte gut zu reden; das andere gut zu handeln.

130. Freiheit und Gewissen

Es ist also wahr, daß der Mensch König der Erde ist, die er bewohnt. Denn er zähmt nicht nur alle Tiere, er verfügt nicht nur durch seine Geschicklichkeit über die Elemente, sondern er allein auf der Erde versteht es, sie zu nutzen. Er macht sich durch Beobachtung selbst die Sterne zu eigen, obwohl er sich ihnen nicht nähern kann. Man zeige mir ein Tier auf der Erde, das mit dem Feuer umgehen und die Sonne bewundern kann. Wie! ich kann die Wesen und ihre Beziehungen beobachten und erkennen? Ich kann empfinden, was Ordnung, Schönheit und Tugend ist? Ich kann das Weltall betrachten, mich zur Hand erheben, die es regiert; ich kann das Gute lieben und tun – und ich vergleiche mich mit den Tieren! Verworfene Seele, deine traurige Philosophie macht dich ihnen ähnlich; oder vielmehr, du willst dich umsonst erniedrigen. Dein Geist zeugt gegen deine Prinzipien, dein wohltätiges Herz straft deine Lehren Lügen. Der Mißbrauch deiner Fähigkeiten selbst beweist dir zum Trotz ihre Vortrefflichkeit.

Da ich kein System zu verteidigen habe und ein einfacher und wahrer Mensch bin, den keine Parteileidenschaft fortreißt und der nicht nach der Ehre trachtet, das Haupt einer Sekte zu werden, der mit dem Platz zufrieden ist, an den ihn Gott gestellt hat, sehe ich nach ihm nichts Besseres als meine Gattung.

Und wenn ich meinen Platz in der Ordnung der Wesen zu wählen hätte, was könnte ich Höheres wählen, als Mensch zu sein? [...]

Kein materielles Wesen ist durch sich selbst tätig; ich aber bin es. Man kann es mir bestreiten, ich fühle es, und dieses Gefühl, das zu mir spricht, ist stärker als die Vernunft, die es bestreitet. Ich habe einen Körper, auf den die anderen ebenso einwirken wie er auf sie. Diese Wechselwirkung ist nicht zu bezweifeln; aber mein Wille ist unabhängig von meinen Sinnen. Ob ich zustimme oder widerstehe, unterliege oder siege, ich fühle ganz deutlich in mir, ob ich getan habe, was ich tun wollte, oder ob ich meinen Leidenschaften nur nachgebe. Immer habe ich die Macht zu wollen, nicht immer die Kraft auszuführen. Wenn ich mich versuchen lasse, handle ich auf Antrieb von außen. Wenn ich mir diese Schwäche vorwerfe, höre ich nur auf meinen Willen. Ich bin Sklave durch meine Laster, aber frei durch mein Gewissen. Das Gefühl meiner Freiheit erlischt in mir nur, wenn ich verlottere und wenn ich die innere Stimme hindere, sich gegen das Gesetz des Körpers zu erheben. [...]

Wenn der Mensch aktiv und frei ist, so handelt er aus freiem Antrieb. Alles, was er aus freiem Entschluß macht, gehört nicht in das geordnete System der Vorsehung und kann ihr nicht zur Last gelegt werden. Sie will das Böse nicht, das der Mensch tut, indem er die Freiheit mißbraucht, die sie ihm gegeben hat. Aber sie hindert ihn nicht daran, es zu tun, entweder weil es in ihren Augen nichts ist, was ein so schwaches Wesen verübt, oder weil sie es nicht verhindern kann, ohne seine Freiheit zu beeinträchtigen und ein größeres Übel zu bewirken, indem sie seine Natur herabwürdigt. Sie hat ihn frei gemacht, damit er aus freier Wahl das Gute tue und nicht das Böse. Sie hat ihn instand gesetzt, diese Wahl zu treffen, wenn er die Kräfte richtig gebraucht, die sie ihm gegeben hat. Aber sie hat seine Kraft so weit beschränkt, daß der Mißbrauch der Freiheit, die sie ihm gelassen hat, die allgemeine Ordnung nicht stören kann. Das Böse, das der Mensch tut, fällt auf ihn zurück, ohne etwas am System der Welt zu ändern und ohne zu verhindern, daß das Menschengeschlecht sich selbst erhält, ob es will oder nicht. Wer darüber murrt, daß Gott uns nicht hindert, das Böse zu tun, murrt darüber, daß er unsere Natur mit solchen Vorzügen ausgestattet hat, daß er seinen Handlungen die Moralität verlieh, die sie veredelt, und daß er ihm das

Recht auf Tugend gab. Das höchste Glück liegt darin, mit sich selbst zufrieden zu sein. Um diese Zufriedenheit zu erwerben, sind wir auf Erden und mit Freiheit begabt, von Leidenschaften versucht und vom Gewissen zurückgehalten. Was könnte die göttliche Macht selbst mehr zu unserem Besten tun? Könnte sie dadurch einen Zwiespalt in unsere Natur bringen und den für gute Taten belohnen, in dessen Macht es gar nicht stand, Böses zu tun? Wie! Um zu verhindern, daß der Mensch böse ist, hätte sie ihn auf den Instinkt beschränken und zum Tier machen sollen? Nein, Gott meiner Seele, ich werde dir niemals vorwerfen, daß du mich nach deinem Bild gemacht hast, damit ich frei, gut und glücklich sein kann wie du! [...]

Nachdem ich so aus dem Eindruck der sinnlichen Dinge und des inneren Gefühls, das mich treibt, nach meinen natürlichen Einsichten über die Ursachen zu urteilen, die grundsätzlichen Wahrheiten, die ich wissen muß, abgeleitet habe, bleibt mir noch zu untersuchen übrig, welche Grundsätze ich für mein Verhalten daraus ableite und welche Regeln ich mir vorschreiben muß, um meine Bestimmung auf dieser Erde nach der Absicht dessen zu erfüllen, der mich hierhergesetzt hat. Dabei folge ich meiner Methode weiter und leite diese Regeln nicht aus den Prinzipien einer hohen Philosophie ab, sondern ich finde sie im Grunde meines Herzens, wo sie die Natur mit unauslöschbaren Zügen eingräbt. Ich brauche mich nur selbst zu befragen, was ich machen will. Alles, was ich als gut empfinde, ist gut; alles, was ich als schlecht empfinde, ist schlecht. Der beste Anwalt ist das Gewissen. Nur wenn man mit dem Gewissen feilschen will, nimmt man zu Spitzfindigkeiten seine Zuflucht. Die erste aller Sorgen ist die Sorge um sich selbst: wie oft aber sagt uns die innere Stimme, daß wir unrecht tun, wenn wir unser Wohl auf Kosten anderer fördern! Wir glauben, dem Impuls der Natur zu folgen, aber wir widersetzen uns ihr. Indem wir auf das hören, was sie unseren Sinnen sagt, mißachten wir, was sie unserem Herzen sagt. Das aktive Wesen gehorcht, das passive Wesen befiehlt. Das Gewissen ist die Stimme der Seele; die Leidenschaften sind die Stimme des Körpers. Ist es verwunderlich, daß die beiden Stimmen sich widersprechen? Auf welche soll man hören? Zu oft täuscht uns die Vernunft; wir sind nur allzu berechtigt, sie abzulehnen. Das Gewissen aber täuscht nie. Es ist der wahre Führer des Menschen: es verhält sich zur Seele wie der Instinkt zum Leib. Wer ihm folgt, gehorcht der Natur und braucht nicht zu fürchten, in die Irre zu gehen. Dieser Punkt ist wichtig, fuhr mein Wohltäter fort, als er sah, daß ich ihn unterbrechen wollte. Erlaube, daß ich ein wenig dabei verweile, um ihn aufzuhellen.

Alle Sittlichkeit unserer Handlungen beruht auf dem Urteil, das wir selbst darüber fällen. Wenn es wahr ist, daß das Gute gut ist, muß es in unserem Herzen wie in unseren Werken gut sein, und der erste Lohn der Gerechtigkeit ist, zu fühlen, daß man gerecht handelt. Wenn die moralische Güte unserer Natur entspricht, kann der Mensch an Geist und Leib gesund sein, insoweit er gut ist. Wenn sie es nicht ist, und der Mensch von Natur aus böse, kann er nicht aufhören, böse zu sein, ohne zu verderben, und die Güte ist ihm nur ein naturwidriges Laster. Geschaffen, seinen Nebenmenschen zu schaden, wie der Wolf, seine Beute zu zerreißen, wäre ein menschlicher Mensch ein ebenso entartetes Lebewesen wie ein barmherziger Wolf; nur die Tugend allein würde uns noch Gewissensbisse verursachen.

Claude Adrien Helvétius (1715–1771)

131. Über das Gute

Erfassen wir dieses Wort in der ganzen Weite seiner Bedeutung? Um sicher zu sein, ob die Menschen sich davon die gleiche Vorstellung machen können, untersuchen wir die Art und Weise, wie sie das Kind erwirbt. Um seine Aufmerksamkeit auf dieses Wort zu richten, spricht man es aus und zeigt ihm eine Süßigkeit oder etwas, was man Bonbons nennt. In seiner einfachsten Bedeutung wird dieses Wort für etwas angewandt, was dem Geschmack des Kindes entspricht und was an seinem Gaumen eine angenehme Empfindung hervorruft. Wenn man später dem Wort eine etwas weitere Bedeutung geben will, so verwendet man es ohne Unterschied für all das, was dem Kind gefällt, das heißt ein Tier, einen Menschen, einen Spielkameraden, mit dem es sich vergnügt. Solange mit dem Wort physische Objekte, zum Beispiel ein Stoff, ein Werkzeug, etwas zu essen verbunden sind, machen sich die Menschen im allgemeinen die gleiche Vorstellung; und dieser Ausdruck ruft zumindest vage die Vorstellung all dessen, was für sie unmittelbar gut sein könnte, ins Gedächtnis.

Nimmt man dieses Wort schließlich in einer noch weiteren Bedeutung, wendet man es auf die Moral und die menschlichen Handlungen an, so spürt man, daß dieser Ausdruck unbedingt die Vorstellung irgendeiner Nützlichkeit für die Allgemeinheit enthalten muß und man demnach, um auf diesem Gebiet übereinzukommen, was gut ist, zuvor eine Idee davon haben muß, was nützlich ist. Nun wissen aber die meisten Menschen nicht, daß der allgemeine Nutzen der Maßstab für die Güte in den menschlichen Handlungen ist. Mangels einer vernünftigen Erziehung haben die Menschen nur dunkle Vorstellungen von der moralischen Güte. Das Wort Güte wird von ihnen willkürlich verwendet, denn es ruft in ihrem Gedächtnis nur die verschiedenen Anwendungen wach, die sie davon haben machen hören. Und immer waren diese unterschiedlich und widersprüchlich, je nach den Interessen und den Positionen derjenigen, mit denen sie lebten. Damit über die Bedeutung des Wortes *gut* eine allgemeine Übereinstimmung bestehen könnte, müßte sein Sinn in einem ausgezeichneten Wörterbuch genau festgelegt sein. Bis zu der Herausgabe eines solchen Werkes ist jede Diskussion über diesen Gegenstand ohne Ende.

Paul Henry Thiry Baron d'Holbach (1723–1789)

132. Über Glück und Tugend

In der Tat, in keinem Augenblick seines Lebens kann ein empfindungsfähiges und intelligentes Wesen seine Erhaltung und sein Wohlergehen aus dem Auge verlieren; es ist also sich selbst schuldig, für sein Glück zu sorgen; aber bald werden ihm Erfahrung und Vernunft zeigen, daß es sich nicht allein – ohne die Hilfe der anderen – alle die für seine Glückseligkeit notwendigen Dinge verschaffen kann. Es lebt in Gemeinschaft mit empfindungsfähigen und intelligenten Wesen, die ebenso wie es selbst auf ihr eigenes Glück bedacht sind, die aber fähig sind, ihm zu helfen, damit es die Gegenstände erlange, die es für sich selbst begehrt. Es bemerkt, daß ihm diese Wesen nur dann gewogen sind, wenn ihr eigenes Wohlergehen sie daran interessiert sein läßt. Es schließt daraus, daß es sich um seines eigenen Glückes willen jederzeit auf eine Art und Weise verhalten muß, die geeignet ist, ihm die Zuneigung, den Beifall,

227

die Achtung und die Hilfe der Wesen zu erwerben, die am meisten zur Erfüllung seiner Absichten beitragen können. Es sieht, daß das notwendigste für das Wohlergehen eines Menschen die anderen Menschen sind und daß, um sie für seine Interessen zu gewinnen, wirkliche Vorteile für sie gefunden werden müssen, damit sie seine Pläne unterstützen können; aber um der Menschheit wirkliche Vorteile zu verschaffen, muß man tugendhaft sein. Der vernünftige Mensch muß also einsehen, daß es in seinem Interesse liegt, tugendhaft zu sein. Tugend ist nur die Kunst, durch Förderung der Glückseligkeit anderer sich selbst glücklich zu machen. Ein tugendhafter Mensch ist derjenige, der solchen Wesen Glück bereitet, die fähig sind, es ihm zurückzugeben; solchen Wesen, die zu seiner Erhaltung notwendig, kurz, die imstande sind, ihm eine glückliche Existenz zu verschaffen.

Da ist also die wahre Grundlage aller Moral. Verdienst und Tugend beruhen auf der Natur des Menschen und auf seinen Bedürfnissen. Nur durch die Tugend kann er glücklich werden. Ohne Tugenden kann die Gesellschaft weder nützlich sein noch erhalten werden; sie kann nur dann wirkliche Vorteile gewähren, wenn sie Wesen vereinigt, die von dem Verlangen beseelt sind, einander Gutes zu tun, und die gewillt sind, auf ihren gegenseitigen Nutzen hinzuarbeiten. [...] Schließlich können wir uns nur dann Wohlwollen, Vertrauen und Achtung all derer erwerben, zu denen wir in Beziehung stehen, wenn wir tugendhaft sind: mit einem Wort, kein Mensch kann für sich allein glücklich sein.

Adam Smith (1723–1790)

133. Über Gerechtigkeit und Wohltätigkeit

Handlungen, die auf einen wohltätigen Erfolg abzielen und aus schicklichen Beweggründen entspringen, scheinen allein Belohnung zu verdienen, weil nur solche die allgemein gebilligten Gegenstände der Dankbarkeit sind oder die sympathetische Dankbarkeit des Zuschauers erregen.

Handlungen, die auf einen schädlichen Erfolg abzielen und aus unschicklichen Beweggründen entspringen, scheinen allein Bestrafung zu verdienen, weil nur solche Handlungen die allgemein gebilligten Gegenstände des Vergeltungsgefühls sind oder das sympathetische Vergeltungsgefühl des Zuschauers erregen.

Wohltätigkeit ist immer frei, sie kann nicht mit Gewalt jemandem abgenötigt werden, und der bloße Mangel an Wohltätigkeit setzt an und für sich noch keinen Menschen einer Bestrafung aus, weil er ja an und für sich auch noch nicht darauf abzielt, ein wirkliches, positives Übel zu stiften. […]

Das Vergeltungsgefühl scheint uns von der Natur zur Verteidigung und nur zur Verteidigung verliehen zu sein. Es ist der Schutz der Gerechtigkeit und die Sicherheit der Unschuld. Es treibt uns an, das Unheil abzuwehren, das man uns zuzufügen sucht, und jenes wiederzuvergelten, das man uns bereits angetan hat, damit so der Beleidiger dazu gebracht werde, sein Unrecht zu bereuen, und damit andere durch Furcht vor gleicher Strafe davon abgeschreckt werden mögen, sich der gleichen Missetat schuldig zu machen. Es muß deshalb für diese Zwecke aufgespart werden, und der Zuschauer wird ihm niemals beistimmen können, sobald es in irgendwelcher anderer Absicht zum Ausdruck gebracht wird. Der bloße Mangel an wohltätigen Tugenden aber mag uns zwar in unserer Hoffnung auf ein Gut täuschen, das wir vernünftigerweise erwarten konnten, er fügt uns jedoch keinen Nachteil zu, gegen den wir uns zu verteidigen brauchten, noch versucht er auch bloß, uns einen solchen anzutun.

Indessen gibt es eine andere Tugend, deren Betätigung nicht dem freien Belieben unseres Willens anheimgestellt ist, die vielmehr mit Gewalt erzwungen werden kann und deren V erletzung uns dem Vergeltungsgefühl und infolgedessen der Bestrafung aussetzt. Diese Tugend ist die Gerechtigkeit; die Verletzung der Gerechtigkeit ist das Unrecht: es fügt einer bestimmten Person einen wirklichen und positiven Schaden zu, und zwar aus Motiven, die natürlicherweise mißbilligt werden. Es ist deshalb der angemessene Gegenstand des Vergeltungsgefühls und auch der Bestrafung, welche die naturgemäße Folge des Vergeltungsgefühls darstellt. Wie die Menschen jene Gewalt billigen und gutheißen, die man anwendet, um den durch eine Rechtsverletzung zugefügten Schaden zu ahnden, so billigen und begreifen sie noch weit mehr diejenige, die man anwendet, um die Rechtsverletzung zu verhüten und den Beleidiger daran zu hindern, seine Nächsten zu schädigen.

Derjenige, der ein Unrecht im Sinne hat, weiß dies recht wohl und fühlt, daß sowohl die Person, der er eben ein Unrecht zufügen will, als auch andere Personen mit vollem Recht Gewalt anwenden können, sei es um die Ausführung seines Verbrechens zu vereiteln, sei es um ihn zu bestrafen, wenn er es bereits vollführt hat. Und hierauf gründet sich jener bemerkenswerte Unterschied zwischen der Gerechtigkeit und allen anderen sozialen Tugenden. [...]

Wenngleich der bloße Mangel an Wohltätigkeit und Gleichgestellten keine Bestrafung zu verdienen scheint, so dünkt uns doch, daß eine bedeutendere Betätigung dieser Tugend des höchsten Lohnes würdig ist. Dadurch, daß sie selbst soviel Gutes hervorbringt, wird sie der natürliche und anerkannte Gegenstand der lebhaftesten Dankbarkeit. Wenngleich dagegen andererseits die Verletzung der Gerechtigkeit einen Menschen der Bestrafung aussetzt, so scheint doch die Beobachtung der Vorschriften dieser Tugend kaum irgendwelchen Lohn zu verdienen. Es liegt zwar zweifellos eine gewisse Schicklichkeit im gerechten Handeln, und es verdient mit Rücksicht darauf all die Billigung, die man der Schicklichkeit schuldet. Da es aber kein wirkliches, positives Gut schafft, so kann es nur auf eine sehr geringe Dankbarkeit Anspruch erheben. Bloße Gerechtigkeit ist in den meisten Fällen nur eine negative Tugend und hindert uns nur, unserm Nächsten einen Schaden zuzufügen. Der Mann, der sich bloß enthält, die Person, das Vermögen oder den guten Ruf seines Nächsten zu verletzen, der erwirbt damit sicherlich sehr wenig positives Verdienst. Und doch erfüllt er alle Regeln der Tugend, die man im eigentlichen Sinne Gerechtigkeit nennt, und er tut alles, was zu tun die ihm Gleichgestellten ihn schicklicherweise zwingen und für dessen Unterlassung sie ihn bestrafen können. Wir können oft alle Regeln der Gerechtigkeit dadurch erfüllen, daß wir still sitzen und nichts tun.

Wie jedermann tut, so soll ihm wieder getan werden, und die Wiedervergeltung des Gleichen mit Gleichem scheint das große Gesetz zu sein, das uns von der Natur selbst vorgeschrieben worden ist. Wohltätigkeit und Edelmut, meinen wir, sollen dem Wohltätigen und Edelmütigen wieder erwiesen werden. Diejenigen, deren Herzen sich niemals den Gefühlen der Menschlichkeit erschließen, die sollten – meinen wir – in der gleichen Weise von der Zuneigung aller ihrer Mitgeschöpfe ausgeschlossen sein, und man sollte sie inmitten der Gesellschaft wie in einer großen Wüste leben lassen, wo es niemanden gibt, der für sie sorgen oder nach ihnen fragen würde. Wer die Gesetze der Gerechtigkeit bricht, den sollte man selbst jenes Übel fühlen lassen, das er einem anderen angetan hat; und da keine Rücksicht auf die Leiden seiner Brüder imstande war, ihn zurückzuhalten, sollte er nun durch die Angst vor eigenen Leiden in Furcht und Schrecken versetzt werden. Der Mann, der bloß schuldlos ist, der in bezug auf die anderen nur die Regeln der Gerechtigkeit beobachtet und sich lediglich enthält, anderen Schaden zuzufügen, der verdient nur, daß seine Nächsten ihrerseits seine Schuldlosigkeit achten und daß die gleichen Gesetze auch in bezug auf ihn streng eingehalten werden.

Gotthold Ephraim Lessing (1729–1781)

134. Über Toleranz: die Ringparabel

Nathan: Vor grauen Jahren lebt' ein Mann in Osten,
  Der einen Ring von unschätzbarem Wert
  Aus lieber Hand besaß. Der Stein war ein
  Opal, der hundert schöne Farben spielte,
  Und hatte die geheime Kraft, vor Gott
  Und Menschen angenehm zu machen, wer
  In dieser Zuversicht ihn trug. Was Wunder,
  Daß ihn der Mann in Osten darum nie
  Vom Finger ließ; und die Verfügung traf,
  Auf ewig ihn bei seinem Hause zu
  Erhalten? Nämlich so. Er ließ den Ring
  Von seinen Söhnen dem geliebtesten;
  Und setzte fest, daß dieser wiederum
  Den Ring von seinen Söhnen dem vermache,
  Der ihm der liebste sei; und stets der liebste,
  Ohn' Ansehn der Geburt, in Kraft allein
  Des Rings, das Haupt, der Fürst des Hauses werde. –
  Versteh mich, Sultan.
Saladin: Ich versteh' dich. Weiter!
Nathan: So kam nun dieser Ring, von Sohn zu Sohn,
  Auf einen Vater endlich von drei Söhnen;
  Die alle drei ihm gleich gehorsam waren,

Die alle drei er folglich gleich zu lieben
Sich nicht entbrechen konnte. Nur von Zeit
Zu Zeit schien ihm bald der, bald dieser, bald
Der dritte, – sowie jeder sich mit ihm
Allein befand, und sein ergießend Herz
Die andern zwei nicht teilten, – würdiger
Des Ringes; den er denn auch einem jeden
Die fromme Schwachheit hatte, zu versprechen.
Das ging nun so, solange es ging. – Allein
Es kam zum Sterben, und der gute Vater
Kömmt in Verlegenheit. Es schmerzt ihn, zwei
Von seinen Söhnen, die sich auf sein Wort
Verlassen, so zu kränken. – Was zu tun? –
Er sendet in geheim zu einem Künstler,
Bei dem er, nach dem Muster seines Ringes,
Zwei andere bestellt, und weder Kosten
Noch Mühe sparen heißt, sie jenem gleich,
Vollkommen gleich zu machen. Das gelingt
Dem Künstler. Da er ihm die Ringe bringt,
Kann selbst der Vater seinen Musterring
Nicht unterscheiden. Froh und freudig ruft
Er seine Söhne, jeden insbesondre;
Gibt jedem insbesondre seinen Segen, –
Und seinen Ring, – und stirbt. – Du hörst doch, Sultan?
Saladin: (der sich betroffen von ihm gewandt)
Ich hör', ich höre! – Komm mit deinem Märchen
Nur bald zu Ende. – Wird's?
Nathan: Ich bin zu Ende.
Denn was noch folgt, versteht sich ja von selbst. –
Kaum war der Vater tot, so kömmt ein jeder
Mit seinem Ring, und jeder will der Fürst
Des Hauses sein. Man untersucht, man zankt,
Man klagt. Umsonst; der rechte Ring war nicht
Erweislich; –
(nach einer Pause, in welcher er des Sultans Antwort erwartet)
Fast so unerweislich, als
Uns itzt – der rechte Glaube.

Georg Christoph Lichtenberg (1742–1799)

135. Aphorismen

Die Vorurteile sind so zu reden die Kunsttriebe der Menschen, sie tun dadurch vieles, das ihnen zu schwer werden würde bis zum Entschluß durchzudenken, ohne alle Mühe.

Daß zuweilen eine falsche Hypothese der richtigen vorzuziehen sei, sieht man aus der Lehre von der Freiheit des Menschen. Der Mensch ist gewiß nicht frei, allein es gehört sehr tiefes Studium der Philosophie dazu, sich [durch] diese Vorstellung nicht irre führen zu lassen; ein Studium, zu welchem unter Tausend, [die] nicht die Zeit und Geduld haben, und unter 100, die sie haben, kaum einer den Geist hat. Freiheit ist daher eigentlich die bequemste Form, sich die Sache zu denken, und wird auch allezeit die übliche bleiben, da sie so sehr den Schein für sich hat.

Darf ein Volk seine Staats-Verfassung ändern wenn es will? Über diese Frage ist sehr viel Gutes und Schlechtes gesagt worden. Ich glaube die beste Antwort darauf ist: Wer will es ihm wehren, wenn es entschlossen ist? Allgemein gewordenen Grundsätzen gemäß handeln ist natürlich, der Versuch kann falsch ausfallen, allein es ist nun einmal zum Versuch gekommen. Diesem Versuche vorzubeugen müßten die Weisesten die Oberhand haben, und diese Weisesten müßten eine Menge der Weisesten oder der Unweisesten, gleich viel, kommandieren können, um die Vernunft der Besseren, und den Gehorsam der Schlechtern immer nach derselben Seite zu lenken.

Man wirft oft den Großen vor, daß sie sehr viel Gutes hätten tun können, das sie nicht getan haben. Sie könnten antworten: bedenkt einmal das Böse, das wir hätten tun können und *nicht* getan haben.

In jedes Menschen Charakter sitzt etwas, das sich nicht brechen läßt – *das Knochengebäude des Charakters;* und dieses ändern wollen, heißt immer, ein Schaf das Apportieren lehren.

Das Wort *Gottesdienst* sollte verlegt, und nicht mehr vom Kirchengehen, sondern bloß von guten Handlungen gebraucht werden.

Ich bin völlig überzeugt, daß der Mensch alle die Kenntnisse besitzt, die nötig sind, ihn glücklich zu machen. Aber es ist mir auch wahrscheinlich, daß diese menschliche Glückseligkeit, als solche, wenig zum Wohlsein des Ganzen beiträgt. Was der Mensch zum Wohlsein des Ganzen beiträgt, ist schwerlich seiner Willkür unterworfen. Was übersieht er davon? Nützt er, selbst mit Ausübungen seiner Willkür, so ist selbst seine Willkür eine Maschine, und man streitet über Worte. Wer willkürlich zum Vorteil des Ganzen wirkt, muß das Ganze übersehen. Dieses kann der Mensch nicht, also ist hier in Absicht des Ganzen an Freiheit nicht zu gedenken. Unumschränkte Freiheit ist hier ein Widerspruch. Hat er bloß Freiheit erhalten für einen gewissen Gesichtskreis, so ist auch dieses wieder Maschinerie, und es ist immer die Freiheit eines Menschen, der das Rad eines Krans tritt. Ich glaube, da wo der Mensch sich an die große Kette anschließt, ist er nicht frei; er weiß wohl gar nicht einmal, daß er wirkt.

Wenn Freiheit, wie man sagt, dem Menschen natürlich ist, ist es ihm denn minder natürlich, sich dem Schutze eines andern zu unterwerfen, wenn er nicht Stärke oder nicht Tätigkeit genug hat? Da man sich über Könige weggesetzt hat, wird es nicht immer Menschen geben, die sich über Gesetze wegsetzen? *Tugend in allen Ständen ist die Hauptsache;* wo die nicht ist, da ist alles nichts, und Wechsel wird stets Statt finden. Alles, wofür ein Staat zu sorgen hat, ist, richtige Begriffe von Gott und der Natur in Umlauf zu bringen. Man hat sich über Könige weggesetzt, nicht weil sie Tyrannen waren; sondern man nannte sie so, weil man sich über sie wegsetzen wollte. Und wie, wenn es nun nie an Ehrgeizigen fehlen wird, die die Gesetze für Tyrannen halten?

Jeremy Bentham (1748–1832)

136. Utilitarismus

Über das Prinzip der Nützlichkeit

1. Die Natur hat die Menschheit unter die Herrschaft zweier souveräner Gebieter – *Leid* und *Freude* – gestellt. Es ist an ihnen allein aufzuzeigen, was wir tun sollen, wie auch zu bestimmen, was wir tun werden. Sowohl der Maßstab für Richtig

und Falsch als auch die Kette der Ursachen und Wirkungen sind an ihrem Thron festgemacht. Sie beherrschen uns in allem, was wir tun, was wir sagen, was wir denken: jegliche Anstrengung, die wir auf uns nehmen können, um unser Joch von uns zu schütteln, wird lediglich dazu dienen, es zu beweisen und zu bestätigen. Jemand mag zwar mit Worten vorgeben, ihre Herrschaft zu leugnen, aber in Wirklichkeit wird er ihnen ständig unterworfen bleiben. Das *Prinzip der Nützlichkeit* erkennt jedes Joch an und übernimmt es für die Grundlegung jenes Systems, dessen Ziel es ist, das Gebäude der Glückseligkeit durch Vernunft und Recht zu errichten. Systeme, die es in Frage zu stellen versuchen, geben sich mit Lauten anstatt mit Sinn, mit einer Laune anstatt mit der Vernunft, mit Dunkelheit anstatt mit Licht ab.

Doch genug des bildlichen und pathetischen Sprechens: Durch solche Mittel kann die Wissenschaft der Moral nicht verbessert werden.

2. Das Prinzip der Nützlichkeit ist die Grundlage des vorliegenden Werkes; es wird daher zweckmäßig sein, mit einer ausdrücklichen und bestimmten Erklärung dessen zu beginnen, was mit ihm gemeint ist. Unter dem Prinzip der Nützlichkeit ist jenes Prinzip zu verstehen, das schlechthin jede Handlung in dem Maß billigt oder mißbilligt, wie ihr die Tendenz innezuwohnen scheint, das Glück der Gruppe, deren Interesse in Frage steht, zu vermehren oder zu vermindern, oder – das gleiche mit anderen Worten gesagt – dieses Glück zu befördern oder zu verhindern. Ich sagte: schlechthin jede Handlung, also nicht nur jede Handlung einer Privatperson, sondern auch jede Maßnahme der Regierung.

3. Unter Nützlichkeit ist jene Eigenschaft an einem Objekt zu verstehen, durch die es dazu neigt, Gewinn, Vorteil, Freude, Gutes oder Glück hervorzubringen (dies alles läuft im vorliegenden Fall auf das gleiche hinaus) oder (was ebenfalls auf das gleiche hinausläuft) die Gruppe, deren Interesse erwogen wird, vor Unheil, Leid, Bösem oder Unglück zu bewahren; sofern es sich bei dieser Gruppe um die Gemeinschaft im allgemeinen handelt, geht es um das Glück der Gemeinschaft; sofern es sich um ein bestimmtes Individuum handelt, geht es um das Glück dieses Individuums.

4. „Das Interesse der Gemeinschaft" ist einer der allgemeinsten Ausdrücke, die in den Redeweisen der Moral vorkommen

können; kein Wunder, daß sein Sinn oft verloren geht. Wenn er einen Sinn hat, dann diesen: Die Gemeinschaft ist ein fiktiver *Körper,* der sich aus den Einzelpersonen zusammensetzt, von denen man annimmt, daß sie sozusagen seine *Glieder* bilden. Was also ist das Interesse der Gemeinschaft? – Die Summe der Interessen der verschiedenen Glieder, aus denen sie sich zusammensetzt.

5. Es hat keinen Sinn, vom Interesse der Gemeinschaft zu sprechen, ohne zu wissen, was das Interesse des Individuums ist. Man sagt von einer Sache, sie sei dem Interesse förderlich oder *zugunsten* des Interesses eines Individuums, wenn sie dazu neigt, zur Gesamtsumme seiner Freuden beizutragen: oder, was auf das gleiche hinausläuft, die Gesamtsumme seiner Leiden zu vermindern. [...]

10. Von einer Handlung, die mit dem Prinzip der Nützlichkeit übereinstimmt, kann man stets entweder sagen, sie sei eine Handlung, die getan werden soll, oder zum mindesten, sie sei keine Handlung, die nicht getan werden soll. Man kann auch sagen, es sei richtig zu sagen, daß sie getan werden sollte; es sei zum mindesten nicht falsch zu sagen, daß sie getan werden sollte: sie sei eine richtige Handlung; zum mindesten sei sie keine falsche Handlung. So verstanden haben die Wörter *sollen, richtig* und *falsch* sowie andere Wörter dieser Art einen Sinn; werden sie anders verstanden, haben sie keinen Sinn.

Wie der Wert einer Menge an Freude oder Leid gemessen werden kann

1. Freuden und das Vermeiden von Leiden sind also die *Ziele,* die der Gesetzgeber im Auge hat; ihm obliegt es somit, ihren *Wert* zu erkennen. Freuden und Leiden sind die *Instrumente,* mit denen er umzugehen hat; es obliegt ihm somit, ihre Macht zu erkennen, die wiederum unter einem anderen Gesichtspunkt ihr Wert ist.

2. Wenn man einen Menschen *für sich* betrachtet, so ist für ihn der Wert einer Freude oder eines Leids – wenn man ihn *für sich* betrachtet – gemäß den vier folgenden Umständen größer oder geringer, nämlich gemäß:

a) der *Intensität,*
b) der *Dauer,*
c) der *Gewißheit* oder *Ungewißheit,*
d) der *Nähe* oder *Ferne* einer Freude oder eines Leids.

3. Diese Umstände müssen in Betracht gezogen werden, wenn man eine Freude oder ein Leid jeweils für sich beurteilt. Wenn man aber den Wert einer Freude oder eines Leids betrachtet, um die Tendenz einer *Handlung* zu beurteilen, durch die Freude oder Leid hervorgebracht wird, müssen zwei weitere Umstände berücksichtigt werden, nämlich

e) die *Folgeträchtigkeit* der Freude oder des Leids oder die Wahrscheinlichkeit, daß auf sie Empfindungen von *derselben* Art folgen, das heißt Freuden, wenn es sich um eine Freude handelt; Leiden, wenn es sich um ein Leid handelt;

f) die *Reinheit* der Freude oder des Leids oder die Wahrscheinlichkeit, daß auf sie *nicht* Empfindungen von *entgegengesetzter* Art folgen, das heißt Leiden, wenn es sich um eine Freude handelt; Freuden, wenn es sich um ein Leid handelt.

Diese beiden letzten Umstände kann man jedoch streng genommen kaum für Eigenschaften von Freude oder Leid selbst halten; streng genommen dürfen sie daher nicht zur Bestimmung des Werts dieser Freude oder jenes Leids herangezogen werden. Man darf sie streng genommen nur für Eigenschaften der Handlung oder eines sonstigen Ereignisses halten, durch die solche Freude oder solches Leid hervorgebracht worden ist, und entsprechend dürfen sie nur zur Bestimmung der Tendenz einer solchen Handlung oder eines solchen Ereignisses herangezogen werden.

4. Für eine *Anzahl* von Personen wird der Wert einer Freude oder eines Leids, sofern man sie im Hinblick auf jede von ihnen betrachtet, gemäß sieben Umständen größer oder kleiner sein: das sind die sechs vorigen, nämlich

a) die *Intensität,*

b) die *Dauer,*.

c) die *Gewißheit* oder *Ungewißheit,*

d) die *Nähe* oder *Ferne,*

e) die *Folgenträchtigkeit,*

f) die *Reinheit* einer Freude oder eines Leids.

Hinzu kommt ein weiterer Umstand, nämlich

g) das *Ausmaß,* das heißt die Anzahl der Personen, auf die Freude oder Leid sich *erstrecken oder* (mit anderen Worten) die davon betroffen sind.

5. Wenn man also die allgemeine Tendenz einer Handlung, durch die die Interessen einer Gemeinschaft betroffen sind, genau bestimmen will, verfahre man folgendermaßen. Man be-

ginne mit einer der Personen, deren Interessen am unmittelbarsten durch eine derartige Handlung betroffen zu sein scheinen, und bestimme:

a) den Wert jeder erkennbaren *Freude,* die von der Handlung in *erster* Linie hervorgebracht zu sein scheint;

b) den Wert jeden *Leids,* das von ihr in *erster* Linie hervorgebracht zu sein scheint;

c) den Wert jeder Freude, die von ihr in *zweiter* Linie hervorgebracht zu sein scheint. Dies begründet die *Folgenträchtigkeit* der ersten *Freude* und die *Unreinheit* des ersten *Leids;*

d) den Wert jeden *Leids,* das von ihr in zweiter Linie anscheinend hervorgebracht wird. Dies begründet die *Folgenträchtigkeit* des ersten *Leids* und die *Unreinheit* der ersten *Freude.*

e) Man addiere die Werte aller *Freuden* auf der einen und die aller *Leiden* auf der anderen Seite. Wenn die Seite der Freude überwiegt, ist die Tendenz der Handlung im Hinblick auf die Interessen dieser *einzelnen* Person insgesamt *gut;* überwiegt die Seite des Leids, ist ihre Tendenz insgesamt *schlecht.*

f) Man bestimme die *Anzahl* der Personen, deren Interessen anscheinend betroffen sind, und wiederhole das oben genannte Verfahren im Hinblick auf jede von ihnen. Man *addiere* die Zahlen, die den Grad der *guten* Tendenz ausdrücken, die die Handlung hat – und zwar in Bezug auf jedes Individuum, für das die Tendenz insgesamt *gut* ist; das gleiche tue man in Bezug auf jedes Individuum, für das die Tendenz insgesamt *schlecht* ist. Man ziehe die *Bilanz;* befindet sich das Übergewicht auf der Seite der *Freude,* so ergibt sich daraus für die betroffene Gesamtzahl oder Gemeinschaft von Individuen eine allgemein *gute Tendenz* der Handlung; befindet es sich auf der Seite des *Leids,* ergibt sich daraus für die gleiche Gemeinschaft eine allgemein *schlechte Tendenz.*

6. Es kann nicht erwartet werden, daß dieses Verfahren vor jedem moralischen Urteil und vor jeder gesetzgebenden oder richterlichen Tätigkeit streng durchgeführt werden sollte. Es mag jedoch immer im Blick sein, und je mehr sich das bei solchen Anlässen tatsächlich durchgeführte Verfahren diesem annähert, desto mehr wird sich ein solches Verfahren dem Rang eines exakten Verfahrens annähern.

Adolph Freiherr von Knigge (1751–1796)

137. Eine goldene Regel

Interessiere Dich für andre, wenn Du willst, daß andre sich für Dich interessieren sollen! Wer unteilnehmend, ohne Sinn für Freundschaft, Wohlwollen und Liebe, nur sich selber lebt, der bleibt verlassen, wenn er sich nach fremdem Beistande sehnt.

Olympe Marie de Gouges (1755–1793)

138. Erklärung der Rechte der Frau und Bürgerin

Artikel I: Die Frau ist frei geboren und bleibt dem Manne gleich in allen Rechten. Die sozialen Unterschiede können nur im allgemeinen Nutzen begründet sein.

Artikel II: Ziel und Zweck jedes politischen Zusammenschlusses ist der Schutz der natürlichen und unveräußerlichen Rechte sowohl der Frau als auch des Mannes. Diese Rechte sind: Freiheit, Sicherheit, das Recht auf Eigentum und besonders das Recht auf Widerstand gegen Unterdrückung.

Artikel III: Die Legitimität jeder Herrschaft ruht wesentlich in der Nation, die nichts anderes darstellt als eine Vereinigung von Frauen und Männern. Keine Körperschaft und keine einzelne Person kann Macht ausüben, die nicht ausdrücklich daraus hervorgeht.

Artikel IV: Freiheit und Gerechtigkeit besteht darin, den anderen zurückzugeben, was ihnen gehört. So wird die Frau an der Ausübung ihrer natürlichen Rechte nur durch die fortdauernde Tyrannei, die der Mann ihr entgegensetzt, gehindert. Diese Schranken müssen durch Gesetze der Natur und Vernunft revidiert werden.

Artikel V: Die Gesetze der Natur und Vernunft wehren alle Handlungen von der Gesellschaft ab, die ihr schaden könnten. Alles, was durch diese weisen und göttlichen Gesetze nicht verboten ist, darf nicht behindert werden, und niemand darf gezwungen werden, etwas zu tun, was diese Gesetze nicht ausdrücklich vorschreiben.

Artikel VI: Recht und Gesetz sollten Ausdruck des Gemeinwillens sein. Alle Bürgerinnen und Bürger sollen persönlich oder durch ihre Vertreter an ihrer Gestaltung mitwirken. Es muß für alle das gleiche sein. Alle Bürgerinnen und Bürger, die gleich sind vor den Augen des Gesetzes, müssen gleichermaßen nach ihren Fähigkeiten, ohne andere Unterschiede als die ihrer Tugenden und Talente, zu allen Würden, Ämtern und Stellungen im öffentlichen Leben zugelassen werden.

Artikel VII: Für Frauen gibt es keine Sonderrechte; sie werden verklagt, in Haft genommen und gehalten wie immer es das Gesetz vorsieht. Frauen unterstehen wie Männer den gleichen Strafgesetzen.

Artikel VIII: Das Gesetz soll nur Strafen verhängen, die unumgänglich und offensichtlich notwendig sind, und niemand darf bestraft werden, es sei denn kraft eines rechtsgültigen Gesetzes, das bereits vor dem Delikt in Kraft war und das legal auf Frauen angewandt wird.

Artikel IX: Die gesetzliche Strenge muß gegenüber jeder Frau walten, die für schuldig befunden wurde.

Artikel X: Wegen seiner Meinung, auch wenn sie grundsätzlicher Art ist, darf niemand verfolgt werden. Die Frau hat das Recht, das Schafott zu besteigen. Sie muß gleichermaßen das Recht haben, die Tribüne zu besteigen, vorausgesetzt, daß ihre Handlungen und Äußerungen die vom Gesetz gewahrte öffentliche Ordnung nicht stören.

Artikel XI: Die freie Gedanken- und Meinungsäußerung ist eines der kostbarsten Rechte der Frau, denn diese Freiheit garantiert die Vaterschaft der Väter an ihren Kindern. Jede Bürgerin kann folglich in aller Freiheit sagen: „Ich bin die Mutter eines Kindes, das du gezeugt hast", ohne daß ein barbarisches Vorurteil sie zwingt, die Wahrheit zu verschleiern. Dadurch soll ihr nicht die Verantwortung für den Mißbrauch dieser Freiheit in den Fällen, die das Gesetz bestimmt, abgenommen werden.

Artikel XII: Die Garantie der Rechte der Frau und Bürgerin soll dem allgemeinen Nutzen dienen. Diese Garantie soll zum

Vorteil aller und nicht zum persönlichen Vorteil derjenigen, denen sie anvertraut ist, sein.

Artikel XIII: Für den Unterhalt der Polizei und für die Verwaltungskosten werden von der Frau wie vom Manne gleiche Beiträge gefordert. Hat die Frau teil an allen Pflichten und Lasten, dann muß sie ebenso teilhaben an der Verteilung der Posten und Arbeiten, in niederen und hohen Ämtern und im Gewerbe.

Artikel XIV: Die Bürgerinnen und Bürger haben das Recht, selbst oder durch ihre Repräsentanten über die jeweilige Notwendigkeit der öffentlichen Beiträge zu befinden. Die Bürgerinnen können dem Prinzip, Steuern in gleicher Höhe aus ihrem Vermögen zu zahlen, nur dann beipflichten, wenn sie an der öffentlichen Verwaltung teilhaben und die Steuern, ihre Verwendung, ihre Einziehung und Zeitdauer mit festsetzen.

Artikel XV: Die weibliche Bevölkerung, die gleich der männlichen Beiträge leistet, hat das Recht, von jeder öffentlichen Instanz einen Rechenschaftsbericht zu verlangen.

Artikel XVI: Eine Gesellschaft, in der die Garantie der Rechte nicht gesichert und die Trennung der Gewalten nicht festgelegt ist, hat keine Verfassung. Es besteht keine Verfassung, wenn die Mehrheit der Individuen, die das Volk darstellen, an ihrem Zustandekommen nicht mitgewirkt hat.

Artikel XVII: Das Eigentum gehört beiden Geschlechtern vereint oder einzeln. Jede Person hat darauf ein unverletzliches und heiliges Anrecht. Niemandem darf es als eigentliches Erbteil vorenthalten werden, es sei denn, eine öffentliche Notwendigkeit, die rechtmäßig ausgewiesen wurde, mache es erforderlich, natürlich unter der Voraussetzung einer gerechten und vorher festgesetzten Entschädigung.

V. Kant und der Deutsche Idealismus

Immanuel Kant (1724–1804)

139. Was ist Aufklärung?

Zu dieser Aufklärung aber wird nichts erfordert als *Freiheit;* und zwar die unschädlichste unter allem, was nur Freiheit heißen mag, nämlich die: von seiner Vernunft in allen Stücken *öffentlichen Gebrauch* zu machen. Nun höre ich aber von allen Seiten rufen: *räsonniert nicht!* Der Offizier sagt: räsonniert nicht, sondern exerziert! Der Finanzrat: räsonniert nicht, sondern bezahlt! Der Geistliche: räsonniert nicht, sondern glaubt! (Nur ein einziger Herr in der Welt sagt: *räsonniert,* so viel ihr wollt, und worüber ihr wollt; *aber gehorcht!*) Hier ist überall Einschränkung der Freiheit. Welche Einschränkung aber ist der Aufklärung hinderlich? Welche nicht, sondern ihr wohl gar beförderlich? – Ich antworte: der *öffentliche* Gebrauch seiner Vernunft muß jederzeit frei sein, und der allein kann Aufklärung unter Menschen zu Stande bringen; der *Privatgebrauch* derselben aber darf öfters sehr enge eingeschränkt sein, ohne doch darum den Fortschritt der Aufklärung sonderlich zu hindern. Ich verstehe aber unter dem öffentlichen Gebrauche seiner eigenen Vernunft denjenigen, den jemand als *Gelehrter* von ihr vor dem ganzen Publikum der *Leserwelt* macht. Den Privatgebrauch nenne ich denjenigen, den er in einem gewissen ihm anvertrauten *bürgerlichen Posten,* oder Amte, von seiner Vernunft machen darf.

140. Eine reine Moral

Da meine Absicht hier eigentlich auf die sittliche Weltweisheit gerichtet ist, so schränke ich die vorgelegte Frage nur darauf ein: ob man nicht meine, daß es von der äußersten Notwendigkeit sei, einmal eine reine Moralphilosophie zu bearbeiten, die von allem, was nur empirisch sein mag und zur Anthropologie gehört, völlig gesäubert wäre; denn daß es eine solche geben müsse, leuchtet von selbst aus der gemeinen Idee der Pflicht und der sittlichen Gesetze ein. Jedermann muß eingestehen, daß ein Gesetz, wenn es moralisch d. i. als Grund einer Verbindlichkeit gelten soll, absolute Notwendigkeit bei sich führen müsse; daß das Gebot: Du sollst nicht lügen, nicht etwa bloß für Menschen gelte, andere vernünftige Wesen sich aber daran nicht zu kehren hätten; und so alle übrigen eigentlichen Sittengesetze; daß mithin der Grund der Verbindlichkeit hier nicht in der Natur des Menschen oder den Umständen in der Welt, darin er gesetzt ist, gesucht werden müsse, sondern *a priori* lediglich in Begriffen der reinen Vernunft, und daß jede andere Vorschrift, die sich auf Prinzipien der bloßen Erfahrung gründet, und sogar eine in gewissem Betracht allgemeine Vorschrift, sofern sie sich dem mindesten Teile, vielleicht nur einem Bewegungsgrunde nach, auf empirische Gründe stützt, zwar eine praktische Regel, niemals aber ein moralisches Gesetz heißen kann.

Also unterscheiden sich die moralischen Gesetze samt ihren Prinzipien unter aller praktischen Erkenntnis von allem übrigen, darin irgend etwas Empirisches ist, nicht allein wesentlich, sondern alle Moralphilosophie beruht gänzlich auf ihrem reinen Teil, und, auf den Menschen angewandt, entlehnt sie nicht das Mindeste von der Kenntnis desselben (Anthropologie), sondern gibt ihm als vernünftigem Wesen Gesetze *a priori,* die freilich noch durch Erfahrung geschärfte Urteilskraft erfordern, um teils zu unterscheiden, in welchen Fällen sie ihre Anwendung haben, teils ihnen Eingang in den Willen des Menschen und Nachdruck zur Ausübung zu verschaffen, da dieser, als selbst mit so vielen Neigungen affiziert, der Idee einer praktischen reinen Vernunft zwar fähig, aber nicht so leicht vermögend ist, sie in seinem Lebenswandel *in concreto* wirksam zu machen.

Eine Metaphysik der Sitten ist also unentbehrlich notwendig, nicht bloß aus einem Bewegungsgrunde der Spekulation, um die Quelle der *a priori* in unserer Vernunft liegenden praktischen Grundsätze zu erforschen, sondern weil die Sitten selber allerlei Verderbnis unterworfen bleiben, solange jener Leitfaden und oberste Norm ihrer richtigen Beurteilung fehlt. Denn bei dem, was moralisch gut sein soll, ist es nicht genug, daß es dem sittlichen Gesetze *gemäß* sei, sondern es muß auch *um desselben willen* geschehen; widrigenfalls ist jene Gemäßheit nur sehr zufällig und mißlich, weil der unsittliche Grund zwar dann und wann gesetzmäßige, mehrmalen aber gesetzwidrige Handlungen hervorbringen wird. Nun ist aber das sittliche Gesetz in seiner Reinigkeit und Echtheit (woran eben im Praktischen am meisten gelegen ist) nirgend anders

als in einer reinen Philosophie zu suchen, also muß diese
(Metaphysik) vorangehen, und ohne sie kann es überall keine
Moralphilosophie geben.

141. Bestirnter Himmel und moralisches Gesetz

Zwei Dinge erfüllen das Gemüt mit immer neuer und zuneh-
mender Bewunderung und Ehrfurcht, je öfter und anhaltender
sich das Nachdenken damit beschäftigt: *der bestirnte Himmel
über mir und das moralische Gesetz in mir.*

142. Der gute Wille

Es ist überall nichts in der Welt, ja überhaupt auch außer derselben zu denken möglich, was ohne Einschränkung für gut
könnte gehalten werden, als allein ein *guter Wille.* Verstand,
Witz, Urteilskraft und wie die *Talente* des Geistes sonst heißen
mögen, oder Mut, Entschlossenheit, Beharrlichkeit im Vor-
satze, als Eigenschaften des *Temperaments,* sind ohne Zweifel
in mancher Absicht gut und wünschenswert; aber sie können
auch äußerst böse und schädlich werden, wenn der Wille, der
von diesen Naturgaben Gebrauch machen soll und dessen
eigentümliche Beschaffenheit darum *Charakter* heißt, nicht
gut ist. Mit den *Glücksgaben* ist es ebenso bewandt. Macht,
Reichtum, Ehre, selbst Gesundheit und das ganze Wohlbefinden und Zufriedenheit mit seinem Zustande, unter dem
Namen der *Glückseligkeit,* machen Mut und hierdurch öfters
auch Übermut, wo nicht ein guter Wille da ist, der den Einfluß
derselben aufs Gemüt und hiermit auch das ganze Prinzip zu
handeln berichtige und allgemein-zweckmäßig mache; ohne zu
erwähnen, daß ein vernünftiger und unparteiischer Zuschauer
sogar am Anblicke eines ununterbrochenen Wohlergehens
eines Wesens, das kein Zug eines reinen und guten Willens
ziert, nimmermehr ein Wohlgefallen haben kann, und so der
gute Wille die unerläßliche Bedingung selbst der Würdigkeit,
glücklich zu sein, auszumachen scheint.

Einige Eigenschaften sind sogar diesem guten Willen selbst
beförderlich und können sein Werk sehr erleichtern, haben
aber demungeachtet keinen inneren unbedingten Wert, sondern setzen immer noch einen guten Willen voraus, der die

Hochschätzung, die man übrigens mit Recht für sie trägt, einschränkt und es nicht erlaubt, sie für schlechthin gut zu halten. Mäßigung in Affekten und Leidenschaften, Selbstbeherrschung und nüchterne Überlegung sind nicht allein in vielerlei Absicht gut, sondern scheinen sogar einen Teil vom *inneren* Werte der Person auszumachen; allein es fehlt viel daran, um sie ohne Einschränkung für gut zu erklären (so unbedingt sie auch von den Alten gepriesen worden). Denn ohne Grundsätze eines guten Willens können sie höchst böse werden, und das kalte Blut eines Bösewichts macht ihn nicht allein weit gefährlicher, sondern auch unmittelbar in unseren Augen noch verabscheuungswürdiger, als er ohne dieses dafür würde gehalten werden.

Der gute Wille ist nicht durch das, was er bewirkt oder ausrichtet, nicht durch seine Tauglichkeit zu Erreichung irgend eines vorgesetzten Zweckes, sondern allein durch das Wollen, d.i. an sich gut und, für sich selbst betrachtet, ohne Vergleich weit höher zu schätzen als alles, was durch ihn zu Gunsten irgend einer Neigung, ja wenn man will der Summe aller Neigungen, nur immer zu stande gebracht werden könnte. Wenngleich durch eine besondere Ungunst des Schicksals, oder durch kärgliche Ausstattung einer stiefmütterlichen Natur es diesem Willen gänzlich an Vermögen fehlte, seine Absicht durchzusetzen; wenn bei seiner größten Bestrebung dennoch nichts von ihm ausgerichtet würde, und nur der gute Wille (freilich nicht etwa als ein bloßer Wunsch, sondern als die Aufbietung aller Mittel, soweit sie in unserer Gewalt sind) übrig bliebe: so würde er wie ein Juwel doch für sich selbst glänzen als etwas, das seinen vollen Wert in sich selbst hat. Die Nützlichkeit oder Fruchtlosigkeit kann diesem Werte weder etwas zusetzen noch abnehmen. Sie würde gleichsam nur die Einfassung sein, um ihn im gemeinen Verkehr besser handhaben zu können, oder die Aufmerksamkeit derer, die noch nicht genug Kenner sind, auf sich zu ziehen, nicht aber um ihn Kennern zu empfehlen und seinen Wert zu bestimmen.

143. Der kategorische Imperativ

Was kann das aber wohl für ein Gesetz sein, dessen Vorstellung, auch ohne auf die daraus erwartete Wirkung Rücksicht zu nehmen, den Willen bestimmen muß, damit dieser schlechterdings und ohne Einschränkung gut heißen könne? Da ich den Willen aller Antriebe beraubt habe, die ihm aus der Befolgung irgend eines Gesetzes entspringen könnten, so bleibt nichts als die allgemeine Gesetzmäßigkeit der Handlungen überhaupt übrig, welche allein dem Willen zum Prinzip dienen soll, d. i. ich soll niemals anders verfahren als so, *daß ich auch wollen könne, meine Maxime solle ein allgemeines Gesetz werden.* Hier ist nun die bloße Gesetzmäßigkeit überhaupt (ohne irgend ein auf gewisse Handlungen bestimmtes Gesetz zum Grunde zu legen) das, was dem Willen zum Prinzip dient und ihm auch dazu dienen muß, wenn Pflicht nicht überall ein leerer Wahn und chimärischer Begriff sein soll; hiermit stimmt die gemeine Menschenvernunft in ihrer praktischen Beurteilung auch vollkommen überein und hat das gedachte Prinzip jederzeit vor Augen.

Die Frage sei z.B.: darf ich, wenn ich im Gedränge bin, nicht ein Versprechen tun in der Absicht, es nicht zu halten? Ich mache hier leicht den Unterschied, den die Bedeutung der Frage haben kann, ob es klüglich oder ob es pflichtmäßig sei, ein falsches Versprechen zu tun. Das erstere kann ohne Zweifel öfters stattfinden. Zwar sehe ich wohl, daß es nicht genug sei, mich vermittelst dieser Ausflucht aus einer gegenwärtigen Verlegenheit zu ziehen, sondern wohl überlegt werden müsse, ob mir aus dieser Lüge nicht hinterher viel größere Ungelegenheit entspringen könne, als die sind, von denen ich mich jetzt befreie, und da die Folgen bei aller meiner vermeinten *Schlauigkeit* nicht so leicht vorauszusehen sind, daß nicht ein einmal verlorenes Zutrauen mir weit nachteiliger werden könnte als alles Übel, das ich jetzt zu vermeiden gedenke; ob es nicht *klüglicher* gehandelt sei, hierbei nach einer allgemeinen Maxime zu verfahren und es sich zur Gewohnheit zu machen, nichts zu versprechen als in der Absicht, es zu halten. Allein es leuchtet mir hier bald ein, daß eine solche Maxime doch immer nur die besorglichen Folgen zum Grunde habe. Nun ist es doch etwas ganz anderes, aus Pflicht wahrhaft zu sein, als aus Besorgnis der nachteiligen Folgen: indem im ersten Falle der Begriff der Handlung an sich selbst schon ein Gesetz für mich enthält, im zweiten ich mich allererst anderwärtsher umsehen muß, welche Wirkungen für mich wohl damit verbunden sein möchten. Denn wenn ich von dem Prinzip der Pflicht abweiche, so ist es ganz gewiß böse; werde ich aber meiner Maxime der Klugheit abtrünnig, so kann das mir doch manchmal sehr vorteilhaft sein, wiewohl es freilich sicherer ist, bei ihr zu bleiben. Um indessen mich in Ansehung der Beantwortung dieser Aufgabe, ob ein lügenhaftes Versprechen pflichtmäßig sei, auf die allerkürzeste und doch untrügliche Art zu belehren, so frage ich mich selbst: Würde ich wohl damit zufrieden sein, daß meine Maxime (mich durch ein unwahres Versprechen aus Verlegenheit zu ziehen) als ein allgemeines Gesetz (sowohl für mich als andere) gelten solle? und würde ich wohl zu mir sagen können: es mag jedermann ein unwahres Versprechen tun, wenn er sich in Verlegenheit befindet, daraus er sich auf andere Art nicht ziehen kann? So werde ich bald inne, daß ich zwar die Lüge, aber ein allgemeines Gesetz zu lügen gar nicht wollen könne; denn nach einem solchen würde es eigentlich gar kein Versprechen geben, weil es vergeblich wäre, meinen Willen in Ansehung meiner künftigen Handlungen anderen vorzugeben, die diesem Vorgeben doch nicht glauben oder, wenn sie es übereilterweise täten, mich doch mit gleicher Münze bezahlen würden; mithin meine Maxime, sobald sie zum allgemeinen Gesetze gemacht würde, sich selbst zerstören müsse.

Was ich also zu tun habe, damit mein Wollen sittlich gut sei, dazu brauche ich gar keine weit ausholende Scharfsinnigkeit. Unerfahren in Ansehung des Weltlaufs, unfähig auf alle sich ereignenden Vorfälle desselben gefaßt zu sein, frage ich mich nur: Kannst du auch wollen, daß deine Maxime ein allgemeines Gesetz werde? Wo nicht, so ist sie verwerflich, und das zwar nicht um eines dir oder auch anderen daraus bevorstehenden Nachteils willen, sondern weil sie nicht als Prinzip in eine mögliche allgemeine Gesetzgebung passen kann; für diese aber zwingt mir die Vernunft unmittelbare Achtung ab, von der ich zwar jetzt noch nicht *einsehe,* worauf sie sich gründe (welches der Philosoph untersuchen mag), wenigstens aber doch soviel verstehe: daß es eine Schätzung des Wertes sei, welcher allen Wert dessen, was durch Neigung angepriesen wird, weit überwiegt, und daß die Notwendigkeit meiner Handlungen aus *reiner* Achtung fürs praktische Gesetz dasjenige sei, was die Pflicht ausmacht, der jeder andere Bewegungsgrund weichen muß, weil sie die Bedingung eines an sich guten Willens ist, dessen Wert über alles geht.

144. Freiheit und Naturnotwendigkeit

Alle Menschen denken sich dem Willen nach als frei. Daher kommen alle Urteile über Handlungen als solche, die hätten *geschehen sollen,* ob sie gleich *nicht geschehen sind.* Gleichwohl ist diese Freiheit kein Erfahrungsbegriff und kann es auch nicht sein, weil er immer bleibt, obgleich die Erfahrung das Gegenteil von denjenigen Forderungen zeigt, die unter Voraussetzung derselben als notwendig vorgestellt werden. Auf der anderen Seite ist es ebenso notwendig, daß alles, was geschieht, nach Naturgesetzen unausbleiblich bestimmt sei, und diese Naturnotwendigkeit ist auch kein Erfahrungsbegriff, ebendarum weil er den Begriff der Notwendigkeit, mithin einer Erkenntnis *a priori* bei sich führt. Aber dieser Begriff von einer Natur wird durch Erfahrung bestätigt und muß selbst unvermeidlich vorausgesetzt werden, wenn Erfahrung, d.i. nach allgemeinen Gesetzen zusammenhängende Erkenntnis der Gegenstände der Sinne möglich sein soll. Daher ist Freiheit nur eine *Idee* der Vernunft, deren objektive Realität an sich zweifelhaft ist, Natur aber ein *Verstandesbegriff,* der seine Realität an Beispielen der Erfahrung beweist und notwendig beweisen muß.

Ob nun gleich hieraus eine Dialektik der Vernunft entspringt, da in Ansehung des Willens die ihm beigelegte Freiheit mit der Naturnotwendigkeit im Widerspruch zu stehen scheint, und bei dieser Wegescheidung die Vernunft in *spekulativer Absicht* den Weg der Naturnotwendigkeit viel gebahnter und brauchbarer findet als den der Freiheit: so ist doch in *praktischer Absicht* der Fußsteig der Freiheit der einzige, auf welchem es möglich ist, von seiner Vernunft bei unserem Tun und Lassen Gebrauch zu machen; daher wird es der subtilsten Philosophie ebenso unmöglich wie der gemeinsten Menschenvernunft, die Freiheit wegzuvernünfteln. Diese muß also wohl voraussetzen, daß kein wahrer Widerspruch zwischen Freiheit und Naturnotwendigkeit ebenderselben menschlichen Handlungen angetroffen werde; denn sie kann ebenso wenig den Begriff der Natur als den der Freiheit aufgeben.

Indessen muß dieser Scheinwiderspruch wenigstens auf überzeugende Art vertilgt werden, wenn man gleich, wie Freiheit möglich sei, niemals begreifen könnte. Denn wenn sogar der Gedanke von der Freiheit sich selbst oder der Natur, die ebenso notwendig ist, widerspricht, so müßte sie gegen die Naturnotwendigkeit durchaus aufgegeben werden.

Es ist aber unmöglich, diesem Widerspruch zu entgehen, wenn das Subjekt, was sich frei dünkt, sich selbst *in demselben Sinne oder in ebendemselben Verhältnisse* dächte, wenn es sich frei nennt, als wenn es sich in Absicht auf die nämliche Handlung dem Naturgesetze unterworfen annimmt. Daher ist es eine unnachlaßliche Aufgabe der spekulativen Philosophie, wenigstens zu zeigen, daß ihre Täuschung wegen des Widerspruchs darin beruhe, daß wir den Menschen in einem anderen Sinne und Verhältnisse denken, wenn wir ihn frei nennen, als wenn wir ihn als Stück der Natur dieser ihren Gesetzen für unterworfen halten, und daß beide nicht allein gar wohl beisammen stehen *können*, sondern auch als *notwendig vereinigt* in demselben Subjekt gedacht werden müssen, weil sonst nicht Grund angegeben werden könnte, warum wir die Vernunft mit einer Idee belästigen sollten, die, ob sie sich gleich *ohne Widerspruch* mit einer anderen, genugsam bewährten vereinigen läßt, dennoch uns in ein Geschäft verwickelt, wodurch die Vernunft in ihrem theoretischen Gebrauche sehr in die Enge gebracht wird. Diese Pflicht liegt aber bloß der spekulativen Philosophie ob, damit sie der praktischen freie Bahn schaffe. Also ist es nicht in das Belieben des Philosophen gesetzt, ob er den scheinbaren Widerstreit heben oder ihn unangerührt lassen will; denn im letzteren Falle ist die Theorie hierüber *bonum vacans*, in dessen Besitz sich der Fatalist mit Grunde setzen und alle Moral aus ihrem ohne Titel besessenen vermeinten Eigentum verjagen kann.

145. Selbsterkenntnis und Freiheit

Setzet, daß jemand von seiner wollüstigen Neigung vorgibt, sie sei, wenn ihm der beliebte Gegenstand und die Gelegenheit dazu vorkämen, für ihn ganz unwiderstehlich: ob, wenn ein Galgen vor dem Hause, da er diese Gelegenheit trifft, aufgerichtet wäre, um ihn sogleich nach genossener Wollust daran zu knüpfen, er alsdann nicht seine Neigung bezwingen würde? Man darf nicht lange raten, was er antworten würde. Fragt ihn aber, ob, wenn sein Fürst ihm unter Androhung derselben unverzögerten Todesstrafe zumutete, ein falsches Zeugnis wider einen ehrlichen Mann, den er gerne unter scheinbaren Vorwänden verderben möchte, abzulegen, ob er da, so groß auch seine Liebe zum Leben sein mag, sie wohl zu überwinden für möglich halte? Ob er es tun würde oder nicht, wird er vielleicht sich nicht getrauen zu versichern; daß es ihm aber möglich sei, muß er ohne Bedenken einräumen. Er urteilt also, daß er etwas kann, darum weil er sich bewußt ist, daß er es soll, und erkennt in sich die Freiheit, die ihm sonst ohne das moralische Gesetz unbekannt geblieben wäre.

146. Vom höchsten Gut

Glückseligkeit ist die Befriedigung aller unserer Neigungen, (sowohl *extensive,* der Mannifaltigkeit der selben, als *intensive,* dem Grade, *und auch protensive,* der Dauer nach). Das praktische Gesetz aus dem Bewegungsgrunde der *Glückseligkeit* nenne ich pragmatisch (Klugheitsregel); dasjenige aber, wofern ein solches ist, das zum Bewegungsgrunde nichts anderes hat, als die *Würdigkeit, glücklich zu sein,* moralisch (Sittengesetz). Das erstere rät, was zu tun sei, wenn wir der Glückseligkeit wollen teilhaftig, das zweite gebietet, wie wir uns verhalten sollen, um nur der Glückseligkeit würdig zu werden. [...]

Ich nenne die Welt, sofern sie allen sittlichen Gesetzen gemäß wäre, (wie sie es denn, nach der Freiheit der vernünftigen Wesen, sein kann, und, nach den notwendigen Gesetzen der *Sittlichkeit,* sein soll,) eine *moralische Welt.* Diese wird sofern bloß als intelligible Welt gedacht, weil darin von allen Bedingungen (Zwecken) und selbst von allen Hindernissen der Moralität in derselben (Schwäche oder Unlauterkeit der menschlichen Natur) abstrahiert wird. Sofern ist sie also eine bloße, aber doch praktische Idee, die wirklich ihren Einfluß auf die Sinnenwelt haben kann und soll, um sie dieser Idee so viel als möglich gemäß zu machen.

Nun läßt sich in einer intelligiblen, d. i. der moralischen Welt, in deren Begriff wir von allen Hindernissen der Sittlichkeit (der Neigungen,) abstrahieren, ein solches System der mit der Moralität verbundenen proportionierten Glückseligkeit auch als notwendig denken, weil die durch sittliche Gesetze teils bewegte, teils restringierte Freiheit, selbst die Ursache der allgemeinen Glückseligkeit, die vernünftigen Wesen also selbst, unter der Leitung solcher Prinzipien, Urheber ihrer eigenen und zugleich anderer dauerhafter Wohlfahrt sein würden. Aber dieses System der sich selbst lohnenden Moralität ist nur eine Idee, deren Ausführung auf der Bedingung beruht, daß *jedermann* tue, was er soll, d.i. alle Handlungen vernünftiger Wesen so geschehen, als ob sie aus einem obersten Willen, der alle Privatwillkür in sich, oder unter sich befaßt, entsprängen. Da aber die Verbindlichkeit aus dem moralischen Gesetze für jedes besonderen Gebrauch der Freiheit gültig bleibt, wenngleich andere diesem Gesetze sich nicht gemäß verhielten, so ist weder aus der Natur der Dinge der Welt, noch der Kausalität der Handlungen selbst und ihrem Verhältnisse zur Sittlichkeit bestimmt, wie sich ihre Folgen zur Glückseligkeit verhalten werden, und die angeführte notwendige Verknüpfung der Hoffnung, glücklich zu sein, mit dem unablässigen Bestreben, sich der Glückseligkeit würdig zu machen, kann durch die Vernunft nicht erkannt werden, wenn man bloß Natur zum Grunde legt, sondern darf nur gehofft werden, wenn eine *höchste Vernunft,* die nach moralischen Gesetzen gebietet, zugleich als Ursache der Natur zum Grunde gelegt wird.

Ich nenne die Idee einer solchen Intelligenz, in welcher der moralisch vollkommenste Wille, mit der höchsten Seligkeit verbunden, die Ursache aller Glückseligkeit in der Welt ist, sofern sie mit der Sittlichkeit (als der Würdigkeit glücklich zu sein) in genauem Verhältnisse steht, *das Ideal des höchsten Guts.* Also kann die reine Vernunft nur in dem Ideal des höchsten *ursprünglichen* Guts den Grund der praktisch notwendigen Verknüpfung beider Elemente des höchsten abgeleiteten Gutes, nämlich einer intelligiblen d.i. *moralischen* Welt, antreffen. Da wir uns nun notwendigerweise durch die Vernunft, als zu einer solchen Welt gehörig, vorstellen müssen, obgleich die Sinne uns nichts als eine Welt von Erscheinungen darstellen, so werden wir jene als eine Folge unseres Verhaltens in der Sinnenwelt, da uns diese eine solche Verknüpfung nicht darbietet, als eine für uns künftige Welt annehmen müssen. Gott also und ein künftiges Leben, sind zwei von der Verbindlichkeit, die uns reine Vernunft auferlegt, nach Prinzipien eben derselben Vernunft nicht zu trennende Voraussetzungen.

Die Sittlichkeit an sich selbst macht ein System aus, aber nicht die Glückseligkeit, außer, sofern sie der Moralität genau angemessen ausgeteilt ist. Dieses aber ist nur möglich in der intelligiblen Welt, unter einem weisen Urheber und Regierer. Einen solchen, samt dem Leben in einer solchen Welt, die wir als eine künftige ansehen müssen, sieht sich die Vernunft genötigt anzunehmen, oder die moralischen Gesetze als leere Hirngespinste anzusehen, weil der notwendige Erfolg derselben, den dieselbe Vernunft mit ihnen verknüpft, ohne jene Voraussetzung wegfallen müßte. Daher auch jedermann die moralischen Gesetze als *Gebote* ansieht, welches sie aber nicht sein könnten, wenn sie nicht a priori angemessene Folgen mit ihrer Regel verknüpften, und also *Verheißungen* und *Drohungen* bei sich führten. Dieses können sie aber auch nicht tun, wo sie nicht in einem notwendigen Wesen, als dem höchsten Gut liegen, welches eine solche zweckmäßige Einheit allein möglich machen kann. [...]

Glückseligkeit allein ist für unsere Vernunft bei weitem nicht das vollständige Gut. Sie billigt solche nicht (so sehr als auch Neigung dieselbe Wünschen mag), wofern sie nicht mit der Würdigkeit, glücklich zu sein, d.i. dem sittlichen Wohlverhalten, vereinigt ist. Sittlichkeit allein, und, mit ihr, die bloße *Würdigkeit,* glücklich zu sein, ist aber auch noch lange nicht das vollständige Gut. Um dieses zu vollenden, muß der, so sich als der Glückseligkeit nicht unwert verhalten hatte, hoffen können, ihrer teilhaftig zu werden. Selbst die von aller Privatabsicht freie Vernunft, wenn sie, ohne dabei ein eigenes Interesse in Betracht zu ziehen, sich in die Stelle eines Wesens setzte, das alle Glückseligkeit anderen auszuteilen hätte, kann nicht anders urteilen; denn in der praktischen Idee sind beide Stücke wesentlich verbunden, obzwar so, daß die moralische Gesinnung, als Bedingung, den Anteil an Glückseligkeit, und nicht umgekehrt die Aussicht auf Glückseligkeit die moralische Gesinnung zuerst möglich mache. Denn im letzteren Falle wäre sie nicht moralisch und also auch nicht der ganzen Glückseligkeit würdig, die vor der Vernunft keine andere Einschränkung erkennt, als die, welche von unserem eigenen unsittlichen Verhalten herrührt.

Glückseligkeit also, in dem genauen Ebenmaße mit der Sittlichkeit der vernünftigen Wesen, dadurch sie derselben würdig sind, macht allein das höchste Gut einer Welt aus, darin wir uns nach den Vorschriften der reinen aber praktischen Vernunft durchaus versetzen müssen, und welche freilich nur eine intelligible Welt ist, da die Sinnenwelt uns von der Natur der Dinge dergleichen systematische Einheit der Zwecke nicht verheißt, deren Realität auch auf nichts anderes gegründet werden kann, als auf die Voraussetzung eines höchsten ursprünglichen Guts, da selbständige Vernunft, mit aller Zulänglichkeit einer obersten Ursache ausgerüstet, nach der vollkommensten Zweckmäßigkeit die allgemeine, obgleich in der Sinnenwelt uns sehr verborgene Ordnung der Dinge gründet, erhält und vollführt.

147. Vom Gewissen

Ebenso ist das Gewissen nicht etwas Erwerbliches, und es gibt keine Pflicht, sich eines anzuschaffen; sondern jeder Mensch, als sittliches Wesen, hat ein solches ursprünglich in sich. Zum Gewissen verbunden zu sein, würde soviel sagen als: die Pflicht auf sich haben, Pflichten anzuerkennen. Denn Gewissen ist die dem Menschen in jedem Fall eines Gesetzes seine Pflicht zum Lossprechen oder Verurteilen vorhaltende praktische Vernunft. Seine Beziehung also ist nicht die auf ein Objekt, sondern bloß aufs Subjekt (das moralische Gefühl durch ihren Akt zu affizieren), also eine unausbleibliche Tatsache, nicht eine Obliegenheit und Pflicht. Wenn man daher sagt: dieser Mensch hat kein Gewissen, so meint man damit: er kehrt sich nicht an den Ausspruch desselben. Denn hätte er wirklich keines, so würde er sich auch nichts als pflichtmäßig zurechnen oder als pflichtwidrig vorwerfen, mithin auch selbst die Pflicht, ein Gewissen zu haben, sich gar nicht denken können.

Die mancherlei Einteilungen des Gewissens gehe ich noch hier vorbei und bemerke nur, was aus dem eben Angeführten folgt: daß nämlich ein *irrendes* Gewissen ein Unding sei. Denn in dem objektiven Urteile, ob etwas Pflicht sei oder nicht, kann man wohl bisweilen irren; aber im subjektiven, ob ich es mit meiner praktischen (hier richtenden) Vernunft zum Behuf jenes Urteils verglichen habe, kann ich nicht irren, weil ich alsdann praktisch gar nicht geurteilt haben würde; in welchem Fall weder Irrtum noch Wahrheit statthat. *Gewissenlosigkeit* ist nicht Mangel des Gewissens, sondern Hang, sich an dessen Urteil nicht zu kehren. Wenn aber jemand sich bewußt ist, nach Gewissen gehandelt zu haben, so kann von ihm, was

Schuld oder Unschuld betrifft, nichts mehr verlangt werden. Es liegt ihm nur ob, seinen *Verstand* über das, was Pflicht ist oder nicht, aufzuklären; wenn es aber zur Tat kommt oder gekommen ist, so spricht das Gewissen unwillkürlich und unvermeidlich. Nach Gewissen zu handeln, kann also selbst nicht Pflicht sein, weil es sonst noch ein zweites Gewissen geben müßte, um sich des Akts des ersteren bewußt zu werden.

Die Pflicht ist hier nur, sein Gewissen zu kultivieren, die Aufmerksamkeit auf die Stimme des inneren Richters zu schärfen und alle Mittel anzuwenden (mithin nur indirekte Pflicht), um ihm Gehör zu verschaffen.

148. Über das radikal Böse

Der Mensch (selbst der ärgste) tut, in welchen Maximen es auch sei, auf das moralische Gesetz nicht gleichsam rebellischerweise (mit Aufkündigung des Gehorsams) Verzicht. Dieses dringt sich ihm vielmehr kraft seiner moralischen Anlage unwiderstehlich auf; und, wenn keine andere Triebfeder dagegen wirkte, so würde er es auch als hinreichenden Bewegungsgrund der Willkür in seine oberste Maxime aufnehmen, d. i. er würde moralisch gut sein. Er hängt aber doch auch, vermöge seiner gleichfalls schuldlosen Naturanlage, an den Triebfedern der Sinnlichkeit und nimmt sie (nach dem subjektiven Prinzip der Selbstliebe) auch in seine Maxime auf. Wenn er diese aber als *für sich allein hinreichend* zur Bestimmung der Willkür in seine Maxime aufnähme, ohne sich ans moralische Gesetz (welches er doch in sich hat) zu kehren, so würde er moralisch böse sein. Da er nun natürlicherweise beide in dieselbe aufnimmt, da er auch jede für sich, wenn sie allein wäre, zur Willensbestimmung hinreichend finden würde, so würde er, wenn der Unterschied der Maximen bloß auf den Unterschied der Triebfedern (der Materie der Maximen), nämlich, ob das Gesetz oder der Sinnenantrieb eine solche abgeben, ankäme, moralisch gut und böse zugleich sein; welches sich (nach der Einleitung) widerspricht. Also muß der Unterschied, ob der Mensch gut oder böse sei, nicht in dem Unterschiede der Triebfedern, die er in seine Maxime aufnimmt (nicht in dieser ihrer Materie), sondern in der *Unterordnung* (der Form derselben) *liegen: welche von beiden er zur Bedingung der ande-*

ren macht. Folglich ist der Mensch (auch der beste) nur dadurch böse, daß er die sittliche Ordnung der Triebfedern in der Aufnehmung derselben in seine Maximen umkehrt: das moralische Gesetz zwar neben dem der Selbstliebe in dieselbe aufnimmt; da er aber inne wird, daß eines neben dem anderen nicht bestehen kann, sondern eins dem anderen als seiner obersten Bedingung untergeordnet werden müsse, er die Triebfedern der Selbstliebe und ihre Neigungen zur Bedingung der Befolgung des moralischen Gesetzes macht, da das letztere vielmehr als die *oberste Bedingung* der Befriedigung der ersteren in die allgemeine Maxime der Willkür als alleinige Triebfeder aufgenommen werden sollte. […]

Wenn nun ein Hang dazu in der menschlichen Natur liegt, so ist im Menschen ein natürlicher Hang zum Bösen; und dieser Hang selber, weil er am Ende doch in einer freien Willkür gesucht werden muß, mithin zugerechnet werden kann, ist moralisch böse. Dieses Böse ist *radikal,* weil es den Grund aller Maximen verdirbt; zugleich auch als natürlicher Hang durch menschliche Kräfte nicht zu *vertilgen,* weil dieses nur durch gute Maximen geschehen könnte, welches, wenn der oberste subjektive Grund aller Maximen als verderbt vorausgesetzt wird, nicht stattfinden kann; gleichwohl aber muß er zu *überwiegen* möglich sein, weil er in dem Menschen als frei handelndem Wesen angetroffen wird.

Die Bösartigkeit der menschlichen Natur ist also nicht sowohl *Bosheit,* wenn man dieses Wort in strenger Bedeutung nimmt, nämlich als eine Gesinnung (subjektives *Prinzip* der Maximen), das Böse *als Böses* zur Triebfeder in seine Maxime aufzunehmen (denn die ist teuflisch), sondern vielmehr *Verkehrtheit* des Herzens, welches nun der Folge wegen auch ein *böses Herz* heißt, zu nennen. Dieses kann mit einem im allgemeinen guten Willen zusammen bestehen und entspringt aus der Gebrechlichkeit der menschlichen Natur, zur Befolgung seiner genommenen Grundsätze nicht stark genug zu sein, mit der Unlauterkeit verbunden, die Triebfedern (selbst gut beabsichtigter Handlungen) nicht nach moralischer Richtschnur voneinander abzusondern und daher zuletzt, wenn es hoch kommt, nur auf die Gemäßheit derselben mit dem Gesetz und nicht auf die Ableitung von demselben, d. i. auf dieses als die alleinige Triebfeder zu sehen. Wenn hieraus nun gleich nicht eben immer eine gesetzwidrige Handlung und ein Hang dazu,

d. i. das *Laster* entspringt, so ist die Denkungsart, sich die Abwesenheit desselben schon für Angemessenheit der *Gesinnung* zum Gesetze der Pflicht (für *Tugend*) auszulegen (da hierbei auf die Triebfeder der Maxime gar nicht, sondern nur auf die Befolgung des Gesetzes dem Buchstaben nach gesehen wird), selbst schon eine radikale Verkehrtheit im menschlichen Herzen zu nennen.

Diese *angeborene* Schuld (*reatus*), welche so genannt wird, weil sie sich so früh, als sich nur immer der Gebrauch der Freiheit im Menschen äußert, wahrnehmen läßt, und nichtsdestoweniger doch aus der Freiheit entsprungen sein muß und daher zugerechnet werden kann, kann in ihren zwei ersteren Stufen (der Gebrechlichkeit und der Unlauterkeit) als unvorsätzlich (*culpa*), in der dritten aber als vorsätzliche Schuld (*dolus*) beurteilt werden; und hat zu ihrem Charakter eine gewisse *Tücke* des menschlichen Herzens (*dolus malus*), sich wegen seiner eigenen guten oder bösen Gesinnungen selbst zu betrügen und, wenn nur die Handlungen das Böse nicht zur Folge haben, was sie nach ihren Maximen wohl haben könnten, sich seiner Gesinnung wegen nicht zu beunruhigen, sondern vielmehr vor dem Gesetze gerechtfertigt zu halten. [...]

Diese Unredlichkeit, sich selbst blauen Dunst vorzumachen, welche die Gründung echter moralischer Gesinnung in uns abhält, erweitert sich denn auch äußerlich zur Falschheit und Täuschung anderer; welche, wenn sie nicht Bosheit genannt werden soll, doch wenigstens Nichtswürdigkeit zu heißen verdient, und liegt in dem Bösen der menschlichen Natur, welches (indem es die moralische Urteilskraft in Ansehung dessen, wofür man einen Menschen halten solle, verstimmt und die Zurechnung innerlich und äußerlich ganz ungewiß macht) den faulen Fleck unserer Gattung ausmacht, der, solange wir ihn nicht herausbringen, den Keim des Guten hindert, sich, wie er sonst wohl tun würde, zu entwickeln.

149. Zum ewigen Frieden

Da die Art, wie Staaten ihr Recht verfolgen, nie, wie bei einem äußeren Gerichtshofe, der Prozeß, sondern nur der Krieg sein kann, durch diesen aber und seinen günstigen Ausschlag, den *Sieg,* das Recht nicht entschieden wird, und durch den *Friedensvertrag* zwar wohl dem diesmaligen Kriege, aber nicht dem Kriegszustande (immer zu einem neuen Vorwand zu finden) ein Ende gemacht wird (den man auch nicht geradezu für ungerecht erklären kann, weil in diesem Zustande jeder in seiner eigenen Sache Richter ist), gleichwohl aber von Staaten nach dem Völkerrecht nicht eben das gelten kann, was von Menschen im gesetzlosen Zustande nach dem Naturrecht gilt, „aus diesem Zustande herausgehen zu sollen" (weil sie als Staaten innerlich schon eine rechte Verfassung haben und also dem Zwange anderer, sie nach ihren Rechtsbegriffen unter eine erweiterte gesetzliche Verfassung zu bringen, entwachsen sind), indessen daß doch die Vernunft vom Throne der höchsten moralisch gesetzgebenden Gewalt herab den Krieg als Rechtsgang schlechterdings verdammt, den Friedenszustand dagegen zur unmittelbaren Pflicht macht, welcher doch, ohne einen Vertrag der Völker unter sich, nicht gestiftet oder gesichert werden kann: – so muß es einen Bund von besonderer Art geben, den man den *Friedensbund (foedus pacificum)* nennen kann, der vom *Friedensvertrag (pactum pacis)* darin unterschieden sein würde, daß dieser bloß einen Krieg, jener aber alle Kriege auf immer zu endigen suchte. Dieser Bund geht auf keinen Erwerb irgendeiner Macht des Staats, sondern lediglich auf Erhaltung und Sicherung der *Freiheit* eines Staates für sich selbst und zugleich anderer verbündeten Staaten, ohne daß diese doch sich deshalb (wie Menschen im Naturzustande) öffentlichen Gesetzen und einem Zwange unter denselben unterwerfen dürfen. – Die Ausführbarkeit (objektive Realität) dieser Idee der *Föderalität,* die sich allmählich über alle Staaten erstrecken soll und so zum ewigen Frieden hinführt, läßt sich darstellen. Denn wenn das Glück es so fügt: daß ein mächtiges und aufgeklärtes Volk sich zu einer Republik (die ihrer Natur nach zum ewigen Frieden geneigt sein muß) bilden kann, so gibt diese einen Mittelpunkt der föderativen Vereinigung für andere Staaten ab, um sich an sie anzuschließen und so den Freiheitszustand der Staaten gemäß der Idee des Völkerrechts zu sichern und sich durch mehrere Verbindungen dieser Art nach und nach immer weiter auszubreiten.

Daß ein Volk sagt: „Es soll unter uns kein Krieg sein; denn wir wollen uns in einen Staat formieren, d. i. uns selbst eine oberste gesetzgebende, regierende und richtende Gewalt setzen, die unsere Streitigkeiten friedlich ausgleicht", – das läßt sich verstehen. – Wenn aber dieser Staat sagt: „Es soll kein

Krieg zwischen mir und andern Staaten sein, obgleich ich keine oberste gesetzgebende Gewalt erkenne, die mir mein, und der ich ihr Recht sichere", so ist es gar nicht zu verstehen, worauf ich dann das Vertrauen zu meinem Rechte gründen wolle, wenn es nicht das Surrogat des bürgerlichen Gesellschaftsbundes, nämlich der freie Föderalism ist, den die Vernunft mit dem Begriffe des Völkerrechts notwendig verbinden muß, wenn überall etwas dabei zu denken übrigbleiben soll.

Bei dem Begriffe des Völkerrechts, als eines Rechts zum Kriege, läßt sich eigentlich gar nichts denken (weil es ein Recht sein soll, nicht nach allgemein gültigen äußern, die Freiheit jedes einzelnen einschränkenden Gesetzen, sondern nach einseitigen Maximen durch Gewalt, was Recht sei, zu bestimmen), es müßte denn darunter verstanden werden: daß Menschen, die so gesinnt sind, ganz recht geschieht, wenn sie sich untereinander aufreiben und also den ewigen Frieden in dem weiten Grabe finden, das alle Greuel der Gewalttätigkeit samt ihren Urhebern bedeckt. – Für Staaten im Verhältnisse untereinander kann es nach der Vernunft keine andere Art geben, aus dem gesetzlosen Zustande, der lauter Krieg enthält, herauszukommen, als daß sie, ebenso wie einzelne Menschen, ihre wilde (gesetzlose) Freiheit aufgeben, sich zu öffentlichen Zwangsgesetzen bequemen und so einen (freilich immer wachsenden) *Völkerstaat* (*civitas gentium*), der zuletzt alle Völker der Erde befassen würde, bilden. Da sie dieses aber nach ihrer Idee vom Völkerrecht durchaus nicht wollen, mithin, was *in thesi* richtig ist, *in hypothesi* verwerfen, so kann an die Stelle der positiven Idee einer *Weltrepublik* (wenn nicht alles verloren werden soll) nur das *negative* Surrogat eines den Krieg abwehrenden, bestehenden und sich immer ausbreitenden Bundes den Strom der rechtscheuenden, feindseligen Neigung aufhalten, doch mit beständiger Gefahr ihres Ausbruchs.

150. Geselligkeit

Allein zu essen (*solipsismus convictorii*) ist für einen *philoso-phierenden* Gelehrten ungesund, nicht Restauration, sondern (vornehmlich wenn es gar einsames *Schwelgen* wird) Exhaustion; erschöpfende Arbeit, nicht belebendes Spiel der Gedanken. *Der genießende* Mensch, der im Denken während der einsamen Mahlzeit an sich selbst zehrt, verliert allmählich die Munterkeit, die er dagegen gewinnt, wenn ein Tischgenosse ihm durch seine abwechselnde Einfälle neuen Stoff zur Belebung darbietet, welchen er selbst nicht hat ausspüren dürfen. [...]

Die Regeln eines geschmackvollen Gastmahls, das die Gesellschaft *animiert* sind: a) Wahl eines Stoffs zur Unterredung, der alle interessiert und immer jemanden Anlaß gibt, etwas schicklich hinzuzusetzen. b) Keine tödliche Stille, sondern nur augenblickliche Pause in der Unterredung entstehen zu lassen. c) Den Gegenstand nicht ohne Not zu variieren und von einer Materie zu einer anderen abzuspringen: weil das Gemüt am Ende des Gastmahls wie am Ende eines Drama (dergleichen auch das zurückgelegte ganze Leben des vernünftigen Menschen ist) sich unvermeidlich mit der Rückerinnerung der mancherlei Akte des Gesprächs beschäftigt; wo denn, wenn es keinen Faden des Zusammenhangs herausfinden kann, es sich verwirrt fühlt und in der Kultur nicht fortgeschritten, sondern eher rückgängig geworden zu sein mit Unwillen inne wird. – Man muß einen Gegenstand, der unterhaltend ist, beinahe erschöpfen, ehe man zu einem anderen übergeht, und beim Stocken des Gesprächs etwas anderes damit Verwandtes zum Versuch in die Gesellschaft unbemerkt zu spielen verstehen: so kann ein einziger in der Gesellschaft unbemerkt und unbeneidet diese Leitung der Gespräche übernehmen. d) Keine *Rechthaberei* weder für sich noch für die Mitgenossen der Gesellschaft entstehen oder dauern zu lassen: vielmehr, da diese Unterhaltung kein Geschäft, sondern nur Spiel sein soll, jene Ernsthaftigkeit durch einen geschickt angebrachten Scherz abwenden. e) In dem ernstlichen Streit, der gleichwohl nicht zu vermeiden ist, sich selbst und seinen Affekt sorgfältig so in Disziplin zu erhalten, daß wechselseitige Achtung und Wohlwollen immer hervorleuchte; wobei es mehr auf den Ton (der nicht schreihälsig oder arrogant sein muß), als auf den Inhalt des Gesprächs ankommt: damit keiner der Mitgäste mit dem anderen *entzweiet* aus der Gesellschaft in die Häuslichkeit zurückkehre.

So unbedeutend diese Gesetze der verfeinerten Menschheit auch scheinen mögen, vornehmlich wenn man sie mit dem reinmoralischen vergleicht, so ist doch alles, was Geselligkeit befördert, wenn es auch nur in gefallenden Maximen oder Manieren bestände, ein die Tugend vorteilhaft kleidendes Gewand, welches der letzteren auch in ernsthafter Rücksicht zu empfehlen ist. – Der *Purism* des *Zynikers* und die *Fleisches-tötung* des *Anachoreten* ohne gesellschaftliches Wohlleben sind verzerrte Gestalten der Tugend und für diese nicht einladend; sondern, von den Grazien verlassen, können sie auf Humanität nicht Anspruch machen.

Matthias Claudius (1740–1815)

151. Scheue niemand soviel als Dich selbst

Scheue niemand so viel, als Dich selbst. Inwendig in uns woh-net der Richter, der nicht trügt, und an dessen Stimme uns mehr gelegen ist, als an dem Beifall der ganzen Welt und der Weisheit der Griechen und Ägypter. Nimm es Dir vor, Sohn, nicht wider seine Stimme zu tun; und was Du sinnest und vor-hast, schlage zuvor an Deine Stirne und frage ihn um Rat. Er spricht anfangs nur leise und stammelt wie ein unschuldiges Kind; doch, wenn Du seine Unschuld ehrst, löset er gemach seine Zunge und wird Dir vernehmlicher sprechen.

Johann Gottfried Herder (1744–1803)

152. Über Gesetze

Wenn der Mensch zur Freiheit erschaffen ist und auf der Erde kein Gesetz hat als das er sich selbst auflegt: so muß er das verwildertste Geschöpf werden, wenn er nicht bald das Gesetz Gottes in der Natur erkennet und der Vollkommenheit des Vaters als Kind nachstrebet. Tiere sind geborne Knechte im großen Hause der irdischen Haushaltung; sklavische Furcht vor Gesetzen und Strafen ist auch das gewisseste Merkmal tie-rischer Menschen. Der wahre Mensch ist frei und gehorcht aus Güte und Liebe: denn alle Gesetze der Natur, wo er sie einsie-het, sind gut und wo er sie nicht einsiehet, lernt er ihnen mit kindlicher Einfalt folgen. Gehest du nicht willig, sagten die Weisen, so mußt du gehen: die Regel der Natur ändert sich deinetwegen nicht; je mehr du aber die Vollkommenheit, Güte und Schönheit derselben erkennest, desto mehr wird auch die-se lebendige Form dich zum *Nachbilde der Gottheit* in deinem irdischen Leben bilden. Wahre Religion also ist ein kindlicher

Gottesdienst, eine Nachahmung des Höchsten und Schönsten im menschlichen Bilde, mithin die innigste Zufriedenheit, die wirksamste Güte und Menschenliebe.

153. Die Erziehung des Menschengeschlechts

So wenig ein Mensch seiner natürlichen Geburt nach aus sich entspringt: so wenig ist er im Gebrauch seiner geistigen Kräfte ein Selbstgeborner. Nicht nur der Keim unsrer innern Anlagen ist genetisch wie unser körperliches Gebilde: sondern auch jede Entwicklung dieses Keimes hängt vom Schicksal ab, das uns hie oder dorthin pflanzte und nach Zeit und Jahren die Hülfsmittel der Bildung um uns legte. [...]
Hier also liegt das Principium zur Geschichte der Menschheit, ohne welches es keine solche Geschichte gäbe. Empfinge der Mensch alles aus sich und entwickelte es abgetrennt von äußern Gegenständen: so wäre zwar eine Geschichte *des* Menschen, aber nicht *der* Menschen, nicht ihres ganzen Geschlechts möglich. Da nun aber unser spezifischer Charakter eben darin liegt, daß wir, beinah ohne Instinkt geboren, nur durch eine lebenslange Übung zur Menschheit gebildet werden, und sowohl die Perfektibilität als die Korruptibilität unsres Geschlechts hierauf beruhet: so wird eben damit auch die Geschichte der Menschheit notwendig ein Ganzes, d. i. eine Kette der Geselligkeit und bildenden Tradition vom Ersten bis zum letzten Gliede.
Es gibt also eine Erziehung des Menschengeschlechts; eben weil jeder Mensch nur durch Erziehung ein Mensch wird und das ganze Geschlecht nicht anders als in dieser Kette von Individuen lebt.

154. Das Evangelium zur Glückseligkeit

Und warum verhehlen wir eine Norm der Ausbreitung des moralischen Gesetzes der Menschheit, die uns so nahe lieget? *Das Christentum gebietet die reinste Humanität auf dem reinsten Wege.* Menschlich und für jedermann faßlich; demütig, nicht stolz-autonomisch; selbst nicht als *Gesetz* sondern als Evangelium zur Glückseligkeit Aller gebietet und gibt es verzeihende Duldung, eine das Böse mit Gutem überwindende tätige Liebe. Es gebietet solche nicht als einen Gegenstand der Spekulation, sondern gibt sie als Licht und Leben der Menschheit, durch Vorbild und liebende Tat, durch fortwirkende *Gemeinschaft*. Es dienet *allen* Klassen und Ständen der Menschheit, bis in jeder jedes Widrige zu seiner Zeit von selbst verdorret und abfällt. Der Mißbrauch des Christentums hat Zahlloses Böse in der Welt verursacht; ein Erweis, was sein rechter Gebrauch vermöge. Eben daß, wie es gediehen ist, es so viel gutzumachen, zu ersetzen, zu entschädigen hat, zeigt nach der Regel, die in ihm liegt, daß es dies tun müsse und tun werde. Der Labyrinth seiner Mißbräuche und Irrwege ist nicht unendlich; auf seine reine Bahn zurückgeführt kann es nicht anders als zu dem Ziel streben, den sein Stifter schon in dem von ihm gewählten Namen *„Menschensohn"* (d. i. Mensch) und im Gerichtsspruch des letzten Tages ausdrückte. Wenn die schlechte Moral sich an dem Satz begnügt: „Jeder für sich, Niemand für alle!" so ist der Spruch: „niemand für sich allein, jeder für Alle!" des Christentums Losung.

Johann Wolfgang von Goethe (1749–1832)

155. Maximen und Reflexionen

Es gibt zwei friedliche Gewalten: das Recht und die Schicklichkeit.

Das Recht dringt auf Schuldigkeit, die Polizei aufs Geziemende. Das Recht ist abwägend und entscheidend, die Polizei überschauend und gebietend. Das Recht bezieht sich auf den Einzelnen, die Polizei auf die Gesamtheit.

Alle Gesetze sind Versuche, sich den Absichten der moralischen Weltordnung im Welt- und Lebenslaufe zu nähern.

Alle Gesetze sind von Alten und Männern gemacht. Junge und Weiber wollen die Ausnahme, Alte die Regel.

Es ist besser, es geschehe dir Unrecht, als die Welt sei ohne Gesetz. Deshalb füge sich jeder dem Gesetze.

Es ist besser, daß Ungerechtigkeiten geschehen, als daß sie auf eine ungerechte Weise gehoben werden.

Dem tätigen Menschen kommt es darauf an, daß er das Recht tue; ob das Recht geschehe, soll ihn nicht kümmern.

Was aber ist deine Pflicht? Die Forderung des Tages.

Pflicht: wo man liebt, was man sich selbst befiehlt.

Erfüllte Pflicht empfindet sich immer noch als Schuld, weil man sich nie ganz genug getan.

Wo ich aufhören muß, sittlich zu sein, habe ich keine Gewalt mehr.

Wer freudig tut und sich des Getanen freut, ist glücklich.

Zum Tun gehört Talent, zum Wohltun Vermögen.

Friedrich von Schiller (1759–1805)

156. Die schöne Seele

Es ist für moralische Wahrheiten gewiß nicht vortheilhaft, Empfindungen *gegen* sich zu haben, die der Mensch ohne Erröthen sich gestehen darf. Wie sollen sich aber die Empfindungen der Schönheit und Freyheit mit dem austeren Geist eines Gesetzes vertragen, das ihn mehr durch *Furcht* als durch *Zuversicht* leitet, das ihn, den die Natur doch *vereinigte,* stets zu *vereinzeln* strebt, und nur dadurch, daß es ihm Mistrauen gegen den einen Theil seines Wesens erweckt, sich der Herrschaft über den andern versichert. Die menschliche Natur ist ein verbundeneres Ganze in der Wirklichkeit, als es dem Philosophen, der nur durch Trennen was vermag, erlaubt ist, sie erscheinen zu lassen. Nimmermehr kann die Vernunft Affekte als ihrer unwerth verwerfen, die das Herz mit Freudigkeit bekennt, und der Mensch da, wo er moralisch gesunken wäre, nicht wohl in seiner eigenen Achtung steigen. Wäre die sinnliche Natur im Sittlichen immer nur die unterdrückte und nie die *mitwirkende* Parthey, wie könnte sie das ganze Feuer ihrer Gefühle zu einem Triumph hergeben, der über sie selbst gefeyert wird? Wie könnte sie eine so lebhafte Theilnehmerin an dem Selbstbewußtseyn des reinen Geistes seyn, wenn sie sich nicht endlich so innig an ihn anschließen könnte, daß selbst der analytische Verstand sie nicht ohne Gewaltthätigkeit mehr von ihm trennen kann.

Der Wille hat ohnehin einen unmittelbarern Zusammenhang mit dem Vermögen der Empfindungen als dem der Erkenntniß, und es wäre in manchen Fällen schlimm, wenn er sich bey der reinen Vernunft erst orientiren müßte. Es erweckt mir kein gutes Vorurtheil für einen Menschen, wenn er der Stimme des Triebes so wenig trauen darf, daß er gezwungen ist, ihn jedesmal erst vor dem Grundsatze der Moral abzuhören; vielmehr achtet man ihn hoch, wenn er sich demselben, ohne Gefahr, durch ihn mißgeleitet zu werden, mit einer gewissen Sicherheit vertraut. Denn das beweist, daß beyde Principien in ihm sich schon in derjenigen Übereinstimmung befinden, welche das Siegel der vollendeten Menschheit, und dasjenige ist, was man unter einer schönen Seele verstehet.

Eine schöne Seele nennt man es, wenn sich das sittliche Gefühl aller Empfindungen des Menschen endlich bis zu dem Grad versichert hat, daß es dem Affekt die Leitung des Willens ohne Scheu überlassen darf, und nie Gefahr läuft, mit den Entscheidungen desselben im Widerspruch zu stehen. Daher sind bey einer schönen Seele die einzelnen Handlungen eigentlich nicht sittlich, sondern der ganze Charakter ist es. Man kann ihr auch keine einzige darunter zum Verdienst anrechnen, weil eine Befriedigung des Triebes nie verdienstlich heißen kann. Die schöne Seele hat kein andres Verdienst, als daß sie ist. Mit einer Leichtigkeit, als wenn bloß der Instinkt aus ihr handelte, übt sie der Menschheit peinlichste Pflichten aus, und das heldenmüthigste Opfer, das sie dem Naturtriebe abgewinnt, fällt, wie eine freiwillige Wirkung eben dieses Triebes, in die Augen. Daher weiß sie selbst auch niemals um die Schönheit ihres Handelns, und es fällt ihr nicht mehr ein, daß man anders handeln und empfinden könnte; dagegen ein schulgerechter Zögling der Sittenregel, so wie das Wort des Meisters ihn fordert, jeden Augenblick bereit seyn wird, vom Verhältniß seiner Handlungen zum Gesetz die strengste Rechnung abzulegen. Das Leben des Letztern wird einer Zeichnung gleichen, worinn man die Regel durch harte Striche angedeutet sieht, und an der allenfalls ein Lehrling die Principien der Kunst lernen könnte. Aber in einem schönen Leben sind, wie in einem Titianischen Gemählde, alle jene schneidenden Grenzlinien verschwunden, und doch tritt die ganze Gestalt nur desto wahrer, lebendiger, harmonischer hervor.

In einer schönen Seele ist es also, wo Sinnlichkeit und Vernunft, Pflicht und Neigung harmoniren, und Grazie ist ihr Ausdruck in der Erscheinung. Nur im Dienst einer schönen Seele kann die Natur zugleich Freyheit besitzen, und ihre Form bewahren, da sie erstere unter der Herrschaft eines strengen Gemüths, letztere unter der Anarchie der Sinnlichkeit einbüßt.

Johann Gottlieb Fichte (1752–1814)

157. Über die Bestimmung des Menschen

Ich soll schlechthin etwas tun, damit es geschehe; etwas unterlassen, damit es unterbleibe. – Aber kann ich handeln, ohne einen Zweck außer dem Handeln im Auge zu haben; ohne auf Etwas, das durch mein Handeln, und allein dadurch, erst möglich werden kann und soll, meine Absicht zu richten? Kann ich wollen, ohne Etwas zu wollen? Nimmermehr! [...]
Ich sage, das Gebot des Handelns selbst ist es, welches durch sich selbst mir einen Zweck setzt: dasselbe in mir, was mich nötigt, zu denken, daß ich so handeln solle, nötigt mich, zu glauben, daß aus diesem Handeln etwas erfolgen werde; es eröffnet dem Auge meines Geistes die Aussicht auf eine andere Welt; die da allerdings Welt ist, ein Zustand ist, und kein Handeln, aber eine andere und bessere Welt, als die für mein sinnliches Auge vorhandene; es macht, daß ich diese bessere Welt begehre, sie mit allen meinen Trieben umfasse, und ersehne, nur in ihr lebe, und nur an ihr mich befriedige. Jenes Gebot bürgt mir durch sich selbst für die sichere Erreichung dieses Zwecks. Dieselbe Gesinnung, mit der ich mein ganzes Denken und Leben auf dieses Gebot richte und hefte, und nichts sehe, außer ihm, führt zugleich die unerschütterliche Überzeugung bei sich, daß die Verheißung desselben wahr und gewiß sei, und hebt die Möglichkeit auf, das Gegenteil auch nur zu denken. Wie ich im Gehorsam lebe, lebe ich zugleich in der Anschauung seines Zwecks; lebe ich in der bessern Welt, die er mir verheißet. [...]
Ich kann mir die gegenwärtige Lage der Menschheit schlechthin nicht denken, als diejenige, bei der es nun bleiben könne; schlechthin nicht denken, als ihre ganze, und letzte

Bestimmung. Dann wäre alles Traum und Täuschung; und es wäre nicht der Mühe wert, gelebt, und dieses stets wiederkehrende, auf nichts ausgehende, und nichts bedeutende Spiel mit getrieben zu haben. Nur inwiefern ich diesen Zustand betrachten darf, als Mittel eines bessern, als Durchgangspunkt zu einem höhern und vollkommenern, erhält er Wert für mich; nicht um sein selbst, sondern um des Bessern willen, das er vorbereitet, kann ich ihn tragen, ihn achten, und in ihm freudig das Meinige vollbringen. In dem Gegenwärtigen kann mein Gemüt nicht Platz fassen, noch einen Augenblick ruhen; unwiderstehlich wird es von ihm zurückgestoßen; nach dem Künftigen und Bessern strömt unaufhaltsam hin mein ganzes Leben. […]

Alle jene Ausbrüche der rohen Gewalt, vor welchen die menschliche Macht in Nichts verschwindet, jene verwüstenden Orkane, jene Erdbeben, jene Vulkane können nichts anderes sein, denn das letzte Sträuben der wilden Masse gegen den gesetzmäßig fortschreitenden, belebenden und zweckmäßigen Gang, zu welchem sie ihrem eignen Triebe zuwider gezwungen wird – nichts, denn die letzten erschütternden Striche der sich erst vollendenden Ausbildung unseres Erdballes. Jener Widerstand muß allmählich schwächer, und endlich erschöpft werden, da in dem gesetzmäßigen Gange nichts liegen kann, das seine Kraft erneue; jene Ausbildung muß endlich vollendet, und das uns bestimmte Wohnhaus fertig werden. Die Natur muß allmählich in die Lage eintreten, daß sich auf ihren gleichmäßigen Schritt sicher rechnen und zählen lasse, und daß ihre Kraft unverrückt ein bestimmtes Verhältnis mit der Macht halte, die bestimmt ist, sie zu beherrschen, – mit der menschlichen. […]

Es ist die Bestimmung unsers Geschlechts, sich zu einem Einigen, in allen seinen Teilen durchgängig mit sich selbst bekannten, und allenthalben auf die gleiche Weise ausgebildeten Körper zu vereinigen. Die Natur, und selbst die Leidenschaften und Laster der Menschen haben von Anfang an gegen dieses Ziel hingetrieben; es ist schon ein großer Teil des Weges zu ihm zurückgelegt, und es läßt sich sicher darauf rechnen, daß dasselbe, die Bedingung der weiteren gemeinschaftlichen Fortschritte, zu seiner Zeit erreicht sein werde. Befrage man doch die Geschichte nicht, ob die Menschen im ganzen rein sittlicher geworden! Zu ausgedehnter, umfassender, gewaltiger

Willkür sind sie herangewachsen; aber beinahe wurde es notwendig durch ihre Lage, daß sie diese Willkür fast nur zum Bösen anwendeten. […] Aber befrage man sie, diese Geschichte, in welchem Zeitpunkte die vorhandne Bildung am weitesten ausgebreitet, und unter die mehresten Einzelnen verteilt gewesen; und man wird ohne Zweifel finden, daß vom Anfange der Geschichte an, bis auf unsre Tage die wenigen lichten Punkte der Kultur sich von ihrem Mittelpunkte aus erweitert, und einen einzelnen nach dem andern, und ein Volk nach dem andern ergriffen haben, und daß diese weitere Verbreitung der Bildung unter unsern Augen fortdauere. – Und dies war das erste Ziel der Menschheit auf ihrer unendlichen Bahn. Bis dieses erreicht, bis die vorhandene Bildung jedes Zeitalters über den ganzen bewohnten Erdball verteilt, und unser Geschlecht der uneingeschränktesten Mitteilung mit sich selbst fähig ist, muß eine Nation die andere, ein Weltteil den andern auf der gemeinschaftlichen Bahn erwarten, und jeder dem allgemeinen Bunde, um dessen willen allein sie selbst da sind, seine Jahrhunderte des scheinbaren Stillstandes, oder Rückganges zum Opfer bringen. Nachdem jenes erste Ziel erreicht sein wird, nachdem alles Nützliche, was an einem Ende der Erde gefunden worden, sogleich allen bekannt und mitgeteilt werden wird, dann wird ununterbrochen, ohne Stillstand und Rückgang, mit gemeinschaftlicher Kraft, und mit Einem Schritte die Menschheit zu einer Bildung sich erheben, für welche es uns an Begriffen mangelt. […]

Es ist kein Mensch, der das Böse liebe, weil es böse ist; er liebt in ihm nur die Vorteile, und Genüsse, die es ihm verheißet, und die es ihm in der gegenwärtigen Lage der Menschheit mehrenteils wirklich gewährt. Solange diese Lage fortdauert, solange ein Preis auf das Laster gesetzt ist, ist eine gründliche Verbesserung der Menschen im ganzen kaum zu hoffen. Aber in einer bürgerlichen Verfassung, wie sie sein soll, wie sie durch die Vernunft gefordert wird, wie der Denker leicht sie beschreibt, ohnerachtet er bis jetzt sie nirgends findet, und wie sie sich unter dem ersten Volke, das sich wahrhaftig befreit, notwendig bilden wird – in einer solchen Verfassung zeigt das Böse keine Vorteile, sondern vielmehr die sichersten Nachteile, und durch die bloße Selbstliebe wird die Ausschweigung der Selbstliebe in ungerechte Handlungen unterdrückt. Nach der untrüglichen Einrichtung in einem solchen Staate ist jede Bevorteilung und Unterdrückung des andern, jede Vergrößerung auf desselben Kosten nicht nur sicher vergeblich, und alle Mühe dabei verloren, sondern sie kehrt sich sogar gegen ihren Urheber; und ihn selbst trifft unausbleiblich das Übel, das er dem andern zufügen wollte. In seinem Staate, *außer* seinem Staate, auf dem ganzen Erdboden trifft er keinen, den er ungestraft beleidigen könne. Aber es ist nicht zu erwarten, daß jemand Böses beschließen werde, bloß um Böses zu beschließen, ohnerachtet er es nie ausführen kann, und nichts darauf erfolgt, als sein eigner Schade. Der Gebrauch der Freiheit zum Bösen ist aufgehoben; der Mensch muß sich entschließen, diese seine Freiheit entweder gänzlich aufzugeben, und geduldig ein leidendes Rad in der großen Maschine des Ganzen zu werden, oder dieselbe auf das Gute zu wenden. Und so wird denn auf dem so vorbereiteten Boden leicht das Gute gedeihen. Nachdem keine selbstsüchtige Absichten mehr die Menschen zu teilen, und ihre Kräfte im Kampfe untereinander selbst aufzureiben vermögen, bleibt ihnen nichts übrig, als ihre vereinigte Macht gegen den einigen gemeinschaftlichen Gegner zu richten, der ihnen noch übrig ist, die widerstrebende, ungebildete Natur; nicht mehr getrennt durch Privatzwecke, verbinden sie sich notwendig zu dem einigen, gemeinsamen Zwecke, und es entsteht ein Körper, den allenthalben derselbe Geist und dieselbe Liebe belebt. Jeder Nachteil des Einzelnen ist nun, da er nicht mehr Vorteil für irgendeinen andern sein kann, Nachteil für das Ganze, und für jedes einzelne Glied desselben, und wird in jedem Gliede mit demselben Schmerze empfunden, und mit derselben Tätigkeit ersetzt; jeden Fortschritt, den ein Mensch gemacht hat, hat die ganze menschliche Natur gemacht. Hier, wo das kleine, enge Selbst der Personen schon durch die Verfassung vernichtet ist, liebt jeder jeden andern wahrhaft als sich selbst, als Bestandteil jenes großen Selbst, das allein für seine Liebe übrig bleibt, und von dem auch er nichts mehr ist, als ein bloßer Bestandteil, der nur mit dem Ganzen zugleich gewinnen oder verlieren kann. Hier ist der Widerstreit des Bösen gegen das Gute aufgehoben, denn es kann kein Böses mehr aufkommen. Der Streit der Guten untereinander, selbst über das Gute, verschwindet, nun es ihnen erleichtert ist, das Gute wahrhaft um sein selbst, nicht um ihrer selbst willen, als der Urheber davon, zu lieben; nun es ihnen nur noch darum zu tun sein kann, daß es geschehe, daß die Wahrheit gefunden, daß die nützliche Tat ausgeführt werde, nicht aber, durch Wen es geschehe. Hier ist jeder immer in Bereitschaft, seine Kraft an die Kraft des andern anzuschließen, und sie der des andern unterzuordnen; wer nach dem Urteile aller das Beste am besten ausführen wird, den werden alle unterstützen, und des Gelingens mit gleicher Freude genießen.

Dieses ist der Zweck unsers irdischen Lebens, den uns die Vernunft aufstellt, und für dessen unfehlbare Erreichung sie bürgt.

Wilhelm von Humboldt (1767–1835)

158. Der Zweck des Menschen

Der wahre Zweck des Menschen – nicht der, welchen die wechselnde Neigung, sondern welchen die ewig unveränderliche Vernunft ihm vorschreibt – ist die höchste und proportionirlichste Bildung seiner Kräfte zu einem Ganzen. Zu dieser Bildung ist Freiheit die erste, und unerlassliche Bedingung. Allein ausser der Freiheit erfordert die Entwikkelung der menschlichen Kräfte noch etwas andres, obgleich mit der Freiheit eng verbundenes, Mannigfaltigkeit der Situationen. Auch der freieste und unabhängigste Mensch, in einförmige Lage versetzt, bildet sich minder aus. Zwar ist nun einestheils diese Mannigfaltigkeit allemal Folge der Freiheit, und anderntheils giebt es auch eine Art der Unterdrükkung, die, statt den Menschen einzuschränken, den Dingen um ihn her eine beliebige Gestalt giebt, so dass beide gewissermaassen Eins und dasselbe sind. Indess ist es der Klarheit der Ideen dennoch angemessener, beide noch von einander zu trennen. Jeder Mensch vermag auf Einmal nur mit Einer Kraft zu wirken, oder vielmehr sein ganzes Wesen wird auf Einmal nur zu Einer Thätigkeit gestimmt. Daher scheint der Mensch zur Einseitigkeit bestimmt, indem er seine Energie schwächt, sobald er sich auf mehrere Gegenstände verbreitet. Allein dieser Einseitigkeit entgeht er, wenn er die einzelnen, oft einzeln geübten Kräfte zu vereinen, den beinah schon verloschnen wie den erst künftig hell aufflammenden Funken in jeder Periode seines Lebens zugleich mitwirken zu lassen, und statt der Gegenstände, auf die er wirkt, die Kräfte, womit er wirkt, durch Verbindung zu vervielfältigen strebt. [...]

Diese Kraft nun und diese mannigfaltige Verschiedenheit vereinen sich in der Originalität, und das also, worauf die ganze Grösse des Menschen zulezt beruht, wonach der einzelne Mensch ewig ringen muss, und was der, welcher auf Menschen wirken will, nie aus den Augen verlieren darf, ist Eigenthümlichkeit der Kraft und der Bildung. Wie diese Eigenthümlichkeit durch Freiheit des Handlens und Mannigfaltigkeit der Handlenden gewirkt wird; so bringt sie beides wiederum hervor. Selbst die leblose Natur, welche nach ewig unveränderlichen Gesezen einen immer gleichmässigen Schritt hält, erscheint dem eigengebildeten Menschen eigenthümlicher. Er trägt gleichsam sich selbst in sie hinüber, und so ist es im höchsten Verstande wahr, dass jeder immer in eben dem Grade Fülle und Schönheit ausser sich wahrnimmt, in welchem er beide im eignen Busen bewahrt. Wieviel ähnlicher aber noch muss die Wirkung der Ursache da sein, wo der Mensch nicht bloss empfindet und äussere Eindrükke auffasst, sondern selbst thätig wird?

Friedrich Hölderlin (1770–1843)

159. Pros Heauton

Lern im Leben die Kunst, im Kunstwerk lerne das Leben,
Siehst du das Eine recht, siehst du das andere auch.

160. Über Bescheidenheit

Vortreffliche Menschen müssen auch wissen, daß sie es sind, und sich wohl unterscheiden von allen, die unter ihnen sind. Eine zu große Bescheidenheit hat oft die edelsten Naturen zu Grunde gerichtet, wenn sie ihrer größern oder feinern Gesinnungen sich schämten und meinten, sie müssen der ungezogenen Menge sich gleich stellen. Freilich wird man auf der andern Seite leicht zu stolz und hart und hält zu viel von sich und gar zu wenig von den andern.

Aber wir haben in uns ein Urbild alles Schönen, dem kein Einzelner gleicht. Vor diesem wird der ächtvortreffliche Mensch sich beugen und die Demuth lernen, die er in der Welt verlernt.

Georg Wilhelm Friedrich Hegel (1770–1831)

161. Natur- und Rechtsgesetze

Es gibt zweierlei Arten von Gesetzen, Gesetze der Natur und des Rechts: die Gesetze der Natur sind schlechthin und gelten so, wie sie sind: sie leiden an keiner Verkümmerung, obgleich man sich in einzelnen Fällen dagegen vergehen kann. Um zu wissen, was das Gesetz der Natur ist, müssen wir dieselbe kennenlernen, denn diese Gesetze sind richtig; nur unsere Vorstellungen davon können falsch sein. Der Maßstab dieser Gesetze ist außer uns, und unser Erkennen tut nichts zu ihnen hinzu, befördert sie nicht: nur unsere Erkenntnis über sie kann sich erweitern. Die Kenntnis des Rechts ist einerseits ebenso, andererseits nicht. Wir lernen die Gesetze ebenso kennen, wie sie schlechthin da sind; so hat sie mehr oder weniger der Bürger, und der positive Jurist bleibt nicht minder bei dem, was gegeben ist, stehen. Aber der Unterschied ist, daß bei den Rechtsgesetzen sich der Geist der Betrachtung erhebt und schon die Verschiedenheit der Gesetze darauf aufmerksam macht, daß sie nicht absolut sind. Die Rechtsgesetze sind *Gesetze,* von Menschen *Herkommendes.* Mit diesem kann notwendig die innere Stimme in Kollision treten oder sich ihm anschließen. Der Mensch bleibt bei dem Daseienden nicht stehen, sondern behauptet, in sich den Maßstab zu haben von dem, was recht ist; er kann der Notwendigkeit und der Gewalt äußerer Autorität unterworfen sein, aber niemals wie der Notwendigkeit der Natur, denn ihm sagt immer sein Inneres, wie es sein solle, und in sich selbst findet er die Bewährung oder Nichtbewährung dessen, was gilt. In der Natur ist die höchste Wahrheit, daß ein Gesetz *überhaupt* ist; in den Gesetzen des Rechts gilt die Sache nicht, weil sie ist, sondern jeder fordert, sie solle seinem eigenen Kriterium entsprechen. Hier also ist ein Widerstreit möglich dessen, was ist, und dessen, was sein soll, des an und für sich seienden Rechts, welches unverändert bleibt, und der Willkürlichkeit der Bestimmung dessen, was als Recht gelten solle. Solche Trennung und solcher Kampf findet sich nur auf dem Boden des Geistes, und weil der Vorzug des Geistes somit zum Unfrieden und zur Unseligkeit zu führen scheint, so wird man häufig zur Betrachtung der Natur aus der Willkür des Lebens zurückverwiesen und soll sich an derselben ein Muster nehmen. Gerade in diesen Gegensätzen aber des an und für sich seienden Rechts und dessen, was die Willkür als Recht geltend macht, liegt das Bedürfnis, gründlich das Rechte erkennen zu lernen. Seine Vernunft muß dem Menschen im Rechte entgegenkommen; er muß also die Vernünftigkeit des Rechts betrachten, und dies ist die Sache unserer Wissenschaft, im Gegensatz der positiven Jurisprudenz, die es oft nur mit Widersprüchen zu tun hat. Die gegenwärtige Welt hat dazu noch ein dringenderes Bedürfnis, denn vor alten Zeiten war noch Achtung und Ehrfurcht vor dem bestehenden Gesetz da; jetzt aber hat die Bildung der Zeit eine andere Wendung genommen, und der Gedanke hat sich an die Spitze alles dessen gestellt, was gelten soll. Theorien stellen sich dem Daseienden gegenüber und wollen als an und für sich richtig und notwendig erscheinen. Nunmehr wird es spezielleres Bedürfnis, die Gedanken des Rechts zu erkennen und zu begreifen. Da sich der Gedanke zur wesentlichen Form erhoben hat, so muß man auch das Recht als Gedanken zu fassen suchen. Dies scheint zufälligen Meinungen Tür und Tor zu öffnen, wenn der Gedanke über das Recht kommen soll; aber der wahrhafte Gedanke ist keine Meinung über die Sache, sondern der Begriff der Sache selbst. Der Begriff der Sache kommt uns nicht von Natur. Jeder Mensch hat Finger, kann Pinsel und Farben haben, darum aber ist er noch kein Maler. Ebenso ist es mit dem Denken. Der Gedanke des Rechts ist nicht etwa, was jedermann aus erster Hand hat, sondern das richtige Denken ist das Kennen und Erkennen der Sache, und unsere Erkenntnis soll daher wissenschaftlich sein.

162. Das Gewissen

Das wahrhafte Gewissen ist die Gesinnung, das, was *an und für sich* gut ist, zu wollen; es hat daher feste Grundsätze, und zwar sind ihm diese die für sich objektiven Bestimmungen und Pflichten. Von diesem seinem Inhalte, der Wahrheit, unterschieden, ist es nur die *formelle Seite* der Tätigkeit des Willens, der als *dieser* keinen eigentümlichen Inhalt hat. Aber das objektive System dieser Grundsätze und Pflichten und die Vereinigung des subjektiven Wissens mit demselben ist erst auf dem Standpunkte der Sittlichkeit vorhanden.

Hier auf dem formellen Standpunkte der Moralität ist das Gewissen ohne diesen objektiven Inhalt, so für sich die unendliche formelle Gewißheit seiner selbst, die eben darum zugleich als die Gewißheit *dieses* Subjekts ist.

Das *Gewissen* drückt die absolute Berechtigung des subjektiven Selbstbewußtseins aus, nämlich *in sich* und *aus sich* selbst zu wissen, was Recht und Pflicht ist, und nichts anzuerkennen, als was es so als das Gute weiß, zugleich in der Behauptung, daß, was es so weiß und will, in *Wahrheit* Recht und Pflicht ist. Das Gewissen ist als diese Einheit des subjektiven Wissens und dessen, was an und für sich ist, ein Heiligtum, welches anzutasten *Frevel* wäre. Ob aber das Gewissen eines *bestimmten Individuums* dieser Idee des Gewissens gemäß ist, ob das, was es *für gut hält* oder ausgibt, auch wirklich gut ist, dies erkennt sich allein aus dem *Inhalt* dieses Gutseinsollenden. Was Recht und Pflicht ist, ist als das an und für sich Vernünftige der Willensbestimmungen wesentlich weder das *besondere* Eigentum eines Individuums noch in der *Form* von Empfindung oder sonst einem einzelnen, d. i. sinnlichen Wissen, sondern wesentlich von *allgemeinen,* gedachten Bestimmungen, d. i. in der Form von *Gesetzen* und *Grundsätzen.* Das Gewissen ist daher diesem Urteil unterworfen, ob es *wahrhaft* ist oder nicht, und seine Berufung nur *auf sein Selbst* ist unmittelbar dem entgegen, was es sein will, die Regel einer vernünftigen, an und für sich gültigen allgemeinen Handlungsweise. Der Staat kann deswegen das Gewissen in seiner eigentümlichen Form, d. i. als *subjektives Wissen* nicht anerkennen, sowenig als in der Wissenschaft die subjektive *Meinung,* die *Versicherung* und *Berufung* auf eine subjektive Meinung, eine Gültigkeit hat.

163. Die Sittlichkeit

Das Sittliche, insofern es sich an dem individuellen durch die Natur bestimmten Charakter als solchem reflektiert, ist die *Tugend,* die, insofern sie nichts zeigt als die einfache Angemessenheit des Individuums an die Pflichten der Verhältnisse, denen es angehört, *Rechtschaffenheit* ist.

Was der Mensch tun müsse, *welches* die Pflichten sind, die er zu erfüllen hat, um tugendhaft zu sein, ist in einem sittlichen Gemeinwesen leicht zu sagen, – es ist nichts anderes von ihm zu tun, als was ihm in seinen Verhältnissen vorgezeichnet, ausgesprochen und bekannt ist. Die Rechtschaffenheit ist das Allgemeine, was an ihn teils rechtlich, teils sittlich gefordert werden kann. Sie erscheint aber für den moralischen Standpunkt leicht als etwas Untergeordneteres, über das man an sich und andere noch mehr fordern müsse; denn die Sucht, etwas *Besonderes* zu sein, genügt sich nicht mit dem, was das Anundfürsichseiende und Allgemeine ist; sie findet erst in einer *Ausnahme* das Bewußtsein der Eigentümlichkeit. – Die *verschiedenen Seiten* der Rechtschaffenheit können ebensogut auch *Tugenden* genannt werden, weil sie ebensosehr Eigentum – obwohl in der Vergleichung mit anderen nicht besonderes – des *Individuums* sind. Das Reden aber von *der* Tugend grenzt leicht an leere Deklamation, weil damit nur von einem Abstrakten und Unbestimmten gesprochen wird, so wie auch solche Rede mit ihren Gründen und Darstellungen sich an das Individuum als an eine Willkür und subjektives Belieben wendet. Unter einem vorhandenen sittlichen Zustande, dessen Verhältnisse vollständig entwickelt und verwirklicht sind, hat die *eigentliche Tugend* nur in außerordentlichen Umständen und Kollisionen jener Verhältnisse ihre Stelle und Wirklichkeit; – in wahrhaften *Kollisionen*, denn die moralische Reflexion kann sich allenthalben Kollisionen erschaffen und sich das Bewußtsein von etwas Besonderem und von gebrachten *Opfern* geben. Im ungebildeten Zustande der Gesellschaft und des Gemeinwesens kommt deswegen mehr die Form der Tugend als solcher vor, weil hier das Sittliche und dessen Verwirklichung mehr ein individuelles Belieben und eine eigentümliche geniale Natur des Individuums ist, wie denn die Alten besonders von *Herkules* die Tugend prädiziert haben. Auch in den alten Staaten, weil in ihnen die Sittlichkeit nicht zu diesem freien System einer selbständigen Entwicklung und Objektivität gediehen war, mußte es die eigentümliche Genialität der Individuen sein, welche diesen Mangel ersetzte. – Die Lehre von den Tugenden, insofern sie nicht bloß Pflichtenlehre ist, somit das Besondere, auf Naturbestimmtheit Gegründete des Charakters umfaßt, wird hiermit eine *geistige Naturgeschichte* sein. [...]

Wenn ein Mensch dieses oder jenes Sittliche tut, so ist er nicht gerade tugendhaft, aber wohl dann, wenn diese Weise des Benehmens eine Stetigkeit seines Charakters ist. Die Tugend ist mehr die sittliche Virtuosität, und wenn man heutzutage nicht so viel von Tugend spricht als sonst, so hat dies seinen Grund darin, daß die Sittlichkeit nicht mehr sosehr die Form eines besonderen Individuums ist. [...]

Aber in der einfachen *Identität* mit der Wirklichkeit der Individuen erscheint das Sittliche, als die allgemeine Handlungsweise derselben, als *Sitte*, – die *Gewohnheit* desselben als eine *zweite Natur*, die an die Stelle des ersten bloß natürlichen Willens gesetzt und die durchdringende Seele, Bedeutung und Wirklichkeit ihres Daseins ist, der als eine Welt lebendige und vorhandene *Geist*, dessen Substanz so erst als Geist ist. [...]

Wie die Natur ihre Gesetze hat, wie das Tier, die Bäume, die Sonne ihr Gesetz vollbringen, so ist die Sitte das dem Geist der Freiheit Angehörende. Was das Recht und die Moral noch nicht sind, das ist die Sitte, nämlich Geist. Denn im Rechte ist die Besonderheit noch nicht die des Begriffs, sondern nur des natürlichen Willens. Ebenso ist auf dem Standpunkt der Moralität das Selbstbewußtsein noch nicht geistiges Bewußtsein. Es ist dabei nur um den Wert des Subjekts in sich selbst zu tun, das heißt, das Subjekt, was sich nach dem Guten gegen das Böse bestimmt, hat noch die Form der Willkür. Hier hingegen auf dem sittlichen Standpunkt ist der Wille als Wille des Geistes und hat einen substantiellen sich entsprechenden Inhalt. Die Pädagogik ist die Kunst, die Menschen sittlich zu machen: sie betrachtet den Menschen als natürlich und zeigt den Weg, ihn wiederzugebären, seine erste Natur zu einer zweiten geistigen umzuwandeln, so daß dieses Geistige in ihm zur *Gewohnheit* wird. In ihr verschwindet der Gegensatz des natürlichen und subjektiven Willens, der Kampf des Subjekts ist gebrochen, und insofern gehört zum Sittlichen die Gewohnheit, wie sie auch zum philosophischen Denken gehört, da dieses erfordert, daß der Geist gegen willkürliche Einfälle gebildet sei und diese gebrochen und überwunden seien, damit das vernünftige Denken freien Weg hat. Der Mensch stirbt auch aus Gewohnheit, das heißt, wenn er sich ganz im Leben eingewohnt hat, geistig und physisch stumpf geworden und der Gegensatz von subjektivem Bewußtsein und geistiger Tätigkeit verschwunden ist, denn tätig ist der Mensch nur, insofern er etwas nicht erreicht hat und sich in Beziehung darauf produzieren und geltend machen will. Wenn dies vollbracht ist, verschwindet die Tätigkeit und Lebendigkeit, und die Interesselosigkeit, die alsdann eintritt, ist geistiger oder physischer Tod. [...]

Die *sittliche Substantialität* ist auf diese Weise zu ihrem *Rechte* und dieses zu seinem *Gelten* gekommen, daß in ihr nämlich die Eigenwilligkeit und das eigene Gewissen des Einzelnen, das für sich wäre und einen Gegensatz gegen sie machte, verschwunden [ist], indem der sittliche Charakter das unbewegte, aber in seinen Bestimmungen zur wirklichen Vernünftigkeit aufgeschlossene Allgemeine als seinen bewegenden Zweck weiß und seine Würde sowie alles Bestehen der besonderen Zwecke in ihm gegründet erkennt und wirklich darin hat. [...]

Das *Recht der Individuen* für ihre *subjektive Bestimmung zur Freiheit* hat darin, daß sie der sittlichen Wirklichkeit angehören, seine Erfüllung, indem die *Gewißheit* ihrer Freiheit in solcher Objektivität ihre *Wahrheit* hat und sie im Sittlichen *ihr eigenes* Wesen, ihre *innere* Allgemeinheit *wirklich* besitzen (§ 147).

Auf die Frage eines Vaters nach der besten Weise, seinen Sohn sittlich zu erziehen, gab ein Pythagoreer (auch anderen wird sie in den Mund gelegt) die Antwort: wenn du ihn zum *Bürger eines Staats von guten Gesetzen* machst. [...]

Darin, daß es Bürger eines guten Staates ist, kommt erst das Individuum zu seinem Recht.

Das Recht der Individuen an ihre *Besonderheit* ist ebenso in der sittlichen Substantialität enthalten, denn die Besonderheit ist die äußerlich erscheinende Weise, in welcher das Sittliche existiert.

In dieser Identität des allgemeinen und besonderen Willens fällt somit *Pflicht* und *Recht* in Eins, und der Mensch hat durch das Sittliche insofern Rechte, als er Pflichten, und Pflichten, insofern er Rechte hat. [...]

Der Staat ist die Wirklichkeit der konkreten Freiheit; die *konkrete Freiheit* aber besteht darin, daß die persönliche Einzelheit und deren besondere Interessen sowohl ihre vollständige *Entwicklung* und die *Anerkennung ihres Rechts* für sich (im Systeme der Familie und der bürgerlichen Gesellschaft) haben, als sie durch sich selbst in das Interesse des Allgemeinen teils *übergehen,* teils mit Wissen und Willen dasselbe und zwar als ihren eigenen *substantiellen Geist* anerkennen und für dasselbe als ihren *Endzweck tätig* sind, so daß weder das Allgemeine ohne das besondere Interesse, Wissen und Wollen gelte und vollbracht werde, noch daß die Individuen bloß für das letztere als Privatpersonen leben und nicht zugleich in und für das Allgemeine wollen und eine dieses Zwecks bewußte Wirksamkeit haben. Das Prinzip der modernen Staaten hat diese ungeheure Stärke und Tiefe, das Prinzip der Subjektivität sich zum *vollständigen Extreme* der persönlichen Besonderheit vollenden zu lassen und zugleich es in die *substantielle Einheit zurückzuführen* und so in ihm selbst diese zu erhalten. [...]

Da der Geist nur als das wirklich ist, als was er sich weiß, und der Staat, als Geist eines Volkes, zugleich das *alle seine Verhältnisse durchdringende* Gesetz, die Sitte und das Bewußtsein seiner Individuen ist, so hängt die Verfassung eines bestimmten Volkes überhaupt von der Weise und Bildung des Selbstbewußtseins desselben ab; in diesem liegt seine subjektive Freiheit und damit die Wirklichkeit der Verfassung.

Einem Volke eine, wenn auch ihrem Inhalte nach mehr oder weniger vernünftige Verfassung a priori geben zu wollen, – dieser Einfall übersähe gerade das Moment, durch welches sie mehr als ein Gedankending wäre. Jedes Volk hat deswegen die Verfassung, die ihm angemessen ist und für dasselbe gehört.

Friedrich von Schlegel (1772–1829)

164. Über Bildung und Ehre

In dem Begriff der Moral liegt die Beziehung aufs Leben. Die Moral ist eine Philosophie des Lebens. Aber vielleicht ist sie nicht die ganze Philosophie des Lebens. Es findet sich allerdings im Leben etwas, worauf sie nicht geht. Es ist dies [ein] von der Praxis ganz Verschiedenes. Die Praxis bezieht sich auf den äußern Menschen, aber dies bezieht sich auf das Innere desselben. Wir können recht gut ein *höheres Leben des inneren Menschen* unterscheiden von den äußern Verhältnissen oder der Praxis, dem gemeinen Leben. Dies letztere ist gemeint, wenn die Moral eine Philosophie des Lebens genannt wird. – Die Philosophie des innern Menschen, ist *die Religion,* oder Religionsphilosophie.

Will man auch nur fürs erste als Hypothese gelten lassen, daß *die Prinzipien der Philosophie des Lebens, oder der Moral,* auf unendlich viele Gegenstände anwendbar sind, so müssen wir einen Mittelpunkt finden, von dem aus wir ins Unendliche ausgehen, und wieder zurückgehen.

Es bietet sich uns hier die Analogie der Philosophie selbst dar.

Bey der Konstituzion der Philosophie hatten wir zwey Grundbegriffe und einen letzten Satz, wodurch wir die Philosophie selbst konstruirten.

Eben so werden wir auch bey der Konstituzion der Prinzipien der Moral verfahren.

Die beyden Grundbegriffe der Moralität sind *Bildung* und die *Ehre.*

(Was Bildung betrift, so ist nicht die Rede von äußerer Kultur, sondern *es ist die Entwicklung der Selbständigkeit.*)

Welches ist der letzte Satz, der Grundsatz der Moralität?

Die allgemeinen Formeln der Sittlichkeit können uns nicht helfen. Kant setzt den Grundsatz der Moralität in die *Universalität.* Allein unser Grundsatz muß grade der Universität entgegen gesetzt seyn, weil er aus den Begriffen der Bildung und der Ehre entspringt. Er wird also seyn: Die *Eigenthümlichkeit,* die *Originalität.*

Nur die Ehre giebt dem Menschen Moralität. Sie allein bringt ihn weiter. Die innere Konsequenz ist die einzige, nach der wir streben. [...]

Von der *Moral* ist die *Religion* ganz getrennt; sie sind sich entgegengesetzt. Aber dieser Gegensatz muß in einer höhern Synthesis wieder vereinigt seyn, da ein Leben ohne Ehre und Liebe erbärmlich ist.

Die Maxime der Religion hängt mit der *Hierarchie* zusammen, so wie die Prinzipien der Moral mit der *Familie.*

Die Religion und die Moral hängen auch mit der Politik zusammen, durch die negativen Elemente. Es bezieht sich die *Liebe* aufs höchste Gut, und so auch die *Ehre.*

(Die StufenReihe der Ehre fängt ohngefähr damit an, wenn jemand Muth hat; ein höherer Grad ist, *wenn jemand sich der Lüge schämet.* Hier ist schon eine Beziehung sichtbar auf die politischen Begriffe. – Das *Kriterium der Ehre* könnte seyn, *ob jemand sich der Rohheit schäme.*)

Die Verbindung kommt nur durch *ein* Element zustande. In der Bildung liegt nichts, was den Menschen antreiben kann, sich ein Verdienst um die Menschheit zu erwerben. Es liegt vielmehr darinnen der Grund der Absonderung.

Das verbindende Prinzip liegt in dem entgegengesetzten Element. Die *Grundsätze und Gefühle der Ehre* tragen die

Objektivität in sich, und verbinden wieder den Menschen mit der ganzen Menschheit.

Durch die Beziehung dieses Begriffs, nämlich *der Ehre,* auf das *höchste Gut,* und auf die Art, wie dieses im Leben erscheint, als höchste Harmonie – nimmt er einen neuen Charakter an. Er wird *positiv;* man kann ihn *Ruhmbegierde* nennen. Es ist diese also verschieden von der Ehre. Ehre ist bloß negativ.

Wenn wir bey der Moral auf die Geschichte sehen, so werden wir finden, daß allemahl diese zwey Begriffe gegolten haben.

Es gilt auch von der Moral, so wie von der Religion und Politik, daß die Philosophie nur den Umriß entwerfen kann. Wir müssen uns also auch gegen die Moralisten erklären, die Systeme aufbauen wollen. Es läßt sich die Moral nicht in ein System fassen, weil man doch immer nur eine bestimmte Zahl von Begriffen und Grundsätzen entlehnen könnte. [...]

Es läßt sich nun die Verbindung ausdrücken in einer *Thatsache* (Faktum), und in einer *Vorschrift.*

Die *Thatsache* ist: *die sittliche Bildung fängt mit der Liebe an.*

(Liebe wird hier nicht in der höchsten Abstrakzion genommen, sondern bloß seiner subjektiven Entstehung nach, als der erste Anfang zur universellen Liebe.)

Dies ist das wichtigste Faktum. Die *Vorschrift* ist von der *Natur* entlehnt, und heißt: *Folge der Natur.* Für die sittliche Bildung ist es die einzige Vorschrift.

(Es wird der höchste Begriff der *Natur* verstanden, als des Ganzen, Freien, Lebendigen, als organisch, als Individuum.)

Folge der Natur heißt daher: *So wie die Natur sich organisirt, so organisire auch dich.*

Wie das zu bewerkstelligen sey, liegt in dem Wort, aber jeder kann es nur von sich selbst lernen.

Auch die Prinzipien der *Politik* sind abhängig von *Moral* und *Religion.* Der sich bildende Mensch wird sich isoliren, aber so, daß er eine *Familie* macht. Die *Hierarchie* kann nicht gedacht werden ohne Thätigkeit und Ausbildung der innern Kraft des Menschen – also der *Religion.* Es könnte die Frage entstehen, ob die *Prinzipien der Politik* eben so bewiesen sind, als die Prinzipien der Moral und Religion? Allerdings. Nämlich die beyden *Grundbegriffe* sind *die Familie* und *Hierarchie.*

Die *Grundmaxime* ist *Republikanismus*. Die Grundbegriffe können ganz genau bestimmt werden, sie sind ganz absolut. Es ist bey ihnen von keiner Annäherung ins Unendliche die Rede.

Wenn sich eine Gesellschaft auf den innern Menschen bezieht, und es wird ihr ein bestimmtes Modell angegossen, so ist sie das nicht, was sie seyn soll. Entweder ist sie wirklich das, was sie seyn soll, oder sie ist es gar nicht. Eben so ist es mit der *Familie*.

Aber der entgegengesetzte Fall findet statt bey der Maxime – dem *Republikanismus*. Hier findet eine Annäherung ins Unendliche statt. *Republikanismus* ist Prinzip aller Gesellschaften, daher findet die Annäherung ins Unendliche statt. Selbst in gemeinen Staaten ist eine Tendenz, dem Republikanismus sich anzunähern, selbst wenn die Form entgegen seyn sollte. Die erste Tendenz aller Staaten war wohl immer republikanisch.

So wie nun die Prinzipien der Politik von der Moral und Religion abhängen, so würde auch die Moral und Religion ohne die Politik gar nicht seyn. Die Prinzipien der Politik verbinden das Ganze. Denn so nothwendig es ist, daß die Prinzipien der Moral, der Politik, und der Religion getrennt werden, – denn aus dem Nichttrennen ist wohl alle Verwirrung darüber entstanden – eben so nothwendig ist, daß die Begriffe wieder vereinigt werden. [...]

Unsere Ansicht, die wir von der Natur haben, als eines Organismus, eines Individuums, leitet uns auf die Art von Gesetzmäßigkeit, die sich als die einzig mögliche bewährt, nämlich *die Gesetze der Bildung, des Organismus.*

Im Dogmatismus wird der Mensch und die Welt ganz getrennt, ohne wie und warum. In unserer Ansicht aber werden beyde verbunden, und als eins gedacht. *Die Freyheit* wird daher der Natur als Ganzes beygelegt, und den Menschen die *Gesetzmäßigkeit*. In der höchsten Ansicht des Menschen ist der Begriff, auf den alles bezogen werden muß der *Begriff der Bildung*. – So in Beziehung auf Politik darf es keine andern Gesetze geben, als Gesetze zur Bildung. Die es nicht sind, verdienen den Namen gar nicht. Die Maxime für die politischen Verhältnisse ist der *Republikanismus,* darauf müssen alle Gesetze bezogen werden, und die Gesetze sind gültig und man kann sich einen guten Erfolg von ihnen versprechen, die dem nothwendigen Gange der Menschheit zum *Republikanismus* entsprechen.

Friedrich Wilhelm Joseph Schelling (1775–1854)

165. Über Freiheit und das Böse

Der Idealismus gibt nämlich einerseits nur den allgemeinsten, andererseits den bloß formellen Begriff der Freiheit. Der reale und lebendige Begriff aber ist, daß sie ein Vermögen des Guten und des Bösen sei.

Dieses ist der Punkt der tiefsten Schwierigkeit in der ganzen Lehre von der Freiheit, die von jeher empfunden worden und die nicht bloß dieses oder jenes System, sondern, mehr oder weniger, alle trifft: Am auffallendsten allerdings den Begriff der Immanenz; denn entweder wird ein wirkliches Böses zugegeben, so ist es unvermeidlich, das Böse in die unendliche Substanz oder den Urwillen selbst mitzusetzen, wodurch der Begriff eines allervollkommensten Wesens gänzlich zerstört wird; oder es muß auf irgendeine Weise die Realität des Bösen geleugnet werden, womit aber zugleich der reale Begriff von Freiheit verschwindet. Nicht geringer jedoch ist die Schwierigkeit, wenn zwischen Gott und den Weltwesen auch nur der allerweiteste Zusammenhang angenommen wird; denn wird dieser auch auf den bloßen sogenannten *concursus,* oder auf jene notwendige Mitwirkung Gottes zum Handeln der Kreatur beschränkt, welches vermöge der wesentlichen Abhängigkeit der letzten von Gott angenommen werden muß, wenn auch übrigens Freiheit behauptet wird: so erscheint doch Gott unleugbar als Miturheber des Bösen, indem das Zulassen bei einem ganz und gar dependenten Wesen doch nicht viel besser ist als mitverursachen; oder es muß ebenfalls auf die eine oder die andere Art die Realität des Bösen geleugnet werden. [...]

Diejenige Einheit, die in Gott unzertrennlich ist, muß also im Menschen zertrennlich sein, – und dieses ist die Möglichkeit des Guten und des Bösen.

Wir sagen ausdrücklich: die Möglichkeit des Bösen, und suchen vorerst auch nur die Zertrennlichkeit der Prinzipien begreiflich zu machen. Die Wirklichkeit des Bösen ist Gegenstand einer ganz andern Untersuchung. Das aus dem Grunde der Natur emporgehobene Prinzip, wodurch der Mensch von Gott geschieden ist, ist die Selbstheit in ihm, die aber durch ihre Einheit mit dem idealen Prinzip *Geist* wird. Die Selbstheit *als* solche ist Geist, oder der Mensch ist Geist als ein selbstisches, besonderes (von Gott geschiedenes) Wesen, welche Verbindung eben die Persönlichkeit ausmacht. Dadurch aber, daß die Selbstheit Geist ist, ist sie zugleich aus dem Kreatürlichen ins Überkreatürliche gehoben, sie ist Wille, der sich selbst in der völligen Freiheit erblickt, nicht mehr Werkzeug des in der Natur schaffenden Universalwillens, sondern über und außer aller Natur ist. Der Geist ist über dem Licht, wie er sich in der Natur über der Einheit des Lichts und des dunkeln Prinzips erhebt. Dadurch, daß sie Geist ist, ist also die Selbstheit frei von beiden Prinzipien. Nun ist aber diese oder der Eigenwille nur dadurch Geist, und demnach frei oder über der Natur, daß er wirklich in den Urwillen (das Licht) umgewandelt ist, so daß er zwar (als Eigenwille) im Grunde noch bleibt (weil immer ein Grund sein muß) – so wie im durchsichtigen Körper die zur Identität mit dem Licht erhobene Materie deshalb nicht aufhört, Materie (finsteres Prinzip) zu sein – aber bloß als Träger und gleichsam Behälter des höheren Prinzips des Lichts. Dadurch aber, daß sie den Geist hat (weil dieser über Licht und Finsternis herrscht) – wenn er nämlich nicht der Geist der ewigen Liebe ist – kann die Selbstheit sich trennen von dem Licht, oder der Eigenwille kann sterben, das, was er nur in der Identität mit dem Universalwillen ist, als Partikularwille zu sein, das, was er nur ist, inwiefern er im Zentrum bleibt (so wie der ruhige Wille im stillen Grunde der Natur eben darum auch Universalwille ist, weil er im Grunde bleibt), auch in der Peripherie oder als Geschöpf zu sein (denn der Wille der Kreaturen ist freilich außer dem Grunde; aber er ist dann auch bloßer Partikularwille, nicht frei, sondern gebunden). Dadurch also entsteht im Willen des Menschen eine Trennung der geistig gewordenen Selbstheit (da der Geist über dem Licht steht) von dem Licht, das heißt eine Auflösung der in Gott unauflöslichen Prinzipien. Wenn im Gegenteil der Eigenwille des Menschen als Zentralwille im Grunde bleibt, so daß das göttliche Verhältnis der Prinzipien besteht (wie nämlich der Wille im Zentrum der Natur nie über das Licht sich erhebt, sondern unter demselben als Basis im Grunde bleibt), und wenn statt des Geistes der Zwietracht, der das eigne Prinzip vom allgemeinen scheiden will, der Geist der Liebe in ihm waltet, so ist der Wille in göttlicher Art und Ordnung. – Daß aber eben jene Erhebung des Eigenwillens das Böse ist, erhellt aus folgendem. Der Wille, der aus seiner Übernatürlichkeit heraustritt, um sich als allgemeinen Willen zugleich partikular und kreatürlich zu machen, strebt das Verhältnis der Prinzipien umzukehren, den Grund über die Ursache zu erheben, den Geist, den er nur für das Zentrum erhalten, außer demselben und gegen die Kreatur zu gebrauchen, woraus Zerrüttung in ihm selbst und außer ihm erfolgt. Der Wille des Menschen ist anzusehen als ein Band von lebendigen Kräften; solange nun er selbst in seiner Einheit mit dem Universalwillen bleibt, so bestehen auch jene Kräfte in göttlichem Maß und Gleichgewicht. Kaum aber ist der Eigenwille selbst aus dem Zentrum als seiner Stelle gewichen, so ist auch das Band der Kräfte gewichen; statt desselben herrscht ein bloßer Partikularwille, der die Kräfte nicht mehr unter sich, wie der ursprüngliche, vereinigen kann, und der daher streben muß, aus den voneinander gewichenen Kräften, dem empörten Heer der Begierden und Lüste (indem jede einzelne Kraft auch eine Sucht und Lust ist) ein eignes und absonderliches Leben zu formieren oder zusammenzusetzen, welches insofern möglich ist, als selbst im Bösen das erste Band der Kräfte, der Grund der Natur, immer noch fortbesteht. Da es aber doch kein wahres Leben sein kann, als welches nur in dem ursprünglichen Verhältnis bestehen konnte, so entsteht zwar ein eignes, aber ein falsches Leben, ein Leben der Lüge, ein Gewächs der Unruhe und der Verderbnis. [...]

Wenn diese Unterscheidung des Verstandes und Willens als zweier Prinzipien in Gott, wodurch die erste Möglichkeit des Bösen vom göttlichen Willen unabhängig gemacht wird, der sinnreichen Art dieses Mannes gemäß ist, und wenn auch die Vorstellung des Verstandes (der göttlichen Weißheit) als etwas, worin sich Gott selbst eher leidend als tätig verhält, auf etwas Tieferes hindeutet, so läuft das Böse, was aus jenem lediglich idealen Grunde abstammen kann, dagegen auch wieder auf etwas bloß Passives, auf Einschränkung, Mangel, Beraubung hinaus, Begriffe, die der eigentlichen Natur des Bösen völlig widerstreiten. Denn schon die einfache Überlegung, daß es der Mensch, die vollkommenste aller sichtbaren Kreaturen, ist, der des Bösen allein fähig ist, zeigt, daß der Grund desselben keineswegs in Mangel oder Beraubung liegen könne. Der Teufel nach der christlichen Ansicht war nicht die limitierteste Kreatur, sondern vielmehr die illimitierteste. Unvollkommenheit im allgemeinen metaphysischen Sinn ist nicht der gewöhnliche

Charakter des Bösen, da es sich oft mit einer Vortrefflichkeit der einzelnen Kräfte vereinigt zeigt, die viel seltener das Gute begleitet. Der Grund des Bösen muß also nicht nur in etwas Positivem überhaupt, sondern eher in dem höchsten Positiven liegen, das die Natur enthält, wie es nach unserer Ansicht allerdings der Fall ist, da er in dem offenbar gewordenen Zentrum oder Urwillen des ersten Grundes liegt. [...]

Darum reagiert er notwendig, gegen die Freiheit als das Überkreatürliche und erweckt in ihr die Lust zum Kreatürlichen, wie den, welchen auf einem hohen und jähen Gipfel Schwindel erfaßt, gleichsam eine geheime Stimme zu rufen scheint, daß er herabstürze, oder wie nach der alten Fabel unwiderstehlicher Sirenengesang aus der Tiefe erschallt, um den Hindurchschiffenden in den Strudel hinabzuziehen. Schon an sich scheint die Verbindung des allgemeinen Willens mit einem besonderen Willen im Menschen ein Widerspruch, dessen Vereinigung schwer, wenn nicht unmöglich ist. Die Angst des Lebens selbst treibt den Menschen aus dem Zentrum, in das er erschaffen worden; denn dieses als das lauterste Wesen alles Willens ist für jeden besondern Willen verzehrendes Feuer; um in ihm leben zu können, muß der Mensch aller Eigenheit absterben, weshalb es ein fast notwendiger Versuch ist, aus diesem in die Peripherie herauszutreten, um da eine Ruhe seiner Selbstheit zu suchen. Daher die allgemeine Notwendigkeit der Sünde und des Todes, als des wirklichen Absterbens der Eigenheit, durch welches aller menschlichen Wille als ein Feuer hindurchgehen muß, um geläutert zu werden. Dieser allgemeinen Notwendigkeit ohnerachtet bleibt das Böse immer die eigne Wahl des Menschen; das Böse, als solches, kann der Grund nicht machen, und jede Kreatur fällt durch ihre eigne Schuld. [...]

Die allgemeine Möglichkeit des Bösen besteht, wie gezeigt, darin, daß der Mensch seine Selbstheit, anstatt sie zur Basis, zum Organ zu machen, vielmehr zum Herrschenden und zum Allwillen zu erheben, dagegen das Geistige in sich zum Mittel zu machen streben kann. Ist in dem Menschen das finstere Prinzip der Selbstheit und des Eigenwillens ganz vom Licht durchdrungen und mit ihm eins, so ist Gott, als die ewige Liebe, oder als wirklich existierend, das Band der Kräfte in ihm. Sind aber die beiden Prinzipien in Zwietracht, so schwingt sich ein anderer Geist an die Stelle, da Gott sein sollte; der umgekehrte Gott nämlich; jenes durch die Offenbarung Gottes zur Aktualisierung erregte Wesen, das nie aus der Potenz zum Actus gelangen kann, das zwar nie ist, aber immer sein will und daher, wie die Materie der Alten, nicht mit dem vollkommenen Verstande, sondern nur durch falsche Imagination (*logismōj nothōj*) – welche eben die Sünde ist – als wirklich erfaßt (aktualisiert) werden kann; weshalb es durch spiegelhafte Vorstellungen, indem es, selbst nicht seiend, den Schein von dem wahren Sein, wie die Schlange die Farben vom Licht, entlehnt, den Menschen zur Sinnlosigkeit zu bringen strebt, in der es allein von ihm aufgenommen und begriffen werden kann. Es wird daher mit Recht nicht nur als ein Feind aller Kreatur (weil diese nur durch das Band der Liebe besteht) und vorzüglich des Menschen, sondern auch als Verführer desselben vorgestellt, der ihn zur falschen Lust und Aufnahme des Nichtseienden in seine Imagination lockt, worin es von der eignen bösen Neigung des Menschen unterstützt wird, dessen Auge, unvermögend, auf den Glanz des Göttlichen und der Wahrheit hinschauend, Stand zu halten, immer auf das Nichtseiende hinblickt. So ist denn der Anfang der Sünde, daß der Mensch aus dem eigentlichen Sein in das Nichtsein, aus der Wahrheit in die Lüge, aus dem Licht in die Finsternis übertritt, um selbst schaffender Grund zu werden, und mit der Macht des Zentrums, das er in sich hat, über alle Dinge zu herrschen.

VI. Neunzehntes Jahrhundert

Arthur Schopenhauer (1788–1860)

166. Mitleid als einzige moralische Triebfeder

Nach den bisherigen, unumgänglich nöthigen Vorbereitungen konnte ich zur Nachweisung der wahren, allen Handlungen von ächtem moralischen Werth zum Grunde liegenden Triebfeder, und als diese wird sich uns eine solche ergeben, welche durch ihren Ernst und durch ihre unzweifelbare Realität gar weit absteht von allen den Spitzfindigkeiten, Klügeleien, Sophismen, aus der Luft gegriffenen Behauptungen und apriorischen Seifenblasen, welche die bisherigen Systeme zur Quelle des moralischen Handelns und zur Grundlage der Ethik haben machen wollen. Da ich diese moralische Triebfeder nicht etwan zur beliebigen Annahme *vorschlagen,* sondern als die allein mögliche wirklich *beweisen* will, dieser Beweis aber die Zusammenfassung vieler Gedanken erfordert; so stelle ich einige Prämissen voran, welche die Voraussetzungen der Beweisführung sind und gar wohl als *Axiomata* gelten können, bis auf die zwei letzten, die sich auf oben gegebene Auseinandersetzungen berufen.

1) Keine Handlung kann ohne zureichendes Motiv geschehn; so wenig, als ein Stein ohne zureichenden Stoß, oder Zug, sich bewegen kann.

2) Eben so wenig kann eine Handlung, zu welcher ein für den Charakter des Handelnden zureichendes Motiv vorhanden ist, unterbleiben, wenn nicht ein stärkeres Gegenmotiv ihre Unterlassung nothwendig macht.

3) Was den Willen bewegt, ist allein Wohl und Wehe überhaupt und im weitesten Sinne des Worts genommen; wie auch umgekehrt Wohl und Wehe bedeutet „einem Willen gemäß, oder entgegen". Also muß jedes Motiv eine Beziehung auf Wohl und Wehe haben.

4) Folglich bezieht jede Handlung sich auf ein für Wohl und Wehe empfängliches Wesen, als ihren letzten Zweck.

5) Dieses Wesen ist entweder der Handelnde selbst, oder ein Anderer, welcher alsdann bei der Handlung *passive* betheiligt ist, indem sie zu seinem Schaden, oder zu seinem Nutz und Frommen geschieht.

6) Jede Handlung, deren letzter Zweck das Wohl und Wehe des Handelnden selbst ist, ist eine *egoistische.*

7) Alles hier von Handlungen Gesagte gilt eben so wohl von Unterlassung solcher Handlungen, zu welchen Motiv und Gegenmotiv vorliegt.

8) In Folge der im vorhergehenden Paragraphen gegebenen Auseinandersetzung schließen *Egoismus* und *moralischer Werth* eine Handlung einander schlechthin aus. Hat eine Handlung einen egoistischen Zweck zum Motiv; so kann sie keinen moralischen Werth haben: soll eine Handlung moralischen Werth haben; so darf kein egoistischer Zweck, unmittelbar oder mittelbar, nahe oder fern, ihr Motiv sehn.

9) In Folge der § 5 vollzogenen Elimination der vorgeblichen Pflichten gegen uns selbst, kann die moralische Bedeutsamkeit einer Handlung nur liegen in ihrer Beziehung auf Andere: nur in Hinsicht auf diese kann sie moralischen Werth, oder Verwerflichkeit haben und demnach eine Handlung der Gerechtigkeit, oder Menschenliebe, wie auch das Gegentheil beider sehn.

Aus diesen Prämissen ist Folgendes evident: das *Wohl und Wehe,* welches (laut Prämisse 3) jeder Handlung, oder Unterlassung, als letzter Zweck zum Grunde liegen muß, ist entweder das des Handelnden selbst, oder das irgend eines Andern, bei der Handlung passive Betheiligten. Im *ersten Falle* ist die Handlung nothwendig *egoistisch;* weil ihr ein interessirtes Motiv zum Grunde liegt. Dies ist nicht bloß der Fall bei Handlungen, die man offenbar zu seinem eigenen Nutzen und Vortheil unternimmt, dergleichen die allermeisten sind; sondern es tritt eben so wohl ein, sobald man von einer Handlung irgend einen entfernten Erfolg, sei es in dieser, oder einer andern Welt, für *sich* erwartet; aber wenn man dabei seine Ehre, seinen Ruf bei den Leuten, die Hochachtung irgend jemandes, die Sympathie der Zuschauer, u. vgl. m. im Auge hat […]. Kurzum, man setze zum letzten Beweggrund einer Handlung, was man wolle; immer wird sich ergeben, daß, auf irgend einem Umwege, zuletzt *das eigene Wohl und Wehe des Handelnden* die eigentliche Triebfeder, mithin die Handlung *egoistisch,* folglich *ohne moralischen Werth* ist. Nur einen einzigen Fall giebt es, in welchem dies nicht Statt hat: nämlich wenn der letzte Beweggrund zu einer Handlung, oder Unterlassung, geradezu und ausschließlich im *Wohl und Wehe* irgend eines dabei passive betheiligten *Andern* liegt, also der aktive Theil bei seinem Handeln, oder Unterlassen, ganz allein das Wohl und Wehe eines *Andern* im Auge hat und durchaus nichts bezweckt, als daß jener Andere unverletzt bleibe, oder gar Hülfe, Beistand und Erleichterung erhalte. *Dieser Zweck allein* drückt einer Handlung, oder Unterlassung, den Stämpel des *moralischen Werthes* auf; welcher demnach ausschließlich darauf beruht, daß die Handlung bloß zu Nutz und Frommen *eines Andern* geschehe, oder unterbleibe. [...]

Wenn nun aber meine Handlung ganz allein *des Andern wegen* geschehn soll; so muß *sein Wohl und Wehe unmittelbar mein Motiv* seyn: so wie bei allen andern Handlungen das *meinige* es ist. Dies bringt unser Problem auf einen engern Ausdruck, nämlich diesen: wie ist es irgend möglich, daß das Wohl und Wehe *eines Andern,* unmittelbar, das heißt ganz so wie sonst nur mein eigenes, meinen Willen bewege, also direkt mein Motiv werde, und sogar es bisweilen in dem Grade werde, daß ich demselben mein eigenes Wohl und Wehe, diese sonst alleinige Quelle meiner Motive, mehr oder weniger nachsetze? Offenbar nur dadurch, daß jener Andere *der letzte Zweck* meines Willens wird, ganz so wie sonst ich selbst es bin: also dadurch, daß ich ganz unmittelbar *sein* Wohl will und *sein* Wehe nicht will, so unmittelbar, wie sonst nur *das meinige.* Dies aber setzt nothwendig voraus, daß ich bei *seinem* Wehe als solchem geradezu mit leide, sein Wehe fühle, wie sonst nur meines, und deshalb sein Wohl unmittelbar will, wie sonst nur meines. Dies erfordert aber, daß ich auf irgend eine Weise mit *ihm identificirt sei,* das heißt daß jener gänzliche *Unterschied* zwischen mir und jedem Andern, auf welchem gerade mein Egoismus beruht, wenigstens in einem gewissen Grade aufgehoben sei. Da ich nun aber doch nicht *in der Haut* des Andern stecke, so kann allein vermittelst der *Erkenntniß,* die ich von ihm habe, das heißt der Vorstellung von ihm in meinem Kopf, ich mich so weit mit ihm identificiren, daß meine That jenen Unterschied als aufgehoben ankündigt. Der hier analysirte Vorgang aber ist kein erträumter, oder aus der Luft gegriffener, sondern ein ganz wirklicher, ja, keineswegs seltener: es ist das alltägliche Phänomen des *Mitleids,* das heißt der ganz unmittelbaren, von allen anderweitigen Rücksichten unabhängigen *Theilnahme* zunächst am *Leiden* eines Andern und dadurch an der Verhinderung oder Aufhebung dieses Leidens, als worin zuletzt alle Befriedigung und alles Wohlseyn und Glück besteht. Dieses Mitleid ganz allein ist die wirkliche Basis aller freien Gerechtigkeit und aller ächten Menschenliebe.

167. Lebensweisheit

Alle Beschränkung beglückt. Je enger unser Gesichts-, Wirkungs- und Berührungskreis, desto glücklicher sind wir: je weiter, desto öfter fühlen wir uns gequält, oder geängstigt. Denn mit ihm vermehren und vergrößern sich die Sorgen, Wünsche und Schrecknisse. Darum sind sogar Blinde nicht so unglücklich, wie es uns a priori scheinen muß: dies bezeugt die sanfte, fast heitere Ruhe in ihren Gesichtszügen. Auch beruht es zum Theil auf dieser Regel, daß die zweite Hälfte des Lebens trauriger ausfällt, als die erste. Denn im Laufe des Lebens wird der Horizont unserer Zwecke und Beziehungen immer weiter. In der Kindheit ist er auf die nächste Umgebung und die engsten Verhältnisse beschränkt; im Jünglingsalter reicht er schon bedeutend weiter; im Mannesalter umfaßt er unsern ganzen Lebenslauf, ja, erstreckt sich oft auf die entferntesten Verhältnisse, auf Staaten und Völker; im Greisenalter umfaßt er die Nachkommen. – Jede Beschränkung hingegen, sogar die geistige, ist unserm Glücke förderlich. Denn je weniger Erregung des Willens, desto weniger Leiden: und wir wissen, daß das Leiden das Positive, das Glück bloß negativ ist. [...]

Um durch die Welt zu kommen, ist es zweckmäßig, einen großen Vorrath von *Vorsicht* und *Nachsicht* mitzunehmen: durch erstere wird man vor Schaden und Verlust, durch letztere vor Streit und Händeln geschützt.

Wer unter Menschen zu leben hat, darf keine Individualität, sofern sie doch ein Mal von der Natur gesetzt und gegeben ist, unbedingt verwerfen; auch nicht die schlechteste, erbärmlichste, oder lächerlichste. Er hat sie vielmehr zu nehmen, als ein Unabänderliches, welches, in Folge eines ewigen und metaphysischen Princips, so seyn muß, wie es ist, und in den argen Fällen soll er denken: „es muß auch solche Käutze geben." Hält er es anders; so thut er Unrecht und fordert den Andern heraus, zum Kriege auf Tod und Leben. Denn seine eigentliche Individualität, das heißt seinen moralischen Charakter, seine Erkenntnißkräfte, sein Temperament, seine Physiognomie u.s.w. kann keiner ändern. Verdammen wir nun sein Wesen ganz und gar; so bleibt ihm nichts übrig, als in uns einen Todfeind zu bekämpfen: denn wir wollen ihm das Recht zu eristiren nur unter der Bedingung zugestehn, daß er ein Anderer werde, als er unabänderlich ist. Darum also müssen wir, um unter Menschen leben zu können, Jeden, mit seiner gegebenen Individualität, wie immer sie auch ausgefallen seyn mag, bestehn und gelten lassen, und dürfen bloß darauf bedacht seyn, sie so, wie ihre Art und Beschaffenheit es zuläßt, zu benutzen; aber weder auf ihre Aenderung hoffen, noch sie, so wie sie ist, schlechthin verdammen. Dies ist der wahre Sinn des Spruches: „leben und leben lassen." Die Aufgabe ist indessen nicht so leicht, wie sie gerecht ist; und glücklich ist zu schätzen, wer gar manche Individualitäten auf immer meiden darf. [...]

Drei Weltmächte giebt es, sagt, sehr treffend, ein Alter: *synesis, kratos kai tychē*, Klugheit, Stärke und Glück. Ich glaube, daß die zuletzt genannte am meisten vermag. Denn unser Lebensweg ist dem Lauf eines Schiffes zu vergleichen. Das Schicksal, die *tychē*, die secunda aut adversa fortuna, spielt die Rolle des Windes, indem sie uns schnell weit fördert, oder weit zurückwirft; wogegen unser eigenes Mühen und Treiben nur wenig vermag. Dieses nämlich spielt dabei die Rolle der Ruder: wenn solche, durch viele Stunden langes Arbeiten, uns eine Strecke vorwärts gebracht haben, wirft ein plötzlicher Windstoß uns eben so weit zurück. Ist er hingegen günstig, so fördert er uns dermaaßen, daß wir der Ruder nicht bedürfen. Diese Macht des Glückes drückt unübertrefflich ein spanisches Sprichwort aus: *da ventura a tu jijo, y echa lo en el mar* (gieb deinem Sohne Glück und wirf ihn ins Meer).

Auguste Comte (1798–1857)

168. Von der individualistischen zur kollektivistischen Moral

Nunmehr muß man also vor allem im Namen der Moral mit Eifer darauf hinarbeiten, endlich den allgemeinen Einfluß des positiven Geistes zu verbreiten, um ein heruntergekommenes System zu ersetzen, das – bald ohnmächtig, bald Verwirrung stiftend, immer mehr die geistige Unterdrückung als ständige Voraussetzung für die sittliche Ordnung fordern würde. Einzig die neue Philosophie vermag heute in Bezug auf unsere verschiedenen Pflichten lebendige und tiefe Überzeugungen zu begründen, die wirklich geeignet sind, kraftvoll dem Ansturm der Leidenschaften standzuhalten. Gemäß der positiven Theorie der Menschheit werden unwiderlegbare Beweise – gestützt auf die gewaltige Erfahrung, die unsere Gattung jetzt besitzt – genau den realen, direkten oder indirekten, privaten oder öffentlichen Einfluß feststellen, der jede Handlung, jeder Gewohnheit und jeder Neigung oder jedem Gefühl eigentümlich ist; hieraus werden auf natürliche Weise als ebensoviele unvermeidliche Folgesätze die allgemeinen oder speziellen Verhaltensregeln hervorgehen, die mit der Gesamtordnung am besten übereinstimmen und die demzufolge gewöhnlich dem individuellen Glück am günstigsten sein müssen. Trotz der außerordentlichen Schwierigkeit dieses großen Gegenstandes wage ich zu behaupten, daß er, angemessen behandelt, ebenso sichere Schlußfolgerungen gestattet wie selbst die der Geometrie. [...]

Es bleibt unbestreitbar, daß das theologische Denken seiner Natur nach wesentlich undividualistisch und niemals direkt kollektivistisch ist. In den Augen des Glaubens, vor allem des monotheistischen, gibt es kein soziales Leben, weil es kein ihm eigentümliches Ziel gibt; die menschliche Gesellschaft kann dann nur eine Anhäufung von Individuen darstellen, deren Vereinigung ebenso zufällig wie flüchtig ist, und die je ausschließlich mit ihrem eigenen Heile beschäftigt, die Teilnahme an dem es anderen nur als ein mächtiges Mittel auffassen, ihr eigenes umso besser zu verdienen, indem sie den höchsten Geboten gehorchen, die ihnen die Verpflichtung hierzu auferlegt haben. Gewiß schulden wir stets der priesterlichen Klugheit unsere ehrfürchtige Bewunderung, die – unter dem glücklichen Impuls eines öffentlichen Instinktes – lange Zeit großen praktischen Nutzen aus einer so unvollkommenen Philosophie zu ziehen vermochte. Doch kann diese gerechte Anerkennung nicht so weit gehen, künstlich die anfängliche Denkweise über die Grenzen ihrer provisorischen Bestimmung hinaus zu verlängern, nachdem endlich die Zeit für eine Ordnung gekommen ist, die mehr mit unserer gesamten geistigen und gefühlsmäßigen Natur übereinstimmt. [...]

Der Geist des Positivismus ist dagegen unmittelbar so sozial wie möglich (und zwar) ohne jede Anstrengung auf Grund seiner charakteristischen Wirklichkeit selbst. Für ihn gibt es nicht den eigentlichen (individuellen) Menschen, sondern nur die Menschheit, denn unsere gesamte Entwicklung danken wir – unter welchem Gesichtspunkt man sie auch betrachten mag –

der Gesellschaft. Wenn die Idee der *Gesellschaft* noch (immer) eine Abstraktion unseres Geistes zu sein scheint, so liegt das vor allem an der alten philosophischen Denkweise; denn in Wahrheit kommt der Idee des *Individuums* – wenigstens bei unserer Gattung – diese Bezeichnung zu. Die gesamte neue Philosophie wird stets danach streben, im tätigen wie im theoretischen Leben unter eine Fülle von verschiedenen Gesichtspunkten die Verbindung jedes einzelnen mit allen hervorzuheben, um so unwillkürlich das innere Bewußtsein der gebührend auf alle Zeiten und Räume ausgedehnten sozialen Solidarität zu einer alltäglichen Erscheinung zu machen. Nicht nur wird das aktive Betreiben des öffentlichen Wohls unablässig als die geeignetste Art dargestellt werden, allgemein das Privatglück zu sichern: sondern vermöge eines zugleich unmittelbareren, reineren und schließlich (auch) wirksameren Einflusses, wird die möglichst vollständige Betätigung der wohlwollenden Neigungen zur Hauptquelle des persönlichen Glückes werden, selbst dann, wenn sie ausnahmsweise keine andere Belohnung gewähren sollte, als die notwendig eintretende innere Genugtuung. Denn wenn das *Glück* – wie man nicht zweifeln kann – vor allem aus einer weisen Tätigkeit hervorgeht, muß es in erster Linie von den Instinkten des Mitgefühls abhängen, wenn auch unsere Konstitution ihnen im allgemeinen keine überwiegende Kraft zubilligt; weil doch die wohlwollenden Gefühle die einzigen sind, die sich im sozialen Zustand frei entfalten können, der sie naturgemäß immer mehr anregt indem er ihnen ein unbegrenztes Betätigungsfeld eröffnet, während er notwendigerweise eine gewisse dauernde Unterdrückung der eigensüchtigen Triebe verlangt, deren freie Entfaltung ständig Konflikte entstehen lassen würde. In dieser weiten sozialen Ausbreitung wird ein jeder die normale Befriedigung jenes Strebens nach ewigem Leben finden, das er anfangs nur mit Hilfe von Illusionen zufriedenstellen konnte, die nunmehr mit unserem geistigen Entwicklungsstand unvereinbar sind. Da das Individuum sein Leben nur durch die Gattung zu verlängern vermag, wird es so dazu geführt, sich möglichst vollständig in sie einzugliedern, indem es sich zutiefst mit deren nicht allein gegenwärtiger, sondern auch vergangener und zukünftiger kollektiver Existenz verbindet, um so die volle Lebensintensität zu erlangen, die in jedem Falle die Gesamtheit der Gesetze der Wirklichkeit zuläßt.

Ludwig Feuerbach (1804–1872)

169. Glück – Gewissen – Mitleid

„Immer und immer nur Glückseligkeit! selbst auch in der Moral! Wer kann das mit seinem Gewissen zusammenreimen? Was ist das für eine Moral, die nur auf die Stimme des Glückseligkeitstriebes hört, aber nichts vom Gewissen weiß und wissen will? Ein schönes Ding – eine gewissenlose Moral! Wie leicht ist es doch, untergeordnete Widersprüche gegen den Glückseligkeitstrieb zu beseitigen, wenn man den Hauptwiderspruch, das Gewissen, unberücksichtigt läßt! Wie viele Menschen haben, lediglich von ihrem Gewissen getrieben, sich selbst vor Gericht angeklagt, sich selbst also dem Richter zur Bestrafung überliefert! Beweisen solche Handlungen nicht eine vom Glückseligkeitstriebe unabhängige und ihm entgegenwirkende Macht? Hat man deswegen nicht mit vollem Rechte, und in früheren Zeiten fast einstimmig, das Gewissen als das Zeugnis eines im Menschen wirkenden, aber vom Menschen unterschiedenen Wesens, eines Gesetzgebers, Richters, Gottes, angesehen?" Die Stimme des Gewissens wäre also eine Stimme gegen den Glückseligkeitstrieb, und zwar eine solche, vor welcher er beschämt verstummen müßte, wie überhaupt vor Gotteswort Menschenwort? Aber haben Sie, hochehrwürdiger Herr Pastor! – denn ich weiß, daß der Einwurf mit dem Gewissen nur aus Ihrem, nur aus geistlichem Munde stammt – schon vergessen, was ich eben entwickelt habe? vergessen, daß, was Sie dem Menschen ins Gewissen hineinschieben und mit demselben sagen wollen, ich schon in dem Glückseligkeitstriebe enthalten sehe und nicht nur sehe, sondern als enthalten darstelle? [...]

„Das Gewissen ist der *alter ego,* das andere Ich im Ich, sage ich in meiner Theogonie; und in meiner letzten Schrift heißt es vom Gewissen: „Das Ich außer mir, das sinnliche Du, ist der Ursprung des ‚Übersinnlichen‘ Gewissens in mir. Mein Gewissen ist nichts anderes, als mein an die Stelle des verletzten Du sich setzendes Ich, nichts anderes als der Stellvertreter der Glückseligkeit des Anderen auf Grund und Geheiß des eigenen Glückseligkeitstriebes". Was heißt: das andere Ich im Ich? Doch wohl nicht, wie sich für den Verständigen von selbst versteht, das andere Ich mit Haupt und Haaren, mit Fleisch und Bein, sondern das vorgestellte, vergegenwärtigte, zu Gemüthe gezogene: kurz das Bild des Anderen, das mich abhält, ihm Böses zuzufügen, oder mich peinigt und verfolgt, wenn ich ihm bereits Böses zugefügt habe.

Das Gewissen hängt daher aufs innigste mit dem Mitleid zusammen und beruht auf der Empfindung oder Überzeugung von der Wahrheit des Satzes: was du nicht wünschest, daß dir die Anderen thun, das thue ihnen nicht! Ja es ist selbst nichts anderes als das *Mitleid,* aber mit dem Stachel des Bewußtseins, der Urheber des Leids zu sein. Wer keinen Glückseligkeitstrieb hat, weiß und fühlt nicht, was Unglück ist, hat also kein Mitleid mit Unglücklichen; und wer kein verdoppeltes, verschärftes, gesteigertes Mitleid empfindet, wenn er sich bewußt ist, den Anderen unglücklich gemacht zu haben, der hat kein Gewissen. Nur, weil ich mir auf Grund meines Glückseligkeitstriebes bewußt bin, daß ich den Anderen bitterböse wäre, wenn er mir das Übel angethan hätte, das ich ihm angethan habe, sehe ich ein, wenn ich zur Besinnung, zum Nachdenken über mein Thun komme, daß ich Unrecht gethan habe, daß ich alle Ursache habe, mir selbst bitterböse zu sein, mir keine Befriedigung des eigenen Glückseligkeitstriebes mehr zu gönnen, weil ich den wohlberechtigten Glückseligkeitstrieb des Anderen thörichter und frevelhafter Weise verletzt habe.

John Stuart Mill (1806–1873)

170. Über Lust als Grundlage der Moral

Die Auffassung, für die die Nützlichkeit oder das Prinzip des größten Glücks die Grundlage der Moral ist, besagt, daß Handlungen insoweit und in dem Maße moralisch richtig sind, als sie die Tendenz haben, Glück zu befördern, und insoweit moralisch falsch, als sie die Tendenz haben, das Gegenteil von Glück zu bewirken. Unter „Glück" ist dabei Lust (pleasure) und das Freisein von Unlust (pain), unter „Unglück" Unlust und das Fehlen von Lust verstanden. Damit die von dieser Theorie aufgestellte Norm deutlich wird, muß freilich noch einiges mehr gesagt werden, insbesondere darüber, was die Begriffe Lust und Unlust einschließen sollen und inwieweit dies von der Theorie offengelassen wird. Abe solche zusätzlichen Erklärungen ändern nichts an der Lebensauffassung, auf der diese Theorie der Moral wesentlich beruht: daß Lust und das Frei-sein von Unlust die einzigen Dinge sind, die als Endzwecke wünschenswert sind, und daß alle anderen wünschenswerten Dinge (die nach utilitaristischer Auffassung ebenso vielfältig sind wie nach jeder anderen) entweder deshalb wünschenswert sind, weil sie selbst lustvoll sind oder weil sie Mittel sind zur Beförderung von Lust und zur Vermeidung von Unlust.

Eine solche Lebensauffassung stößt bei vielen Menschen, darunter manchen, deren Fühlen und Trachten im höchsten Maße achtenswert ist, auf eingewurzelte Abneigung. Der Gedanke, daß das Leben (wie sie sagen) keinen höheren Zweck habe als die Lust, kein besseres und edleres Ziel des Wollens und Strebens, erscheint ihnen im äußersten Grade niedrig und gemein; als eine Ansicht, die nur der Schweine würdig wäre, mit denen die Anhänger Epikurs ja schon sehr früh verächtlich gleichgesetzt wurden; und zeitgenössische Vertreter der Lehre werden gelegentlich zum Gegenstand nicht weniger höflicher Vergleiche von seiten ihrer deutschen, französischen und englischen Gegner.

Auf Angriffe dieser Art haben die Epikureer stets geantwortet, daß nicht sie, sondern ihre Ankläger es sind, die die menschliche Natur in entwürdigendem Lichte erscheinen lassen, da die Anklage ja unterstellt, daß Menschen keiner anderen Lust fähig sind als der, deren auch Schweine fähig sind. Träfe diese Unterstellung zu, wäre sie nicht zu widerlegen, aber sie wäre dann auch keine Beleidigung mehr. Denn wenn die Quellen der Lust für Menschen und für Schweine genau dieselben wären, müßte die Lebensregel, die für die einen gut genug ist, auch für die anderen gut genug sein. Nur deswegen wird ja die Gleichsetzung des epikureischen Lebens mit dem tierischen als entwürdigend empfunden, weil die Lust des Tiers der menschlichen Vorstellung von Glück nicht gerecht wird. Die Menschen haben höhere Fähigkeiten als bloß tierische Gelüste und vermögen, sobald sie sich dieser einmal bewußt geworden sind, nur darin ihr Glück zu sehen, worin deren Betätigung eingeschlossen ist. [...]

Fragt man mich nun, was ich meine, wenn ich von der unterschiedlichen Qualität von Freuden spreche, und was eine Freude – bloß als Freude, unabhängig von ihrem größeren Betrag – wertvoller als eine andere macht, so gibt es nur eine mögliche Antwort: von zwei Freuden ist diejenige die wünschenswertere, die von allen oder nahezu allen, die beide erfahren haben, ungeachtet des Gefühls, eine von beiden aus moralischen Gründen vorziehen zu müssen, entschieden bevorzugt wird. Wird die eine von zwei Freuden von denen, die beide kennen und beurteilen können, soweit über die andere gestellt, daß sie sie auch dann noch vorziehen, wenn sie wissen, daß sie größere Unzufriedenheit verursacht, und sie gegen noch so viele andere Freuden, die sie erfahren könnten, nicht eintauschen möchten, sind wir berechtigt, jener Freude eine höhere Qualität zuzuschreiben, die die Quantität soweit übertrifft, daß diese im Vergleich nur gering ins Gewicht fällt.

Es ist nun aber eine unbestreitbare Tatsache, daß diejenigen, die mit beiden gleichermaßen bekannt und für beide gleichermaßen empfänglich sind, der Lebensweise entschieden den Vorzug geben, an der auch ihre höheren Fähigkeiten beteiligt sind. Nur wenige Menschen würden darein einwilligen, sich in eines der niederen Tiere verwandeln zu lassen, wenn man ihnen verspräche, daß sie die Befriedigung des Tiers im vollen Umfange auskosten dürften. Kein intelligenter Mensch möchte ein Narr, kein gebildeter Mensch ein Dummkopf, keiner, der feinfühlig und gewissenhaft ist, selbstsüchtig und niederträchtig sein – auch wenn sie überzeugt wären, daß der Narr, der Dummkopf oder der Schurke mit seinem Schicksal zufriedener ist als sie mit dem ihren. [...] Ein höher begabtes Wesen verlangt mehr zu seinem Glück, ist wohl auch größerer Leidens fähig und ihm sicherlich in höherem Maße ausgesetzt als ein niedrigeres Wesen; aber trotz dieser Gefährdungen wird es niemals in jene Daseinsweise absinken wollen, die es als niedriger empfindet. Wir mögen dieses Widerstreben erklären, wie wir wollen: wir mögen es dem Stolz zuschreiben – ein Begriff, mit dem man einige der am meisten und einige der am wenigsten schätzenswerten Gefühle, deren die Menschen fähig sind, bezeichnet; wir mögen es der Freiheitsliebe und dem Streben nach Unabhängigkeit zuschreiben, an die die Stoiker appelliert haben und darin eines der wirksamsten Mittel fanden, die Menschen zu diesem Widerstreben zu erziehen; der Liebe zur Macht und zur begeisterten Erregtheit, die beide in ihm enthalten sind. Aber am zutreffendsten wird es als ein Gefühl der Würde beschrieben, daß allen Menschen in der einen oder anderen Weise und im ungefähren Verhältnis zu ihren höheren

Anlagen zueigen ist und das für die, bei denen es besonders stark ausgeprägt ist, einen so entscheidenden Teil ihres Glücks ausmacht, daß sie nichts, was mit ihm unvereinbar ist, länger als nur einen Augenblick lang zu begehren imstande sind. Wer meint, daß diese Bevorzugung des Höheren ein Opfer an Glück bedeutet – daß das höhere Wesen unter den gleichen Umständen nicht glücklicher sein könne als das niedrigere –, vermengt die zwei durchaus verschiedenen Begriffe des *Glücks* (happiness) und der *Zufriedenheit* (content). Es ist unbestreitbar, daß ein Wesen mit geringerer Fähigkeit zum Genuß die besten Aussichten hat, voll zufriedengestellt zu werden; während ein Wesen von höheren Fähigkeiten stets das Gefühl haben wird, daß alles Glück, das es von der Welt, so wie sie beschaffen ist, erwarten kann, unvollkommen ist. Aber wenn diese Unvollkommenheiten überhaupt nur erträglich sind, kann es lernen, mit ihnen zu leben, statt die anderen zu beneiden, denen diese Unvollkommenheiten nur deshalb nicht bewußt sind, weil sie sich von den Vollkommenheiten keine Vorstellung machen können, mit denen diese verglichen werden. Es ist besser, ein unzufriedener Mensch zu sein als ein zufriedengestelltes Schwein; besser ein unzufriedener Sokrates als ein zufriedener Narr. Und wenn der Narr oder das Schwein anderer Ansicht sind, dann deshalb, weil sie nur die eine Seite der Angelegenheit kennen. Die andere Partei hingegen kennt beide Seiten.

171. Über den Wert von Individualität

Der Zweck dieser Abhandlung ist es, einen sehr einfachen Grundsatz aufzustellen, welcher den Anspruch erhebt, das Verhältnis der Gesellschaft zum Individuum in bezug auf Zwang oder Bevormundung zu regeln, gleichgültig, ob die dabei gebrauchten Mittel physische Gewalt in der Form von gerichtlichen Strafen oder moralischer Zwang durch öffentliche Meinung sind. Dies Prinzip lautet: daß der einzige Grund, aus dem die Menschheit, einzeln oder vereint, sich in die Handlungsfreiheit eines ihrer Mitglieder einzumengen befugt ist, der ist: sich selbst zu schützen. Daß der einzige Zweck, um dessentwillen man Zwang gegen den Willen eines Mitglieds einer zivilisierten Gemeinschaft rechtmäßig ausüben darf, der ist: die Schädigung anderer zu verhüten. Das eigene Wohl, sei es das physische oder das moralische, ist keine genügende Rechtfertigung. Man kann einen Menschen nicht rechtmäßig zwingen, etwas zu tun oder zu lassen, weil dies besser für ihn wäre, weil es ihn glücklicher machen, weil er nach Meinung anderer klug oder sogar richtig handeln würde. Dies sind wohl gute Gründe, ihm Vorhaltungen zu machen, mit ihm zu rechten, ihn zu überreden oder mit ihm zu unterhandeln, aber keinesfalls um ihn zu zwingen oder ihn mit Unannehmlichkeiten zu bedrohen, wenn er anders handelt. Um das zu rechtfertigen, müßte das Verhalten, wovon man ihn abbringen will, darauf berechnet sein, anderen Schaden zu bringen. Nur insoweit sein Verhalten andere in Mitleidenschaft zieht, ist jemand der Gesellschaft verantwortlich. Soweit er dagegen selbst betroffen ist, bleibt seine Unabhängigkeit von Rechts wegen unbeschränkt. Über sich selbst, über seinen eigenen Körper und Geist ist der einzelne souveräner Herrscher.

Es ist vielleicht kaum nötig zu betonen, daß diese Lehre nur auf Menschen mit völlig ausgereiften Fähigkeiten anzuwenden wäre. Wir reden nicht von Kindern oder jungen Leuten, die noch nicht das Alter erreicht haben, wo sie das Gesetz als Mann oder Frau mündig spricht. Wer sich noch in einem Stande befindet, wo andere für ihn sorgen müssen, den muß man gegen seine eigenen Handlungen ebenso schützen wie gegen äußere Unbill. [...]

Ich betrachte Nützlichkeit als letzte Berufungsinstanz in allen ethischen Fragen, aber es muß Nützlichkeit im weitesten Sinne sein, begründet in den ewigen Interessen der Menschheit als eines sich entwickelnden Wesens. Diese Interessen rechtfertigen, behaupte ich, die Überprüfung individueller Selbstbestimmung durch fremde Überwachung nur hinsichtlich solcher Handlungen der einzelnen, die den Interessenkreis anderer schneiden. Begeht jemand eine andere schädliche Tat, so ist eine prima facie erkennbare Veranlassung zur Bestrafung gegeben, sei es durch das Gesetz, sei es – wenn juristische Mittel unangebracht erscheinen – durch öffentliche Mißbilligung. Es gibt aber auch manche positiven Handlungen zum Besten anderer, zu deren Vollzug man mit Recht Zwang anwenden kann, so zum Beispiel Zeugenaussage vor Gericht, seinen ehrlichen Beitrag leisten für die Landesverteidigung, oder auch die anderen gemeinsamen Aufgaben, die der Gemeinschaft, deren Schutz man genießt, förderlich sind. Dann auch gewisse Akte persönlichen Wohlwollens wie Lebensrettung von Mitmenschen oder Verteidigung Schutzloser gegen Mißbrauch, alles Dinge, deren Ausübung zu jeder Zeit offensichtlich jedermanns Pflicht ist und für deren Unterlassung ihn die Gemeinschaft mit Recht verantwortlich machen darf. Man kann anderen nicht nur durch seine Taten, sondern auch durch seine Untätigkeit Übles antun, in beiden Fällen ist man ihnen rechtlich für den Schaden verantwortlich. Der zweite Fall fordert allerdings eine viel vorsichtigere Handlung des Zwanges als der erste. Jemanden für das Übel haftbar machen, das er anderen zufügt, ist die Regel; ihn dafür verantwortlich zu machen, daß er es nicht verhindert hat, kann im Vergleich dazu nur Ausnahme sein. [...]

Es gibt einen Tätigkeitsbereich, an welchem die Gesellschaft im Unterschied zum Individuum – wenn überhaupt – nur indirekt Interesse hat. Dieser schließt alle Einzelheiten des persönlichen Lebens und Treibens ein, die nur ihn selbst angehen, oder wenn sie andere auch betreffen, sodann nur mit ihrer freien, unabhängigen und nicht durch Täuschung erlangten Zustimmung und Teilnahme. Wenn ich sage: „nur ihn selbst", so meine ich ihn direkt und in erster Linie, denn was ihn betrifft, kann auch andere durch ihn betreffen. [...] – Dies also ist das eigentliche Gebiet der menschlichen Freiheit. Es umfaßt als erstes das innere Feld des Bewußtseins und fordert hier Gewissensfreiheit im weitesten Sinne, ferner Freiheit des Denkens und Fühlens, unbedingte Unabhängigkeit der Meinung und der Gesinnung bei allen Fragen, seien sie praktischer oder philosophischer, wissenschaftlicher, moralischer oder theologischer Natur. Die Freiheit, Meinungen in Worte oder Schrift zu vertreten, scheint unter einen andersartigen Grundsatz zu fallen, da sie zu dem Teil persönlicher Lebensführung gehört, die andere Leute mitbetrifft. Aber da sie fast von gleicher Bedeutung ist wie Gedankenfreiheit selbst, und zum großen Teil auf denselben Gründen beruht, ist sie praktisch untrennbar von ihr. Zweitens verlangt dies Prinzip Freiheit des Geschmacks und der Studien, Freiheit, einen Lebensplan, der unseren eigenen Charakteranlagen entspricht, zu entwerfen und zu tun, was uns beliebt, ohne Rücksicht auf die Folgen und ohne uns von unseren Zeitgenossen stören zu lassen – solange wir ihnen nichts zuleide tun –, selbst wenn sie unser Benehmen für verrückt, verderbt oder falsch halten. Drittens: aus dieser Freiheit jedes einzelnen folgt – in denselben Grenzen – diejenige, sich zusammenzuschließen, die Erlaubnis, sich zu jedem Zweck zu vereinigen, der andere nicht schädigt, unter der Voraussetzung, daß die sich vereinenden Personen voll erwachsen sind und nicht unter Zwang oder veranlaßt durch Vorspiegelungen in eine Verbindung treten.

Keine Gesellschaft ist unabhängig, wo diese Freiheiten nicht im großen ganzen respektiert werden, ganz gleich, auf welche Weise man sie regiert, und keine ist vollständig frei, wenn sie nicht unbeschränkt und bedingungslos vorhanden sind. Die einzige Unabhängigkeit, die diesen Namen verdient, ist die Möglichkeit, unser eigenes Wohl auf unsere eigene Weise zu erreichen, solange wir nicht versuchen, andere ihres Gutes zu berauben oder dessen Erwerb zu vereiteln. Jeder schützt seine eigene Gesundheit, sei sie körperlicher, geistiger oder seelischer Art, am besten selbst. Die Menschen gewinnen mehr dadurch, daß sie einander gestatten, so zu leben, wie es ihnen richtig scheint, als wenn sie jeden zwingen, nach dem Belieben der übrigen zu leben.

Charles Darwin (1809–1882)

172. Zur Evolution der Moral

Die Tugenden, welche wenigstens im allgemeinen von den Urmenschen geübt werden mußten, um zu ermöglichen, daß sie überhaupt zu Verbänden zusammentreten konnten, sind dieselben, die auch heute noch als die wichtigsten gelten. Sie werden jedoch fast ausschließlich nur innerhalb der Gemeinschaft eines Stammes gepflegt; die ihnen entgegengesetzten Gesinnungen gelten, wenn sie sich auf Menschen fremder Stämme beziehen, nicht als Verbrechen. Kein Stamm könnte ferner mehr zusammenhalten, wenn Mord, Raub, Verrat an der Tagesordnung wären. Folglich werden solche innerhalb eines Stammes ausgeführte Verbrechen mit ewiger Schmach gebrandmarkt, obgleich sie jenseits dieser Grenze nicht unter dieses Urteil fallen. [...]

Wenn der Mensch in der Kultur fortschreitet und kleine Stämme zu größeren Gemeinwesen sich vereinigen, so führt die einfachste Überlegung jeden Einzelnen schließlich zu der Überzeugung, daß er seine sozialen Instinkte und Sympathien auf alle, also auch auf die ihm persönlich unbekannten Glieder desselben Volkes auszudehnen habe. Wenn er einmal an diesem Punkte angekommen ist, kann ihn nur noch eine künstliche Schranke hindern, seine Sympathien auf die Menschen aller Nationen und aller Rassen auszudehnen. Wenn diese Menschen sich in ihrem Äußeren und ihren Gewohnheiten bedeutend von ihm unterscheiden, so dauert es, wie uns leider die Erfahrung lehrt, lange, bevor er sie als seine Mitmenschen betrachten lernt. Wohlwollen über die Schranken der Menschheit hinaus, das heißt Menschlichkeit gegen die Tiere, scheint eines der am spätesten erworbenen sittlichen Güter zu sein [...]

Anderen Gutes zu tun – andere so zu behandeln, wie man selbst behandelt zu sein wünschte – ist der Eckstein aller Sittlichkeit. [...] Ein Mensch, den zwar kein tiefes, instinktives Gefühl dazu trieb, sein Leben für das Wohl anderer zu opfern, aber der zu solchen Taten durch den Wunsch nach Ruhm veranlaßt wurde, entzündet durch sein Beispiel denselben Wunsch nach Ruhm in anderen Menschen und verstärkt das edle Gefühl der Bewunderung durch Übung. Vielleicht bedeutet so sein Wirken mehr für seinen Stamm, als wenn er Nachkommen zeugt, die seinen eigenen hohen Charakter ererben.

Mit der Zunahme der Erfahrung und des Verstandes lernt der Mensch die Folgen seiner Handlungen berechnen, und die das Ich betreffenden Tugenden, wie Mäßigkeit, Keuschheit und so weiter, die, wie wir bereits gesehen haben, in früheren Zeiten vollständig unbeachtet waren, gelangen zu höchstem Ansehen oder werden selbst heilig gehalten. Ich brauche nicht zu wiederholen, was ich darüber im vorhergehenden Kapitel gesagt habe. Schließlich entsteht unser moralisches Gefühl, oder unser Gewissen; ein äußerst kompliziertes Empfinden, entsprungen den sozialen Instinkten, geleitet von der Anerkennung unserer Mitmenschen, geregelt von Verstand, Eigennutz und, in späteren Zeiten, von tiefen religiösen Gefühlen, und befestigt durch Erziehung und Gewohnheit.

Es darf nicht übersehen werden, daß, wenn auch ein hoher Grad von Sittlichkeit jedem einzelnen Mann mit seinen Kindern nur ein geringes Übergewicht über die anderen Menschen desselben Stammes gibt, eine Vermehrung der Zahl gutbegabter Menschen und ein Fortschritt der Sittlichkeit doch dem ganzen Stamm eine ungeheure Überlegenheit über alle anderen Stämme verleiht. Wenn ein Stamm viele Mitglieder besitzt, die aus Patriotismus, Treue, Gehorsam, Mut und Sympathie stets bereitwillig anderen helfen und sich für das allgemeine Wohl opfern, so wird er über andere Völker den Sieg davontragen; dies würde natürliche Zuchtwahl sein. Zu allen Zeiten sind in der ganzen Welt Stämme von anderen zurückgedrängt worden; und da die Sittlichkeit ein wichtiges Mittel zu ihrem Erfolg ist, wird der Grad der Sittlichkeit und die Zahl gutbefähigter Menschen überall höher und größer werden. […]

Ich habe bisher nur die Entwicklung des Menschen aus dem Zustand des Halbmenschen bis zu dem des heute lebenden Wilden geschildert. Es dürfte jedoch der Mühe wert sein, einige Bemerkungen über den Einfluß der natürlichen Zuchtwahl auf die zivilisierten Völker hinzuzufügen. […] Unter den Wilden werden die an Körper und Geist Schwachen bald eliminiert; die Überlebenden sind gewöhnlich von kräftigster Gesundheit. Wir zivilisierten Menschen dagegen tun alles mögliche, um diese Ausscheidung zu verhindern. Wir erbauen Heime für Idioten, Krüppel und Kranke. Wir erlassen Armengesetze, und unsere Ärzte bieten alle Geschicklichkeit auf, um das Leben der Kranken so lange als möglich zu erhalten. Wir können wohl annehmen, daß durch die Impfung Tausende geschützt werden, die sonst wegen ihrer schwachen Widerstandskraft den Blattern zum Opfer fallen würden. Infolgedessen können auch die schwachen Individuen der zivilisierten Völker ihre Art fortpflanzen. Niemand, der etwas von der Zucht von Haustieren kennt, wird daran zweifeln, daß dies äußerst nachteilig für die Rasse ist. Es ist überraschend, wie bald Mangel an Sorgfalt, oder auch übel angebrachte Sorgfalt, zur Degeneration einer domestizierten Rasse führt; ausgenommen im Falle des Menschen selbst wird auch niemand so töricht sein, seinen schlechtesten Tieren die Fortpflanzung zu gestatten.

Die Hilfe, die wir dem Hilflosen schuldig zu sein glauben, entspringt hauptsächlich dem Instinkt der Sympathie, die ursprünglich als Nebenform des sozialen Instinkts auftrat, aber in der schon früher angedeuteten Weise allmählich feiner und weitherziger wurde. Jetzt können wir diese Sympathie nicht mehr unterdrücken, selbst wenn unsere Überlegung es verlangte, ohne daß dadurch unsere edelste Natur an Wert verlöre. Der Chirurg mag sich hart machen, wenn er eine Operation ausführt; denn er weiß, daß sie zum Besten des Kranken dient. Wenn wir aber absichtlich die Schwachen und Hilflosen vernachlässigen wollten, so wäre das nur zu rechtfertigen, wenn das Gegenteil ein größeres Übel, die Unterlassung aber eine Wohltat herbeiführen würde. Wir müssen uns daher mit den ohne Zweifel nachteiligen Folgen der Erhaltung und Vermehrung der Schwachen abfinden.

Søren Kierkegaard (1813–1855)

173. Das Ethische als Wahl

Die Wahl selbst ist entscheidend für den Gehalt der Persönlichkeit; durch die Wahl sinkt sie in das Gewählte hinab, und wenn sie nicht wählt, welkt sie in Auszehrung dahin. Einen Augenblick lang ist es so, einen Augenblick lang mag es so scheinen, als ob das, zwischen dem gewählt werden soll, außerhalb des Wählenden liege; er steht in keinerlei Beziehung dazu, er kann dem gegenüber in Indifferenz verharren. Dies ist der Augenblick der Überlegung, doch wie der platonische ist er eigentlich gar nicht, und am allerwenigsten in dem abstrakten Sinne, in dem Du ihn festhalten möchtest; und je länger man auf ihn starrt, um so weniger *ist* er. Was gewählt werden soll, steht in der tiefsten Beziehung zum Wählenden, und wenn von einer Wahl die Rede ist, die eine Lebensfrage betrifft, so muß das Individuum ja gleichzeitig leben und kommt damit, je weiter es die Wahl hinausschiebt, leicht dazu, sie zu verändern, obwohl es ständig überlegt und überlegt und damit glaubt, die Gegensätze der Wahl recht auseinanderzuhalten. Wenn man das Entweder – Oder des Lebens so betrachtet, ist man nicht leicht versucht, damit zu spaßen. Man sieht also, daß der innere Trieb der Persönlichkeit zu Gedakenexperimenten keine Zeit hat, daß er beständig vorwärts eilt und irgendwie entweder das eine oder das andere setzt, wodurch denn die Wahl im nächsten Augenblick noch schwieriger wird; denn was gesetzt ist, muß zurückgenommen werden. Wenn Du Dir einen Steuermann auf seinem Schiffe vorstellst in dem Augenblick, da ein Schlag gemacht werden soll, so wird er vielleicht sagen können: ich kann entweder dies tun oder das; wenn er aber kein mäßiger Steuermann ist, so wird er sich zugleich bewußt sein, daß das Schiff unterdessen mit seiner gewohnten Geschwindigkeit dahinfährt und daß es somit nur für einen Augenblick gleichgültig ist, ob er dieses tut oder jenes. So auch mit einem Menschen, vergißt er, diese Geschwindigkeit zu berechnen, so kommt schließlich ein Augenblick, da von einem Entweder – Oder nicht mehr die Rede ist, nicht etwa deshalb, weil er gewählt hätte, sondern weil er es unterlassen hat, zu wählen, was sich auch so ausdrücken läßt: weil andere für ihn gewählt haben, weil er sich selbst verloren hat. [...]

Der Augenblick der Wahl ist für mich überaus ernst, nicht so sehr wegen des strengen Durchdenkens dessen, was sich in der Wahl als getrennt erweist, nicht wegen der Vielfalt der Gedanken, die sich mit dem einzelnen Glied verknüpfen, als vielmehr deshalb, weil Gefahr vorhanden ist, daß es schon im nächsten Augenblick nicht mehr so in meiner Macht steht zu wählen, daß dann schon etwas gelebt worden ist, was noch einmal gelebt werden muß; denn wenn man glaubt, man könne seine Persönlichkeit auch nur einen Augenblick blank und bar erhalten oder man könne in strengerem Sinne das persönliche Leben zum Stillstand bringen und unterbrechen, so ist man im Irrtum. [...]

Überall, wo in strengerem Sinne von einem Entweder – Oder die Rede ist, kann man stets sicher sein, daß das Ethische mit im Spiel ist. Das einzige absolute Entweder – Oder, das es gibt, ist die Wahl zwischen Gut und Böse, die aber ist auch absolut ethisch. Die ästhetische Wahl ist entweder völlig unmittelbar und insofern keine Wahl, oder sie verliert sich in der Mannigfaltigkeit. Wenn etwa ein junges Mädchen der Wahl ihres Herzens folgt, so ist diese Wahl, wie schön sie im übrigen auch sei, in strengerem Sinne keine Wahl, da sie völlig unmittelbar ist. Wenn ein Mensch ästhetisch eine Menge von Lebensaufgaben erwägt, [...] so erhält er nicht leicht ein Entweder – Oder, sondern eine ganze Mannigfaltigkeit, weil das Selbstbestimmende in der Wahl hier nicht ethisch akzentuiert ist und weil, wenn man nicht absolut wählt, man nur für den Moment wählt und deshalb im nächsten Augenblick etwas anderes wählen kann. Die ethische Wahl ist daher in gewissem Sinne viel leichter, viel einfacher, in anderem Sinne aber ist sie unendlich viel schwerer. Wer sich seine Lebensaufgabe ethisch bestimmen will, hat im allgemeinen keine so bedeutende Auswahl; dagegen hat der Akt der Wahl für ihn weit mehr zu bedeuten. Wenn Du mich also recht verstehen willst, so darf ich immerhin sagen, daß es beim Wählen nicht so sehr darauf ankommt, das Richtige zu wählen, als auf die Energie, den Ernst und das Pathos, womit man wählt. Darin verkündigt sich die Persönlichkeit in ihrer inneren Unendlichkeit, und dadurch konsolidiert die Persönlichkeit sich wieder. Darum, selbst wenn ein Mensch das Unrechte wählte, so wird er doch, eben auf Grund der Energie, mit der er gewählt, entdecken, daß er das Unrechte gewählt hat. Indem nämlich die Wahl mit der ganzen Inbrunst der Persönlichkeit vorgenommen worden ist, ist sein Wesen geläutert und er selbst in ein unmittelbares Verhältnis zu der ewigen Macht gebracht, die das ganze Dasein allgegenwärtig durchdringt. [...]

Ich habe in einem vorhergehenden Brief bemerkt, daß, wenn ein Mensch einmal geliebt hat, dies seinem Wesen eine Harmonie verleihe, die sich nie ganz verliert; jetzt möchte ich sagen, wenn ein Mensch wählt, so verleiht das seinem Wesen eine Feierlichkeit, eine stille Würde, die sich nie ganz verliert. Es gibt manche, die einen außerordentlichen Wert darauf legen, irgendein bemerkenswertes welthistorisches Individuum von Angesicht zu Angesicht erblickt zu haben. Diesen Eindruck vergessen sie nie, er hat ihrer Seele ein ideales Bild geschenkt, das ihr Wesen adelt; und doch ist selbst dieser Augenblick, wie bedeutungsvoll er auch sei, nichts gegen den Augenblick der Wahl. Wenn da alles still um einen geworden ist, feierlich wie eine sternenklare Nacht, wenn die Seele allein ist in der ganzen Welt, da zeigt sich vor ihr nicht ein ausgezeichneter Mensch, sondern die ewige Macht selbst, da tut gleichsam der Himmel sich auf, und das Ich wählt sich selbst, oder richtiger, es empfängt sich selbst. Da hat die Seele das Höchste gesehen, was kein sterbliches Auge zu sehen vermag und was nie mehr vergessen werden kann, da empfängt die Persönlichkeit den Ritterschlag, der sie für eine Ewigkeit adelt. Zwar wird der Mensch damit kein anderer als er zuvor gewesen, aber er wird er selbst; das Bewußtsein schließt sich zusammen, und er ist er selbst. Wie ein Erbe, und wäre er auch Erbe aller Schätze der Welt, sie doch nicht besitzt, bevor er mündig geworden ist, so ist selbst die reichste Persönlichkeit nichts, bevor sie sich selbst gewählt hat, und andererseits ist selbst das, was man die ärmste Persönlichkeit nennen müßte, alles, wenn sie sich selbst gewählt hat; denn das Große ist nicht, dieses oder jenes zu sein, sondern man selbst zu sein; und das kann ein jeder Mensch, wenn er es will. [...]

Das Entweder – Oder, das ich aufgestellt habe, ist also in gewissem Sinne absolut; denn es ist die Entscheidung zwischen Wählen und Nichtwählen. Da aber die Wahl eine absolute Wahl ist, so ist das Entweder – Oder absolut; in anderem Sinne jedoch tritt das absolute Entweder – Oder erst mit der Wahl ein; denn nun zeigt sich die Wahl zwischen Gut und Böse. Diese in und mit der ersten Wahl gesetzte Wahl soll mich hier nicht beschäftigen, ich möchte Dich nur auf jenen Punkt hinzeigen, an dem die Notwendigkeit der Wahl sich zeigt, und darauf das Dasein unter ethischen Bestimmungen betrachten. Ich bin kein ethischer Rigorist, der für eine formale abstrakte Freiheit begeistert ist; wenn die Wahl nur erst gesetzt ist, kehrt alles Ästhetische wieder, und Du wirst sehen, daß damit erst das Dasein schön wird und daß es einem Menschen erst auf diesem Wege gelingen kann, seine Seele zu retten und die ganze Welt zu gewinnen, die Welt zu gebrauchen, ohne sie zu mißbrauchen.

Jakob Burckhardt (1818–1897)

174. Über Glück und das Böse in der Weltgeschichte

Die Anschauung von einem Glück, welches in einem Verharren in einem bestimmten Zustande bestände, ist an sich falsch. Sowie wir von einem primitiven oder Naturzustand absehen, wo ein Tag dem andern, ein Jahrhundert dem andern gleichsieht, bis durch einen Bruch das geschichtliche Leben beginnt, müssen wir uns sagen: das Verharren würde zur Erstarrung und zum Tode; nur in der Bewegung, so schmerzlich sie sei, ist Leben. Und vor allem ist die Vorstellung vom Glück als einer positiven Empfindung schon falsch, während es nur Abwesenheit des Schmerzes ist, höchstens mit einem leisen Gefühl des Wachstums verbunden.

Freilich gibt es stillgelegte Völker, welche in ihrer Gesamterscheinung Jahrhunderte hindurch ein und dasselbe Bild gewähren und dadurch den Eindruck einer leidlichen Zufriedenheit mit ihrem Schicksal machen. Allein meist wird dies die Wirkung des Despotismus sein. Dieser entsteht von selbst, indem eine (vermutlich sehr mühsam) einmal erreichte Form von Staat und Gesellschaft gegen das Emportauchen widerstrebender Kräfte verteidigt werden muß, und zwar mit allen, auch den äußersten Mitteln. [...]

Andere Zeitalter, Völker, Individuen dagegen gehören zu denjenigen, welche zeitweise ihre Kräfte, ja ihre ganzen Kräfte in rascher Bewegung ausgeben. Ihre Bedeutung ist die, Altes zu zerstören und Neuem Bahn zu machen; zu irgend einem eigenen dauernden Glück aber und mit Ausnahme der kurzen Augenblicke des Siegesjubels auch nur zu einem vorübergehenden sind sie nicht geschaffen. Ihre neuernde Kraft beruht nämlich auf einer beständigen Unzufriedenheit, die sich auf jeder erreichten Station langweilt und nach einer weiteren Form verlangt. [...]

Und nun ist das Böse auf Erden allerdings ein Teil der großen weltgeschichtlichen Ökonomie: es ist die Gewalt, das Recht des Stärkeren über den Schwächeren, vorgebildet schon in demjenigen Kampf ums Dasein, welcher die ganze Natur, Tierwelt wie Pflanzenwelt, erfüllt, weitergeführt in der Menschheit durch Mord und Raub in den früheren Zeiten, durch Verdrängung resp. Vertilgung oder Knechtung schwächerer Rassen, schwächerer Völker innerhalb derselben Rasse, schwächerer Staatenbildungen, schwächerer gesellschaftlicher Schichten innerhalb desselben Staates und Volkes.

Der Stärkere ist als solcher noch lange nicht der Bessere. Auch in der Pflanzenwelt ist ein Vordringen des Gemeineren und Frecheren hie und da erweisbar. In der Geschichte aber bildet das Unterliegen des Edlen, weil es in der Minorität ist, besonders für solche Zeiten eine große Gefahr, da eine sehr allgemeine Kultur herrscht, welche sich alle Rechte der Majorität beilegt. Und nun waren alle diese unterlegenen Kräfte vielleicht edler und besser; allein die Sieger, obwohl nur von Herrschsucht vorwärts getrieben, führen eine Zukunft herbei, von welcher sie selber noch keine Ahnung haben. Nur in der Dispensation der Staaten vom allgemeinen Moralgesetz, bei fortwährender Geltung desselben für den Einzelnen, blickt etwas wie eine Ahnung durch.

Das größte Beispiel bietet das römische Weltreich, begonnen mit den entsetzlichsten Mitteln bald nach Erlöschen des Kampfes zwischen Patriziern und Plebejern in Gestalt der Samniterkriege, vollendet durch Unterwerfung von Orient und Okzident mit unermeßlichen Strömen von Blut.

Hier erkennen wir im Großen einen wenigstens für uns recht scheinbaren weltgeschichtlichen Zweck: die Schöpfung einer gemeinsamen Weltkultur, wodurch auch die Verbreitung einer neuen Weltreligion möglich wurde, beides überlieferbar auf die barbarischen Germanen der Völkerwanderung als künftiger Zusammenhalt eines neuen Europas.

Allein daraus, daß aus dem Bösen Gutes, aus Unglück relatives Glück geworden ist, folgt noch gar nicht, daß Böses und Unglück nicht anfänglich waren, was sie waren. Jede gelungene Gewalttat war böse und ein Unglück und allermindestens ein gefährliches Beispiel. Wenn sie aber Macht begründete, so kam in der Folge die Menschheit heran mit ihrem unermüdlichen Streben, bloße Macht in Ordnung und Gesetzlichkeit umzuwandeln; sie brachte ihre heilen Kräfte herbei und nahm den Gewaltzustand in die Kur.

Und das Böse herrscht bisweilen lange *als Böses* auf Erden, nicht bloß bei Fatimiden und Assassinen. Der Fürst dieser Welt ist laut der christlichen Lehre Satan. Nichts Unchristlicheres, als der Tugend eine dauernde Herrschaft, einen materiellen Gotteslohn auf Erden zu verheißen, wie die Kirchenschriftsteller den christlichen Kaisern versprachen. Aber das herrschende Böse hat eine hohe Bedeutung: nur neben ihm gibt es ein uneigennütziges Gutes. Es wäre ein unerträglicher Anblick, wenn infolge konsequenter Belohnung des Guten und Bestrafung des Bösen hienieden die Bösen sich alle aus Zweckmäßigkeit anfingen gut aufzuführen; denn unvermeidlich vorhanden und innerlich böse wären sie ja doch. Man könnte in die Stimmung kommen, den Himmel wieder um eine Straflosigkeit der Bösen auf Erden zu bitten, nur damit dieselben wenigstens ihre wahren Züge wieder an den Tag legten. Es ist schon so Verstellung genug in der Welt.

Karl Marx (1818–1883)

175. Die Waffe der Kritik

Der *Mensch macht die Religion,* die Religion macht nicht den Menschen. Und zwar ist die Religion das Selbstbewußtsein und das Selbstgefühl des Menschen, der sich selbst entweder noch nicht erworben oder schon wieder verloren hat, Aber *der Mensch,* das ist kein abstraktes, außer der Welt hockendes Wesen. Der Mensch, das ist *die Welt des Menschen,* Staat, Sozietät.

Dieser Staat, diese Sozietät produzieren die Religion, ein *verkehrtes Weltbewußtsein*, weil sie eine *verkehrte Welt* sind. Die Religion ist die allgemeine Theorie dieser Welt, ihr enzyklopädisches Kompendium, ihre Logik in populärer Form, ihr spiritualistischer Pont-d'honneur, ihr Enthusiasmus, ihre moralische Sanktion, ihre feierliche Ergänzung, ihr allgemeiner Trost- und Rechtfertigungsgrund. Sie ist die *phantastische Verwirklichung* des menschlichen Wesens, weil das *menschliche Wesen* keine wahre Wirklichkeit besitzt. Der Kampf gegen die Religion ist also mittelbar der Kampf gegen *jene Welt*, deren geistiges *Aroma* die Religion ist.

Das *religiöse* Elend ist in einem der *Ausdruck* des wirklichen Elendes und in einem die *Protestation* gegen das wirkliche Elend. Die Religion ist der Seufzer der bedrängten Kreatur, das Gemüt einer herzlosen Welt, wie sie der Geist geistloser Zustände ist. Sie ist das *Opium* des Volks.

Die Aufhebung der Religion als des *illusorischen* Glücks des Volkes ist die Forderung seines *wirklichen* Glücks. Die Forderung, die Illusionen über seinen Zustand aufzugeben, ist die *Forderung, einen Zustand aufzugeben, der der Illusion bedarf*. Die Kritik der Religion ist also im *Keim* die *Kritik des Jammertales*, dessen *Heiligenschein* die Religion ist.

Die Kritik hat die imaginären Blumen an der Kette zerpflückt, nicht damit der Mensch die phantasielose, trostlose Kette trage, sondern damit er die Kette abwerfe und die lebendige Blume breche. Die Kritik der Religion enttäuscht den Menschen, damit er denke, handle, seine Wirklichkeit gestalte wie ein enttäuschter, zu Verstand gekommener Mensch, damit er sich um sich selbst und damit um seine wirkliche Sonne bewege. Die Religion ist nur die illusorische Sonne, die sich um den Menschen bewegt, solange er sich nicht um sich selbst bewegt.

Es ist also die *Aufgabe der Geschichte*, nachdem das *Jenseits der Wahrheit* verschwunden ist, die *Wahrheit des Diesseits* zu etablieren. Es ist zunächst die *Aufgabe der Philosophie*, die im Dienste der Geschichte steht, nachdem die *Heiligengestalt* der menschlichen Selbstentfremdung entlarvt ist, die Selbstentfremdung in ihren *unheiligen Gestalten* zu entlarven. Die Kritik des Himmels verwandelt sich damit in die Kritik der Erde, die *Kritik der Religion* in die *Kritik des Rechts*, die *Kritik der Theorie* in die *Kritik der Politik*. [...]

Die Waffe der Kritik kann allerdings die Kritik der Waffen nicht ersetzen, die materielle Gewalt muß gestürzt werden durch materielle Gewalt, allein auch die Theorie wird zur materiellen Gewalt, sobald sie die Massen ergreift. Die Theorie ist fähig, die Massen zu ergreifen, sobald sie *ad hominem* demonstriert, und sie demonstriert *ad hominem,* sobald sie radikal wird. Radikal sein ist die Sache an der Wurzel fassen. Die Wurzel für den Menschen ist aber der Mensch selbst. Der evidente Beweis für den Radikalismus der deutschen Theorie, also für ihre praktische Energie, ist ihr Ausgang von der entschiedenen *positiven* Aufhebung der Religion. Die Kritik der Religion endet mit der Lehre, daß der *Mensch das höchste Wesen für den Menschen sei,* also mit dem *kategorischen Imperativ, alle Verhältnisse umzuwerfen,* in denen der Mensch ein erniedrigtes, ein geknechtetes, ein verlassenes, ein verächtliches Wesen ist, Verhältnisse, die man nicht besser schildern kann als durch den Ausruf eines Franzosen bei einer projektierten Hundesteuer: Arme Hunde! Man will euch wie Menschen behandeln!

176. Kritik der Menschenrechte

Betrachten wir einen Augenblick die sogenannten Menschenrechte, und zwar die Menschenrechte unter ihrer authentischen Gestalt, unter der Gestalt, welche sie bei ihren *Entdeckern,* den Nordamerikanern und Franzosen, besitzen! Zum Teil sind diese Menschenrechte *politische* Rechte, Rechte, die nur in der Gemeinschaft mit andern ausgeübt werden. Die *Teilnahme* am *Gemeinwesen,* und zwar am *politischen* Gemeinwesen, am *Staatswesen,* bildet ihren Inhalt. Sie fallen unter die Kategorie der *politischen Freiheit,* unter die Kategorie der *Staatsbürgerrechte,* welche keineswegs, wie wir gesehen, die widerspruchslose und positive Aufhebung der Religion, also etwa auch des Judentums, voraussetzen. Es bleibt der andere Teil der Menschenrechte zu betrachte, die *droits de l'homme,* insofern sie unterschieden sind von der *droits du citoyen.*

In ihrer Reihe findet sich die Gewissensfreiheit, das Recht, einen beliebigen Kultus auszuüben. Das *Privilegium des Glaubens* wird ausdrücklich anerkannt, entweder als ein *Menschenrecht* oder als Konsequenz eines Menschenrechtes, der Freiheit.

Erklärung der Menschen- und Bürgerrechte, 1791, Artikel 10: „Niemand soll wegen seiner Überzeugungen, auch nicht der religiösen, behelligt werden." Im Abschnitt I der Verfassung von 1791 wird als Menschenrecht garantiert: „Die Freiheit für jedermann, den *religiösen Kult* auszuüben, dessen Anhänger er ist."

Erklärung der Menschenrechte, usw. 1793, zählt unter die Menschenrechte, Artikel 7: „Die freie Ausübung der Kulte." Ja, in bezug auf das Recht, seine Gedanken und Meinungen zu veröffentlichen, sich zu versammeln, seinen Kultus auszuüben, heißt es sogar: „Die Notwendigkeit, diese *Rechte* zu verkünden, setzt entweder das Vorhandensein oder die frische Erinnerung des Despotismus voraus." Man vergleiche die Konstitution von 1795, titre XIV, article 354.

Verfassung von Pennsylvanien, Artikel 9, § 3: „Alle Menschen haben von der Natur das unabdingbare *Recht* empfangen, den Eingebungen ihres Gewissens folgend zum Allmächtigen zu beten, und niemand kann von Gesetzes wegen gezwungen werden, sich gegen seinen Wunsch zu irgendeinem Kult oder Gottesdienst zu bekennen, sie einzuführen oder zu unterstützen. In keinem Falle darf irgendeine menschliche Macht sich in Gewissensfragen einmischen und die Kräfte der Seele kontrollieren."

Verfassung von New-Hampshire, Artikel 5 und 6: „Unter den natürlichen Rechten gibt es einige, die ihrer Natur nach unveräußerlich sind, weil sie durch nichts Gleichwertiges ersetzt werden könnten. Zu diesen zählen die Gewissens*rechte.*" [Marx zitiert jeweils die frz. Texte.]

Die Unvereinbarkeit der Religion mit den Menschenrechten liegt so wenig im Begriff der Menschenrechte, daß das *Recht, religiös zu sein,* auf beliebige Weise religiös zu sein, den Kultus seiner besonderen Religion auszuüben, vielmehr ausdrücklich unter die Menschenrechte gezählt wird. Das *Privilegium des Glaubens* ist ein *allgemeines Menschenrecht.*

Die *droits de l'homme,* die Menschenrechte werden als *solche* unterschieden von den *droits du citoyen,* von den Staatsbürgerrechten. [...]

Die *droits de l'homme* [sind] im Unterschied von den *droits du citoyen,* nichts anderes [...] als die Rechte des *Mitglieds der bürgerlichen Gesellschaft,* das heißt des egoistischen Menschen, des vom Menschen und vom Gemeinwesen getrennten Menschen.

Keines der sogenannten Menschenrechte geht also über den egoistischen Menschen hinaus, über den Menschen, wie er Mitglied der bürgerlichen Gesellschaft, nämlich auf sich, auf sein Privatinteresse und seine Privatwillkür zurückgezogenes und vom Gemeinwesen abgesondertes Individuum ist. Weit entfernt, daß der Mensch in ihnen als Gattungswesen aufgefaßt wurde, erscheint vielmehr das Gattungsleben selbst, die Gesellschaft, als ein den Individuen äußerlicher Rahmen, als Beschränkung ihrer ursprünglichen Selbständigkeit. Das einzige Band, das sie zusammenhält, ist die Naturnotwendigkeit, das Bedürfnis und das Privatinteresse, die Konservation ihres Eigentums und ihrer egoistischen Person.

Es ist schon rätselhaft, daß ein Volk, welches eben beginnt, sich zu befreien, alle Barrieren zwischen den verschiedenen Volksgliedern niederzureißen, ein politisches Gemeinwesen zu gründen, daß ein solches Volk die Berechtigung des egoistischen, vom Mitmenschen und vom Gemeinwesen abgesonderten Menschen feierlich proklamiert (Déclaration de 1791), ja diese Proklamation in einem Augenblicke wiederholt, wo die heroischste Hingebung allein die Nation retten kann und daher gebieterisch verlangt wird, in einem Augenblicke, wo die Aufopferung aller Interessen der bürgerlichen Gesellschaft zur Tagesordnung erhoben und der Egoismus als ein Verbrechen bestraft werden muß. (Déclaration des droits de l'homme etc. de 1793.) Noch rätselhafter wird diese Tatsache, wenn wir sehen, daß das Staatsbürgertum, das *politische Gemeinwesen* von den politischen Emanzipatoren sogar zum bloßen *Mittel* für die Erhaltung dieser sogenannten Menschenrechte herabgesetzt, daß also der citoyen zum Diener des egoistischen homme erklärt, die Sphäre, in welcher der Mensch sich als Gemeinwesen verhält, unter die Sphäre, in welcher er sich als Teilwesen verhält, degradiert, endlich nicht der Mensch als citoyen, sondern der Mensch als bourgeois für den *eigentlichen* und *wahren* Menschen genommen wird. [...]

Alle Emanzipation ist *Zurückführung* der menschlichen Welt, der Verhältnisse, auf den *Menschen selbst.*

Die politische Emanzipation ist die Reduktion des Menschen, einerseits auf das Mitglied der bürgerlichen Gesellschaft, auf das *egoistische unabhängige* Individuum, andrerseits auf den *Staatsbürger,* auf die moralische Person.

Erst wenn der wirkliche individuelle Mensch den abstrakten Staatsbürger in sich zurücknimmt und als individueller Mensch in seinem empirischen Leben, in seiner individuellen Arbeit, in seinen individuellen Verhältnissen, *Gattungswesen* geworden ist, erst wenn der Mensch seine „forces propres" als *gesellschaftliche* Kräfte erkannt und organisiert hat und daher die gesellschaftliche Kraft nicht mehr in der Gestalt der *politischen* Kraft von sich trennt, erst dann ist die menschliche Emanzipation vollbracht.

Henry Sidgwick (1838–1900)

177. Utilitarismus und Wahrhaftigkeit

Die Pflicht, die Wahrheit zu sagen, wird mitunter als ein treffendes Beispiel einer Sittenregel angeführt, die nicht auf einer utilitarischen Grundlage ruhe. Aber ein sorgfältiges Studium der Einschränkungen, mit denen die Menschen im allgemeinen diese Pflicht vorschreiben, dürfte uns zu einem entgegengesetzten Ergebnis führen. Denn die allgemeine Nützlichkeit, die Wahrheit zu sagen, ist nicht nur so augenscheinlich, daß sie nicht bewiesen zu werden braucht, sondern auch wo diese Nützlichkeit einmal nicht vorhanden zu sein scheint oder durch einzelne schlechte Folgen aufgewogen wird, finden wir, daß der gemeine Menschenverstand zum mindesten zögert, die Regel durchzusetzen. Verfolgt zum Beispiel jemand verbrecherische Zwecke, so ist es auf den ersten Anblick für die Gemeinschaft nachteilig, wenn ihm dabei dadurch geholfen wird, daß er sich auf die Aussagen anderer verlassen kann. Hier ist also die Täuschung berechtigt, als Schutz gegen das Verbrechen, obwohl, wenn wir die schlechten Wirkungen selbst einer einzigen Unwahrhaftigkeit auf die Gewohnheit betrachten, der Fall nach utilitarischen Prinzipien zweifelhaft erscheint; und das ist gerade die Anschauung des gemeinen Menschenverstandes. Wir finden es aber auch schwierig, genau festzustellen, worin Wahrhaftigkeit besteht. Denn wir können entweder Wahrheit in den gesprochenen Worten verlangen oder in den Schlüssen, die voraussichtlich daraus gezogen werden, oder in beiden. Vollkommene Aufrichtigkeit würde sie zweifellos in beiden fordern; aber in den zahlreichen Fällen, wo dies un-

zweckmäßig erscheint, läßt sich der gemeine Menschenverstand herbei, jemanden des einen oder andern Teiles der
doppelten Verpflichtung zu entbinden. So finden wir eine be-
achtenswerte Schule von Denkern, die behaupten, daß eine religiöse Wahrheit durch erfundene historische Erzählungen
mitgeteilt werden könne, und anderseits wird durch die gewöhnlichen Regeln der Höflichkeit, die uns nicht selten zu
Heuchelei und Unwahrheit zwingen, anerkannt, wie wenig bei
den bestehenden sozialen Beziehungen vollkommne Offenheit
am Platze ist. Ich möchte nicht sagen, daß in allen diesen Fällen der gemeine Menschenverstand sich entschieden zugunsten
der Unwahrhaftigkeit ausspricht; aber dann ist auch der Utilitarismus sich nicht klar, da die Nützlichkeit, eine allgemeine
Gewohnheit, die Wahrheit zu sagen, aufrechtzuerhalten, so
groß ist, daß es nicht leicht ist, zu beweisen, daß sie auch durch
triftige Gründe zur Verletzung der Regel aufgewogen wird.

Es ist schließlich leicht zu zeigen, daß Mäßigkeit, Selbstbeherrschung und alle Tugenden gegen sich im allgemeinen dem
Individuum, das sie besitzt, „nützlich" sind; und wenn es für
den gemeinen Menschenverstand nicht ganz klar ist, welchen
Zweck die Regulierung und das Beherrschen von Begierden
und Leidenschaften haben, welche Moralisten so oft gepredigt,
so hindert uns doch nichts, diesen Zweck als Glückseligkeit zu
definieren. Und selbst in der asketischen Übertreibung der
Selbstbeherrschung, die mitunter zur Unterdrückung aller
sinnlichen Freuden als eines radikalen Übels geführt hat, können wir noch einen unbewußten Utilitarismus erblicken. Denn
die asketische Verurteilung hat sich immer hauptsächlich gegen
solche Freuden gerichtet, bei denen die Menschen besonders
zu gesundheitsgefährlichen Übertreibungen geneigt sind und
wo freie Duldung, selbst wenn sie die Gesundheit nicht beeinträchtigen, der Entwicklung anderer Fähigkeiten im Wege
steht, die wichtige Quellen zum Glücke sind.

Friedrich Nietzsche (1844–1900)

178. Sitte und Sittlichkeit

Begriff der Sittlichkeit der Sitte. – Im Verhältniss zu der Lebensweise ganzer Jahrtausende der Menschheit leben wir jetzi-

gen Menschen in einer sehr unsittlichen Zeit: die Macht der Sitte ist erstaunlich abgeschwächt und das Gefühl der Sittlichkeit so verfeinert und so in die Höhe getragen, dass es ebenso gut als verflüchtigt bezeichnet werden kann. Desshalb werden uns, den Spätgeborenen, die Grundeinsichten in die Entstehung der Moral schwer, sie bleiben uns, wenn wir sie trotzdem gefunden haben, an der Zunge kleben und wollen nicht heraus: weil sie grob klingen! Oder weil sie die Sittlichkeit zu verleumden scheinen! So zum Beispiel gleich der *Hauptsatz:* Sittlichkeit ist nichts Anderes (also namentlich *nicht mehr!*), als Gehorsam gegen Sitten, welcher Art diese auch sein mögen; Sitten aber sind die *herkömmliche* Art zu handeln und abzuschätzen. In Dingen, wo kein Herkommen befiehlt, giebt es keine Sittlichkeit; und je weniger das Leben durch Herkommen bestimmt ist, um so kleiner wird der Kreis der Sittlichkeit. Der freie Mensch ist unsittlich, weil er in Allem von sich und nicht von einem Herkommen abhängen will: in allen ursprünglichen Zuständen der Menschheit bedeutet „böse" so viel wie „individuell", „frei", „willkürlich", „ungewohnt", „unvorhergesehen", „unberechenbar". Immer nach dem Maassstab solcher Zustände gemessen: wird eine Handlung gethan, *nicht* weil das Herkommen sie befiehlt, sondern aus anderen Motiven (zum Beispiel des individuellen Nutzens wegen), ja selbst aus eben den Motiven, welche das Herkommen ehemals begründet haben, so heisst sie unsittlich und wird so selbst von ihrem Thäter empfunden: denn sie ist nicht aus Gehorsam gegen das Herkommen gethan worden. Was ist das Herkommen? Eine höhere Autorität, welcher man gehorcht, nicht weil sie das uns *Nützliche* befiehlt, sondern weil sie *befiehlt.* – Wodurch unterscheidet sich diess Gefühl vor dem Herkommen von dem Gefühl der Furcht überhaupt? Es ist die Furcht vor einem höheren Intellect, der da befiehlt, vor einer unbegreiflichen unbestimmten Macht, vor etwas mehr als Persönlichem, – es ist *Aberglaube* in dieser Furcht. – Ursprünglich gehörte die ganze Erziehung und Pflege der Gesundheit, die Ehe, die Heilkunst, der Feldbau, der Krieg, das Reden und Schweigen, der Verkehr unter einander und mit den Göttern in den Bereich der Sittlichkeit: sie verlangte, dass man Vorschriften beobachtet, *ohne an sich* als Individuum zu denken. Ursprünglich also war Alles Sitte, und wer sich über sie erheben wollte, musste Gesetzgeber und Medicinmann und eine Art Halbgott werden: das heisst, er musste *Sitten machen,* – ein furchtbares, lebensgefährliches Ding! – Wer ist der Sittlichste? *Einmal* Der, welcher das Gesetz am häufigsten erfüllt: also, gleich dem Brahmanen, das Bewusstsein desselben überallhin und in jeden kleinen Zeittheil trägt, sodass er fortwährend erfinderisch ist in Gelegenheiten, das Gesetz zu erfüllen. *Sodann* Der, der es auch in den schwersten Fällen erfüllt. Der Sittlichste ist Der, welcher am meisten der Sitte *opfert:* welches aber sind die grössten Opfer? Nach der Beantwortung dieser Frage entfalten sich mehrere unterschiedliche Moralen; aber der wichtigste Unterschied bleibt doch jener, welcher die Moralität der *häufigsten Erfüllung* von der der *schwersten Erfüllung* trennt. Man täusche sich über das Motiv jener Moral nicht, welche die schwerste Erfüllung der Sitte als Zeichen der Sittlichkeit fordert! Die Selbstüberwindung wird *nicht* ihrer nützlichen Folgen halber, die sie für das Individuum hat, gefordert, sondern damit die Sitte, das Herkommen herrschend erscheine, trotz allem individuellen Gegengelüst und Vortheil: der Einzelne soll sich opfern, – so heischt es die Sittlichkeit der Sitte. – Jene Moralisten dagegen, welche wie die Nachfolger der *sokratischen* Fussstapfen die Moral der Selbstbeherrschung und Enthaltsamkeit dem *Individuum* als seinen eigensten *Vortheil,* als seinen persönlichsten Schlüssel zum Glück an's Herz legen, *machen die Ausnahme* – und wenn es uns anders erscheint, so ist es, weil wir unter ihrer Nachwirkung erzogen sind: sie alle gehen eine neue Strasse unter höchlichster Missbilligung aller Vertreter der Sittlichkeit der Sitte, – sie lösen sich aus der Gemeinde aus, als Unsittliche, und sind, im tiefsten Verstande, böse. Ebenso erschien einem tugendhaften Römer alten Schrotes jeder *Christ,* welcher „am ersten nach seiner *eigenen* Seligkeit trachtete", – als böse. – Überall, wo es eine Gemeinde und folglich eine Sittlichkeit der Sitte giebt, herrscht auch der Gedanke, dass die Strafe für die Verletzung der Sitte vor Allem auf die Gemeinde fällt: jene übernatürliche Strafe, deren Aeusserung und Gränze so schwer zu begreifen ist und mit so abergläubischer Angst ergründet wird. Die Gemeinde kann den Einzelnen anhalten, dass er den nächsten Schaden, den seine That im Gefolge hatte, am Einzelnen oder an der Gemeinde wieder gut mache, sie kann auch eine Art Rache am Einzelnen dafür nehmen, dass durch ihn, als angebliche Nachwirkung seiner That, sich die göttlichen Wolken und Zorneswetter über der Gemeinde gesammelt haben, – aber sie empfindet die Schuld des Einzelnen doch vor Allem als *ihre* Schuld und trägt dessen Strafe als *ihre* Strafe – : „die Sitten sind locker geworden, so klagt es in der Seele eines Jeden, wenn solche Thaten möglich sind." Jede individuelle Handlung, jede individuelle Denkweise erregt Schauder; es ist gar nicht auszurechnen, was gerade die seltneren, ausgesuchteren, ursprünglicheren Geister im ganzen Verlauf der Geschichte dadurch gelitten haben müssen, dass sie immer als die bösen und gefährlichen empfunden wurden, ja dass *sie sich selber so empfanden.* Unter der Herrschaft der Sittlichkeit der Sitte hat die Originalität jeder Art ein böses Gewissen bekommen; bis diesen Augenblick ist der Himmel der Besten noch dadurch verdüsterter, als er sein müsste.

179. Moral als Notlüge

Das Ueber-Thier. – Die Bestie in uns will belogen werden; Moral ist Nothlüge, damit wir von ihr nicht zerrissen werden. Ohne die Irrthümer, welche in den Annahmen der Moral liegen, wäre der Mensch Thier geblieben. So aber hat er sich als etwas Höheres genommen und sich strengere Gesetze auferlegt. Er hat desshalb einen Hass gegen die der Thierheit näher gebliebenen Stufen: woraus die ehemalige Missachtung des Sclaven, als eines Nicht-Menschen, als einer Sache zu erklären ist.

180. Über Moralität

Moralité larmoyante. – Wie viele Vergnügen macht die Moralität! Man denke nur, was für ein Meer angenehmer Thränen schon bei Erzählungen edler, grossmüthiger Handlungen geflossen ist! – Dieser Reiz des Lebens würde schwinden, wenn der Glaube an die völlige Unverantwortlichkeit überhand nähme. [...]

Die drei Phasen der bisherigen Moralität. – Es ist das erste Zeichen, dass das Thier Menschen geworden ist, wenn sein Handeln nicht mehr auf das augenblickliche Wohlbefinden, sondern auf das dauernde sich bezieht, dass der Mensch also *nützlich, zweckmässig* wird: da bricht zuerst die freie Herrschaft der Vernunft heraus. Eine noch höhere Stufe ist erreicht, wenn er nach dem Princip der *Ehre* handelt; vermöge desselben ordnet sich er sich ein, unterwirft sich gemeinsamen Empfindungen, und das erhebt ihn hoch über die Phase, in der nur die persönlich verstandene Nützlichkeit ihn leitete: er achtet und will geachtet werden, das heisst: er begreift den Nutzen als abhängig von dem, was er über Andere, was Andere über ihn meinen. Endlich handelt er, auf der höchsten Stufe der *bisherigen* Moralität nach *seinem* Maassstab über die Dinge und Menschen, er selber bestimmt für sich und Andere, was ehrenvoll, was nützlich ist; er ist zum Gesetzgeber der Meinungen geworden, gemäss dem immer höher entwickelten Begriff des Nützlichen und Ehrenhaften. Die Erkenntnis befähigt ihn, das Nützlichste, das heisst den allgemeinen dauernden Nutzen dem persönlichen, die ehrende Anerkennung von allgemeiner dauernder Geltung der momentanen voranzustellen; er lebt und handelt als Collectiv-Individuum.

181. Ursprung der Gerechtigkeit

Ursprung der Gerechtigkeit. – Die Gerechtigkeit (Billigkeit) nimmt ihren Ursprung unter ungefähr *gleich Mächtigen,* wie diess Thukydides (in dem furchtbaren Gespräche der athenischen und melischen Gesandten) richtig begriffen hat; wo es keine deutlich erkennbare Uebergewalt giebt und ein Kampf zum erfolglosen, gegenseitigen Schädigen würde, da entsteht der Gedanke sich zu verständigen und über die beiderseitigen Ansprüche zu verhandeln: der Charakter des *Tausches* ist der anfängliche Charakter der Gerechtigkeit. Jeder stellt den Andern zufrieden, indem Jeder bekommt, was er mehr schätzt als der Andere. Man giebt Jedem, was er haben will als das nunmehr Seinige, und empfängt dagegen das Gewünschte. Gerechtigkeit ist also Vergeltung und Austausch unter der Voraussetzung einer ungefähr gleichen Machtstellung: so gehört ursprünglich die Rache in den Bereich der Gerechtigkeit, sie ist ein Austausch. Ebenso die Dankbarkeit. – Gerechtigkeit geht natürlich auf den Gesichtspunct einer einsichtigen Selbsterhaltung zurück, also auf den Egoismus jener Ueberlegung: „wozu sollte ich mich nutzlos schädigen und mein Ziel vielleicht doch nicht erreichen?" – Soviel vom *Ursprung* der Gerechtigkeit. Dadurch, dass die Menschen, ihrer intellectuellen Gewohnheit gemäss, den ursprünglichen Zweck sogenannter gerechter, billiger Handlungen *vergessen* haben und namentlich weil durch Jahrtausende hindurch die Kinder angelernt worden sind, solche Handlungen zu bewundern und nachzuahmen, ist allmählich der Anschein entstanden, als sei eine gerechte Handlung eine unegoistische: auf diesem Anschein aber beruht die hohe Schätzung derselben, welche überdiess, wie alle Schätzungen, fortwährend noch im wachsen ist: denn etwas Hochgeschätztes wird mit Aufopferung erstrebt, nachgeahmt, vervielfältigt und wächst dadurch, dass der Werth der aufgewandten Mühe und Beeiferung von jedem Einzelnen noch zum Werthe des geschätzten Dinges hinzugeschlagen wird. – Wie wenig moralisch sähe die Welt ohne die Vergesslichkeit aus! Ein Dichter könnte sagen, dass Gott die Vergesslichkeit als Thürhüterin an die Tempelschwelle der Menschenwürde hingelagert habe.

182. Gerechtigkeit als höchste Meisterschaft

Wenn es wirklich vorkommt, dass der gerechte Mensch gerecht sogar gegen seine Schädiger bleibt (und nicht nur kalt, massvoll, fremd, gleichgültig: Gerecht-sein ist immer ein *positives* Verhalten), wenn sich selbst unter dem Ansturz persönlicher Verletzung, Verhöhnung, Verdächtigung die hohe, klare, ebenso tief als mildblickende Objektivität des gerechten, des *richtenden* Auges nicht trübt, nun, so ist das ein Stück Vollendung und höchster Meisterschaft auf Erden […].

183. Unser Mitleid

Ob Hedonismus, ob Pessimismus, ob Utilitarismus, ob Eudämonismus: alle diese Denkweisen, welche nach *Lust* und *Leid*, das heisst nach Begleitzuständen und Nebensachen den Werth der Dinge messen, sind Vordergrunds-Denkweisen und Naivetäten, auf welche ein Jeder, der sich *gestaltender* Kräfte und eines Künstler-Gewissens bewusst ist, nicht ohne Spott, auch nicht ohne Mitleid herabblicken wird. Mitleiden mit *euch!* das ist freilich nicht das Mitleiden, wie ihr es meint: das ist nicht Mitleiden mit der socialen „Noth", mit der „Gesellschaft" und ihren Kranken und Verunglückten, mit Lasterhaften und Zerbrochnen von Anbeginn, wie sie rings um uns zu Boden liegen;

das ist noch weniger Mitleiden mit murrenden gedrückten auf-
rührerischen Sklaven-Schichten, welche nach Herrschaft – sie
nennen's „Freiheit" – trachten. *Unser* Mitleiden ist ein höheres
fernsichtigeres Mitleiden: – wir sehen, wie *der Mensch* sich
verkleinert, wie ihr ihn verkleinert! – und es giebt Augenblik-
ke, wo wir gerade *euren* Mitleiden mit einer unbeschreiblichen
Beängstigung zusehn, wo wir uns gegen dies Mitleiden wehren
–, wo wir euren Ernst gefährlicher als irgend welche Leichtfer-
tigkeit finden. Ihr wollt womöglich – und es giebt kein tolleres
„womöglich" – *das Leiden abschaffen;* und wir? – es scheint
gerade, wir wollen es lieber noch höher und schlimmer haben,
als je es war! Wohlbefinden, wie ihr es versteht – das ist ja kein
Ziel, das scheint uns ein *Ende!* Ein Zustand, welcher den Menschen alsbald lächerlich und verächtlich macht, – der seinen
Untergang *wünschen* macht! Die Zucht des Leidens, des *grossen* Leidens – wisst ihr nicht, dass nur *diese* Zucht alle Erhö-
hungen des Menschen bisher geschaffen hat? Jene Spannung
der Seele im Unglück, welche ihr die Stärke anzüchtet, ihre
Schauer im Anblick des grossen Zugrundegehens, ihre Erfind-
samkeit und Tapferkeit im Tragen, Ausharren, Ausdeuten,
Ausnützen des Unglücks, und was ihr nur je von Tiefe, Ge-
heimniss, Maske, Geist, List, Grösse geschenkt worden ist: –
ist es nicht ihr unter Leiden, unter der Zucht des grossen Leidens geschenkt worden? Im Menschen ist *Geschöpf* und
Schöpfer vereint: im Menschen ist Stoff, Bruchstück, Überfluss,
Lehm, Koth, Unsinn, Chaos; aber im Menschen ist auch
Schöpfer, Bildner, Hammer-Härte, Zuschauer-Göttlichkeit und
siebenter Tag: – versteht ihr diesen Gegensatz Und dass *euer*
Mitleid dem „Geschöpf im Menschen" gilt, dem, was geformt,
gebrochen, geschmiedet, gerissen, gebrannt, geglüht, geläutert
werden muss, – dem, was nothwendig *leiden* muss und leiden
soll? Und *unser* Mitleid – begreift ihr's nicht, wem unser *um-
gekehrtes* Mitleid gilt, wenn es sich gegen euer Mitleid wehrt,
als gegen die schlimmste aller Verzärtelungen und Schwächen?
– Mitleid also *gegen* Mitleid! – Aber, nochmals gesagt, es giebt
höhere Probleme als alle Lust- und Leid- und Mitleid-
Probleme; und jede Philosophie, die nur auf diese hinausläuft,
ist eine Naivetät.

184. Herren- und Sklavenmoral

Bei einer Wanderung durch die vielen feineren und gröberen Moralen, welche bisher auf Erden geherrscht haben oder noch herrschen, fand ich gewisse Züge regelmässig mit einander wiederkehrend und aneinander geknüpft: bis sich mir endlich zwei Grundtypen verriethen, und ein Grundunterschied heraussprang. Es giebt *Herren-Moral* und *Sklaven-Moral;* – ich füge sofort hinzu, dass in allen höheren und gemischteren Culturen auch Versuche der Vermittlung beider Moralen zum Vorschein kommen, noch öfter das Durcheinander derselben und gegenseitige Missverstehen, ja bisweilen ihr hartes Nebeneinander – sogar im selben Menschen, innerhalb Einer Seele. Die moralischen Werthunterscheidungen sind entweder unter einer herrschenden Art entstanden, welche sich ihres Unterschieds gegen die beherrschte mit Wohlgefühl bewusst wurde, – oder unter den Beherrschten, den Sklaven und Abhängigen jeden Grades. Im ersten Falle, wenn die Herrschenden es sind, die den Begriff „gut" bestimmen, sind es die erhobenen stolzen Zustände der Seele, welche als das Auszeichnende und die Rangordnung Bestimmende empfunden werden. Der vornehme Mensch trennt die Wesen von sich ab, an denen das Gegentheil solcher gehobener stolzer Zustände zum Ausdruck kommt: er verachtet sie. Man bemerke sofort, dass in dieser ersten Art Moral der Gegensatz „gut" und „schlecht" so viel bedeutet wie „vornehm" und „verächtlich": – der Gegensatz „gut" und „*böse*" ist anderer Herkunft. Verachtet wird der Feige, der Ängstliche, der Kleinliche, der an die enge Nützlichkeit Denkende; ebenso der Misstrauische mit seinem unfreien Blicke, der Sich-Erniedrigende, die Hunde-Art von Mensch, welche sich misshandeln lässt, der bettelnde Schmeichler, vor Allem der Lügner: – es ist ein Grundglaube aller Aristokraten, dass das gemeine Volk lügnerisch ist. „Wir Wahrhaftigen" – so nannten sich im alten Griechenland die Adeligen. Es liegt auf der Hand, dass die moralischen Werthbezeichnungen überall zuerst auf *Menschen* und erst abgeleitet und spät auf *Handlungen* gelegt worden sind: weshalb es ein arger Fehlgriff ist, wenn Moral-Historiker von Fragen den Ausgang nehmen wie „warum ist die mitleidige Handlung gelobt worden?" Die vornehme Art Mensch fühlt *sich* als werthbestimmend, sie hat nicht nöthig, sich gutheissen zu lassen, sie urtheilt „was mir schädlich ist, das ist an sich schädlich", sie weiss sich als Das, was überhaupt erst Ehre den Dingen verleiht, sie ist *wertheschaffend*. Alles, was sie an sich kennt, ehrt sie: eine solche Moral ist Selbstverherrlichung. Im Vordergrunde steht das Gefühl der Fülle, der Macht, die überströmen will, das Glück der hohen Spannung, das Bewusstsein eines Reichthums, der schenken und abgeben möchte: – auch der vornehme Mensch hilft dem Unglücklichen, aber nicht oder fast nicht aus Mitleid, sondern mehr aus einem Drang, den der Überfluss von Macht erzeugt. Der vornehme Mensch ehrt in sich den Mächtigen, auch Den, welcher Macht über sich selbst hat, der zu reden und zu schweigen versteht, der mit Lust Strenge und Härte gegen sich übt und Ehrerbietung vor allem Strengen und Harten hat. „Ein hartes Herz legte Wotan mir in die Brust" heisst es in einer alten skandinavischen Saga: so ist es aus der Seele eines stolzen Wikingers heraus mit Recht gedichtet. Eine solche Art Mensch ist eben stolz darauf, *nicht* zum Mitleiden gemacht zu sein: weshalb der Held der Sage warnend hinzufügt „wer jung schon kein hartes Herz hat, dem wird es niemals hart". Vornehme und Tapfere, welche so denken, sind am entferntesten von jener Moral, welche gerade im Mitleiden oder im Handeln für Andere oder im désintéressement das Abzeichen des Moralischen sieht; der Glaube an sich selbst, der Stolz auf sich selbst, eine Grundfeindschaft und Ironie gegen „Selbstlosigkeit" gehört eben so bestimmt zur vornehmen Moral wie eine leichte Geringschätzung und Vorsicht vor den Mitgefühlen und dem „warmen Herzen". – Die Mächtigen sind es, welche zu ehren *verstehen*, es ist ihre Kunst, ihr Reich der Erfindung. Die tiefe Ehrfurcht vor dem Alter und vor dem Herkommen – das ganze Recht steht auf dieser doppelten Ehrfurcht –, der Glaube und das Vorurtheil zu Gunsten der Vorfahren und zu Ungunsten der Kommenden ist typisch in der Moral der Mächtigen; und wenn umgekehrt die Menschen der „modernen Ideen" beinahe instinktiv an den „Fortschritt" und „die Zukunft" glauben und der Achtung vor dem Alter immer mehr ermangeln, so verräth sich damit genugsam schon die unvornehme Herkunft dieser „Ideen". Am meisten ist aber eine Moral der Herrschenden dem gegenwärtigen Geschmacke fremd und peinlich in der Strenge ihres Grundsatzes, dass man nur gegen Seinesgleichen Pflichten habe; dass man gegen die Wesen niedrigeren Ranges, gegen alles Fremde nach Gutdünken oder „wie es das Herz will" handeln dürfe und jedenfalls „jenseits von Gut und Böse" – : hierhin mag Mitleiden und dergleichen gehören. Die Fähigkeit und Pflicht zu langer Dankbarkeit und langer Rache – beides nur innerhalb seines Gleichen –, die Feinheit in der Wiedervergeltung, das Begriffs-Raffinement in der Freundschaft, eine gewisse Nothwendigkeit, Feinde zu haben (gleichsam als Abzugsgräben für die Affekte Neid Streitsucht Übermuth, – im Grunde, um gut *freund* sein zu können): Alles das sind typische Merkmale der vornehmen Moral, welche, wie angedeutet, nicht die Moral der „modernen Ideen" ist und deshalb heute schwer nachzufühlen, auch schwer auszugraben und aufzudecken ist. – Es steht anders mit dem zweiten Typus der Moral, der *Sklaven-Moral.* Gesetzt, dass die Vergewaltigten, Gedrückten, Leidenden, Unfreien, Ihrer-selbst-Ungewissen und Müden moralisiren: was wird das Gleichartige ihrer moralischen Werthschätzungen sein? Wahrscheinlich wird ein pessimistischer Argwohn gegen die ganze Lage des Menschen zum Ausdruck kommen, vielleicht eine Verurtheilung des Menschen mitsammt seiner Lage. Der Blick des Sklaven ist abgünstig für die Tugenden des Mächtigen: er hat Skepsis und Misstrauen, er hat *Feinheit* des Misstrauens gegen alles „Gute", was dort geehrt wird –, er möchte sich überreden, dass das Glück selbst dort nicht ächt sei. Umgekehrt werden die Eigenschaften hervorgezogen und mit Licht übergossen, welche dazu dienen, Leidenden das Dasein zu erleichtern: hier kommt das Mitleiden, die gefällige hülfbereite Hand, das warme Herz, die Geduld, der Fleiss, die Demuth, die Freundlichkeit zu Ehren –, denn das sind hier die nützlichsten Eigenschaften und beinahe die einzigen Mittel, den Druck des Daseins auszuhalten. Die Sklaven-Moral ist wesentlich Nützlichkeits-Moral. Hier ist der Herd für die Entstehung jenes berühmten Gegensatzes „gut" und „*böse*": – in's Böse wird die Macht und Gefährlichkeit hinein empfunden, eine gewisse Furchtbarkeit, Feinheit und Stärke, welche die Verachtung nicht aufkommen lässt. Nach der Sklaven-Moral erregt also der „Böse" Furcht; nach der Herren-Moral ist es gerade der „Gute", der Furcht erregt und erregen will, während der „schlechte" Mensch als der verächtliche empfunden wird. Der Gegensatz kommt auf seine Spitze, wenn sich, gemäss der Sklavenmoral-Consequenz, zuletzt nun

auch an den „Guten" dieser Moral ein Hauch von Geringschätzung hängt – sie mag leicht und wohlwollend sein –, weil
der Gute innerhalb der Sklaven-Denkweise jedenfalls der *un-
gefährliche* Mensch sei muss: er ist gutmüthig, leicht zu betrügen, ein bischen dumm vielleicht, un bonhomme. Überall, wo
die Sklaven-Moral zum Übergewicht kommt, zeigt die Sprache
eine Neigung, die Worte „gut" und „dumm" einander anzunähern. – Ein letzter Grundunterschied: das Verlangen nach *Freiheit,* der Instinkt für das Glück und die Feinheiten des Frei-
heits-Gefühls gehört ebenso nothwendig zur Sklaven-Moral
und -Moralität, als die Kunst und Schwärmerei in der Ehrfurcht, in der Hingebung das regelmässige Symptom einer ari-
stokratischen Denk- und Werthungsweise ist.

185. Sprüche und Pfeile

Hilf dir selber: dann hilft dir noch Jedermann. Princip der
Nächstenliebe.

Hat man sein *warum?* des Lebens, so verträgt man sich fast mit
jedem *wie?* – Der Mensch strebt *nicht* nach Glück; nur der
Engländer thut das.

Sich in lauter Lagen begeben, wo man keine Scheintugenden
haben darf, wo man vielmehr, wie der Seiltänzer auf seinem
Seile, entweder stürzt oder steht – oder davon kommt …

Der getretene Wurm krümmt sich. So ist es klug. Er verringert
damit die Wahrscheinlichkeit, von Neuem getreten zu werden.
In der Sprache der Moral: *Demuth.* –

Es giebt einen Hass auf Lüge und Verstellung aus einem reiz-
baren Ehrbegriff; es giebt einen ebensolchen Hass aus Feigheit,
insofern die Lüge, durch ein göttliches Gebot, *verboten* ist. Zu
feige um zu lügen …

Ob wir Immoralisten der Tugend *Schaden* thun? – Eben so
wenig, als die Anarchisten den Fürsten. Erst seitdem diese an-
geschossen werden, sitzen sie wieder fest auf ihrem Thron.
Moral: *man muss die Moral anschiessen.*

186. Wille zur Macht

Sich selbst erhalten wollen ist der Ausdruck einer Nothlage, einer Einschränkung des eigentlichen Lebens-Grundtriebes, der auf *Machterweiterung* hinausgeht und in diesem Willen oft genug die Selbsterhaltung in Frage stellt und opfert. Man nehme es als symptomatisch, wenn einzelne Philosophen, wie zum Beispiel der schwindsüchtige Spinoza, gerade im sogenannten Selbsterhaltungs-Trieb das Entscheidende sahen, sehen mussten: – es waren eben Menschen in Nothlagen. Dass unsre modernen Naturwissenschaften sich dermaassen mit dem Spinozistischen Dogma verwickelt haben (zuletzt noch und am gröbsten im Darwinismus mit seiner unbegreiflich einseitigen Lehre vom „Kampf um's Dasein" –), das liegt wahrscheinlich an der Herkunft der meisten Naturforscher: sie gehören in dieser Hinsicht zum „Volk", ihre Vorfahren waren arme und geringe Leute, welche die Schwierigkeit, sich durchzubringen, allzusehr aus der Nähe kannten. Um den ganzen englischen Darwinismus herum haucht Etwas wie englische Uebervölkerungs-Stickluft, wie Kleiner-Leute-Geruch von Noth und Enge. Aber man sollte, als Naturforscher, aus seinem menschlichen Winkel herauskommen: und in der Natur *herrscht* nicht die Nothlage, sondern der Ueberfluss, die Verschwendung, sogar bis in's Unsinnige. Der Kampf um's Dasein ist nur eine *Ausnahme*, eine zeitweilige Restriktion des Lebenswillens; der grosse und kleine Kampf dreht sich allenthalben um's Uebergewicht, um Wachsthum und Ausbreitung, um Macht, gemäss dem Willen zur Macht, der eben der Wille des Lebens ist.

VII. Zwanzigstes Jahrhundert

Sigmund Freud (1856–1939)

187. Grenzen des Glücks und die Entstehung
des Gewissens

Die Frage nach dem Zweck des menschlichen Lebens ist unge-
zählte Male gestellt worden; sie hat noch nie eine befriedigende
Antwort gefunden, läßt eine solche vielleicht überhaupt nicht
zu. [...]

Wir wenden uns darum der anspruchsloseren Frage zu, was
die Menschen selbst durch ihr Verhalten als Zweck und Absicht ihres Lebens erkennen lassen, was sie vom Leben fordern,
in ihm erreichen wollen. Die Antwort darauf ist kaum zu verfehlen; sie streben nach dem Glück, sie wollen glücklich werden und so bleiben. Dies Streben hat zwei Seiten, ein positives
und ein negatives Ziel, es will einerseits die Abwesenheit von
Schmerz und Unlust, anderseits das Erleben starker Lustgefüh-
le. Im engeren Wortsinne wird „Glück" nur auf das letztere
bezogen. Entsprechend dieser Zweiteilung der Ziele entfaltet
sich die Tätigkeit der Menschen nach zwei Richtungen, je
nachdem sie das eine oder das andere dieser Ziele – vorwiegend
oder selbst ausschließlich – zu verwirklichen sucht.

Es ist, wie man merkt, einfach das Programm des Lustprin-
zips, das den Lebenszweck setzt. Dies Prinzip beherrscht die
Leistung des seelischen Apparates vom Anfang an; an seiner
Zweckdienlichkeit kann kein Zweifel sein, und doch ist sein
Programm im Hader mit der ganzen Welt, mit dem Makro-
kosmos ebensowohl wie mit dem Mikrokosmos. Es ist überhaupt nicht durchführbar, alle Einrichtungen des Alls widerstreben ihm; man möchte sagen, die Absicht, daß der Mensch
„glücklich" sei, ist im Plan der „Schöpfung" nicht enthalten.
Was man im strengsten Sinne Glück heißt, entspringt der eher
plötzlichen Befriedigung hoch aufgestauter Bedürfnisse und ist
seiner Natur nach nur als episodisches Phänomen möglich. Jede Fortdauer einer vom Lustprinzip ersehnten Situation ergibt
nur ein Gefühl von lauem Behagen; wir sind so eingerichtet,
daß wir nur den Kontrast intensiv genießen können, den Zustand nur sehr wenig. Somit sind unsere Glücksmöglichkeiten
schon durch unsere Konstitution beschränkt. Weit weniger
Schwierigkeiten hat es, Unglück zu erfahren. Von drei Seiten
droht das Leiden, vom eigenen Körper her, der, zu Verfall und

Auflösung bestimmt, sogar Schmerz und Angst als Warnungssignale nicht entbehren kann, von der Außenwelt, die mit übermächtigen, unerbittlichen, zerstörenden Kräften gegen uns wüten kann, und endlich aus den Beziehungen zu anderen Menschen. Das Leiden, das aus dieser Quelle stammt, empfinden wir vielleicht schmerzlicher als jedes andere; wir sind geneigt, es als eine gewissermaßen überflüssige Zutat anzusehen, obwohl es nicht weniger schicksalsmäßig unabwendbar sein dürfte als das Leiden anderer Herkunft. Kein Wunder, wenn unter dem Druck dieser Leidensmöglichkeiten die Menschen ihren Glücksanspruch zu ermäßigen pflegen [...].

Welcher Mittel bedient sich die Kultur, um die ihr entgegenstehende Aggression zu hemmen, unschädlich zu machen, vielleicht auszuschalten? Einige solcher Methoden haben wir bereits kennengelernt, die anscheinend wichtigste aber noch nicht. Wir können sie an der Entwicklungsgeschichte des Einzelnen studieren. Was geht mit ihm vor, um seine Aggressionslust unschädlich zu machen? Etwas sehr Merkwürdiges, das wir nicht erraten hätten und das doch so naheliegt. Die Aggression wird introjiziert, verinnerlicht, eigentlich aber dorthin zurückgeschickt, woher sie gekommen ist, also gegen das eigene Ich gewendet. Dort wird sie von einem Anteil des Ichs übernommen, das sich als Über-Ich dem übrigen entgegenstellt und nun als „Gewissen" gegen das Ich dieselbe strenge Aggressionsbereitschaft ausübt, die das Ich gerne an anderen, fremden Individuen befriedigt hätte. Die Spannung zwischen dem gestrengen Über-Ich und dem ihm unterworfenen Ich heißen wir Schuldbewußtsein; sie äußert sich als Strafbedürfnis. Die Kultur bewältigt also die gefährliche Aggressionslust des Individuums, indem sie es schwächt, entwaffnet und durch eine Instanz in seinem Inneren, wie durch eine Besatzung in der eroberten Stadt, überwachen läßt.

Über die Entstehung des Schuldgefühls denkt der Analytiker anders als sonst die Psychologen; auch ihm wird es nicht leicht, darüber Rechenschaft zu geben. [...] Ein ursprüngliches, sozusagen natürliches Unterscheidungsvermögen für Gut und Böse darf man ablehnen. Das Böse ist oft gar nicht das dem Ich Schädliche oder Gefährliche, im Gegenteil auch etwas, was ihm erwünscht ist, ihm Vergnügen bereitet. Darin zeigt sich also fremder Einfluß; dieser bestimmt, was Gut und Böse heißen soll. Da eigene Empfindung den Menschen nicht auf denselben

Weg geführt hätte, muß er ein Motiv haben, sich diesem fremden Einfluß zu unterwerfen. Es ist in seiner Hilflosigkeit und Abhängigkeit von anderen leicht zu entdecken, kann am besten als Angst vor dem Liebesverlust bezeichnet werden. Verliert er die Liebe des anderen, von dem er abhängig ist, so büßt er auch den Schutz vor mancherlei Gefahren ein, setzt sich vor allem der Gefahr aus, daß dieser Übermächtige ihm in der Form der Bestrafung seine Überlegenheit erweist. Das Böse ist also anfänglich dasjenige, wofür man mit Liebesverlust bedroht wird; aus Angst vor diesem Verlust muß man es vermeiden. Darum macht es auch wenig aus, ob man das Böse bereits getan hat oder es erst tun will; in beiden Fällen tritt die Gefahr erst ein, wenn die Autorität es entdeckt, und diese würde sich in beiden Fällen ähnlich benehmen.

Man heißt diesen Zustand „schlechtes Gewissen", aber eigentlich verdient er diesen Namen nicht, denn auf dieser Stufe ist das Schuldbewußtsein offenbar nur Angst vor dem Liebesverlust, „soziale" Angst. Beim kleinen Kind kann es niemals etwas anderes sein, aber auch bei vielen Erwachsenen ändert sich nicht mehr daran, als daß an Stelle des Vaters oder beider Eltern die größere menschliche Gemeinschaft tritt. Darum gestatten sie sich regelmäßig, das Böse, das ihnen Annehmlichkeiten verspricht, auszuführen, wenn sie nur sicher sind, daß die Autorität nichts davon erfährt oder ihnen nichts anhaben kann, und ihre Angst gilt allein der Entdeckung. Mit diesem Zustand hat die Gesellschaft unserer Tage im allgemeinen zu rechnen.

Eine große Änderung tritt erst ein, wenn die Autorität durch die Aufrichtung eines Über-Ichs verinnerlicht wird. Damit werden die Gewissensphänomene auf eine neue Stufe gehoben, im Grunde sollte man erst jetzt von Gewissen und Schuldgefühl sprechen. Jetzt entfällt auch die Angst vor dem Entdecktwerden und vollends der Unterschied zwischen Böses tun und Böses wollen, denn vor dem Über-Ich kann sich nichts verbergen, auch Gedanken nicht. [...] Wir kennen also zwei Ursprünge des Schuldgefühls, den aus der Angst vor der Autorität und den späteren aus der Angst vor dem Über-Ich. Das erstere zwingt dazu, auf Triebbefriedigungen zu verzichten, das andere drängt, da man den Fortbestand der verbotenen Wünsche vor dem Über-Ich nicht verbergen kann, außerdem zur Bestrafung. Wir haben auch gehört, wie man die Strenge des

Über-Ichs, also die Gewissensforderung, verstehen kann. Sie setzt einfach die Strenge der äußeren Autorität, die von ihr abgelöst und teilweise ersetzt wird, fort. Wir sehen nun, in welcher Beziehung der Triebverzicht zum Schuldbewußtsein steht. Ursprünglich ist ja der Triebverzicht die Folge der Angst vor der äußeren Autorität; man verzichtet auf Befriedigungen, um deren Liebe nicht zu verlieren. Hat man diesen Verzicht geleistet, so ist man sozusagen mit ihr quitt, es sollte kein Schuldgefühl erübrigen. Anders ist es im Falle der Angst vor dem Über-Ich. Hier hilft der Triebverzicht nicht genug, denn der Wunsch bleibt bestehen und läßt sich vor dem Über-Ich nicht verheimlichen. Es wird also trotz des erfolgten Verzichts ein Schuldgefühl zustande kommen, und dies ist ein großer ökonomischer Nachteil der Über-Ich-Einsetzung, wie man sagen kann, der Gewissensbildung. Der Triebverzicht hat nun keine voll befreiende Wirkung mehr, die tugendhafte Enthaltung wird nicht mehr durch die Sicherung der Liebe gelohnt, für ein drohendes äußeres Unglück – Liebesverlust und Strafe von seiten der äußeren Autorität – hat man ein andauerndes inneres Unglück, die Spannung des Schuldbewußtseins, eingetauscht.

Eduard Westermarck (1862–1939)

188. Relativismus und Universalismus

Die These des ethischen Relativismus besagt, daß es keinen objektiven Maßstab der Moral gibt; Objektivität setzt aber Allgemeingültigkeit voraus. Da es nur eine einzige Wahrheit gibt, ist sie für jeden, der sie erkannt hat, dieselbe; und wenn die Moral eine Angelegenheit von Wahr und Falsch in der normativen Bedeutung dieser Wörter wäre, dann müßte dies auch für sie gelten. Wenn eine bestimmte Verhaltensweise objektiv gut oder schlecht, richtig oder falsch sein könnte, dann müßte sie es allgemein so sein und könnte nicht zugleich gut und schlecht, richtig und falsch sein. Die Allgemeingültigkeit der Wahrheit bedeutet selbstverständlich nicht, daß jeder sie auch wissen müßte. Immer wieder hat man gegen den ethischen Relativismus eingewandt, daß die bloße Tatsache der Verschiedenheit moralischer Urteile genauso wenig die Bestreitung ihrer Objektivität begründet, wie die Tatsache der Unterschiedlichkeit von Urteilen über empirische Tatsachenfragen die Wahrheitsfähigkeit dieser Urteile zu widerlegen vermag. Die Gültigkeit oder Ungültigkeit der Beweisführung des Relativisten hängt vornehmlich von den Ursachen ab, auf die die Verschiedenheit moralischer Urteile zurückzuführen ist. [...] Solche Urteile werden über Handlungen und Charakterzüge gefällt, und wenn sie auf genügendem Tatsachenwissen und ausreichender Überlegung beruhen, gibt es zwischen ihnen, was die allgemeinen subjektiven Bedingungen der Verhaltensweisen, auf die sie sich beziehen, angeht, keine wesentlichen Unterschiede. Diese Einheitlichkeit hinsichtlich der Natur der Gegenstände moralischer Urteile beruht auf der Tatsache, daß sie alle auf moralischen Gefühlen basieren und daß diese Gefühle Vergeltungs- und Erwiderungsempfindungen gegenüber Personen sind, die als Ursachen von Freude und Leid angesehen werden.

Die Unterschiede aber in den moralischen Werturteilen hängen zu einem großen Teil von intellektuellen Faktoren einer anderen Art ab, nämlich von unterschiedlichen Auffassungen hinsichtlich der objektiven Natur ähnlicher Verhaltensweisen und ihrer Konsequenzen. Solche unterschiedlichen Auffassungen können sich aufgrund unterschiedlicher Lebenssituationen und äußerer Bedingungen ergeben, die entsprechend die moralischen Überzeugungen beeinflussen. Beispielsweise finden wir bei vielen Völkern die Sitte, die durch Alter und Krankheit geschwächten Eltern zu töten. Sie ist vorherrschend bei einer großen Zahl von Naturvölkern und war früher auch unter vielen asiatischen und europäischen Volksstämmen, einschließlich der Völker der arischen und germanischen Völkerbewegung, weit verbreitet [...]. Diese Sitte findet sich besonders häufig bei nomadisch lebenden Jägervölkern und erklärt sich aus der Mühsal ihres Lebens sowie der Unfähigkeit der Alten und Kranken, die Wanderungen durchzustehen. In Zeiten, in denen die Nahrungsvorräte nicht mehr ausreichten, um alle Mitglieder eines Stammes am Leben zu erhalten, scheint es auch vernünftiger zu sein, daß die Alten und Nutzlosen sterben statt der Jungen und Kräftigen. Bei Völkern, die einen gewissen Wohlstand erlangt haben, könnte die Sitte, die alten Menschen zu töten, trotz nun fehlender Notwendigkeit dennoch beibehalten worden sein, und zwar teils aufgrund der Zählebigkeit überkommener Gewohnheiten und teils aus der guten

Absicht heraus, einem langen Siechtum ein Ende zu bereiten. Was uns als eine grausame Sitte erscheint, könnte tatsächlich als ein Akt der Menschenliebe verstanden werden, der gewöhnlich auch von den Alten selbst gebilligt oder sogar gefordert wird. [...]

Insoweit die Unterschiedlichkeit moralischer Überzeugungen von vorhandenem oder mangelndem Tatsachenwissen, von besonderen religiösen oder abergläubischen Vorstellungen, von unterschiedlichen Reflexionsgraden und von Unterschieden in den Lebensbedingungen und äußeren Umständen abhängt, stellt sie keinesfalls ein Gegenargument gegen jene Universalität dar, die in dem Begriff der objektiven Gültigkeit moralischer Urteile vorausgesetzt wird. [...]

Wenn wir uns die moralischen Regeln anschauen, die sich in den Sitten und Gebräuchen der Naturvölker niedergeschlagen haben, so stellen wir fest, daß sie den moralischen Regeln zivilisierter Völker weithin gleichen. Bei allen Naturvölkern sind Mord und Diebstahl verboten; auch wird Liebe als Pflicht und Hilfsbereitschaft als Tugend gepriesen, ja ihre Sitten und Gebräuche schärfen die Pflicht zu gegenseitiger Hilfeleistung viel nachhaltiger ein, als es bei uns der Fall ist. Manche Naturvölker sind geradezu berühmt für ihre Ehrlichkeit. Trotz dieser großen Ähnlichkeit in den moralischen Forderungen besteht dennoch zugleich ein auffallender Unterschied hinsichtlich der Wertung von Leben, Besitz, Wohl und Wahrhaftigkeitsanspruch des Nächsten, wie sie sich in den moralischen Regeln der Naturvölker findet und wie sie uns geläufig ist: Alle diese Regeln beziehen sich, grob gesprochen, nur auf die Angehörigen derselben Gemeinschaft oder desselben Stammes. Die Naturvölker unterscheiden scharf zwischen der Tötung eines Stammesangehörigen und der eines Fremden: Während die Tat unter normalen Umständen im ersten Fall fast immer verurteilt wird, wird sie im zweiten Fall gewöhnlich als erlaubt, oft sogar als sehr lobenswert angesehen. Dasselbe gilt von Diebstahl, Lüge und der Zufügung anderen Unrechts. Abgesehen von den einem Gast zustehenden Privilegien, die immer nur von kurzer Dauer sind, besitzt ein Fremder in primitiven Gesellschaften keinerlei Rechte. Dies gilt nicht nur für Naturvölker, sondern auch für die Völkerschaften archaischer Kulturen. [...]

Es wäre unsinnig, leugnen zu wollen, die alte Unterscheidung zwischen Stammes- oder Volksgenossen und Fremden sei auch heute noch bei uns lebendig. Die überwiegende Einstellung der Menschen gegenüber dem Krieg, die Bereitschaft, mit der Kriege geführt werden, und die Vorstellungen von dem im Krieg Erlaubten beweisen das Überleben des alten Gefühls auch in der modernen Zivilisation, daß das Leben, das Eigentum und das Wohl eines Fremden nicht als gleichrangig mit dem eines Angehörigen der eigenen Gruppe angesehen wird. In Friedenszeiten zeigt sich dieses Gefühl in nationaler Aggressivität, unter der Flagge des Patriotismus und vielleicht auch in dem Verhalten gegenüber Menschen fremder Länder. Doch sowohl im Recht als auch in der öffentlichen Meinung macht sich ein deutlicher Fortschritt in der Humanität gegenüber den Fremden bemerkbar. Und wenn man sich erst den Normen zuwendet, wie sie von moralischen Lehrern der Menschheit und von vielen Gesellschaften ausdrücklich gebilligt worden sind, ist der Wandel von der Einstellung der Naturvölker bis heute unverkennbar. [...]

Die Menschen unterschiedlicher Volkszugehörigkeit fühlen, daß sie trotz aller Unterschiede viel mehr Gemeinsames haben, und häufiger Kontakt läßt diese Unterschiede weniger auffallend erscheinen oder sogar ganz verschwinden [...].

Anderseits ist es uns völlig geläufig, daß es Widersprüche zwischen den moralischen Überzeugungen ‚nachdenklicher und moralisch hochstehender Menschen‘, ja sogar zwischen den ‚Intuitionen‘ von Philosophen geben kann, die sich als miteinander unvereinbar erweisen. Ebendas aber ist gerade zu erwarten, wenn sich unsere moralischen Überzeugungen auf unsere Gefühle gründen. Unsere moralischen Gefühle hängen zweifellos von unseren Einsichten ab; doch können dieselben Einsichten in verschiedenen Personen oder in derselben Person bei verschiedenen Gelegenheiten zu in Qualität und Intensität unterschiedlichen Gefühlsreaktionen Anlaß geben. Wenn dies aber so ist, gibt es nichts, was diese Gefühle einander gleichförmig machen könne. Bestimmte Wahrnehmungen führen bei fast allen Menschen zu Furcht und Angst; doch gibt es Tapfere und Feiglinge, unabhängig von der Exaktheit, mit der sie die drohende Gefahr erkennen. Einige Formen von Leiden führen auch beim Hartherzigen zu Reaktionen des Mitleids; doch unterscheiden sich die Menschen in der Art, in der sie Mitleid empfinden, ganz erheblich voneinander, und zwar sowohl hinsichtlich der Intensität ihrer Gefühlserregung als auch hinsichtlich der Wesen, mit denen sie Mitleid empfinden. Dasselbe gilt auch für moralische Empfindungen. Zu einem großen Teil hängen sie, wie wir gesehen haben, von dem unterschiedlichen Maß an Einsicht ab; doch häufig sind sie auch dann noch voneinander verschieden, wenn die Einsicht dieselbe ist. Die Verschiedenheit der ersten Art stellt kein Gegenargument gegen die Überzeugung von der Allgemeingültigkeit moralischer Urteile dar; doch wenn die Unterschiede in den moralischen Empfindungen zurückzuführen sind auf die unterschiedlichen Veranlagungen der Menschen, in ähnlichen Situationen hinsichtlich ihres altruistischen Gefühls unterschiedlich zu empfinden, muß es sich bei der behaupteten Allgemeingültigkeit moralischer Urteile um eine Illusion handeln.

George Herbert Mead (1869–1931)

189. Über Mitgefühl

Der Begriff „Mitgefühl" ist unbestimmt und sehr schwer zu interpretieren. Ich erwähnte eine unmittelbare Haltung der Vorsorge, der Hilfe eines Individuums für ein anderes, so wie wir sie besonders in den Beziehungen zwischen Tieren vorfinden. Mitgefühl besteht beim Menschen darin, daß man in der eigenen Identität die Haltung des Individuums auslöst, das hilfebedürftig ist. Ein Arzt kann eine Operation ganz objektiv durchführen, ohne das geringste Mitgefühl für den Patienten zu haben. Bei der Haltung des Mitgefühls aber setzen wir voraus, daß unsere Haltung in uns die Haltung der hilfebedürftigen Person auslöst. Wir fühlen mit ihr und können uns in diese andere Person hineindenken, weil wir durch unsere eigene Haltung in uns selbst die Haltung dieser Person ausgelöst haben. Das, so scheint mir, ist die richtige Interpretation der sogenannten „Nachahmung" und des „Mitgefühls" in jenem vagen, undefinierten Sinn, den wir in unserer Psychologie vorfinden, wo sie sich überhaupt damit auseinandersetzt.

Nehmen wir zum Beispiel die Haltung der Eltern gegenüber den Kindern. Der Ton des Kindes ist der von Klage oder Leid, der Ton der Eltern beruhigt. Der Elternteil löst in sich selbst die Haltung des Kindes in seiner Annahme dieses Trostes aus. Dieses Beispiel zeigt uns auch die Grenzen des Mitgefühls. Es gibt Menschen, gegenüber denen man nur sehr schwer Mitgefühl haben kann. Damit man gegenüber jemandem Mitgefühl haben kann, muß es eine Reaktion geben, die der Haltung des anderen entspricht. Gibt es keine solche entsprechende Reaktion, so kann man in sich selbst kein Mitgefühl auslösen. Mehr noch, auch die andere Person muß mithelfen, die Person, der das Mitgefühl entgegengebracht wird, muß antworten, wenn die mitfühlende Person in sich selbst diese Haltung auslösen soll. Man versetzt sich nicht unmittelbar in die Haltung der leidenden Person. Die Situation ist dadurch charakterisiert, daß eine Person einer anderen hilft, indem in ihr selbst die Reaktion ausgelöst wird, die diese Hilfeleistung auslöst. Reagiert der Partner nicht, so ist Mitgefühl unmöglich. Natürlich kann man sagen, man wüßte über die Schmerzen Bescheid, die eine Person ausstehen muß, wenn man sie nur ausdrücken könnte. Man versetzt sich dabei in die Rolle eines nicht anwesenden anderen, den man aber in der Erfahrung bereits kennt, und interpretiert dieses Individuum aus der Sicht der vorhergegangenen Erfahrung. Aktives Mitgefühl aber bedeutet, daß der Einzelne beim anderen die Reaktion bewirkt, die durch seine Hilfe ausgelöst wurde, und die gleiche Reaktion bei sich selbst auch auslöst. Ist keine Reaktion zu verzeichnen, so kann man gegenüber dieser Person kein Mitgefühl haben. Hier zeigen sich die Grenzen des Mitgefühls; es kann einzig in einem kooperativen Prozeß auftreten. Gleichwohl ist dies die Art und Weise, in der sich eine Person mit einer anderen identifiziert. [...]

Eine spezifisch menschliche, das heißt bewußte gesellschaftliche Haltung gegenüber einem anderen Individuum einzunehmen oder sich dieses Individuums bewußt zu werden, heißt sich durch Mitgefühl mit ihm identifizieren, indem man seine Haltung zu und seine Rolle in der jeweiligen gesellschaftlichen Situation einnimmt und dadurch implizit auf diese Situation reagiert, wie der andere explizit darauf reagiert oder reagieren wird. Ebenso nimmt man seine Haltung sich selbst gegenüber in der Übermittlung von Gesten ein, wodurch man seiner selbst bewußt wird. Die gesellschaftliche Tätigkeit des Menschen hängt weitgehend von der gesellschaftlichen Zusammenarbeit zwischen verschiedenen betroffenen Individuen ab, und diese Zusammenarbeit folgt daraus, daß die Individuen untereinander gesellschaftliche Haltungen einnehmen. Die menschliche Gesellschaft stattet den einzelnen Menschen mit Geist aus, und gerade dieses gesellschaftliche Wesen seines Geistes verlangt von ihm, daß er sich in gewissem Ausmaß in den Erfahrungsbereich der anderen Individuen begibt – oder deren Haltungen einnimmt –, die dieser Gesellschaft angehören und zusammen mit ihm in den ganzen gesellschaftlichen Erfahrungs- und Verhaltensprozeß eingeschaltet sind, den diese Gesellschaft repräsentiert oder ablaufen läßt.

Max Weber (1864–1920)

190. Gesinnungs- und Verantwortungsethik

Wir müssen uns klarmachen, daß alles ethisch orientierte Handeln unter zwei voneinander grundverschiedenen, unaustragbar gegensätzlichen Maximen stehen kann: es kann „gesinnungsethisch oder verantwortungsethisch" orientiert sein. Nicht daß Gesinnungsethik mit Verantwortungslosigkeit und Verantwortungsethik mit Gesinnungslosigkeit identisch wäre. Davon ist natürlich keine Rede. Aber es ist ein abgrundtiefer Gegensatz, ob man unter der gesinnungsethischen Maxime handelt – religiös geredet: „Der Christ tut recht und stellt den Erfolg Gott anheim" –, *oder* unter der verantwortungsethischen: daß man für die (voraussehbaren) *Folgen* seines Handelns aufzukommen hat. Sie mögen einem überzeugten gesinnungsethischen Syndikalisten noch so überzeugend darlegen: daß die Folgen seines Tuns die Steigerung der Chancen der Reaktion, gesteigerte Bedrückung seiner Klasse, Hemmung ihres Aufstiegs sein werden, – und es wird auf ihn gar keinen Eindruck machen. Wenn die Folgen einer aus reiner Gesinnung fließenden Handlung üble sind, so gilt ihm nicht der Handelnde, sondern die Welt dafür verantwortlich, die Dummheit der anderen Menschen oder – der Wille des Gottes, der sie so schuf. Der Verantwortungsethiker dagegen rechnet mit eben jenen durchschnittlichen Defekten der Menschen, – er hat, wie *Fichte* richtig gesagt hat, gar kein Recht, ihre Güte und Vollkommenheit vorauszusetzen, er fühlt sich nicht in der Lage, die Folgen eigenen Tuns, soweit er sie voraussehen konnte, auf andere abzuwälzen. Er wird sagen: diese Folgen werden meinem Tun zugerechnet. „Verantwortlich" fühlt sich der Gesinnungsethiker nur dafür, daß die Flamme der reinen Gesinnung, die Flamme zum Beispiel des Protestes gegen die Ungerechtigkeit der sozialen Ordnung, nicht erlischt. Sie stets neu anzufachen, ist der Zweck seiner, vom möglichen Erfolg her beurteilt, ganz irrationalen Taten, die nur exemplarischen Wert haben können und sollen.

Aber auch damit ist das Problem noch nicht zu Ende. Keine Ethik der Welt kommt um die Tatsache herum, daß die Erreichung „guter" Zwecke in zahlreichen Fällen daran gebunden ist, daß man sittlich bedenkliche oder mindestens gefährliche Mittel und die Möglichkeit oder auch die Wahrscheinlichkeit übler Nebenerfolge mit in den Kauf nimmt, und keine Ethik der Welt kann ergeben: wann und in welchem Umfang der ethisch gute Zweck die ethisch gefährlichen Mittel und Nebenerfolge „heiligt". [...]

Hier, an diesem Problem der Heiligung der Mittel durch den Zweck, scheint nun auch die Gesinnungsethik überhaupt scheitern zu müssen. Und in der Tat hat sie logischerweise nur die Möglichkeit: *jedes* Handeln, welches sittlich gefährliche Mittel anwendet, zu *verwerfen*. Logischerweise. In der Welt der Realitäten machen wir freilich stets erneut die Erfahrung, daß der Gesinnungsethiker plötzlich umschlägt in den chiliastischen Propheten, daß zum Beispiel diejenigen, die soeben „Liebe gegen Gewalt" gepredigt haben, im nächsten Augenblick zur Gewalt aufrufen, – zur *letzten* Gewalt, die dann den Zustand der Vernichtung *aller* Gewaltsamkeit bringen würde, – [ebenso] wie unsere Militärs den Soldaten bei jeder Offensive sagten: es sei die letzte, sie werde den Sieg und dann den Frieden bringen. Der Gesinnungsethiker erträgt die ethische Irrationalität der Welt nicht. [...]

Wer Politik überhaupt und wer vollends Politik als Beruf betreiben will, hat sich jener ethischen Paradoxien und seiner Verantwortung für das, was aus *ihm selbst* unter ihrem Druck werden kann, bewußt zu sein. Er läßt sich, ich wiederhole es, mit den diabolischen Mächten ein, die in jeder Gewaltsamkeit lauern. Die großen Virtuosen der akosmistischen Menschenliebe und Güte, mochten sie aus Nazareth oder aus Assisi oder aus indischen Königsschlössern stammen, haben nicht mit dem politischen Mittel: der Gewalt, gearbeitet, ihr Reich war „nicht von dieser Welt", und doch wirkten und wirken sie in dieser Welt, und die Figuren des *Platon Karatajew* und der *Dostojewski*schen Heiligen sind immer noch ihre adäquatesten

Nachkonstruktionen. Wer das Heil seiner Seele und die Rettung anderer Seelen sucht, der sucht das nicht auf dem Wege der Politik, die ganz andere Aufgaben hat: solche, die nur mit Gewalt zu lösen sind. Der Genius, oder Dämon, der Politik lebt mit dem Gott der Liebe, auch mit dem Christengott in seiner kirchlichen Ausprägung, in einer inneren Spannung, die jederzeit in unaustragbarem Konflikt ausbrechen kann. [...]

Wahrlich: Politik wird zwar mit dem Kopf, aber ganz gewiß nicht *nur* mit dem Kopf gemacht. Darin haben die Gesinnungsethiker durchaus recht. Ob man aber als Gesinnungsethiker oder als Verantwortungsethiker handeln *soll*, und wann das eine und das andere, darüber kann man niemandem Vorschriften machen. Nur eins kann man sagen: wenn jetzt in diesen Zeiten einer, wie Sie glauben, *nicht* „sterilen" Aufgeregtheit – aber Aufgeregtheit ist eben doch und durchaus nicht immer echte Leidenschaft –, wenn da *plötzlich* die Gesinnungspolitiker massenhaft in das Kraut schießen mit der Parole: „Die Welt ist dumm und gemein, nicht ich; die Verantwortung für die Folgen trifft nicht mich, sondern die anderen, in deren Dienst ich arbeite, und deren Dummheit oder Gemeinheit ich ausrotten werde", so sage ich offen: daß ich zunächst einmal nach dem Maße des *inneren Schwergewichts* frage, das hinter dieser Gesinnungsethik steht, und den Eindruck habe: daß ich es in neun von zehn Fällen mit Windbeuteln zu tun habe, die nicht real fühlen, was sie auf sich nehmen, sondern sich an romantischen Sensationen berauschen. Das interessiert mich menschlich nicht sehr und erschüttert mich ganz und gar nicht. Während es unermeßlich erschütternd ist, wenn ein *reifer* Mensch – einerlei ob alt oder jung an Jahren –, der diese Verantwortung für die Folgen real und mit voller Seele empfindet und verantwortungsethisch handelt, an irgendeinem Punkte sagt: „Ich kann nicht anders, hier stehe ich." Das ist etwas, was menschlich echt ist und ergreift. Denn diese Lage muß freilich für *jeden* von uns, der nicht innerlich tot ist, irgendwann eintreten *können*. Insofern sind Gesinnungsethik und Verantwortungsethik nicht absolute Gegensätze, sondern Ergänzungen, die zusammen erst den echten Menschen ausmachen, den, der den „Beruf zur Politik" haben *kann*.

Max Scheler (1874–1928)

191. Über die sittliche Person

Suchen wir uns zunächst ohne Voraussetzung der eben gegebenen phänomenologischen Lehre vom Geiste zu vergegen-
wärtigen, was in der Bedeutungsintention des Wortes *Person*
liegt. Da fallen uns zunächst zwei Momente auf:

1. Daß das Wort „*Person*" durchaus nicht überall da angewandt werden kann, wo wir Beseelung, Ichheit oder sogar
auch Bewußtsein vom Bestand und Wert des eigenen Ich
(Selbstbewußtsein, Selbstwertbewußtsein) gemeinhin *annehmen.* Beseelung zum Beispiel kommt auch den Tieren zu, und
ohne Zweifel auch eine Ichheit irgendwelcher Art. Gleichwohl
sind sie keine Personen. [...]

Aber auch „der Mensch" qua Mensch bestimmte nie den
Umkreis der Wesen, die für Personen galten. Es ist vielmehr
erst eine bestimmte *Stufe* menschlicher Existenz, auf die der
Personbegriff Anwendung findet. Mögen wir auch, nachdem
uns das phänomenologische Wesen von „Person" einmal auf-
gegangen ist, den Begriff erweitern und Keime (gleichsam) des
Personseins schon auf unentwickelten Stufen menschlichen
Seins annehmen (zum Beispiel bei Kindern, Schwachsinnigen
usw.), so ist doch der Ort gleichsam, wo uns das Wesen der
Person zum erstenmal aufblitzt, nur bei einer gewissen *Art* von
Menschen, nicht beim Menschen überhaupt zu suchen – eine
Art, die allerdings in ihrer geschichtlichen positiven Umgren-
zung bedeutend wechselt.

Vollsinnigkeit zum Beispiel im Gegensatz zum Wahnsinn ist
eine *erste* Bedingung. Ich meine dies im phänomenologischen,
nicht im positiv wissenschaftlichen Sinne. Phänomenale Vollsinnigkeit ist aber da gegeben, wo wir die Lebensäußerungen
eines Menschen ohne weiteres zu „*verstehen*" suchen, im Unterschiede davon, daß wir sie uns „kausal" zu *erklären* suchen.
Im „Verstehen" ist uns niemals der Tatbestand als Sachverhalt
gegenwärtig, daß psychische Prozesse im anderen ablaufen, die
Ursachen haben und von denen die Lebensäußerungen „Wirkungen" sind. Wesentlich vielmehr ist für das „Verstehen", daß
wir aus einem in der Anschauung mitgegebenen *geistigen
Zentrum* des anderen heraus seine Akte (Rede, Äußerungen,
Handlungen) gegenüber uns und der Umwelt ohne weiteres als

intentional auf etwas *gerichtet* erleben und nachvollziehen, das heißt seine ausgesprochenen Sätze, resp. die ihnen entsprechenden Urteile „nachurteilen", seine Gefühle „nachfühlen", seine Willensakte „nachleben" – und all dem ohne weiteres die Einheit irgendeines *„Sinnes"* unterlegen. [...]

2. Ein zweites, was uns schon die Anwendungssphäre des Wortes zeigt, ist, daß Person dem Einzelnen erst auf einer gewissen Entwicklungsstufe zugeschrieben wird. Ein Kind gibt die Erscheinung der Ichheit, der Beseeltheit, des Selbstbewußtseins; aber eine sittliche Person ist es darum noch nicht. Erst das „mündige" Kind ist Person in vollem Sinne. Auch *„Mündigkeit"* aber ist – gleichgültig, wann sie nach wechselndem positiven Recht eintretend gedacht wird, und welche wechselnden wahren und fiktiven Vorbedingungen für ihren Eintritt aufgestellt werden – auf bestimmten Phänomenen gegründet. Das Grundphänomen der Mündigkeit besteht im Erlebenkönnen einer unmittelbar im Erleben jedes Erlebnisses selbst schon gegebenen (also *nicht* erst auf dessen Inhalt gegründeten) Verschiedenheitseinsicht eines *eigenen* und *fremden* Aktes, Wollens, Fühlens, Denkens; und – worauf es ankommt – dies ohne *notwendigen* Hinblick darauf, ob ein fremder Leib oder der eigene Leib es ist oder war, durch den sich das Akterlebnis nach außen kundtat. Wo dieser Hinblick noch konstitutionell notwendig ist, wo jemand zum Beispiel erst durch die Erinnerung, daß ein anderer einen Gedanken leiblich äußerte, also durch das Erinnerungsbild dieser Äußerung und des sich Äußernden (zum Beispiel seines diese Worte sagenden Mundes, seines Gesichts usw.) oder durch das *Bild seiner Tat*, diesen Gedanken oder Willen erst als den des anderen (im Gegensatz zum eigenen) zu erkennen vermag, ist er noch nicht „mündlich". Populär gesagt: Der Mensch ist unmündig, solange er die Erlebnisintentionen seiner Umwelt, *ohne* sie primär zu verstehen, einfach *mitvollzieht,* solange also die Form der *Ansteckung,* des *Mittuns,* im weiteren Sinne der *Tradition,* die für sein geistiges Grundverhältnis zu anderen fundierende Übertragungsform ist; solange er will, was Eltern und Erzieher oder irgendeiner der Umgebung wollen, ohne dabei im Wollen des bestimmten Inhalts schon den Willen als den eines anderen oder einer von ihm selbst *verschiedenen* Person zu erkennen. Denn eben hierdurch hält er „fremden" Willen für „eigenen" Willen, resp. „eigenen" für „fremden". [...]

3. Das Phänomen der Personalität ist aber nicht nur auf den wesenhaft vollsinnigen und mündigen Menschen beschränkt, sondern auch nur auf solche Menschen, in denen die *Herrschaft über ihren Leib* unmittelbar in die Erscheinung tritt und die sich selbst unmittelbar als die *Herren* ihres Leibes fühlen, wissen und erleben. Das phänomenale Verhältnis des Menschen zu seinem Leibe ist hier also von tiefster Bedeutung. Wer vorwiegend in seinem Leibbewußtsein so lebt, daß er sich mit dessen Gehalt identifiziert, ist keine Person.

George Edward Moore (1873–1958)

192. „gut" ist nicht definierbar

Was ‚gut' bedeutet, ist, abgesehen von seinem Gegenteil ‚schlecht', wirklich der *einzige* einfache Gegenstand des Denkens, der der Ethik eigentümlich ist. Seine Definition ist deshalb der entscheidende Punkt bei der Definition der Ethik; und ein diesbezüglicher Fehler zieht eine weit größere Zahl von fehlerhaften ethischen Urteilen nach sich als jeder andere. Wenn diese erste Frage nicht völlig begriffen und ihre wahre Antwort nicht klar erkannt wird, ist die übrige Ethik als systematische Lehre so gut wie zwecklos. [...]

Was also ist gut? Wie muß gut definiert werden? Man könnte nun meinen, das sei eine Frage des Ausdrucks. Mit einer Definition ist allerdings oft gemeint, die Bedeutung eines Wortes durch andere Worte auszudrücken. Aber das ist nicht die Art von Definition, die ich suche. [...] Was ich herausfinden will, ist das Wesen dieses Gegenstandes oder dieser Vorstellung, und es kommt mir sehr darauf an, hierüber zu einem Einverständnis zu gelangen.

Aber wenn wir die Frage in diesem Sinn verstehen, erscheint meine Antwort darauf sehr enttäuschend. Wenn ich gefragt werde ‚Was ist gut?', so lautet meine Antwort, daß gut gut ist, und damit ist die Sache erledigt. Oder wenn man mich fragt ‚Wie ist gut zu definieren?', so ist meine Antwort, daß es nicht definiert werden kann, und mehr ist nicht darüber zu sagen. Aber so enttäuschend diese Antworten klingen mögen, sie sind von äußerster Wichtigkeit. Lesern, die mit philosophischer Terminologie vertraut sind, kann ihre Wichtigkeit durch die

Feststellung klargemacht werden, daß sie auf folgendes hinauslaufen: Aussagen über das Gute sind allesamt synthetisch und niemals analytisch; und das ist beileibe nicht nebensächlich. Dasselbe läßt sich populärer so ausdrücken: Wenn ich recht habe, dann kann uns niemand unter dem Vorwand der ‚eigentlichen Bedeutung des Wortes‘ Axiome weismachen wie ‚Die Lust ist das einzig Gute‘ oder ‚Das Gute ist das, was begehrt wird‘.

Wir wollen diesen Standpunkt überdenken. Ich will sagen, daß ‚gut‘ ein einfacher Begriff ist, so wie ‚gelb‘ ein einfacher Begriff ist; daß man, so wie man unmöglich jemanden, der es nicht schon kennt, erklären kann, was gelb ist, diesem auch nicht erklären kann, was gut ist. Definitionen von der Art, wie ich sie suchte, Definitionen, welche das wahre Wesen des durch ein Wort bezeichneten Gegenstandes oder Begriffs beschreiben und nicht bloß angeben, was das Wort gewöhnlich bedeutet, sind nur möglich, wenn der fragliche Gegenstand oder Begriff komplex ist. Man kann ein Pferd definieren, weil ein Pferd viele verschiedene Eigenheiten und Qualitäten hat, die man allesamt aufzählen kann. Wenn man sie aber alle aufgezählt hat, wenn man ein Pferd auf seine einfachsten Begriffe zurückgeführt hat, dann kann man diese Begriffe nicht weiter definieren. Sie sind einfach etwas, woran man denkt, das man wahrnimmt; und jemandem, der nicht an sie denken, sie nicht wahrnehmen kann, läßt sich ihr Wesen niemals durch eine Definition mitteilen. [...]

‚gut‘ ist also, sofern wir damit die Eigenschaft meinen, die wir einem Ding zuschreiben, das wir mit gut bezeichnen, im entscheidenden Sinne des Wortes keiner Definition fähig. Der entscheidende Sinn von ‚Definition‘ ist derjenige, wonach eine Definition feststellt, welches die Teile sind, die unveränderlich ein bestimmtes Ganzes bilden, und in diesem Sinne entzieht sich ‚gut‘ jeglicher Definition, da es einfach ist und keine Teile hat. Es ist einer jener zahllosen Gegenstände des Denkens, die selbst der Definition unfähig sind, weil sie die letzten Begriffe sind, mit denen alles, was definierbar *ist,* definiert werden muß. Daß es eine unbestimmte Zahl solcher Begriffe gibt, wird beim Nachdenken klar. Denn wir können lediglich durch Analyse definieren, die uns bei konsequenter Weiterführung auf etwas verweist, das einfach verschieden von allem übrigen ist, und durch diesen letzten Unterschied die Eigenart des Ganzen, das wir definieren, erklärt. Denn jedes Ganze enthält einige Teile, die es mit anderen Ganzen gemeinsam hat. Es erhebt sich also keine grundsätzliche Schwierigkeit gegen die These, daß ‚gut‘ eine einfache und undefinierbare Eigenschaft bezeichnet. Es gibt viele andere Beispiele solcher Eigenschaften.

Nehmen Sie zum Beispiel gelb. Wir können versuchen, es durch die Beschreibung seines physikalischen Äquivalents zu definieren; wir können feststellen, was für Lichtschwingungen das normale Auge reizen müssen, damit wir es wahrnehmen. Aber eine kurze Überlegung genügt, um zu zeigen, daß diese Lichtschwingungen selbst nicht das sind, was wir mit gelb meinen. *Sie* sind es nicht, die wir wahrnehmen. Ja, wir hätten ihre Existenz niemals entdecken können, wenn uns nicht zuvor der offenbare qualitative Unterschied zwischen den verschiedenen Farben aufgefallen wäre. Wir können allenfalls sagen, daß diese Schwingungen das sind, was im Raum dem von uns wirklich wahrgenommenen Gelb entspricht.

Und doch ist ein solch simpler Fehler in bezug auf ‚gut‘ weit verbreitet. Es mag sein, daß alle Dinge, die gut sind, *auch* etwas anderes sind, so wie alle Dinge, die gelb sind, eine gewisse Art der Lichtschwingung hervorrufen. Und es steht fest, daß die Ethik entdecken will, welches diese anderen Eigenschaften sind, die allen Dingen, die gut sind, zukommen. Aber viel zu viele Philosophen haben gemeint, daß sie, wenn sie diese anderen Eigenschaften nennen, tatsächlich ‚gut‘ definieren; daß diese Eigenschaften in Wirklichkeit nicht ‚andere‘ seien, sondern absolut und vollständig gleichbedeutend mit Gutheit. Diese Ansicht möchte ich den ‚naturalistischen Fehlschluß‘ nennen […].

Albert Schweitzer (1875–1965)

193. Ehrfurcht vor dem Leben

Wie in meinem Willen zum Leben Sehnsucht ist nach dem Weiterleben und nach der geheimnisvollen Gehobenheit des Willens zum Leben, die man Lust nennt, und Angst vor der Vernichtung und der geheimnisvollen Beeinträchtigung des Willens zum Leben, die man Schmerz nennt: also auch in dem Willen zum Leben um mich herum, ob er sich mir gegenüber äußern kann oder ob er stumm bleibt.

Ethik besteht also darin, daß ich die Nötigung erlebe, allem Willen zum Leben die gleiche Ehrfurcht vor dem Leben entgegenzubringen wie dem eigenen. Damit ist das denknotwendige Grundprinzip des Sittlichen gegeben. Gut ist, Leben erhalten und Leben fördern; böse ist, Leben vernichten und Leben hemmen.

Tatsächlich läßt sich alles, was in der gewöhnlichen ethischen Bewertung des Verhaltens der Menschen zueinander als gut gilt, zurückführen auf materielle und geistige Erhaltung oder Förderung von Menschenleben und auf das Bestreben, es auf seinen höchsten Wert zu bringen. Umgekehrt ist alles, was in dem Verhalten der Menschen zueinander als böse gilt, seinem letzten Wesen nach materielles oder geistiges Vernichten oder Hemmen von Menschenleben und Versäumnis in dem Bestreben, es auf seinen höchsten Wert zu bringen. Weit auseinanderliegende, untereinander scheinbar gar nicht zusammenhängende Einzelbestimmungen von Gut und Böse fügen sich wie zusammengehörige Stücke ineinander, sobald sie in dieser allgemeinen Bestimmung von Gut und Böse erfaßt und vertieft werden.

Das denknotwendige Grundprinzip des Sittlichen bedeutet aber nicht nur Ordnung und Vertiefung der geltenden Anschauungen von Gut und Böse, sondern auch ihrer Erweiterung. Wahrhaft ethisch ist der Mensch nur, wenn er der Nötigung gehorcht, allem Leben, dem er beistehen kann, zu helfen, und sich scheut, irgend etwas Lebendigem Schaden zu tun. Er fragt nicht, inwiefern dieses oder jenes Leben als wertvoll Anteilnahme verdient, und auch nicht, ob und inwieweit es noch empfindungsfähig ist. Das Leben als solches ist ihm heilig. Er reißt kein Blatt vom Baume ab, bricht keine Blume und hat acht, daß er kein Insekt zertritt. Wenn er im Sommer nachts bei der Lampe arbeitet, hält er lieber das Fenster geschlossen und atmet dumpfe Luft, als daß er Insekt um Insekt mit versengten Flügeln auf seinem Tisch fallen sieht.

Geht er nach dem Regen auf der Straße und erblickt den Regenwurm, der sich darauf verirrt hat, so bedenkt er, daß er in der Sonne vertrocknen muß, wenn er nicht rechtzeitig auf Erde kommt, in der er sich verkriechen kann, und befördert ihn von dem todbringenden Steinigen hinunter ins Gras. Kommt er an einem Insekt vorbei, das in einen Tümpel gefallen ist, so nimmt er sich die Zeit, ihm ein Blatt oder einen Halm zur Rettung hinzuhalten.

Er fürchtet sich nicht, als sentimental belächelt zu werden. Es ist das Schicksal jeder Wahrheit, vor ihrer Anerkennung ein Gegenstand des Lächelns zu sein. Einst galt es als eine Torheit, anzunehmen, daß die farbigen Menschen wahrhaft Menschen seien und menschlich behandelt werden müßten. Die Torheit ist zur Wahrheit geworden. Heute gilt es als übertrieben, die stete Rücksichtnahme auf alles Lebendige bis zu seinen niedersten Erscheinungen herab als Forderung einer vernunftgemäßen Ethik auszugeben. Es kommt aber die Zeit, wo man staunen wird, daß die Menschheit so lange brauchte, um gedankenlose Schädigung von Leben als mit Ethik unvereinbar einzusehen.

Ethik ist ins Grenzenlose erweiterte Verantwortung gegen alles, was lebt.

In ihrer Allgemeinheit mutet die Bestimmung der Ethik als Verhalten in der Gesinnung der Ehrfurcht vor dem Leben kalt an. Aber sie ist die einzig vollständige. Mitleid ist zu eng, um als Inbegriff des Ethischen zu gelten. Es bezeichnet ja nur die Teilnahme mit dem leidenden Willen zum Leben. Zur Ethik gehört aber das Miterleben aller Zustände und aller Aspirationen des Willens zum Leben, auch seiner Lust, auch seiner Sehnsucht, sich auszuleben, auch seines Dranges nach Vervollkommnung.

Gustav Radbruch (1878–1949)

194. Recht und Gerechtigkeit

Es gibt also Rechtsgrundsätze, die stärker sind als jede rechtliche Satzung, so daß ein Gesetz, das ihnen widerspricht, der Geltung bar ist. Man nennt diese Grundsätze das Naturrecht oder das Vernunftrecht. Gewiß sind sie im Einzelnen von manchem Zweifel umgeben, aber die Arbeit der Jahrhunderte hat doch einen festen Bestand herausgearbeitet, und in den sogenannten Erklärungen der Menschen- und Bürgerrechte mit so weitreichender Übereinstimmung gesammelt, daß in Hinsicht auf manche von ihnen nur noch gewollte Skepsis den Zweifel aufrechterhalten kann.

In der Sprache des Glaubens aber sind die gleichen Gedanken in zwei Bibelworten niedergelegt. Es steht einerseits geschrieben: Ihr sollt gehorsam sein der Obrigkeit, die Gewalt über euch hat. Geschrieben steht aber andererseits auch: Ihr sollt Gott mehr gehorchen als den Menschen – und das ist nicht etwa nur ein frommer Wunsch, sondern ein geltender Rechtssatz. Die Spannung aber zwischen diesen beiden Worten kann man nicht durch ein drittes lösen, etwa durch den Spruch: Gebet dem Kaiser was des Kaisers und Gott was Gottes ist – denn auch dieses Wort läßt die Grenzen im Zweifel. Vielmehr: es überläßt die Lösung der Stimme Gottes, welche nur angesichts des besonderen Falles im Gewissen des Einzelnen zu ihm spricht.

Nicolai Hartmann (1882–1950)

195. Selbstbeherrschung – Besonnenheit

Was die Alten *sōphrosynē* nannten, ist durch die übliche Übersetzung „Besonnenheit" in ein falsches Licht gerückt worden. Nicht um Besinnlichkeit handelt es sich, sondern um den Wert des seelischen Maßes oder Ebenmaßes, um die Eindämmung alles zerstörend Unmäßigen und um die moralische Kraft der Beherrschung. [...]

Die Beherrschung ist dabei keineswegs rein negativ als ein Beschneiden oder Niederhalten zu verstehen, als wäre das Naturhafte eitel böse. Sie ist die innere Formung und Gestaltung alles Natürlichen im Menschen, aller dunklen Mächte, die er in sich vorfindet, die aus tiefer Unbewußtheit aufsteigend dem Bewußtsein als gegebene entgegentreten. Instinkte, Triebe, Affekte, Leidenschaften stehen an sich keineswegs wertindifferent da, wohl aber sind sie zunächst sittlich wertindifferent. Sie bilden, aufbauend und zerstörend wie sie sind, ein gewaltiges Material an Inhalt und Kraft, eine innere Welt, die der Auswertung harrt gleich der äußeren.

Allzu lange hat die stoische Auffassung von der Schlechtigkeit und Schädlichkeit der „Affekte" in der Ethik geherrscht. Ihre Konsequenz war die Forderung der Ausrottung (Exstirpation) oder Ertötung der Affekte. Diesem asketischen Ideal hat die christliche Ansicht von der wurzelhaften Sündhaftigkeit der menschlichen Natur noch Vorschub geleistet. Sind die Affekte nichts als Störungen oder Schwächen des Menschen, so ist es nicht zu vermeiden, daß die Moral dem naturwidrigen Ideal der Askese verfällt. [...]

Es ist erstens psychologisch falsch. Die Affekte und alles, was dem Genus nach zu ihnen gehört, sind die Wurzel des emotionalen Lebens, der seelischen Kraft; sie sind die Materie des inneren Lebensgehalts, die Basis seiner Fülle. Mit ihnen zugleich würde man das seelische Leben selbst ausrotten. Daher die ethische Armut des Asketen.

Aber es ist zweitens auch ethisch falsch. Alles echte Sollen ist positiv. Es verlangt nicht ein Zerstören, sondern ein Aufbauen, ein Schaffen des Höheren aus Niederem. Aus „nichts" kann kein Wert verwirklicht werden. Für allen inneren Aufbau aber ist die Welt der Affekte das Material; freilich nicht eine in sich ungeformte Materie, wohl aber Materie im Sinne einer bloß niederen Geformtheit. Mit ihrer Zerstörung wird auch aller Aufbau unmöglich. [...]

Die negative Seite der Beherrschung richtet sich ausschließlich gegen das Unmaß, das Ungleichgewicht, die Selbstentzweiung. Ihr positiver Sinn ist die *enkrateia* im strengen Sinne, als das Gewalthaben über die Affekte, die Tugend des inneren Maßes, der positiven Formgebung des Gefühlslebens und seiner Auswertung unter einheitlich leitenden Gesichtspunkten. Sie ist eine Art innerer Ordnung, inneren Rechtszustandes, eine Gesetzlichkeit und Gerechtigkeit des inneren modus vivendi – ähnlich wie die *dikaiosynē* die des äußeren ist. Den Alten, sofern sie nicht asketisch desorientiert waren, gipfelte die *sōphrosynē* in der ausgeglichenen inneren Schönheit des charakterlich durchgebildeten und gefestigten Menschen, in der *kalokagathia*. Nichts ist im Grunde diesem Ideal so zuwider wie die stoische Abstumpfung und Vergröberung des Gefühls – um des bloßen Gleichmutes und Alles-Ertragenkönnens willen. Viel näher steht ihm die Epikureische Verfeinerung, Bereicherung, Durchbildung des Gefühlslebens, einschließlich die Steigerung der Genußfähigkeit im Sinne des ethischen „guten Geschmacks" (der sapientia), – obgleich der darin versteckte Eudämonismus schließlich auch den objektiven Eigenwert der Beherrschung, als eines sittlichen Quale des Habitus, dennoch verfehlt. Das Eigentümliche dieser Tugend ist, daß sie in hohem Maße erwerbbar, bildbar, ja auch an Anderen erziehbar ist. Das liegt in ihrem Wesen, eben weil sie in einem inneren Herrwerden über das an sich herrenlose Natürliche im Menschen besteht. [...] Die Schulung der Selbstüberwindung im Kleinen, die Erlernbarkeit des Gehorsams, der Zucht, die Erstrebbarkeit und Erwerbbarkeit der inneren Lebensform, die Gewöhnung an das Dominieren fester Willensziele über die schwankende Neigung, kurz die innere Disziplin, die schließlich in Selbstzucht, spontane Selbstbeherrschung und Selbstleitung einmündet – alles das ist von altersher der Pädagogik wohlbekannt. Die populäre Moral ist daher oft genug in den Fehler verfallen, die „Zucht" für die Sittlichkeit überhaupt zu halten. Das ist ebenso falsch wie die einseitige Moral der Gerechtigkeit oder Tapferkeit.

Eine ernstere Gefahr der Erziehung liegt aber in der rein äußerlichen Dressur, etwa der des bloßen Gehorsams. Mit der Fähigkeit der Willensunterordnung allein, so wertvoll sie sein mag, ist dem ins Leben tretenden Menschen nicht gedient, wenn ihr nicht die Fähigkeit selbständiger Willensleitung zur Seite steht. Diese aber ist schon weit weniger erziehbar – eben weil sie positiver, inhaltlich höher geartet ist und über die Grenze bloßer Beherrschung schon beträchtlich hinausragt. In der Charakterbildung macht eben die Zucht nur den Grundstock aus. Alle Disziplinierung der niederen Mächte im Menschen ist nur Vorbedingung für den Spielraum der höheren sittlichen Qualitäten.

Karl Jaspers (1883–1969)

196. Gut und Böse

Gut und Böse wird auf drei Stufen unterschieden.

Erstens: Als böse gilt die unmittelbare und uneingeschränkte Hingabe an Neigungen und sinnliche Antriebe, an die Lust und das Glück dieser Welt, an das Dasein als solches, kurz: böse ist das Leben des Menschen, das im Bedingten bleibt, daher nur abläuft wie das Leben der Tiere, wohlgeraten oder mißraten, in der Unruhe des Anderswerdens, und das nicht entschieden wird.

Dagegen ist gut das Leben, das zwar nicht jenes Glück des Daseins verwirft, aber es unter die Bedingung des moralisch Gültigen stellt. Dieses moralisch Gültige wird verstanden als allgemeines Gesetz des moralisch richtigen Handelns. Diese Geltung ist das Unbedingte.

Zweitens: Gegenüber der bloßen Schwäche, die den Neigungen nachgibt, gilt als eigentlich böse erst die Verkehrung, wie Kant sie verstand, daß ich das Gute nur tue, wenn es mir keinen Schaden bringt oder doch nicht zuviel kostet, abstrakt gesagt: daß das Unbedingte der moralischen Forderung zwar gewollt, im Gehorsam gegen das Gesetz des Guten jedoch nur so weit befolgt wird, als es unter der Bedingung einer ungestörten Befriedigung der sinnlichen Glücksbedürfnisse möglich ist; nur unter dieser Bedingung, nicht unbedingt will ich gut sein. Diese Scheingüte ist sozusagen ein Luxus glücklicher Verhältnisse, in denen ich mir das Gutsein leisten kann. Im Falle des Konflikts zwischen moralischer Forderung und meinem Daseinsinteresse bin ich je nach der Größe dieses Interesses uneingestandenerweise vielleicht zu jeder Schandtat bereit. Um nicht selbst zu sterben, begehe ich auf Befehl Morde. Durch die Gunst meiner Lage, die mir den Konflikt erspart, lasse ich mich über mein Bösesein täuschen.

Dagegen ist gut das Sichherausholen aus dieser Verkehrung des Bedingungsverhältnisses, die in der Unterwerfung des Unbedingten unter die Bedingungen des Daseinsglücks besteht, und damit die Rückkehr zur eigentlichen Unbedingtheit. Es ist die Verwandlung aus ständigem Selbstbetrug in der Unreinheit der Motive zu dem Ernst des Unbedingten.

Drittens: Als böse gilt erst der Wille zum Bösen, das heißt der Wille zur Zerstörung als solcher, der Antrieb zum Quälen, zur Grausamkeit, zur Vernichtung, der nihilistische Wille zum Verderben von allem, was ist und was Wert hat. Gut ist dagegen das Unbedingte, das die Liebe und damit der Wille zur Wirklichkeit ist.

Vergleichen wir die drei Stufen:

Auf der ersten Stufe ist das Verhältnis von Gut und Böse das moralische: die Beherrschung der unmittelbaren Antriebe durch den Willen, der den sittlichen Gesetzen folgt. Es steht – mit Kants Worten – die Pflicht gegen die Neigung.

Auf der zweiten Stufe ist das Verhältnis das ethische: die Wahrhaftigkeit der Motive. Es steht die Reinheit des Unbedingten gegen die Unreinheit in der Verkehrung des Bedingungsverhältnisses, in der faktisch das Unbedingte vom Bedingten abhängig wird.

Auf der dritten Stufe ist das Verhältnis das metaphysische: das Wesen der Motive. Es steht die Liebe gegen den Haß.

Liebe drängt zum Sein, Haß zum Nichtsein. Liebe wächst aus dem Bezug auf Transzendenz, Haß sinkt zum selbstischen Punkt in der Loslösung von Transzendenz. Liebe wirkt als stilles Bauen in der Welt, Haß als laute, das Sein im Dasein auslöschende und das Dasein selbst vernichtende Katastrophe.

Jedesmal zeigt sich eine Alternative und damit die Forderung der Entscheidung. Der Mensch kann nur das eine oder das andere wollen, wenn er wesentlich wird. Er folgt der Neigung oder der Pflicht, er steht in der Verkehrung oder in der Reinheit seiner Motive, er lebt aus dem Haß oder aus der Liebe. Aber die Entscheidung kann er aussetzen. Statt zu entscheiden, schwanken und taumeln wir durch das Leben, verbinden das eine mit dem andern und erkennen dies gar an als notwendigen Widerspruch. Schon diese Unentschiedenheit ist böse. Es erwacht der Mensch erst, wenn er Gut und Böse unterscheidet. Er wird er selbst, wenn er in seinem Tun entschieden ist, wohin er will. Wir alle müssen ständig von neuem uns wiedergewinnen aus der Unentschiedenheit. Wir sind so wenig fähig, uns zum Guten zu vollenden, daß sogar die Kraft unserer uns hinreißenden Neigungen im Dasein unerläßlich ist für die Helligkeit der Pflicht; daß wir nicht umhin können, wenn wir wirklich lieben, gerade dann auch zu hassen, nämlich das, was das Geliebte bedroht, daß wir in die Verkehrung der Unreinheit gerade dann geraten, wenn wir unsere Motive gewiß für rein halten.

Die Entscheidung hat auf jeder der drei Stufen ihren eigenen Charakter. Moralisch meint der Mensch seinen Entschluß denkend als den richtigen zu begründen. Ethisch stellt er sich aus der Verkehrung durch eine Wiedergeburt seines guten Willens wieder her. Metaphysisch wird er sich bewußt, sich selbst geschenkt zu sein in seinem Liebenkönnen. Er wählt das Richtige, wird wahr in seinen Beweggründen, lebt aus der Liebe. Erst in der Einheit dieses Dreifachen geschieht die Verwirklichung des Unbedingten.

Ernst Bloch (1885–1977)

197. Vom Frieden der Brüderlichkeit

Dem ist der beste Glanz zugeordnet, der hier statthat oder statthaben könnte. Dann nämlich, wenn gesellschaftlich so scharf nach dem Rechten gesehen wird und gesehen worden ist, daß weichere Gesinnung nichts mehr verschmiert. Die Fülle der Gleichheit ist Kameradschaft und – rebus bene commotis – *Brüderlichkeit*, die dritte Farbe der Trikolore. Noch mehr als Gleichheit braucht Brüderlichkeit einen Hintergrund, um nicht als Pendant zur Gleichmacherei, nämlich als uferlose Verbrüderung mißverstanden zu werden. Brüderlichkeit ist der Affekt der Verbundenheit zum gleichen Ziel, der erkannten Abstammung alles dessen, was man wert ist und am anderen werthält, vom gemeinsamen Ziel. Diese Abstammung schien früher durch den Glauben an einen gemeinsamen, nämlich himmlischen Vater gesichert; ohnedies setzen Brüder, dem unmittelbaren Wortsinn nach, einen Vater voraus. Dem mittelbaren oder Bedeutungssinn nach setzen sie immerhin die Influenz der Gemeinsamkeit voraus und eben des Werthintergrunds, aus dem diese geflossen ist und sich begründet. Brüderlichkeit war als ein Wertgefühl deshalb niemals wahllos, bedingungslos umarmend, konträr, sie schloß aus dem Bund, den sie schließen ließ, alle Nicht-Verbündeten, erst recht alle Feinde des Ziels aus. Das gilt auch für die christlichen Bünde (Sekten), in denen Brüderlichkeit nicht nur als eine Form des Ziels erschien, sondern als wichtiger, wenn nicht wichtigster Inhalt des Ziels. Auch hier aber galt keine bedingungslose Umarmung, kein „Friede mit Belial und seinem Reich"; die Gemeinde ist eine derer, die guten Willens sind, wenn hier auch den sündhaft bleibenden Weltkindern keinerlei Haß blüht. Dividierte Brüderlichkeit beherrscht selbst das sanfteste Sektenwesen, wie erst das militante, revolutionäre, das die Wechsler aus dem Tempel treibt. Die sanfte Sekte zog sich von den Bösen zurück, die revolutionäre ging um des Bruderreichs willen gegen sie an; in gewalttätigem Mitleid, nämlich mit den Armen, in hilfreicher Erbitterung, nämlich gegen die Wölfe, für die Opfer und Nullifizierten. Diese so exakte wie konkrete Brüderlichkeit wurde nachdem die des revolutionären Klassenbewußtseins, mit dem wahrhaft praktischen Christentum:

„Krieg den Palästen, Friede den Hütten". Aller Haß zwischen den Rassen, den Nationen, den Religionen ist darin aufgehoben, eine Internationale der Unterdrückten geht auf, die darin übereinkommen, nicht mehr Objekte bleiben zu wollen. Letztere Übereinkunft kommt gewiß nicht ohne Kampf aus, er widerspricht jedoch der Brüderlichkeit so wenig, daß er rebus sic stantibus aus ihr folgt; er widerspricht lediglich der bedingungslosen Verbrüderung, und er widerspricht dem harmonistischen Betrug, das ist: der Volksgemeinschaft mit den Mördern des Volks. Brüderlichkeit geht nicht auf die Umarmung von Bestien, sondern von – Brüdern; bis dahin ist fraternitas militans das noch umgebende Vorspiel zu einer fraternitas triumphans. Nicht freilich im Sinn der grotesken Alternative, die nach einem Spruch, der nicht umsonst auf Glaubenskriege zurückgeht, nichts Drittes kennt als Umarmung mit Bruder-Sein oder Schädeleinschlagen aus enttäuschtem Bruder-Sein. Denn ist auch der durch Faschismus zuletzt bezeichneten Bestie gewiß kein Pardon zu geben, so verstand und versteht sich die fraternitas, die selbst, ja gerade bei der Kampfsekte Thomas Münzers den Regenbogen in der Fahne führte, besonders auf ihre ungestörte Frucht, auf ihr mindestens normales Minimum, das Friede heißt. Friede mit den Hütten überall, eben wegen und kraft des Contra zu den Herrenpalästen, die sie in den Krieg treiben. Nicht grundlos war so der Friede als außenpolitische Norm, als postulierter Normalzustand im ganzen klassischen Naturrecht gesetzt; Kants „Entwurf zum ewigen Frieden" ist davon nur die großartigste Erscheinung. Und es gibt keinen Sozialismus, der in diesem Punkt dieses Erbe bisher verlassen hätte, verlassen konnte; denn Klassenkampf, in einer seiner wichtigsten Funktionen: alle künftigen Kriege ursächlich zu verhindern, ist genau das Gegenteil von Krieg, und Führung eines aufgezwungenen Kriegs ist hier dessen ungesuchte Redressierung. „Brüderlich zusammenlebende Familie freier Völker": auf dem Weg zu diesem Rousseau-Effekt verliert allerdings die Brüderlichkeit jede Sentimentalität; sie haftet ihr nur als unechter, wohl gar hypokritischer an. Ja selbst das echte Minimum fraternitas ist doch nur erst ein solches, gibt den Baugrund zu einer stets viel positiver visierten Freundlichkeit. Das Wirkliche ist ohnehin aus den drei Worten der Trikolore noch nicht heraus; desto lebhafter verdienen und brauchen diese ihre sozialistisch geprüfte Rettung.

Der Freiheitskampf erzeugt Gleichheit; die Gleichheit als Ende der Ausbeutung und Abhängigkeit erhält die Freiheit, die Brüderlichkeit lohnt eine Gleichheit, worin es keiner mehr nötig hat, ja überhaupt in der Lage ist, dem anderen ein Wolf zu sein.

Ludwig Wittgenstein (1889–1951)

198. Die Ethik ist transzendental

6.4   Alle Sätze sind gleichwertig.

6.41   Der Sinn der Welt muß außerhalb ihrer liegen. In der Welt ist alles, wie es ist, und geschieht alles, wie es geschieht; es gibt *in* ihr keinen Wert – und wenn es ihn gäbe, so hätte er keinen Wert.
Wenn es einen Wert gibt, der Wert hat, so muß er außerhalb alles Geschehens und So-seins liegen. Denn alles Geschehen und So-sein ist zufällig.
Was es nicht zufällig macht, kann nicht in der Welt liegen, denn sonst wäre dies wieder zufällig.
Es muß außerhalb der Welt liegen.

6.42   Darum kann es auch keine Sätze der Ethik geben.
Sätze können nichts Höheres ausdrücken.

6.421   Es ist klar, daß sich die Ethik nicht aussprechen läßt.
Die Ethik ist transzendental.
(Ethik und Ästhetik sind Eins.)

6.422   Der erste Gedanke bei der Aufstellung eines ethischen Gesetzes von der Form „Du sollst ...“ ist: Und was dann, wenn ich es nicht tue? Es ist aber klar, daß die Ethik nichts mit Strafe und Lohn im gewöhnlichen Sinne zu tun hat. Also muß diese Frage nach den Folgen einer Handlung belanglos sein. – Zum Mindesten dürfen diese Folgen nicht Ereignisse sein. Denn etwas muß doch an jener Fragestellung richtig sein. Es muß zwar eine Art von ethischem Lohn und ethischer Strafe geben, aber diese müssen in der Handlung selbst liegen.
(Und das ist auch klar, daß der Lohn etwas Angenehmes, die Strafe etwas Unangenehmes sein muß.)

6.423   Vom Willen als dem Träger des Ethischen kann nicht gesprochen werden.

Und der Wille als Phänomen interessiert nur die Psychologie.

6.43 Wenn das gute oder böse Wollen die Welt ändert, so kann es nur die Grenzen der Welt ändern, nicht die Tatsachen; nicht das, was durch die Sprache ausgedrückt werden kann.

Kurz, die Welt muß dann dadurch überhaupt eine andere werden. Sie muß sozusagen als Ganzes abnehmen oder zunehmen.

Die Welt des Glücklichen ist eine andere als die des Unglücklichen.

Martin Heidegger (1889–1976)

199. Technik und Gelassenheit

In allen Bereichen des Daseins wird der Mensch immer enger umstellt von den Kräften der technischen Apparaturen und der Automaten. Die Mächte, die den Menschen überall und stündlich in irgendeiner Gestalt von technischen Anlagen und Einrichtungen beanspruchen, fesseln, fortziehen und bedrängen – diese Mächte sind längst über den Willen und die Entscheidungsfähigkeit des Menschen hinausgewachsen, weil sie nicht vom Menschen gemacht sind. [...]

Dabei ist jedoch das eigentlich Unheimliche nicht dies, daß die Welt zu einer durch und durch technischen wird. Weit unheimlicher bleibt, daß der Mensch für diese Weltveränderung nicht vorbereitet ist, daß wir es noch nicht vermögen, besinnlich denkend in eine sachgemäße Auseinandersetzung mit dem zu gelangen, was in diesem Zeitalter eigentlich heraufkommt.

Kein einzelner Mensch, keine Menschengruppe, keine Kommission noch so bedeutender Staatsmänner, Forscher und Techniker, keine Konferenz von führenden Leuten der Wirtschaft und Industrie vermag den geschichtlichen Verlauf des Atomzeitalters zu bremsen oder zu lenken. Keine nur menschliche Organisation ist imstande, sich der Herrschaft über das Zeitalter zu bemächtigen.

So wäre denn der Mensch des Atomzeitalters der unaufhaltsamen Übermacht der Technik wehrlos und ratlos ausgeliefert.

Er wäre es, wenn der heutige Mensch darauf verzichtete, gegenüber dem bloß rechnenden Denken das besinnliche Denken in das maßgebende Spiel zu bringen. […]

Das besinnliche Denken verlangt von uns, daß wir uns auf solches einlassen, was in sich dem ersten Anschein nach gar nicht zusammengeht.

Machen wir die Probe. Für uns alle sind die Einrichtungen, Apparate und Maschinen der technischen Welt heute unentbehrlich, für die einen in größerem, für die anderen in kleinerem Umfang. Es wäre töricht, blindlings gegen die technische Welt anzurennen. Es wäre kurzsichtig, die technische Welt als Teufelswerk verdammen zu wollen. Wir sind auf die technischen Gegenstände angewiesen; sie fordern uns sogar zu einer immerzu steigenden Verbesserung heraus. Unversehens sind wir jedoch so fest an die technischen Gegenstände geschmiedet, daß wir in die Knechtschaft zu ihnen geraten.

Aber wir können auch Anderes. Wir können zwar die technischen Gegenstände benutzen und doch zugleich bei aller sachgerechten Benützung uns von ihnen so freihalten, daß wir sie jederzeit loslassen. Wir können die technischen Gegenstände im Gebrauch so nehmen, wie sie genommen werden müssen. Aber wir können diese Gegenstände zugleich auf sich beruhen lassen als etwas, was uns nicht im Innersten und Eigentlichen angeht. Wir können „ja" sagen zur unumgänglichen Benützung der technischen Gegenstände, und wir können zugleich „nein" sagen, insofern wir ihnen verwehren, daß sie uns ausschließlich beanspruchen und so unser Wesen verbiegen, verwirren und zuletzt veröden.

Wenn wir jedoch auf diese Weise gleichzeitig „ja" und „nein" sagen zu den technischen Gegenständen, wird dann unser Verhältnis zur technischen Welt nicht zwiespältig und unsicher? Ganz im Gegenteil. Unser Verhältnis zur technischen Welt wird auf eine wundersame Weise einfach und ruhig. Wir lassen die technischen Gegenstände in unsere tägliche Welt herein und lassen sie zugleich draußen, das heißt auf sich beruhen als Dinge, die nichts Absolutes sind, sondern selbst auf Höheres angewiesen bleiben. Ich möchte diese Haltung des gleichzeitigen Ja und Nein zur technischen Welt mit einem alten Wort nennen: *die Gelassenheit zu den Dingen.*

In dieser Haltung sehen wir die Dinge nicht mehr nur technisch. Wir werden hellsichtig und merken, daß die Herstellung und die Benützung von Maschinen uns zwar ein anderes Verhältnis zu den Dingen abverlangen, das gleichwohl nicht sinnlos ist. So wird zum Beispiel der Ackerbau und die Landwirtschaft zur motorisierten Ernährungsindustrie. Daß hier – so wie auf anderen Gebieten – ein tiefgreifender Wandel im menschlichen Verhältnis zur Natur und zur Welt vor sich geht, ist gewiß. Welcher Sinn jedoch in diesem Wandel waltet, dies bleibt dunkel.

So regiert denn in allen technischen Vorgängen ein Sinn, der das menschliche Tun und Lassen in Anspruch nimmt, ein Sinn, den nicht erst der Mensch erfunden und gemacht hat. Wir wissen nicht, was die ins Unheimliche sich steigernde Herrschaft der Atomtechnik im Sinn hat. *Der Sinn der technischen Welt verbirgt sich.* Achten wir nun aber eigens und stets darauf, daß uns überall in der technischen Welt ein verborgener Sinn anrührt, dann stehen wir sogleich im Bereich dessen, was sich uns verbirgt und zwar verbirgt, indem es auf uns zukommt. Was auf solche Weise sich zeigt und zugleich sich entzieht, ist der Grundzug dessen, was wir das Geheimnis nennen. Ich nenne die Haltung, kraft deren wir uns für den in der technischen Welt verborgenen Sinn offen halten: *die Offenheit für das Geheimnis.*

Die Gelassenheit zu den Dingen und die Offenheit für das Geheimnis gehören zusammen. Sie gewähren uns die Möglichkeit, uns auf eine ganz andere Weise in der Welt aufzuhalten. Sie versprechen uns einen neuen Grund und Boden, auf dem wir innerhalb der technischen Welt, und ungefährdet durch sie, stehen und bestehen können.

Die Gelassenheit zu den Dingen und die Offenheit für das Geheimnis geben uns den Ausblick auf eine neue Bodenständigkeit. Diese könnte sogar eines Tages geeignet sein, die alte, jetzt rasch hinschwindende Bodenständigkeit in einer gewandelten Gestalt zurückzurufen.

Vorerst allerdings – wir wissen nicht wie lange – befindet sich der Mensch auf dieser Erde in einer gefährlichen Lage. Weshalb? Nur deshalb, weil unversehens ein dritter Weltkrieg ausbrechen könnte, der die völlige Vernichtung der Menschheit und die Zerstörung der Erde zur Folge hätte? Nein. Es droht im anbrechenden Atomzeitalter eine weit größere Gefahr – gerade dann, wenn die Gefahr eines dritten Weltkrieges beseitigt ist. Eine seltsame Behauptung. Allerdings, aber nur solange seltsam, als wir nicht nachdenken.

Inwiefern gilt der soeben ausgesprochene Satz? Er gilt insofern, als die im Atomzeitalter anrollende Revolution der Technik den Menschen auf eine Weise fesseln, behexen, blenden und verblenden könnte, daß eines Tages das rechnende Denken *als das einzige* in Geltung und Übung bliebe.

Welche große Gefahr zöge dann herauf? Dann ginge mit dem höchsten und erfolgreichsten Scharfsinn des rechnenden Planens und Erfindens – die Gleichgültigkeit gegen das Nachdenken, die totale Gedankenlosigkeit zusammen. Und dann? Dann hätte der Mensch sein Eigenstes, daß er nämlich ein nachdenkendes Wesen ist, verleugnet und *weggeworfen*. Darum gilt es, dieses Wesen des Menschen zu retten. Darum gilt es, das Nachdenken wach zu halten.

Max Horkheimer (1895–1973)

200. Materialismus und Moral

Das Leben der Allgemeinheit ergibt sich blind, zufällig und schlecht aus der chaotischen Betriebsamkeit der Individuen, Industrien und Staaten. Diese Irrationalität drückt sich in dem Leiden der Mehrzahl aller Menschen aus. Der Einzelne, ganz von der Sorge um sich selbst und das „Seine" in Anspruch genommen, fördert das Leben des Ganzen nicht bloß ohne klares Bewußtsein, sondern er bewirkt durch seine Arbeit außer dem Glück der anderen auch noch ihr Elend; nie kann es ganz offenbar werden, inwieweit und für welche Individuen seine Arbeit das eine oder das andere bedeutet. Der Gedanke an die Allgemeinheit läßt sich in kein eindeutiges Verhältnis zur eigenen Arbeit bringen, Dieses Problem, das nur die Gesellschaft selbst durch planmäßiges Einbeziehen jedes Mitglieds in ihren bewußt geleiteten Arbeitsprozeß vernünftig lösen könnte, taucht in der bürgerlichen Epoche als Konflikt im Innern ihrer Subjekte auf.

Bei der Befreiung des Individuums aus den übergreifenden Einheiten des Mittelalters hat es zwar das Bewußtsein von sich als einem selbständigen Wesen erhalten. Dieses Selbstbewußtsein ist jedoch abstrakt: die Weise, in der jeder Einzelne durch seine Arbeit den Gang der Gesamtgesellschaft mitbewirkt und wiederum von ihm beeinflußt wird, bleibt ganz im dunkeln.

Alle sind an der guten oder schlechten Entwicklung der Gesamtgesellschaft beteiligt, und doch erscheint sie als Naturgeschehen. Die Rolle in diesem Ganzen, ohne die kein Individuum in seinem Wesen zu bestimmen ist, wird nicht gesehen. Jeder hat daher notwendig ein falsches Bewußtsein von seiner Existenz, die er bloß als Inbegriff vermeintlich freier Entschlüsse mit psychologischen Kategorien zu begreifen vermag. Mangels vernünftiger Organisation des gesellschaftlichen Ganzen, dem doch seine Arbeit gilt, kann er sich in seiner wahren Beziehung zu ihm nicht erkennen und weiß von sich nur als einem Einzelnen, den auch das Ganze etwas angeht, ohne daß ihm jemals klar wird, was und wieviel er wirklich durch sein egoistisches Tun an ihm bewirkt. Das Ganze erscheint daher als Mahnung, als Forderung und beunruhigt im moralischen Bedenken das Gewissen gerade der fortschrittlichen Individuen bei ihrer Arbeit.

Der Materialismus versucht – und zwar nicht nur so allgemein, wie soeben angedeutet wurde, sondern die verschiedenen Perioden und Gesellschaftsklassen besonders berücksichtigend – die wirklichen Verhältnisse aufzuzeigen, aus denen das moralische Problem hervorgeht und die sich, wenn auch in verzerrter Weise, in den moralphilosophischen Lehren spiegeln. Die Idee der Moral, so wie Kant sie formuliert hat, enthält die Wahrheit, daß die Handlungsweise unter dem natürlichen Gesetz des ökonomischen Vorteils nicht zugleich notwendig die vernünftige ist. Sie setzt dem Interesse des Einzelnen nicht etwa das Gefühl oder gar die Rückkehr zum blinden Gehorsam entgegen; weder das Interesse noch die Vernunft wird verlästert, sondern die Vernunft erkennt, daß sie nicht nur dem natürlichen Gesetz, dem Vorteil des Einzelnen, zu dienen braucht, dann nämlich, wenn sie das Naturgesetz des Ganzen mit in ihren Willen aufnimmt. Der Einzelne kann freilich die Forderung, das Ganze vernünftig zu gestalten, nicht erfüllen. Die Beherrschung des Gesamtprozesses der Gesellschaft durch den Menschen läßt sich nur vollziehen, wenn diese ihre anarchische Form überwindet und sich als reales Subjekt konstituiert, das heißt durch geschichtliche Tat. [...]

Die Moral wird vom Materialismus [...] keineswegs etwa als bloße Ideologie im Sinne falschen Bewußtseins verworfen. Sie gilt als menschliche Erscheinung, die während der Dauer des bürgerlichen Zeitalters gar nicht zu überwinden ist. Ihr philosophischer Ausdruck ist jedoch in vieler Hinsicht verzerrt. Vor allem liegt die Lösung des Problems nicht im Befolgen fest formulierter Gebote. Bei dem Versuch, den Kantischen Imperativ wirklich anzuwenden, stellt sich sogleich heraus, daß damit der Allgemeinheit, um welche der moralische Wille ja bekümmert ist, gar nicht zu helfen wäre. Selbst wenn alle ihm nachkämen, selbst wenn alle in seinem Sinn ein tugendhaftes Leben führten, herrschte dieselbe Verwirrung wie zuvor. Nichts Wesentliches wäre verändert. […]

Damit, daß jeder nach seinem Gewissen handelt, hört weder das Chaos noch das Elend auf, welches daraus hervorgeht. Die formale Anweisung, mit sich selbst im reinen zu bleiben, einen widerspruchslosen Willen zu haben, bildet keine Richtschnur, welche den Grund der moralischen Unruhe beheben könnte. Gibt es auch nur eine Schandtat, die nicht schon einmal mit gutem Gewissen begangen worden wäre? Nicht daß die Einzelnen ihr Handeln mit dem Naturgesetz der Allgemeinheit für vereinbar halten, sondern inwieweit es auch in Wirklichkeit damit vereinbar ist, gibt den Ausschlag für das Glück der Menschheit. Die Ansicht, daß der gute Wille – ein wie wichtiger Impuls er immer sein mag – das einzig Gute sei, die Bewertung der Handlung bloß nach dem, was sie meint, und nicht auch nach dem, was sie im jeweiligen historischen Augenblick real bedeutet, ist idealistischer Wahn. Von dieser ideologischen Seite des Kantischen Moralbegriffs führt ein unmittelbarer Weg zu der modernen Mystik des Opfers und Gehorsams, die sich sonst nur zu Unrecht auf Kant beruft. Wenn als höchstes Ziel Entfaltung und glückliche Betätigung der in der Allgemeinheit angelegten Kräfte gelten soll, so genügt es keineswegs, auf ein tugendhaftes Inneres, auf den bloßen Geist, etwa auf Unterdrückung der Eigentumsinstinkte durch Disziplin, zu achten, sondern darauf, daß die äußeren Veranstaltungen, welche jenes Glück bewirken können, auch wirklich geschehen. Nicht allein, wie die Menschen etwas tun, sondern was sie tun, ist wichtig: gerade wo alles auf dem Spiel steht, kommt es weniger auf die Motive derer an, die dem Ziel nachstreben, als darauf, daß sie es erreichen. Gewiß lassen sich auch Gegenstand und Situation nicht ohne das Innere der handelnden Menschen bestimmen, denn Inneres und Äußeres sind in der Gesamtgeschichte ebenso wie im Leben des Einzelnen Momente vielfältiger dialektischer Prozesse. Aber die in der bürgerlichen Moral herrschende Tendenz, ausschließlich auf die Gesinnung Wert zu legen, erweist sich, besonders in der Gegenwart, als eine den Fortschritt hemmende Einstellung. Nicht Pflichtbewußtsein, Begeisterung, Opfer schlechthin, sondern Pflichtbewußtsein, Begeisterung, Opfer wofür entscheidet angesichts der herrschenden Not über das Schicksal der Menschheit. Opferbereiter Wille mag freilich im Dienst jeder Macht, auch der rückschrittlichsten, ein gutes Mittel sein; über das Verhältnis, in welchem sein Inhalt zur Entwicklung der Gesamtgesellschaft steht, gibt aber nicht das Gewissen Auskunft, sondern die richtige Theorie.

Bertolt Brecht (1898–1955)

201. Was nützt die Güte?

1

Was nützt die Güte
Wenn die Gütigen sogleich erschlagen werden, oder es werden erschlagen
Die, zu denen sie gütig sind?

Was nützt die Freiheit
Wenn die Freien unter den Unfreien leben müssen?

Was nützt die Vernunft
Wenn die Unvernunft allein das Essen verschafft, das jeder benötigt?

2

Anstatt nur gütig zu sein, bemüht euch
Einen Zustand zu schaffen, der die Güte ermöglicht, und besser:
Sie überflüssig macht!

Anstatt nur frei zu sein, bemüht euch
Einen Zustand zu schaffen, der alle befreit
Auch die Liebe zur Freiheit
Überflüssig macht!

Anstatt nur vernünftig zu sein, bemüht euch
Einen Zustand zu schaffen, der die Unvernunft der einzelnen
Zu einem schlechten Geschäft macht!

Hans Jonas (1903–1993)

202. Furcht, Hoffnung und Verantwortung

Hoffnung ist eine Bedingung jeden Handelns, da es voraussetzt, etwas ausrichten zu können, und darauf setzt, es in diesem Fall zu tun. Für den erprobten Könner (auch den Glücksverwöhnten) kann dies mehr als Hoffnung, es kann selbstvertrauende Sicherheit sein; aber daß schon das unmittelbare Gelungene und erst recht sein Weiterwirken im unabsehbaren Fluß der Dinge wirklich das dann noch Erwünschte sein wird, das kann bei allem, was das Handeln sich selbst zutraut, immer nur eine Hoffnung sein. Immer muß der Wissende darauf gefaßt sein, später einmal wünschen zu müssen, er hätte nicht oder anders gehandelt. Nicht auf diese Unsicherheiten bezieht sich die Furcht, oder doch nur als Begleiterscheinung, und sich von ihr *nicht* abhalten zu lassen, vielmehr noch für das Unbekannte im voraus mitzuhaften, ist bei der letztlichen Ungewißheit der Hoffnung gerade eine Bedingung handelnder Verantwortung: eben das, was man den „Mut zur Verantwortung" nennt.

Nicht die vom Handeln abratende, sondern die zu ihm auffordernde Furcht meinen wir mit der, die zur Verantwortung wesenhaft gehört, und sie ist Furcht um den Gegenstand der Verantwortung. [...] Verantwortung ist die als Pflicht anerkannte *Sorge* um ein anderes Sein, die bei Bedrohung seiner Verletzlichkeit zur „Besorgnis" wird. Als Potential aber steckt die Furcht schon in der ursprünglichen Frage, mit der man sich jede aktive Verantwortung beginnend vorstellen kann: was wird *ihm* zustoßen, wenn *ich* mich seiner nicht annehme? Je dunkler die Antwort, desto heller gezeichnet die Verantwortung. Und je weiter noch in der Zukunft, je entfernter vom eigenen Wohl und Wehe und je unvertrauter in seiner Art das zu Fürchtende ist, desto mehr müssen Hellsicht der Einbildungskraft und Empfindlichkeit des Gefühls geflissentlich dafür mobilisiert werden: eine aufspürende *Heuristik* der Furcht wird nötig, die nicht nur ihr das neuartige Objekt überhaupt entdeckt und darstellt, sondern sogar das davon (und nie vorher) angerufene, besondere sittliche Interesse erst mit sich selbst bekannt macht [...]. Der Vorstellung des Übels bedarf schon die *Theorie* der Ethik so sehr wie der Vorstellung des

Guten, und dann sogar mehr, wenn das letztere unserm Blick undeutlich geworden ist und erst durch die Drohung antizipierten neuartigen Übels wieder neu verdeutlicht werden muß. In einer solchen Lage, die uns die heutige zu sein scheint, wird also die bewußte Anstrengung zu selbstloser Furcht, in der mit dem Übel das davor zu rettende Gute sichtbar wird, mit dem Unheil das nicht illusionär überforderte Heil – wird also Fürchten selber zur ersten, präliminaren Pflicht einer Ethik geschichtlicher Verantwortung werden. Wen diese Quelle dafür, „Furcht und Zittern" – nie natürlich die einzige, aber manchmal angemessen die dominante – nicht vornehm genug für den Status des Menschen dünkt, dem ist unser Schicksal nicht anzuvertrauen. Wir unserseits fürchten nicht den Vorwurf der Kleinmütigkeit oder Negativität, wenn wir derart Furcht zur Pflicht erklären, die sie natürlich nur mit Hoffnung (nämlich der Abwendung) sein kann: begründete Furcht, nicht Zaghaftigkeit; vielleicht gar Angst, doch nicht Ängstlichkeit; und in keinem Falle Furcht oder Angst um sich selbst. Der Angst aus dem Wege zu gehen, wo sie sich ziemt, wäre in der Tat Ängstlichkeit.

Theodor W. Adorno (1903–1969)

203. Das Ziel der emanzipierten Gesellschaft

Sur l'eau. – Auf die Frage nach dem Ziel der emanzipierten Gesellschaft erhält man Antworten wie die Erfüllung der menschlichen Möglichkeiten oder den Reichtum des Lebens. So illegitim die unvermeidliche Frage, so unvermeidlich das Abstoßende, Auftrumpfende der Antwort, welche die Erinnerung an das sozialdemokratische Persönlichkeitsideal vollbärtiger Naturalisten der neunziger Jahre aufruft, die sich ausleben wollten. Zart wäre einzig das Gröbste: daß keiner mehr hungern soll. Alles andere setzt für einen Zustand, der nach menschlichen Bedürfnissen zu bestimmen wäre, ein menschliches Verhalten an, das am Modell der Produktion als Selbstzweck gebildet ist. In das Wunschbild des ungehemmten, kraftstrotzenden, schöpferischen Menschen ist eben der Fetischismus der Ware eingesickert, der in der bürgerlichen Gesellschaft Hemmung, Ohnmacht, die Sterilität des Immergleichen mit sich führt. Der Begriff der Dynamik, der zu der bürgerlichen „Geschichtslosigkeit" komplementär gehört, wird zum Absoluten erhöht, während er doch, als anthropologischer Reflex der Produktionsgesetze, in der emanzipierten Gesellschaft selber dem Bedürfnis kritisch konfrontiert werden müßte. Die Vorstellung vom fessellosen Tun, dem ununterbrochenen Zeugen, der pausbäckigen Unersättlichkeit, der Freiheit als Hochbetrieb zehrt von jenem bürgerlichen Naturbegriff, der von je einzig dazu getaugt hat, die gesellschaftliche Gewalt als unabänderliche, als ein Stück gesunder Ewigkeit zu proklamieren. Darin und nicht in der vorgeblichen Gleichmacherei verharrten die positiven Entwürfe des Sozialismus, gegen die Marx sich sträubte, in der Barbarei. Nicht das Erschlaffen der Menschheit im Wohlleben ist zu fürchten, sondern die wüste Erweiterung des in Allnatur vermummten Gesellschaftlichen, Kollektivität als blinde Wut des Machens. Die naiv unterstellte Eindeutigkeit der Entwicklungstendenz auf Steigerung der Produktion ist selber ein Stück jener Bürgerlichkeit, die Entwicklung nach einer Richtung nur zuläßt, weil sie, als Totalität zusammengeschlossen, von Quantifizierung beherrscht, der qualitativen Differenz feindlich ist. Denkt man die emanzipierte Gesellschaft als Emanzipation gerade von solcher Totalität, dann werden Fluchtlinien sichtbar, die mit der Steigerung der Produktion und ihren menschlichen Spiegelungen wenig gemein haben. Wenn hemmungslose Leute keineswegs die angenehmsten und nicht einmal die freiesten sind, so könnte wohl die Gesellschaft, deren Fessel gefallen ist, darauf sich besinnen, daß auch die Produktivkräfte nicht das letzte Substrat des Menschen, sondern dessen auf die Warenproduktion historisch zugeschnittene Gestalt abgeben. Vielleicht wird die wahre Gesellschaft der Entfaltung überdrüssig und läßt aus Freiheit Möglichkeiten ungenützt, anstatt unter irrem Zwang auf fremde Sterne einzustürmen. Einer Menschheit, welche Not nicht mehr kennt, dämmert gar etwas von dem Wahnhaften, Vergeblichen all der Veranstaltungen, welche bis dahin getroffen wurden, um der Not zu entgehen, und welche die Not mit dem Reichtum erweitert reproduzierten. Genuß selber würde davon berührt, so wie sein gegenwärtiges Schema von der Betriebsamkeit, dem Planen, seinen Willen Haben, Unterjochen nicht getrennt werden kann. Rien faire comme une bête, auf dem Wasser liegen und friedlich in den Himmel schauen, „sein, sonst nichts, ohne alle weitere Bestimmung und Erfüllung" könnte an Stelle von Prozeß, Tun, Erfüllen treten und so wahrhaft das Versprechen der dialektischen Logik einlösen, in ihren Ursprung zu münden. Keiner unter den abstrakten Begriffen kommt der erfüllten Utopie näher als der vom ewigen Frieden. Zaungäste des Fortschritts wie Maupassant und Sternheim haben dieser Intention zum Ausdruck verholfen, so schüchtern, wie es deren Zerbrechlichkeit einzig verstattet ist.

Arnold Gehlen (1904–1976)

204. Anthropologische Wurzeln sittlichen Verhaltens

[Es gibt] in anthropologischer Sicht mehrere voneinander getrennte Wurzeln sittlichen Verhaltens [...], die ich jetzt der Reihe nach kurz aufzähle.

Erstens haben einige diese Regungen zweifellos instinktive Fundamente, so wie die zärtliche Zuwendung zu kleinen Kindern nicht nur bei Frauen, sondern im menschlichen Geschlecht doch soweit spontan wirkt, daß ein verlassenes Kind mit ziemlicher Sicherheit Pflege findet und am Leben bleibt. Auch gibt es eine Hemmung gegen das Töten von Artgenossen, deren instinktiven Kern man beim Töten von Tieren fühlbar noch berührt, eine Hemmung, die wenigstens in der eigenen Gruppe einigermaßen zuverlässig funktioniert [...]. In beiden Fällen arbeiten die instinktiven Regulationen allerdings keineswegs sicher, die typisch menschliche Instinktverunsicherung greift hier durch, und eben deswegen stützt ein ausdrückliches Sollen als bewußte ethische Forderungen die natürlichen Regungen, indem es sozusagen in deren Richtung weiterargumentiert.

Zu einer ganz anderen Gruppe von Erscheinungen auf dem Felde der Ethik kommen wir dann, wenn wir *Institutionen* ansehen, also dauernde Gefüge menschlichen geordneten Zusammenwirkens, und wenn wir dann finden, daß die Menschen in solchen Institutionen typische Lebenssituationen gemeinsam bewältigen. Das Gericht spricht Recht, die Schule erzieht – es gibt daher jeweils Sollforderungen, die einleuchtend aus der Zielsetzung solcher Einrichtungen heraus erwachsen, und schließlich läßt sich hier der Übergang zu dem Berufsethos besonders verantwortungsvoller Berufe finden, so wie der Arzt, der Gelehrte besonderen Sollforderungen unterstehen.

Drittens folgt ein weiterer Katalog von Verpflichtungen einfach aus der Notwendigkeit direkten Verkehrs und Auskommens der Menschen, es gibt eine vernünftige Verkehrsethik, ohne die kein dauerndes Zusammenleben denkbar wäre, und sie bezieht auch den Fremden ein, sobald er in unseren Gesichtskreis tritt. Auf dieser Ebene unterscheiden sich die ethischen Regeln der Stoiker, für den Verkehr im römischen Weltreich formuliert, nicht von denen, die wir auf Reisen beachten, es gibt da etwas wie einen stummen Tausch vernünftigen gegenseitigen Verhaltens.

Jean-Paul Sartre (1905–1980)

205. Der Mensch ist Freiheit

Der Mensch, wie ihn der Existentialist versteht, ist nicht definierbar, weil er zunächst nichts ist. Er wird erst dann, und er wird so sein, wie er sich geschaffen haben wird. Folglich gibt es keine menschliche Natur, da es keinen Gott gibt, sie zu ersinnen. Der Mensch, er ist lediglich, allerdings nicht lediglich wie er sich auffaßt, sondern wie er sich will, und wie er sich nach der Existenz auffaßt, nach diesem Elan zur Existenz hin; der Mensch ist nichts anderes als das, wozu er sich macht. Das ist das erste Prinzip des Existentialismus. Das ist es auch, was man Subjektivität nennt und uns unter ebendiesem Namen vorwirft. Aber was wollen wir damit anderes sagen, als daß der Mensch eine größere Würde hat als der Stein oder der Tisch? Wir wollen sagen, daß der Mensch erst existiert, das heißt, daß der Mensch erst das ist, was sich in eine Zukunft wirft, und was sich bewußt ist, sich in die Zukunft zu entwerfen. Der Mensch ist zunächst ein sich subjektiv erlebender Entwurf, anstatt Schaum, Fäulnis oder ein Blumenkohl zu sein; nichts existiert vor diesem Entwurf; nichts ist am intelligiblen Himmel, und der Mensch wird zuerst das sein, was er zu sein entworfen haben wird. Nicht, was er sein will. Denn was wir gewöhnlich unter wollen verstehen ist eine bewußte Entscheidung, die bei den meisten von uns erst später gefällt wird, von demjenigen, zu dem sie sich selbst gemacht haben. Ich kann

Mitglied einer Partei werden, ein Buch schreiben, heiraten wollen, das alles ist nur Ausdruck einer ursprünglicheren, spontaneren Wahl als einer, die man willentlich nennt. Wenn jedoch die Existenz wirklich dem Wesen vorausgeht, ist der Mensch für das, was er ist, verantwortlich. So besteht die erste Absicht des Existentialismus darin, jeden Menschen in den Besitz seiner selbst zu bringen und ihm die totale Verantwortung für seine Existenz aufzubürden. Und wenn wir sagen, der Mensch ist für sich selbst verantwortlich, wollen wir nicht sagen, er sei verantwortlich für seine strikte Individualität, sondern für alle Menschen. Das Wort Subjektivismus hat zwei Bedeutungen, und unsere Gegner treiben mit diesen zwei Bedeutungen ihr Spiel. Subjektivismus bedeutet einerseits die Wahl des individuellen Subjekts durch sich selbst, und andererseits die Unmöglichkeit für den Menschen, die menschliche Subjektivität zu überschreiten. Der zweite Sinn ist der tiefe Sinn des Existentialismus. Wenn wir sagen, der Mensch wählt sich, verstehen wir darunter, jeder von uns wählt sich, doch damit wollen wir auch sagen, sich wählend wählt er alle Menschen. In der Tat gibt es für uns keine Handlung, die, den Menschen schaffend, der wir sein wollen, nicht auch zugleich ein Bild des Menschen hervorbringt, wie er unserer Ansicht nach sein soll. Wählen, dies oder das zu sein, heißt gleichzeitig den Wert dessen, was wir wählen, zu bejahen, denn wir können niemals das Schlechte wählen; was wir wählen, ist immer das Gute, und nichts kann gut für uns sein, ohne es für alle zu sein. Wenn andererseits die Existenz dem Wesen vorausgeht und wir zugleich existieren und das Bild von uns gestalten wollen, so gilt dieses Bild für alle und für unsere gesamte Epoche. So ist unsere Verantwortung viel größer, als wir vermuten können, denn sie betrifft die gesamte Menschheit. [...]

Dostojewski schrieb: „Wenn Gott nicht existiert, ist alles erlaubt." Das ist der Ausgangspunkt des Existentialismus. In der Tat ist alles erlaubt, wenn Gott nicht existiert, und folglich ist der Mensch verlassen, denn er findet weder in sich noch außer sich einen Halt. Zunächst einmal findet er keine Entschuldigungen. Wenn tatsächlich die Existenz dem Wesen vorausgeht, ist nichts durch Verweis auf eine gegebene und unwandelbare menschliche Natur erklärbar; anders gesagt, es gibt keinen Determinismus, der Mensch ist frei, der Mensch ist die Freiheit. Wenn zum anderen Gott nicht existiert, haben wir keine Werte oder Anweisungen vor uns, die unser Verhalten rechtfertigen könnten. So finden wir weder hinter noch vor uns im Lichtreich der Werte Rechtfertigungen oder Entschuldigungen. Wir sind allein, ohne Entschuldigungen. Das möchte ich mit den Worten ausdrücken: der Mensch ist dazu verurteilt, frei zu sein. Verurteilt, weil er sich nicht selbst erschaffen hat, und dennoch frei, weil er, einmal in die Welt geworfen, für all das verantwortlich ist, was er tut. Der Existentialist glaubt nicht an die Macht der Leidenschaft. Er wird nie meinen, eine schöne Leidenschaft sei eine alles mitreißende Flut, die den Menschen schicksalhaft zu bestimmten Taten zwingt und daher eine Entschuldigung ist. Er meint, der Mensch ist für seine Leidenschaft verantwortlich. Der Existentialist meint genausowenig, der Mensch könne Hilfe finden in einem auf Erden gegebenen Zeichen, das ihm eine Richtung weist, denn er denkt, der Mensch entziffert das Zeichen, wie es ihm gefällt. [...]

Wir wollen die Freiheit um der Freiheit willen und unter jedem Umstand. Und die Freiheit wollend, entdecken wir, daß sie ganz von der Freiheit der anderen, und daß die der anderen von unserer Freiheit abhängt. Gewiß hängt die Freiheit als Definition des Menschen nicht von anderswem ab, aber sobald ein Engagement vorliegt, bin ich gezwungen, gleichzeitig mit meiner Freiheit die der anderen zu wollen, ich kann meine Freiheit nur zum Ziel machen, indem ich auch die der anderen zum Ziel mache. Wenn ich also auf der Ebene totaler Authentizität erkannt habe, daß der Mensch ein Wesen ist, bei dem die Existenz der Essenz vorausgeht, daß er ein freies Wesen ist, das unter den verschiedensten Umständen nur seine Freiheit wollen kann, habe ich gleichzeitig erkannt, daß ich nur die Freiheit der anderen wollen kann. So kann ich im Namen dieses Freiheitswillens, der durch die Freiheit selbst impliziert ist, Urteile über die fällen, die sich die totale Grundlosigkeit ihrer Existenz ebenso wie deren totale Freiheit zu verhüllen trachten. Die einen, die aus einem Geist der Ernsthaftigkeit heraus oder mit deterministischen Entschuldigungen ihre totale Freiheit nicht wahrhaben wollen, werde ich Feiglinge nennen, die anderen, die nachzuweisen versuchen, ihre Existenz sei notwendig, wobei sie doch in Wirklichkeit die Kontingenz des Erscheinens des Menschen auf Erden selbst ist, werde ich Schurken nennen; Feiglinge und Schurken können jedoch nur auf der Ebene der reinen Authentizität verurteilt werden. Obwohl der Inhalt der

Moral also veränderlich ist, ist eine gewisse Form dieser Moral allgemein. Kant erklärt, die Freiheit will sich selbst und die Freiheit der anderen. Einverstanden, aber er meint, Formales und Allgemeines sind ausreichend, eine Moral zu konstituieren. Wir denken hingegen, daß zu abstrakte Prinzipien unfähig sind, ein Handeln zu definieren.

William K. Frankena (1908–1994)

206. Warum moralisch sein?

Warum sollen wir moralisch sein? Warum sollen wir uns auf eine moralische Lebensführung einlassen? Warum sollen wir den moralischen Standpunkt einnehmen? Wir sahen schon, daß die Frage „Warum sollen wir …?" zweideutig ist und entweder ein Ersuchen um Motivation oder um Rechtfertigung bedeutet. In diesem Zusammenhang heißt das, daß unsere Fragestellung die folgenden vier Bedeutungen annehmen kann. (1) Welches sind die Motive, moralisch richtig zu handeln? (2) Worin liegt die Rechtfertigung, moralisch richtig zu handeln? (3) Welches sind die Motive, den moralischen Standpunkt einzunehmen? (4) Worin liegt die Rechtfertigung für die Moral und den moralischen Standpunkt? Es liegt auf der Hand, wie eine Antwort auf die Fragen (1) und (3) auszusehen hat. Sie muß auf die verschiedenen Klugheits- und sonstigen Erwägungen hinweisen, die für eine moralische Lebensführung sprechen. Die meisten von ihnen sind bekannt oder doch ersichtlich. Wir brauchen sie hier nicht zu behandeln. (2) kann als Frage nach der moralischen Rechtfertigung richtigen Handelns verstanden werden. Dann lautet die Antwort, daß moralisch richtiges Handeln keiner Rechtfertigung bedarf, da schon die Gründe dafür, daß etwas richtig ist, rechtfertigend wirken. Unter diesen Umständen läuft (2) auf die Frage hinaus „Warum sollte ich im moralischen Sinn tun, was moralisch richtig ist?" (2) kann jedoch auch als Aufforderung zu einer außermoralischen Rechtfertigung moralisch richtigen Handelns verstanden werden. Dann wird die Antwort ähnlich lauten wie eine Antwort auf Frage (4). Denn Frage (4) verlangt nach Gründen, warum wir uns in unserem Denken, Urteilen und Handeln überhaupt auf Erwägungen der Moral einlassen sollen. Und das ist eine Frage nach der außermoralischen Rechtfertigung der Moral. Wie könnte eine solche Rechtfertigung aussehen?

Es scheint sich hier um zwei Fragen zu handeln. Erstens, warum sollte sich die *Gesellschaft* eine Institution wie die Moral zu eigen machen? Warum sollte sie zur Verhaltenssteuerung neben Konvention, Recht und Eigeninteresse auch ein System der Moral aufbauen und fördern? Die Antwort liegt auf der Hand: Ohne ein solches System dürften kaum zufriedenstellende Bedingungen für ein menschliches Zusammenleben in der Gemeinschaft gegeben sein. Die Alternative wäre entweder ein Naturzustand, in dem es allen oder doch den meisten von uns sehr viel schlechter ginge als in unserem gegenwärtigen Zustand (selbst wenn Hobbes unrecht haben sollte, daß im Naturzustand das Leben „einsam, armselig, gemein, roh und kurz" wäre), oder aber ein staatlicher Leviathan, totalitärer als alle bisherigen Formen des Staates, in dem das Recht alle Lebensbereiche erfassen würde und in dem Gewalt und Drohung jede denkbare Verhaltensabweichung des einzelnen unmöglich machen würden.

Die zweite Frage betrifft die außermoralischen Gründe (nicht bloß die Motive), die es für den *einzelnen* gibt, moralisch zu denken und zu handeln. Die Antwort wurde soeben gegeben, aber nur bis zu einem gewissen Grad. Denn bei der Lektüre des letzten Absatzes könnte jemand sagen: „Ja. Das zeigt, daß die Gesellschaft eine Moral braucht, und auch, daß es für mich von Vorteil ist, wenn die anderen sich in ihrem Verhalten von der Moral leiten lassen. Aber es zeigt nicht, daß *ich* moralisch leben sollte. Und es hat keinen Zweck, mir moralische Gründe dafür zu geben, daß ich es sollte. Was ich will, ist eine außermoralische Rechtfertigung." Nun, wenn das bedeutet, daß unser Freund gezeigt haben möchte, daß es für ihn stets von Nutzen ist – das heißt, daß sein Leben in allen Belangen (im außermoralischen Sinn) besser oder zumindest nicht schlechter sein wird –, wenn er sich in seiner gesamten Lebensführung an der Moral orientiert, dann bezweifle ich, daß man seinem Ansinnen entsprechen kann. Es gibt zwar eine Reihe bekannter Argumente, durch die man zeigen kann, daß ein moralisches Leben mit einiger Wahrscheinlichkeit für ihn von Vorteil ist; man muß aber in aller Offenheit zugeben, daß jemand, der den Weg der Moral geht, unter Umständen Opfer bringen muß und daher im außermoralischen Sinn vielleicht kein so gutes Leben hat, wie er andernfalls hätte.

Daraus folgt nicht, daß sich die Institution der Moral gegenüber dem Individuum nicht rechtfertigen ließe (wenngleich eine Rechtfertigung einigen Individuen gegenüber nicht gelingen mag), denn eine außermoralische Rechtfertigung ist nicht notwendig an Gesichtspunkten des Egoismus oder der Klugheit orientiert. Wenn A den B fragt, warum er (A) moralisch sein sollte, so kann B den A auffordern, sich auf rationale Weise darüber klar zu werden, was für eine Art von Leben er führen und was für ein Mensch er sein möchte. Das heißt, er kann A fragen, was für ein Leben er wählen würde, wenn seine Wahl rational – also frei von Zwang, unvoreingenommen und in voller Kenntnis der verschiedenen alternativen Lebensformen (einschließlich der moralischen) – zustandekäme. Vielleicht kann B den A auf diese Weise überzeugen, daß unter Berücksichtigung aller Umstände ein Leben unter Einbeziehung der Moral den Vorzug verdient. Wenn ja, dann ist es ihm gelungen, die moralische Lebensform gegenüber A zu rechtfertigen.

Natürlich kann A sich weigern, in dem genannten Sinn rational zu sein. Er kann sagen: „Aber warum sollte ich rational sein?" Doch wenn das von Anfang an seine Haltung war, dann war es sinnlos von ihm, eine Rechtfertigung zu verlangen. Rechtfertigung kann man nur dann wollen, wenn man bereit ist, rational zu sein. Man widerspricht sich selbst, wenn man nach Gründen fragt, ohne bereit zu sein, Gründe irgendwelcher Art auch anzunehmen. Selbst mit der Frage „Warum sollte ich rational sein?" verpflichtet man sich implizit zur Rationalität. Denn eine solche Verpflichtung ist zumindest Teil der Bedeutung des Wortes „sollen".

Vielleicht hat A noch eine weitere Frage: „Wodurch ist die Gesellschaft gerechtfertigt, von mir moralisches Verhalten zu verlangen und mich im Weigerungsfall zu strafen?" Das aber ist eine moralische Frage. Und A kann kaum erwarten, daß man der Gesellschaft eine solche Rechtfertigung nur dann zugesteht, wenn sie zeigen kann, daß ihr Vorgehen für A von Vorteil ist. Wenn A fragt, ob die Gesellschaft moralisch gerechtfertigt ist, von ihm zumindest ein gewisses Minimum an moralischer Lebensführung zu verlangen, dann lautet die Antwort bestimmt positiv, wie wir schon sahen. Allerdings muß die Gesellschaft hier Zurückhaltung üben. Denn sie unterliegt selbst der moralischen Forderung, Autonomie und Freiheit des einzelnen zu respektieren und ihn ganz allgemein gerecht zu behandeln. Und sie darf nicht vergessen, daß die Moral die Funktion hat, das gute Leben der einzelnen zu fördern und es nicht mehr als nötig zu stören. Die Moral ist für den Menschen da, nicht der Mensch für die Moral.

Albert Camus (1913–1960)

207. Der Mythos von Sisyphos

Die Götter hatten *Sisyphos* dazu verurteilt, unablässig einen Felsblock einen Berg hinaufzuwälzen, von dessen Gipfel der Stein von selbst wieder hinunterrollte. Sie hatten mit einiger Berechtigung bedacht, daß es keine fürchterlichere Strafe gibt als eine unnütze und aussichtslose Arbeit. [...]

Dieser Mythos ist tragisch, weil sein Held bewußt ist. Worin bestünde tatsächlich seine Strafe, wenn ihm bei jedem Schritt die Hoffnung auf Erfolg neue Kraft gäbe? Heutzutage arbeitet der Werktätige sein Leben lang unter gleichen Bedingungen, und sein Schicksal ist genauso absurd. Tragisch ist es aber nur in den wenigen Augenblicken, in denen der Arbeiter bewußt wird. *Sisyphos*, der ohnmächtige und rebellische Prolet der Götter, kennt das ganze Ausmaß seiner unseligen Lage: über sie denkt er während des Abstiegs nach. Das Wissen, das seine eigentliche Qual bewirken sollte, vollendet gleichzeitig seinen Sieg. Es gibt kein Schicksal, das durch Verachtung nicht überwunden werden kann.

Wenn der Abstieg so manchen Tag in den Schmerz führt, er kann doch auch in der Freude enden. Damit wird nicht zuviel behauptet. Ich sehe wieder *Sisyphos* vor mir, wie er zu seinem Stein zurückkehrt und der Schmerz von neuem beginnt. Wenn die Bilder der Erde zu sehr im Gedächtnis haften, wenn das Glück zu dringend mahnt, dann steht im Herzen des Menschen die Trauer auf: das ist der Sieg des Steins, ist der Stein selber. Die gewaltige Not wird schier unerträglich. Unsere Nächte von Gethsemane sind das. Aber die niederschmetternden Wahrheiten verlieren an Gewicht, sobald sie erkannt werden. So gehorcht *Ödipus* zunächst unwissentlich dem Schicksal. Erst mit Beginn seines Wissens hebt seine Tragödie an. Gleichzeitig aber erkennt er in seiner Blindheit und Verzweiflung, daß ihn nur noch die kühle Hand eines jungen Mädchens mit der Welt verbindet. Und nun fällt ein maßloses Wort: ‚Allen Prüfungen zum Trotz – mein vorgerücktes Alter und die Größe meiner Seele sagen mir, daß alles gut ist.' So formuliert der *Ödipus* des SOPHOKLES (wie *Kirilow* bei DOSTOJEWSKIJ) den Sieg des Absurden. Antike Weisheit verbindet sich mit modernem Heroismus.

Man entdeckt das Absurde nicht, ohne in die Versuchung zu geraten, irgendein Handbuch des Glücks zu schreiben. ‚Was! Auf so schmalen Wegen …?' Es gibt aber nur eine Welt. Glück und Absurdität entstammen ein und derselben Erde. Sie sind untrennbar miteinander verbunden. Irrtum wäre es, wollte man behaupten, daß das Glück zwangsläufig der Entdeckung des Absurden entspringe. Wohl kommt es vor, daß das Gefühl des Absurden dem Glück entspringt. ‚Ich finde, daß alles gut ist', sagt *Ödipus*, und dieses Wort ist heilig. Es wird in dem grausamen und begrenzten Universum des Menschen laut. Es lehrt, daß noch nicht alles erschöpft ist, daß noch nicht alles ausgeschöpft wurde. Es vertreibt aus dieser Welt einen Gott, der mit dem Unbehagen und mit der Vorliebe für nutzlose Schmerzen in sie eingedrungen war. Es macht aus dem Schicksal eine menschliche Angelegenheit, die unter Menschen geregelt werden muß.

Darin besteht die ganze verschwiegene Freude des *Sisyphos*. Sein Schicksal gehört ihm. Sein Fels ist seine Sache. Ebenso läßt der absurde Mensch, wenn er seine Qual bedenkt, alle Götzenbilder schweigen. Im Universum, das plötzlich wieder seinem Schweigen anheimgegeben ist, werden die tausend kleinen, höchst verwunderten Stimmen der Erde laut. Unbewußte, heimliche Rufe, Aufforderungen aller Gesichter bilden die unerläßliche Kehrseite und den Preis des Sieges. Ohne Schatten gibt es kein Licht; man muß auch die Nacht kennenlernen. Der absurde Mensch sagt Ja, und seine Mühsal hat kein Ende mehr. Wenn es ein persönliches Geschick gibt, dann gibt es kein übergeordnetes Schicksal oder zumindest nur eines, das er unheilvoll und verächtlich findet. Darüber hinaus weiß er sich als Herr seiner Zeit. Gerade in diesem Augenblick, in dem der Mensch sich wieder seinem Leben zuwendet (ein *Sisyphos*, der zu seinem Stein zurückkehrt), bei dieser leichten Drehung betrachtet er die Reihe unzusammenhängender Taten, die sein Schicksal werden, seine ureigene Schöpfung, die in seiner Erinnerung geeint ist und durch den Tod alsbald besiegelt wird. Überzeugt von dem rein menschlichen Ursprung alles Menschlichen, ist er also immer unterwegs – ein Blinder, der sehen möchte und weiß, daß die Nacht kein Ende hat. Der Stein rollt wieder.

Ich verlasse *Sisyphos* am Fuße des Berges! Seine Last findet man immer wieder. Nur lehrt *Sisyphos* uns die größere Treue, die die Götter leugnet und die Steine wälzt. Auch er findet, daß alles gut ist. Dieses Universum, das nun keinen Herrn mehr kennt, kommt ihm weder unfruchtbar noch wertlos vor. Jedes Gran dieses Steins, jeder Splitter dieses durchnächtigten Berges bedeutet allein für ihn eine ganze Welt. Der Kampf gegen Gipfel vermag ein Menschenherz auszufüllen. Wir müssen uns *Sisyphos* als einen glücklichen Menschen vorstellen.

Richard M. Hare (*1919)

208. Moralisches Denken

[Der Präskriptivist muß eine Erklärung dafür liefern,] wie, mit welchem rationalen Prozeß, wir zu einem präskriptiven moralischen Urteil auf der Grundlage der gegebenen Tatsachen gelangen können. Ist dies den Präskriptivisten möglich, die doch glauben, daß moralische Urteile Vorschriften darstellen und damit über Tatsachenbeschreibungen hinausgehen? Es wird jenen unmöglich erscheinen, die meinen, man könnte mit Hilfe der Vernunft allein zu Tatsachen gelangen, aber wir haben gesehen, daß dies ein Irrtum ist.

Kant hat verstanden, daß dies ein Irrtum ist, und er gibt einige Hinweise darauf, wie man vorgehen kann. Er sagt: „Handle nur nach derjenigen Maxime, durch die du zugleich wollen kannst, daß sie allgemeines Gesetz werde", daß sie also angewendet wird, gleich welche Rolle du selbst in den sich ergebenden Situationen auch einnehmen wirst. Wenn moralische Urteile die Eigenschaften der Präskriptivität und der Universalisierbarkeit besitzen, wie es die Präskriptivisten behaupten, dann wird uns diese Methode von der Logik der moralischen Begriffe aufgedrängt. Welche Maximen wir anerkennen oder welche moralischen Urteile wir akzeptieren, hängt dann davon ab, was wir für alle ähnlichen Situationen vorzuschreiben bereit sind (egal, ob wir der untreue Ehemann oder seine sitzengelassene Frau sind). [...]

„Sich vorzustellen, selbst in der Lage anderer Menschen zu sein", ist eine schwierige Operation, die sowohl praktische wie auch philosophische Probleme aufwirft. Die praktischen sind nur ein Beweis dafür, daß moralisches Denken überhaupt schwierig ist: Menschen können das überhaupt nicht gut. Wie dieser Unfähigkeit Abhilfe geschaffen werden kann, werden wir weiter unten noch diskutieren. Die philosophischen Schwierigkeiten sind für diesen kurzen Aufsatz ein viel zu großes Thema. Sie betreffen das Problem, wie man die Stärke der Präferenzen anderer Menschen miteinander und mit der der eigenen Präferenzen vergleicht, das Problem des Fremdpsychischen, dem die Philosophen so große Aufmerksamkeit gewidmet haben, das Problem, ob es nicht sinnlos ist zu sagen: „*ich* stelle *mir* vor, *jemand anders* zu sein" (wäre das dann noch *ich*?), und das Anschlußproblem, was ich dann über die Situation jener Person sagen müßte [...].

Ein möglicher Schachzug für jemanden, der nach den notwendigen Beschränkungen des moralischen Denkens sucht, wäre zu sagen, daß ich, wenn ich die Person, an deren Stelle ich mir mich vorstelle, nicht als mir gleichberechtigt behandle und ihr nicht die gleiche Aufmerksamkeit zukommen lasse, mir dann gar nicht wirklich vorstelle, daß sie *ich* ist. Daraus folgt, daß ich ihren Präferenzen das gleiche Gewicht beimessen muß wie meinen gegenwärtigen Präferenzen und sie entsprechend behandle und daß ich mir auf diese Weise für die hypothetische Situation, in der ich diese Person bin, Präferenzen bilde, die in ihrer Stärke jenen gleichkommen, die sie wirklich hat.

Dies ist das, was das Befolgen der Goldenen Regel mit sich bringt: andere so zu behandeln, wie wir von anderen behandelt werden wollen, und unseren Nächsten wie uns selbst zu lieben. Es ist auch impliziert in Benthams Maxime „Jeder zähle für einen, keiner für mehr als einen". Die Kantische Methode, die wir umrissen haben, ist mit einer Form des Utilitarismus vereinbar (nicht allerdings, so muß man hinzufügen, mit genau Benthams Form, die auf dem Begriff der Lust („pleasure") beruht, während Kants Theorie den Willen zugrunde legt).

Es ist falsch zu meinen, wie es viele tun, daß Kantianismus und Utilitarismus untereinander uneins sein müßten. Eine Per son „jederzeit zugleich als Zweck, niemals bloß als Mittel" zu brauchen verlangt, wie Kant auf der folgenden Seite selbst sagt: „Das Subjekt, welches Zweck an sich selbst ist, dessen Zwecke müssen, wenn jene Vorstellung bei mir *alle* Wirkung tun soll, auch soviel möglich *meine* Zwecke sein." [...] Ein Zweck ist, was um seiner selbst willen gewollt wird, daher müssen wir nach Kant eines jeden Menschen Willen, unseren eigenen eingeschlossen, gleichermaßen respektieren, und das ist genau das, was auch der Utilitarismus von uns verlangt. Dies umfaßt – in einem harmlosen Sinn –, die Zwecke vieler Menschen so zu behandeln, als seien sie die Zwecke einer einzigen Person (meine). [...]

Obwohl Kant das vielleicht nicht bemerkt hat, stößt er hier auf dieselbe Schwierigkeit, die oft gegen den Utilitarismus ins Feld geführt wird, daß er uns nämlich zu moralischen Schlußfolgerungen führt, die kontraintuitiv erscheinen, etwa zu der, daß es unter bestimmten Voraussetzungen, die in der Praxis kaum jemals erfüllt sind, richtig wäre, Unschuldige zu bestrafen. Denn dies könnte unter solchen seltenen Umständen genau das sein, was jemand tun würde, der anderer Menschen Zwecke zu seinen eigenen macht und damit versucht, sie weitestmöglich zu fördern. Es könnte sein, daß die Bestrafung eines Unschuldigen eine größere Katastrophe für die Zwecke fast jedes anderen Menschen abwenden könnte. Die Lösung für dieses Problem wurde bereits von vielen Utilitaristen vorgeschlagen, sie umfaßt die Unterteilung des moralischen Denkens in zwei Ebenen – ein Gedanke, der an Platons und Aristoteles' Unterscheidung zwischen richtiger Meinung oder richtigem Verlangen und praktischem Verstehen oder Weisheit (*„phronesis"*) erinnert. „Kritisches" und „intuitives" Denken sind brauchbare Bezeichnungen für diese beiden Ebenen. Wären wir vollkommene moralische Denker, so könnten wir immer die kantisch-utilitaristische Methode, das kritische Denken, verwenden. Wenn Menschen dies versuchen würden, so würde es sie in die Irre führen: Es würde ihnen die Zeit fehlen oder die notwendigen Informationen, und sie wären dem Selbstbetrug und rhetorischer Überredungskunst ausgeliefert. Das Ergebnis wäre, daß sie sich selbst allzuoft vormachen würden, die Schlußfolgerung, die zu ihren eigenen Interessen paßt, sei die, zu der die moralische Methode sie unausweichlich geführt habe.

Menschen wären daher gut beraten, sich selbst dahingehend zu schulen, daß sie diejenigen guten Dispositionen oder Tugenden haben, die sie im allgemeinen das tun lassen, was ein unvoreingenommener und auch sonst vollkommener kritischer Denker von ihnen erwarten würde – wenn nötig, auch ohne allzuviel Überlegung, wenn diese Überlegung selbst gefährlich ist. Anders ausgedrückt: Sie sollten dieselben Intuitionen ausbilden, auf die die Intuitionisten sich berufen, gepaart mit starken Neigungen, ihnen Folge zu leisten, sowie mit anderen moralisch wünschenswerten Gefühlen (Liebe zum Beispiel), die geeignet sind, diese Intuitionen zu verstärken. Nur wenn diese allgemeinen Dispositionen miteinander in Konflikt geraten (wie es manchmal der Fall sein wird), sind wir gezwungen, kritische Überlegungen anzustellen, und selbst dann werden wir uns nicht allzusehr auf unsere Fähigkeiten in dieser Disziplin verlassen.

Wenn wir aber darangehen zu entscheiden, *welche* Intuitionen und Dispositionen zu kultivieren sind, dann können wir uns nicht einfach auf ebendiese Intuitionen beziehen, wie es die Intuitionisten tun. Wenn wir die Muße haben und frei sind von egoistischen Vorurteilen, dann sollten wir kritisch darüber nachdenken, welche die richtigen und besten sind, und sie danach beurteilen, wie sehr ihre Ausbildung im allgemeinen die Zwecke der Menschen befördert. Das haben die Weisen zu jeder Zeit getan, und daher besteht Grund zu der Annahme, daß die moralischen Überzeugungen, die denkende Menschen teilen, die richtigen sind. Aber es ist nur eine Annahme: Manche dieser Überzeugungen sind vielleicht nicht die richtigen. Ist es zum Beispiel richtig zu glauben, daß es moralisch vollkommen legitim ist, nicht-menschliche Tiere zu essen? Wenn wir die Richtigkeit moralischer Überzeugungen bezweifeln, dann sind wir gezwungen, selbst kritische Überlegungen anzustellen; aber auch dann ist es ratsam, bescheiden und nicht zu sehr von sich selbst überzeugt zu sein. Die überlieferte Weisheit hat einige Autorität einfach deshalb, weil sie das Ergebnis des Denkens sehr vieler Personen in höchst unterschiedlichen Situationen ist.

John Rawls (*1921)
209. Gerechtigkeit als Fairneß

Die Gerechtigkeit ist die erste Tugend sozialer Institutionen, so wie die Wahrheit bei Gedankensystemen. Eine noch so elegante und mit sparsamen Mitteln arbeitende Theorie muß fallengelassen oder abgeändert werden, wenn sie nicht wahr ist; ebenso müssen noch so gut funktionierende und wohlabgestimmte Gesetze und Institutionen abgeändert oder abgeschafft werden, wenn sie ungerecht sind. Jeder Mensch besitzt eine aus der Gerechtigkeit entspringende Unverletzlichkeit, die auch im Namen des Wohles der ganzen Gesellschaft nicht aufgehoben werden kann. Daher läßt es die Gerechtigkeit nicht zu, daß der Verlust der Freiheit bei einigen durch ein größeres Wohl für andere wettgemacht wird. Sie gestattet nicht, daß Opfer, die einigen wenigen auferlegt werden, durch den größeren Vorteil vieler anderer aufgewogen werden. Daher gelten in einer gerechten Gesellschaft gleiche Bürgerrechte für alle als ausgemacht; die auf der Gerechtigkeit beruhenden Rechte sind kein Gegenstand politischer Verhandlungen oder sozialer Interessenabwägungen. Mit einer falschen Theorie darf man sich nur dann zufrieden geben, wenn es keine bessere gibt; ganz ähnlich ist eine Ungerechtigkeit nur tragbar, wenn sie zur Vermeidung einer noch größeren Ungerechtigkeit notwendig ist. Als Haupttugenden für das menschliche Handeln dulden Wahrheit und Gerechtigkeit keine Kompromisse. [...]
Ich möchte eine Gerechtigkeitsvorstellung darlegen, die die bekannte Theorie des Gesellschaftsvertrages etwa von Locke, Rousseau und Kant verallgemeinert und auf eine höhere Abstraktionsebene hebt. Dazu darf man sich den ursprünglichen Vertrag nicht so vorstellen, als ob er in eine bestimmte Gesellschaft eingeführt würde oder eine bestimmte Regierungsform errichtete. Der Leitgedanke ist vielmehr, daß sich die ursprüngliche Übereinkunft auf die Gerechtigkeitsgrundsätze für die gesellschaftliche Grundstruktur bezieht. Es sind diejenigen Grundsätze, die freie und vernünftige Menschen in ihrem eigenen Interesse in einer anfänglichen Situation der Gleichheit zur Bestimmung der Grundverhältnisse ihrer Verbindung annehmen würden. Ihnen haben sich alle weiteren Vereinbarungen anzupassen; sie bestimmen die möglichen Arten der

gesellschaftlichen Zusammenarbeit und der Regierung. Diese Betrachtungsweise der Gerechtigkeitsgrundsätze nenne ich Theorie der Gerechtigkeit als Fairneß.

Wir wollen uns also vorstellen, daß diejenigen, die sich zu gesellschaftlicher Zusammenarbeit vereinigen wollen, in einem gemeinsamen Akt die Grundsätze wählen, nach denen Grundrechte und -pflichten und die Verteilung der gesellschaftlichen Güter bestimmt werden. Die Menschen sollen im voraus entscheiden, wie sie ihre Ansprüche gegeneinander regeln wollen und wie die Gründungsurkunde ihrer Gesellschaft aussehen soll. Ganz wie jeder Mensch durch vernünftige Überlegung entscheiden muß, was für ihn das Gute ist, das heißt das System der Ziele, die zu verfolgen für ihn vernünftig ist, so muß eine Gruppe von Menschen ein für allemal entscheiden, was ihnen als gerecht und ungerecht gelten soll. Die Entscheidung, die vernünftige Menschen in dieser theoretischen Situation der Freiheit und Gleichheit treffen würden, bestimmt die Grundsätze der Gerechtigkeit. (Wir nehmen für den Augenblick an, daß dieses Entscheidungsproblem eine Lösung hat.)

In der Theorie der Gerechtigkeit als Fairneß spielt die ursprüngliche Situation der Gleichheit dieselbe Rolle wie der Naturzustand in der herkömmlichen Theorie des Gesellschaftsvertrags. Dieser Urzustand wird natürlich nicht als ein wirklicher geschichtlicher Zustand vorgestellt, noch weniger als primitives Stadium der Kultur. Er wird als rein theoretische Situation aufgefaßt, die so beschaffen ist, daß sie zu einer bestimmten Gerechtigkeitsvorstellung führt. Zu den wesentlichen Eigenschaften dieser Situation gehört, daß niemand seine Stellung in der Gesellschaft kennt, seine Klasse oder seinen Status, ebensowenig sein Los bei der Verteilung natürlicher Gaben wie Intelligenz oder Körperkraft. Ich nehme sogar an, daß die Beteiligten ihre Vorstellung vom Guten und ihre besonderen psychologischen Neigungen nicht kennen. Die Grundsätze der Gerechtigkeit werden hinter einem Schleier des Nichtwissens festgelegt. Dies gewährleistet, daß dabei niemand durch die Zufälligkeiten der Natur oder der gesellschaftlichen Umstände bevorzugt oder benachteiligt wird. Da sich alle in der gleichen Lage befinden und niemand Grundsätze ausdenken kann, die ihn aufgrund seiner besonderen Verhältnisse bevorzugen, sind die Grundsätze der Gerechtigkeit das Ergebnis einer fairen Übereinkunft oder Verhandlung.

Denn in Anbetracht der Symmetrie aller zwischenmenschlichen Beziehungen ist dieser Urzustand fair gegenüber den moralischen Subjekten, das heißt den vernünftigen Wesen mit eigenen Zielen und – das nehme ich an – der Fähigkeit zu einem Gerechtigkeitsgefühl. Den Urzustand könnte man den angemessenen Ausgangszustand nennen, und damit sind die in ihm getroffenen Grundvereinbarungen fair. Das rechtfertigt die Bezeichnung „Gerechtigkeit als Fairneß": Sie drückt den Gedanken aus, daß die Grundsätze der Gerechtigkeit in einer fairen Ausgangssituation festgelegt werden. [...]

[Die endgültige Fassung der beiden Gerechtigkeitsgrundsätze für Institutionen:]

Erster Grundsatz

Jedermann hat gleiches Recht auf das umfangreichste Gesamtsystem gleicher Grundfreiheiten, das für alle möglich ist.

Zweiter Grundsatz

Soziale und wirtschaftliche Ungleichheiten müssen folgendermaßen beschaffen sein:

(a) sie müssen unter der Einschränkung des gerechten Spargrundsatzes den am wenigsten Begünstigten den größtmöglichen Vorteil bringen, und

(b) sie müssen mit Ämtern und Positionen verbunden sein, die allen gemäß fairer Chancengleichheit offenstehen.

Erste Vorrangregel (Vorrang der Freiheit)

Die Gerechtigkeitsgrundsätze stehen in lexikalischer Ordnung; demgemäß können die Grundfreiheiten nur um der Freiheit willen eingeschränkt werden, und zwar in folgenden Fällen:

(a) eine weniger umfangreiche Freiheit muß das Gesamtsystem der Freiheiten für alle stärken;

(b) eine geringere als gleiche Freiheit muß für die davon Betroffenen annehmbar sein.

Zweite Vorrangregel (Vorrang der Gerechtigkeit vor Leistungsfähigkeit und Lebensstandard)

Der zweite Gerechtigkeitsgrundsatz ist dem Grundsatz der Leistungsfähigkeit und Nutzenmaximierung lexikalisch vorgeordnet; die faire Chancengleichheit ist dem Unterschiedsprinzip vorgeordnet, und zwar in folgenden Fällen:

(a) eine Chancen-Ungleichheit muß die Chancen der Benachteiligten verbessern;

(b) eine besonders hohe Sparrate muß insgesamt die Last der von ihr Betroffenen mildern.

Hermann Lübbe (*1926)

210. Über Entscheidung

Eine Entscheidung ist fällig, wenn es angesichts alternativer Möglichkeiten zu handeln gilt, ohne daß „entscheidende" Gründe für die eine Möglichkeit gegen die andere oder umgekehrt vorhanden sind oder zu beschaffen wären. Man spricht von „entscheidenden Gründen". Liegen sie vor, sind sie gefunden, so heißt das eben, daß nunmehr die Lage geklärt ist, die Zweifel behoben sind: jene Gründe haben einem die Entscheidung gleichsam abgenommen. Umgekehrt läßt sich von hier aus als der Fall einer eigentlichen Entscheidung der genannte erkennen, in dem weder auf Gründe noch auf Instanzen und Autoritäten ein Rekurs möglich ist und sich dennoch der Entschluß zum Handeln nicht mehr umgehen läßt. Die Entscheidung ist dann der Akt, dem unvermeidlichen Handeln seine Regel und Richtung zu geben. Der Entschluß verhält sich dabei zur Entscheidung als die Kraft, die zu ihr fähig macht, während die Entscheidung ihrerseits im inhaltlichen Sinne jene Regel und Richtung bestimmt. Der klassische Fall, an dem überliefererterweise die ethische Theorie die Logik einer solchen Entscheidung durchspielt, ist der Fall des Verirrten. Dieser Fall hat viele Aspekte. Hier kommt es auf den einen an, daß unter mehreren gleichgültigen Möglichkeiten sich der Verirrte für eine entscheiden muß, ohne wissen zu können, ob sie die günstigste oder auch nur die rettende ist. Die anderen, interessanteren Aspekte betreffen den extremen Ausnahmecharakter der Situation des Verirrten, in der das Selbsterhaltungsinteresse eine Entscheidung erzwingt, von der niemand sagen kann, ob sie ihm dienen wird.

Gewöhnlich sind die Entscheidungssituationen, in die man gerät, nicht von dieser extremen Art. In Analogie mit der extremsten haben sie aber alle ihre formale Einheit in der Struktur der Aufgabe, angesichts alternativer Möglichkeiten, deren Für und Wider man nicht auf eine die Entscheidung erübrigende Weise durchschaut, gleichwohl handeln zu müssen. Liegt ein solcher

Fall wirklich vor, das heißt ist zugleich keine Instanz vorgesehen oder da, vor die man den Fall bringen könnte, damit sie ihn aus ihrer besseren Einsicht kläre und einem so die Entscheidung abnehme, so ist man mit sich allein. Das heißt: die Entscheidungssituation ist auch in den harmlosen Fällen stets eine Ausnahmesituation insofern, als die Regeln, Gesetze, Meinungen, Traditionen, an denen man sich normalerweise orientieren kann, nicht mehr weiterhelfen: man ist auf sich selbst verwiesen. Die Regeln und Meinungen, die geltende Sittlichkeit haben eine Grenze, jenseits derer sie weder praktikabel sind noch ihren Geltungsanspruch durchsetzen könnten. Das schlechthin Subjektive bleibt ausgegrenzt. Es gibt die Fälle, in denen es heißt: das kannst du nur selbst entscheiden. Es sind Fälle, in denen es niemanden gibt, der die Verantwortung der Entscheidung oder auch nur eines bestimmenden Ratschlags für einen anderen übernehmen könnte und dürfte, weil niemand Einblick in die privaten Verhältnisse oder in die subjektive Innerlichkeit hat, in welche die fällige Entscheidung eingreifen wird. Es versteht sich, daß die geltende Sittlichkeit im allgemeinen nur dasjenige als zur Sphäre des nicht regulierten und regulierbaren Subjektiven gehörig ansehen wird, was in Beziehung auf ihren eigenen Inhalt und seine öffentliche Geltung zu den Adiaphora zählt. Für das Subjekt selbst können diese sittlichen Adiaphora dann alles andere als Gleichgültigkeiten sein. [...]

„Entscheidung" heißt nicht ohne weiteres der Akt, sich auf eine unter sich ausschließenden Möglichkeiten, deren Vorzüge und Nachteile nicht völlig durchschaubar sind, festzulegen; ein solcher Akt hieße eher eine „Wahl". Zur Entscheidung wird die Wahl erst unter den Wirkungen eines Zwangs, der sie unumgänglich macht. Die Entscheidungssituation hat ihre Schärfe darin, daß in ihr die Entscheidung selbst nur für eine gewisse Zeit hinausgeschoben werden kann: Die Entscheidungssituation ist befristet. Es ist leichter, eine Entscheidung zu treffen, wenn faktisch gar keine Aussicht besteht, sich die Möglichkeiten, zwischen denen sie fallen muß, in ihrem Für und Wider völlig durchsichtig zu machen. In diesem Fall verschafft der Rekurs auf die allgemeine Beschränktheit der menschlichen Einsicht Entlastung. [...]

Die Entscheidung überspringt einen Mangel an rationalen Bestimmungsgründen des Handelns. Sie ist deswegen nicht irrational. Die Vernunft der Entscheidungssituation besteht gerade darin, sich zum Handeln zu bestimmen, obwohl ausreichende Gründe, so und nicht anders zu handeln, fehlen. Das Handeln unterliegt jeweils den praktischen Notwendigkeiten des Daseins in der Fülle seiner Aspekte. Es ist, im Rahmen gewisser Fristen, unaufschiebbar. Ist sein Inhalt, zum Beispiel die Verwendung von Mitteln zur Verwirklichung feststehender Zwecke, durch hinreichende Kenntnisse nicht genügend gesichert, so ist es die Funktion des Entscheidungsaktes, die unaufschiebbare Handlung mit ihren unzureichenden Kenntnisbedingungen zu vermitteln.

Robert Spaemann (*1927)

211. Wohlwollen

Achtung, die der Person – dem auf das Erwachen der Vernunft hingeordneten Leben – entgegengebracht wird, ist unbedingte Zustimmung. Unbedingte Zustimmung zu einem Seienden, das von der Art des Ausseins-auf ist, zu einem Seienden also, dem es immer um etwas und zuerst um sein eigenes Sein geht, ist Zustimmung zu diesem Aussein-auf. Man kann aber einer Tendenz nicht zustimmen, ohne in dieselbe Richtung zu tendieren, auf dasselbe auszusein. Aussein auf das, was für den Anderen das Zuträgliche ist, also das, was dessen eigenes Aussein-auf erfüllt, nennen wir Wohlwollen. Wir können auch von Liebe sprechen. Wegen der Zweideutigkeit des Begriffs der Liebe haben die Philosophie des Mittelalters und, ihr folgend, Leibniz unterschieden zwischen dem *amor concupiscentiae* und dem *amor benevolentiae*, zwischen Begierde und Wohlwollen. Die Unterscheidung fällt nicht zusammen mit der Unterscheidung von Selbstliebe und Nächstenliebe. Die Liebe zum Anderen kann *amor concupiscentiae* sein, insofern ich den Anderen als Teil meiner Welt liebe, wegen des Vergnügens an seiner Gesellschaft oder irgendwelcher Vorteile, wie Aristoteles sagt. Er wird geliebt in dieser Funktion, nur insofern er sie erfüllt. Sonst wird er fallengelassen. Umgekehrt ist auch nicht jede Selbstliebe Egoismus, also *amor concupiscentiae*. Daß „dem König mein Leben, nicht meine Ehre" gehört, ist eine alte Wendung, in der die Grenze der Funktionalisierbarkeit sich ausdrückte. Und wo die Weigerung, die Reinheit des eigenen

Gewissens für irgendeine „Sache" zu opfern, als sublime Form des Egoismus denunziert wird, da wird nicht begriffen, daß demjenigen, dem sein eigenes Gewissen nicht heilig ist, auch sonst nichts heilig ist. Da ihm die Dimension des Unbedingten verborgen ist, ist ihm Wirklichkeit als Selbstsein überhaupt verborgen. „Du sollst deinen Nächsten lieben wie dich selbst": Diese Regel impliziert die Selbstliebe, in der die Person sich selbst wirklich wird. Die Nächstenliebe kann freilich der Umweg sein, über den das Erwachen für das eigene Selbst geschieht. Die Bedeutsamkeit meines Lebens für den Anderen kann für mich zum Motiv werden, mich selbst wichtig zu nehmen. „Altruismus" aber ist jedenfalls keine adäquate Übersetzung von „Wohlwollen" oder „Liebe". Und „Selbstlosigkeit" ist es erst recht nicht.

Den Anderen „um seiner selbst willen lieben" ist das, was Aristoteles unter dem Namen „Freundschaft" abhandelt. Der Freund ist der, der um seiner selbst willen geliebt wird. Diese Liebe ist indessen nicht richtig beschrieben, wenn sie als Selbstlosigkeit beschrieben wird. Der Freund, sagt Aristoteles, wird zwar nicht wegen irgendwelcher Eigenschaften geliebt, aufgrund deren er für mich nützlich oder angenehm ist, sondern um seiner selbst willen. Er besitzt menschliche Vorzüge, die ihn um seiner selbst willen liebenswert machen. Die Gemeinschaft mit ihm ist für seine Freunde eine Quelle des Glücks, ohne daß man sagen könnte, der andere würde *wegen* dieses Glücks geliebt. Im Unterschied zum Vergnügen sind Glück oder Freude nicht direkt intendierbar. Was Aristoteles hier beschreibt, ist in Kategorien des Triebes und des im Trieb gründenden Funktionalismus gar nicht auszudrücken. Ein Anderer ist für mich vielmehr bedeutsam durch das, was er nicht für mich, sondern an sich selbst ist. Hinter diesem Paradox verbirgt sich das, was wir als Erwachen zur Wirklichkeit beschrieben haben. Das Ich im Triebhang hat weder sich noch den Anderen entdeckt. Es bleibt in der Zentralstellung alles Organischen sich selbst verborgen. Im Akt des Erwachens zur Vernunft wird die eigene Wirklichkeit und die des Anderen gleichzeitig sichtbar. Das Sichzeigen der Wirklichkeit des Anderen ist gleichbedeutend mit dem Mitvollzug dieser Wirklichkeit als einer teleologischen, der Wirklichkeit eines Ausseins-auf. Nur in diesem Mitvollzug wird uns der Andere wirklich. Denn solange er uns bloß als ein Vorhandenes erscheint, ist er uns nicht das, was er „selbst" ist. Was es heißt, ein Selbst zu sein, können wir nur dadurch realisieren, daß wir ein Selbst leben, also Trieb sind, aber gleichzeitig aus unserer Zentralität heraustreten und uns als den Anderen des Anderen wahrnehmen, den Anderen aber wiederum als *alter ego*.

Solcher *amor amicitae* ist nach Aristoteles nur möglich als gegenseitiges Wohlwollen unter Menschen, deren Willensrichtung füreinander nachvollziehbar ist, weil sie beide sich über den bloßen Trieb erhoben und das Gute als das Allgemeine in ihren Willen aufgenommen haben. Solange zwei darauf fixiert sind, denselben Gegenstand besitzen zu wollen, ist ihr Wille antagonistisch. Wollen beide aber, daß die Entscheidung unter einem unparteilichen Gesichtspunkt geschieht, lieben also beide die Gerechtigkeit, dann wollen sie ein Gemeinsames und können Freunde sein. Dieser Verwandlung partikularer Interessen in das Vernunftinteresse an ihrem gerechten Ausgleich sind allerdings dort Grenzen gesetzt, wo das partikulare Interesse das Interesse an den realen Bedingungen des Selbstsein-könnens ist und diese unvereinbar zu sein scheinen mit denen des Selbstseinkönnens eines Anderen. Es gibt Situationen existenzieller Feindschaft, die sich nicht auf sokratische Weise auflösen lassen. Dies gilt vor allem, wo es sich nicht um den *inimicus*, sondern um den *hostis* handelt, das heißt, wo die Feindschaft nicht eine persönliche, sondern eine kollektive, also politische ist. Die Moralisierung des Konfliktes kann hier die paradoxe Konsequenz haben, daß die eine Partei sich als die moralische versteht, als die „Friedenspartei", und so die andere als die Partei der Friedensfeinde diskriminiert. Wo immer der Kampf unvermeidlich ist, da besteht das Sittliche darin, den Feind als Feind zu achten, das heißt als den, von dem ich weiß, daß seine Perspektive mit der meinen unter den gegebenen Bedingungen nicht zur Deckung gebracht werden kann. Wo keine Gerechtigkeits- oder Billigkeitserwägung den Konflikt auflösen kann, da bleibt immer noch der Verzicht auf den Haß, der Verzicht darauf, den Anderen auf die Feindschaft zu reduzieren, also auf die Bedeutung, die er – als Feind – für mich hat. „Liebet eure Feinde" – dieses Gebot gebietet, die Wahrnehmung der Wirklichkeit des Anderen als Selbstsein auch dann nicht aufzugeben, wenn ich mit ihm in einer Beziehung der Feindschaft und des Kampfes stehe.

Niklas Luhmann (*1927)

212. Zur Gesellschaftstheorie der Moral

Ich verstehe unter Moral eine besondere Art von Kommunikation, die Hinweise auf Achtung oder Mißachtung mitführt. Dabei geht es nicht um gute oder schlechte Leistungen in spezifischen Hinsichten, und etwa als Astronaut, Musiker, Forscher oder Fußballspieler, sondern um die ganze Person, soweit sie als Teilnehmer an Kommunikation geschätzt wird. Achtung oder Mißachtung wird typisch nur unter besonderen Bedingungen zuerkannt. Moral ist die jeweils gebrauchsfähige Gesamtheit solcher Bedingungen. Sie wird keineswegs laufend eingesetzt, sondern hat etwas leicht Pathologisches an sich. Nur wenn es brenzlig wird, hat man Anlaß, die Bedingungen anzudeuten oder gar explizit zu nennen, unter denen man andere bzw. sich selber achtet oder nicht achtet. Der Bereich der Moral wird hiermit empirisch eingegrenzt und nicht etwa als Anwendungsbereich bestimmter Normen oder Regeln oder Werte definiert. Das hat den Vorzug höherer Eindeutigkeit im Vergleich zu Versuchen, die Spezifik moralischer (etwa im Unterschied zu rechtlichen) Regeln auf der Ebene der Normen oder Werte zu bestimmen. Vor allem aber gewinnen wir damit die Möglichkeit, zu fragen, was geschieht, wenn irgendwelche Konditionierungen (und seien es solche des Rechts oder der politischen Kultur, der Rassenunterschiede oder des persönlichen Geschmacks) moralisiert werden mit der Folge etwa, daß man meint, jemanden nicht mehr achten und nicht mehr einladen zu können, wenn sich herausstellt, daß bei ihm zu Hause eine Bismarck-Büste auf dem Klavier steht. [...]

In der utilitaristischen ebenso wie in der transzendentaltheoretischen Ethik ging es um die rationale bzw. (im deutschen Sonderfall) vernünftige Begründung moralischer Urteile. Mit dieser Version konnte die Ethik sich selbst als moralisches Unternehmen begreifen, sich in ihre eigenen Beschreibungen der Moral einbeziehen und, vereinfacht gesagt, sich selbst für gut halten. [...]

Wenn man aber als Soziologe die Praxis der moralischen Kommunikation betrachtet, kommen einem Zweifel, ob hier das Problem liegt, mit dem eine Ethik sich beschäftigen sollte. [...]

Ohne Vollständigkeit oder gar Systematik anzustreben, möchte ich einige Gesichtspunkte nennen, an denen rasch deutlich wird, daß eine Gesellschaftstheorie die Ethik in andere Probleme, vielleicht auch in andere Aufgaben führen wird.

(1) Vor allem muß zugestanden werden, daß keines der Funktionssysteme durch Moral in das Gesellschaftssystem eingebunden werden kann. Die Funktionssysteme verdanken ihre Autonomie einer jeweils verschiedenen Funktion, aber auch einer je besonderen binären Codierung, also zum Beispiel der Unterscheidung von wahr und unwahr im Falle des Wissenschaftssystems oder der Unterscheidung von Regierung und Opposition im demokratischen, politischen System. In keinem dieser Fälle können die beiden Werte dieser Codes mit den beiden Werten des Moralcodes kongruent gesetzt werden. Es darf gerade nicht dahin kommen, daß man die Regierung für strukturell gut, die Opposition für strukturell schlecht oder gar böse erklärt. Das wäre die Todeserklärung für Demokratie. Dasselbe läßt sich leicht nachprüfen am Falle von wahr/unwahr, von guten oder schlechten Zensuren, von Geldzahlungen oder deren Unterlassen, von Liebesentscheidungen für diesen und keinen anderen Partner. Die Funktionscodes müssen auf einer Ebene höherer Amoralität eingerichtet sein, weil sie ihre beiden Werte für alle Operationen des Systems zugänglich machen müssen. [...]

Also muß eine in Funktionssysteme differenzierte Gesellschaft auf eine moralische Integration verzichten. Aber zugleich behält sie die kommunikative Praxis bei, Menschen durch Konditionierung von Achtung und Mißachtung als ganze Personen anzusprechen. Moralische Inklusion also wie gehabt, aber ohne moralische Integration des Gesellschaftssystems. Was könnte eine Ethik dazu sagen?

(2) Empirisch gesehen ist moralische Kommunikation nahe am Streit und damit in der Nähe von Gewalt angesiedelt. Sie führt im Ausdruck von Achtung und Mißachtung zu einem Überengagement der Beteiligten. Wer moralisch kommuniziert und damit bekannt gibt, unter welchen Bedingungen er andere und sich selbst achten bzw. mißachten wird, setzt seine Selbstachtung ein – und aufs Spiel. Er wird dann leicht in Situationen kommen, in denen er stärkere Mittel wählen muß, um Herausforderungen zu begegnen. Mit der Institution des Duells hatte man versucht, dieses Problem zu privatisieren, und es hat Jahr-

hunderte gedauert, bis das Recht sich gegen diesen letzten Seufzer der alten Oberschicht, wie der Marquis Mirabeau das nannte, durchsetzen konnte – ein heute nur noch selten beachteter Fall des Siegs des Rechts über die Moral.

Wenn man diesen polemogenen Ursprung und die entsprechenden Effekte der Moral in Rechnung stellt: darf man der Ethik dann raten, Moral umstandslos für moralisch gut zu halten? Oder verwechselt man dann nicht zwei Begriffe – den des moralischen Codes von gut und schlecht, der Achtung bzw. Mißachtung symbolisiert, und den des Positivwertes „gut" als eines Moments dieses Codes, der für sich allein gar nicht vorkommen kann?

(3) Dies führt auf ein drittes Problem, das der Tradition wohlbekannt war, heute aber kaum noch angemessen berücksichtigt wird. Jeder binäre Code, auch der der Moral, führt bei einer Anwendung auf sich selbst zu Paradoxien. Man kann nicht entscheiden, ob die Unterscheidung von gut und schlecht ihrerseits gut oder nicht vielmehr schlecht ist. Bekanntlich hat dies Problem dem Menschen das Paradies gekostet und, vorher schon, dem besten der Engel seine Verdammung. Es gibt also theologische Analysen dieser Paradoxie. Auch die Rhetorik hat immer schon gewußt, daß alle Tugenden als Laster und alle Laster als Tugenden dargestellt werden können. Sobald man beginnt, Folgen in Betracht zu ziehen und auf eine Verantwortungsethik hinzuarbeiten, schlägt diese Paradoxie auf die Motivation durch. Wenn verwerfliches Handeln gute Folgen haben kann, wie die Ökonomen des 17. und 18. Jahrhunderts uns versichern, und wenn umgekehrt die besten Absichten in Schlimmes ausarten können, wie man in der Politik sehen kann, dann stoppt die moralische Motivation sich selber. Soll die Ethik dann zu gutem oder zu schlechtem Handeln raten? Wie man weiß, hat sie dieses Problem der Wirtschaftstheorie bzw. der politischen Theorie überlassen, also dem Markt bzw. dem Verfassungsgesetz, und sich eine eigene Stellungnahme erspart.

(4) Mein letztes Beispiel bezieht sich auf die Form, in der die Zukunft in Entscheidungen sichtbar gemacht und rationalisiert wird. Das wird heute mit dem Begriff des Risikos behandelt. Einerseits geht ein immenser Forschungsaufwand in die Rationalisierung von Risiken. Bei allem Kalkulationsaufwand ist jedoch letzte Sicherheit nicht zu erreichen; bei einiger Überlegung wird sogar davon abgeraten, auch nur diesen Versuch zu

unternehmen, da genau das zu riskant sei. Andererseits gilt dies Kalkül sowie das gesamte Konzept des Risikos nur für den Entscheider, der an die Folgen seiner eigenen Entscheidung denkt. Aus dem Risiko der einen ergibt sich jedoch eine Gefahr für die andere. Empirische Untersuchungen zeigen, daß man in bezug auf eigenes Verhalten mehr oder weniger risikobereit sein kann, auf Gefahren, die aus dem Verhalten anderer resultieren, dagegen hochempfindlich reagiert. Testen Sie das im Straßenverkehr! Auch erste Aids-Untersuchungen zeigen entsprechende Muster. Und natürlich gilt dies für all die Aufgeregtheiten, die sich im Umkreis von Kernkraftindustrien, chemischen Industrien oder von gentechnologischen Forschungen ansammeln.

Die soziologischen Forschungen stehen hier ganz am Anfang. Wenn es aber zutrifft, daß Zukunftsperspektiven ganz verschiedene Kriterien anwenden je nachdem, ob das Problem aus der Perspektive eines Risikos oder aus der Perspektive einer Gefahr angegangen wird – also je nachdem, ob es sich um eine Folge eigener Entscheidungen oder um eine Folge von Entscheidungen anderer handelt –, dann sprengt diese neuartige, für die moderne Gesellschaft typische Differenz herkömmliche Konsenserwartungen – mögen sie nun unter dem Gesichtspunkt der Vernunft oder unter dem Gesichtspunkt ethischer Prinzipien formuliert sein.

Jürgen Habermas (*1928)

213. Was heißt Diskursethik?

Lassen Sie mich vorweg den deontologischen, kognitivistischen, formalistischen und universalistischen Charakter der Kantischen Ethik erklären. Weil sich Kant auf die Menge begründbarer normativer Urteile beschränken will, muß er einen engen Moralbegriff zugrunde legen. Die klassischen Ethiken hatten sich auf *alle* Fragen des „guten Lebens" bezogen; Kants Ethik bezieht sich nur noch auf Probleme richtigen oder gerechten Handelns. Moralische Urteile erklären, wie Handlungskonflikte auf der Grundlage eines rational motivierten Einverständnisses beigelegt werden können. Im weiteren Sinne dienen sie dazu, Handlungen im Lichte gültiger Normen oder

die Gültigkeit der Normen im Lichte anerkennungswürdiger Prinzipien zu rechtfertigen. Das moraltheoretisch erklärungsbedürftige Grundphänomen ist nämlich die Sollgeltung von Geboten oder Handlungsnormen. In dieser Hinsicht sprechen wir von einer *deontologischen* Ethik. Diese versteht die Richtigkeit von Normen oder Geboten in Analogie zur Wahrheit eines assertorischen Satzes. Allerdings darf die moralische „Wahrheit" von Sollsätzen nicht – wie im Intuitionismus oder in der Wertethik – an die assertorische Geltung von Aussagesätzen assimiliert werden. Kant wirft die theoretische mit der praktischen Vernunft nicht zusammen. Normative Richtigkeit begreife ich als wahrheitsanalogen Geltungsanspruch. In diesem Sinne sprechen wir auch von einer *kognitivistischen* Ethik. Diese muß die Frage beantworten können, wie sich normative Aussagen begründen lassen. Obwohl Kant die Imperativform wählt („Handle nur nach derjenigen Maxime, durch die Du zugleich wollen kannst, daß sie ein allgemeines Gesetz werde!"), übernimmt der kategorische Imperativ die Rolle eines Rechtfertigungsprinzips, welches verallgemeinerungsfähige Handlungsnormen als gültig auszeichnet: was im moralischen Sinne gerechtfertigt ist, müssen alle vernünftigen Wesen wollen können. In dieser Hinsicht sprechen wir von einer *formalistischen Ethik*. In der Diskursethik tritt an die Stelle des Kategorischen Imperativs das Verfahren der moralischen Argumentation. Sie stellt den Grundsatz ‚D,‘ auf:
– daß nur diejenigen Normen Geltung beanspruchen dürfen, die die Zustimmung aller Betroffenen als Teilnehmer eines praktischen Diskurses finden könnten.
Zugleich wird der Kategorische Imperativ zu einem Universalisierungsgrundsatz ‚U‘ herabgestuft, der in praktischen Diskursen die Rolle einer Argumentationsregel übernimmt:
– bei gültigen Normen müssen Ergebnisse und Nebenfolgen, die sich voraussichtlich aus einer allgemeinen Befolgung für die Befriedigung der Interessen eines jeden ergeben, von allen zwanglos akzeptiert werden können.
Universalistisch nennen wir schließlich eine Ethik, die behauptet, daß dieses (oder ein ähnliches) Moralprinzip nicht nur die Intuitionen einer bestimmten Kultur oder einer bestimmten Epoche ausdrückt, sondern allgemein gilt. Nur eine Begründung des Moralprinzips, die ja nicht schon durch den Hinweis auf ein Faktum der Vernunft geleistet wird, kann den Verdacht

auf einen ethnozentrischen Fehlschluß entkräften. Man muß nachweisen können, daß unser Moralprinzip nicht nur die Vorurteile des erwachsenen, weißen, männlichen, bürgerlich erzogenen Mitteleuropäers von heute widerspiegelt. Auf diesen schwierigsten Teil der Ethik werde ich nicht eingehen, sondern nur die These in Erinnerung bringen, die die Diskursethik in diesem Zusammenhang aufstellt: Jeder, der ernsthaft den Versuch unternimmt, an einer Argumentation teilzunehmen, läßt sich implizit auf allgemeine pragmatische Voraussetzungen ein, die einen normativen Gehalt haben; das Moralprinzip läßt sich dann aus dem Gehalt dieser Argumentationsvoraussetzungen ableiten, sofern man nur weiß, was es heißt, eine Handlungsnorm zu rechtfertigen.

Soviel zu den deontologischen, kognitivistischen, formalistischen und universalistischen Grundannahmen, die alle Ethiken des Kantischen Typs in der einen oder anderen Version vertreten. Kurz erläutern möchte ich noch das in ‚D' genannte Verfahren des praktischen Diskurses.

Den Standpunkt, von dem aus moralische Fragen *unparteilich* beurteilt werden können, nennen wir den „moralischen Gesichtspunkt" (moral point of view). Formalistische Ethiken geben eine Regel an, die erklärt, wie man etwas unter dem moralischen Gesichtspunkt betrachtet. John Rawls empfiehlt bekanntlich einen Urzustand, in dem alle Beteiligten einander als rational entscheidende, gleichberechtigte Vertragspartner, freilich in Unkenntnis über ihren tatsächlich eingenommenen gesellschaftlichen Status gegenübertreten, als „den angemessenen Ausgangszustand, der gewährleistet, daß die in ihm erzielten Grundvereinbarungen fair sind". G. H. Mead empfiehlt statt dessen eine ideale Rollenübernahme, die verlangt, daß sich das moralisch urteilende Subjekt in die Lage all derer versetzt, die von der Ausführung einer problematischen Handlung oder von der Inkraftsetzung einer fraglichen Norm betroffen wären. Das Verfahren des praktischen Diskurses hat Vorzüge gegenüber beiden Konstruktionen. In Argumentationen müssen die Teilnehmer davon ausgehen, daß im Prinzip alle Betroffenen als Freie und Gleiche an einer kooperativen Wahrheitssuche teilnehmen, bei der einzig der Zwang des besseren Arguments zum Zuge kommen darf. Der praktische Diskurs gilt als eine anspruchsvolle Form der argumentativen Willensbildung, die (wie der Rawlssche Urzustand) allein aufgrund allgemeiner

Kommunikationsvoraussetzungen die Richtigkeit (oder Fairneß) jedes unter diesen Bedingungen möglichen normativen Einverständnisses garantieren soll. Diese Rolle kann der Diskurs kraft der idealisierenden Unterstellungen spielen, die die Teilnehmer in ihrer Argumentationspraxis tatsächlich vornehmen müssen; deshalb entfällt der fiktive Charakter des Urzustandes einschließlich des Arrangements künstlicher Unwissenheit. Auf der anderen Seite läßt sich der praktische Diskurs als ein Verständigungsprozeß begreifen, der seiner Form nach *alle* Beteiligten *gleichzeitig* zur idealen Rollenübernahme anhält. Er transformiert also die (bei Mead) von jedem *einzeln* und *privatim* vorgenommene ideale Rollenübernahme in eine *öffentliche,* von allen intersubjektiv gemeinsam praktizierte Veranstaltung.

Alasdair MacIntyre (*1929)

214. Die Moral des Patriotismus

Eine zentrale Annahme der Moral des Patriotismus ist es, daß ich eine wesentliche Dimension des moralischen Lebens übergehe und verliere, wenn ich nicht das gelebte Narrativ meines eigenen individuellen Lebens als Teil der Geschichte meines Landes verstehe. Denn wenn ich es nicht so verstehe, werde ich nicht verstehen können, was ich anderen schulde oder was sie mir schulden, für welche Verbrechen meiner Nation ich Wiedergutmachung leisten muß, für welche empfangenen Vorteile ich meiner Nation gegenüber Dankbarkeit empfinden muß. Das Verständnis dessen, was man mir schuldet und was ich schulde, und das Verständnis der Geschichte der Gemeinschaften, denen ich angehöre, sind dieser Ansicht nach ein und dasselbe.

Es ist wichtig, die Konsequenz hervorzuheben, daß der Patriotismus, wie ich ihn in diesem Vortrag verstehe, nur in bestimmten Typen nationaler Gemeinschaften unter bestimmten Bedingungen möglich ist. Einer nationalen Gemeinschaft zum Beispiel, die ihre eigene wahre Geschichte systematisch verleugnete oder durch eine fiktive Geschichte ersetzte, oder einer nationalen Gemeinschaft, in der die geschichtlichen Bindungen nicht die wirklichen Bindungen der Gemeinschaft wären (zum

Beispiel durch die Bindungen wechselseitigen Eigeninteresses ersetzt), würde der Patriotismus – von welchem Standpunkt auch immer – als irrationale Haltung erscheinen. Aus genau dem gleichen Grund, aus dem eine Familie, deren Mitglieder die Mitgliedschaft in dieser Familie lediglich als Frage wechselseitigen Eigeninteresses betrachteten, nicht länger eine Familie im herkömmlichen Sinne wäre, wäre eine Nation, deren Mitglieder eine ähnliche Haltung einnähmen, nicht länger eine Nation und böte hinreichenden Grund für die Annahme, daß das Projekt, das diese Nation konstituierte, letztlich gescheitert ist. Da alle modernen bürokratischen Staaten dazu tendieren, nationale Gemeinschaften auf diesen Zustand herabzusetzen, führen alle diese Staaten zu einem Zustand, in dem kein Platz ist für eine echte Moral des Patriotismus, und was sich noch als Patriotismus geriert, ist nichts weiter als ein grundloses Simulakrum.

Inwiefern wäre dies von Bedeutung? In modernen Gemeinschaften, in denen Mitgliedschaft nur oder vorrangig in Begriffen gegenseitigen Selbstinteresses verstanden wird, gibt es nur zwei Ressourcen, auf die zurückgegriffen werden kann, wenn zerstörerische Interessenskonflikte diese Gegenseitigkeit stören. Eine ist die willkürliche Aufzwingung einer Lösung durch Gewalt, die andere die Berufung auf die neutralen, unparteiischen und „unpersönlichen" Maßstäbe der liberalen Moral. Die Bedeutung dieser Ressource darf nicht unterschätzt werden, doch ist zu fragen, wie stark sie ist. Das Problem besteht darin, daß eine Motivation für die Anerkennung der Maßstäbe der Unparteilichkeit und Neutralität vorhanden sein muß, die sowohl rational gerechtfertigt ist als auch in der Lage, interessengeleitete Überlegungen zu übertrumpfen. Da aber die Notwendigkeit einer solchen Anerkennung in dem Maße steigt wie die Möglichkeit, an die Gegenseitigkeit von Interessen zu appellieren, zerbricht, kann eine solche Wechselseitigkeit nicht länger die relevante Art der Motivation darstellen. Und es ist schwierig, irgend etwas anderes auszumachen, was ihren Platz einnehmen könnte. Der Appell an moralische Subjekte qua rationale Wesen, ihre Verpflichtung gegenüber der neutralen Rationalität über ihre Interessen zu stellen, muß, gerade weil er ein Appell an die Rationalität ist, einen ausreichenden Grund liefern, dies zu tun. Und dies ist ein notorisch wunder Punkt liberaler Moralkonzeptionen. Diese Verwundbarkeit wird an einem zentralen Punkt in einer gesellschaftlichen Ordnung zu einem manifesten praktischen Problem.

Von sehr außergewöhnlichen Bedingungen einmal abgesehen, benötigt eine jede politische Gemeinschaft Streitkräfte für ihre minimale Sicherheit. Sie muß von den Mitgliedern dieser Streitkräfte verlangen, daß sie sowohl bereit sind, ihr Leben für die Sicherheit der Gemeinschaft zu riskieren, wie auch, daß ihre Bereitschaft dazu von ihrer eigenen individuellen Beurteilung, ob die Sache ihres Landes – gemessen an einem gegenüber den Interessen ihrer eigenen Gemeinschaft und den Interessen anderer Gemeinschaften neutralen und unparteiischen Maßstab – in bestimmten Fällen richtig oder falsch ist, unabhängig ist. Und dies heißt, daß gute Soldaten kaum Liberale sein dürften und daß in ihren Handlungen zumindest ein gewisses Maß der Moral des Patriotismus vorhanden sein muß. So hinge denn das politische Überleben eines Staatswesens, in der sich die liberale Moral einer breiten Zustimmung versichern konnte, davon ab, daß es genügend junge Männer und Frauen gibt, die die liberale Moral zurückweisen. Und in diesem Sinne führt die liberale Moral zur Auflösung gesellschaftlicher Bindungen.

So ist der Vorwurf, den die Moral des Patriotismus mit Erfolg gegen die liberale Moral vorbringen kann, das Spiegelbild desjenigen, den die liberale Moral gegen die Moral des Patriotismus stark machen kann. Denn während der liberale Moralist zu dem Schluß kommen konnte, daß der Patriotismus wegen der Weise, in der er die Bindungen an unsere Nation jenseits rationaler Kritik ansiedelt, eine permanente Quelle moralischer Gefahr darstellt, kann der Moralist, der den Patriotismus verteidigt, schließen, daß die liberale Moral wegen der Weise, wie sie unsere gesellschaftlichen und moralischen Bindungen zu sehr der Auflösung durch rationale Kritik preisgibt, eine permanente Quelle moralischer Gefahr ist. Und eine jede Partei ist in der Tat gegenüber der anderen im Recht.

Edward O. Wilson (*1929)

215. Über Altruismus

Kann die Kultur das menschliche Verhalten so weit verändern, daß es einem vollkommenen Altruismus nahekommt? Wäre es vielleicht möglich, durch die Berührung eines zauberhaften Talismans oder durch eine Skinnersche Verhaltenstechnik ein Geschlecht von Heiligen zu schaffen? Die Antwort lautet nein. [...]

Heiligkeit ist weniger eine Hypertrophie als vielmehr eine Verknöcherung des menschlichen Altruismus. Freudig unterwirft sie sich. Die eigentliche Humanisierung des Altruismus in dem Sinne, daß der Gesellschaftsvertrag durch Weisheit und Einsicht ergänzt wird, ist nur durch ein vertieftes wissenschaftliches Verständnis des Moralverhaltens zu erreichen. Der Erziehungspsychologe Lawrence Kohlberg hat sechs aufeinanderfolgende Stufen des moralischen Empfindens festgestellt, die, wie er meint, jeder Mensch als Teil der normalen geistigen Entwicklung durchläuft. Von bedingungsloser Abhängigkeit gegenüber äußeren Regeln und Instanzen gelangt das Kind über die folgenden Schritte zu immer komplizierteren verinnerlichten Maßstäben: Erstens: Schlichter Gehorsam gegen Vorschriften und Autoritäten, um Strafe zu vermeiden; zweitens: Konformität gegenüber dem Gruppenverhalten, um Belohnungen zu erhalten und Gefälligkeiten zu erwidern; drittens: Braver-Junge-Orientierung, Konformität, um Abneigung und Zurückweisung durch andere zu vermeiden; viertens: Pflichtorientierung, Konformität, um Kritik durch die Autorität, eine Störung der Ordnung und das daraus resultierende Schuldgefühl zu vermeiden; fünftens: legalistische Orientierung, Anerkennung des Wertes von Abmachungen, eine gewisse Freizügigkeit in der Entwicklung von Regeln zur Aufrechterhaltung des Gemeinwohls; sechstens: Gewissens- oder prinzipielle Orientierung, in erster Linie Befolgung von selbstgewählten Prinzipien, die dann, wenn man der Ansicht ist, das Gesetz schade mehr als es nütze, gegenüber dem Gesetz die Oberhand gewinnen können.

Diese Stufen wurden formuliert anhand der Antworten, mit denen Kinder auf Fragen über moralische Probleme reagierten. Auf welcher Stufe ein Individuum stehenbleibt, hängt von Intelligenz und Bildung ab. Die meisten erreichen die Stufen vier oder fünf. Bei Stufe vier stehen sie in etwa auf dem moralischen Niveau, das von Pavian- und Schimpansentrupps erreicht wird. Die Stufe fünf, bei der teilweise vertragsmäßige und legalistische Gesichtspunkte in das ethische Denken einfließen, verkörpert die Moral, auf deren Grundlage die soziale Evolution der Menschen sich größtenteils vollzogen hat. Sofern diese Interpretation richtig ist, wurde die Ontogenie der moralischen Entwicklung wahrscheinlich genetisch verankert und ist heute ein Bestandteil des automatisch ablaufenden Prozesses der geistigen Entwicklung. Die Menschen werden durch Lernregeln und relativ starre emotionale Reaktionen in dem Sinne gesteuert, daß sie Stufe fünf erreichen. Ein Teil wird durch außergewöhnliche Ereignisse an kritischen Punkten von dieser Entwicklung abgehalten. Es gibt ja tatsächlich Soziopathen. Die große Mehrheit erreicht jedoch die Stufen vier oder fünf und ist somit vorbereitet auf ein harmonisches Dasein – in Jäger- und Sammlercamps des Pleistozäns.

Da wir nicht mehr in kleinen Jäger- und Sammlerbanden leben, ist Stufe sechs höchstwahrscheinlich nichtbiologischen Ursprungs und daher am stärksten der Gefahr einer Hypertrophierung ausgesetzt. Das Individuum bestimmt selbst die Prinzipien, nach denen es die Gruppe und das Gesetz beurteilt. Regeln, für die man sich intuitiv aufgrund von Emotionen entscheidet, sind überwiegend biologischen Ursprungs und verstärken wahrscheinlich bloß die vorgegebenen sozialen Verhältnisse. Eine solche Moral wird unbewußt entwickelt, um den unantastbaren Wert der Gruppe, die Beispielhaftigkeit des Altruismus und die Verteidigung des Territoriums zusätzlich zu rationalisieren.

Sofern aber Prinzipien aufgrund von Erkenntnissen und Vernunftgründen gewählt werden, die nichts mit der Biologie zu tun haben, können sie zumindest theoretisch nicht darwinistischer Herkunft sein. Damit kommen wir unausweichlich auf das zweite große geistige Dilemma zurück. Die ihm entspringende philosophische Frage lautet: Kann die kulturelle Evolution höherer ethischer Werte sich eigenständig fortsetzen und die genetische Evolution völlig verdrängen? Ich glaube nicht. Die Gene halten die Kultur im Zaum. Der Zügel ist sehr lang, aber die ethischen Werte werden unausweichlich bestimmten Zwängen unterworfen, je nachdem, wie sie sich auf den menschlichen Genbestand auswirken. Das Gehirn ist ein Produkt der Evolution. Das menschliche Verhalten ist, genau wie die tiefverwurzelten Anlagen zur emotionalen Reaktion, die es antreiben und lenken, das an Umwegen und Einfällen reiche Verfahren der Natur, durch das sie das menschliche Erbmaterial intakt gehalten hat und intakt halten wird. Eine andere nachweisbare Funktion hat die Moral letzten Endes nicht.

Carol Gilligan (*1936)

216. Gerechtigkeit und Fürsorge

Mit dem Entwurf eines alternativen Standpunkts möchte ich die moralische Entwicklung aus zwei moralischen Perspektiven rekonstruieren, die in moralisch relevanten Unterschieden der Beziehungsformen begründet sind. Die Gerechtigkeitsperspektive, die man oft mit moralischem Urteilen schlechthin gleichsetzt, wird neu verstanden als *eine* Art und Weise, moralische Probleme aufzufassen; als alternative Sichtweise oder alternativer Bezugsrahmen wird eine Perspektive der Fürsorge entwickelt. Die Unterscheidung zwischen Gerechtigkeit und Fürsorge als alternative Perspektiven oder moralische Orientierungen ist empirisch auf die Beobachtung gegründet, daß ein Wechsel der Aufmerksamkeitsfokussierung von Gerechtigkeitserwägungen zu Fürsorgeerwägungen die Definition dessen, was ein moralisches Problem konstituiert, verändert und dazu führt, daß die gleiche Situation auf unterschiedliche Weise wahrgenommen wird. Theoretisch liegt die Unterscheidung zwischen Gerechtigkeit und Fürsorge quer zu den geläufigen Einteilungen in Denken und Fühlen, Egoismus und Altruismus, theoretisches und praktisches Urteil. Sie lenkt die Aufmerksamkeit auf den Umstand, daß alle menschlichen Beziehungen, öffentliche wie private, *sowohl* mit Rekurs auf Gleichheit *wie* auf Bindung charakterisiert werden können, und daß sowohl Ungleichheit wie Trennung oder Gleichgültigkeit moralische Probleme aufwerfen können. Da jedermann von Unterdrückung wie von Verlassenheit betroffen werden kann, gibt es in der menschlichen Erfahrung allenthalben zwei moralische Sichtweisen – die der Gerechtigkeit und die der Fürsorge. Die beiden moralischen Gebote, anderen gegenüber nicht unfair zu handeln und jemanden, der in Not ist, nicht im Stich zu lassen, entsprechen diesen beiden Sichtweisen. [...]

Meine Forschungen über Fragen der moralischen Orientierung leiten sich von einer Beobachtung her, die ich im Laufe der Untersuchung der Beziehung zwischen moralischem Urteil und Handeln machte. Zwei Studien, von denen die eine College-Studenten betraf, die ihre Erfahrungen mit moralischen Konflikten und Entscheidungen schilderten, die andere schwangere Frauen, die eine Abtreibung in Erwägung zogen, verschoben das Zentrum der Aufmerksamkeit von der Art und Weise, wie Menschen über hypothetische Dilemmata urteilen, zu der Art und Weise, wie sie moralische Konflikte und Entscheidungen in ihrem eigenen Leben angehen. Dieser neue Ansatz machte es möglich, zu untersuchen, welche Erfahrungen als moralische begriffen werden und welche Beziehung zwischen dem Verständnis moralischer Probleme und den verwendeten Urteilsstrategien sowie den Handlungen besteht, die man zum Zweck der Problemlösung unternimmt. In diesem Zusammenhang beobachtete ich, daß Frauen, besonders wenn sie über ihre eigenen Erfahrungen mit moralischen Konflikten und Entscheidungen sprechen, moralische Probleme oft auf eine Art und Weise definieren, die die Kategorien der Moraltheorie aus dem Spiel läßt [...].

Die systematische Forschung über Probleme der moralischen Orientierung als einer Dimension moralischen Urteilens und Handelns bezog sich ursprünglich auf drei Fragen:

(1) Werden bei der Diskussion eines moralischen Dilemmas Probleme der Gerechtigkeit und Probleme der Fürsorge artikuliert?

(2) Gibt es eine Tendenz, die Aufmerksamkeit auf nur eine Art von Problemen zu konzentrieren und die anderen nur minimal zu berücksichtigen?

(3) Besteht ein Zusammenhang zwischen moralischer Orientierung und Geschlecht?

Empirische Untersuchungen, die im Hinblick auf die Erfahrung realer moralischer Konflikte bei vergleichbaren Stichproben männlicher und weiblicher Befragter die gleichen Fragen verwendeten, liefern positive Ergebnisse in bezug auf alle drei Fragen.

Aufgefordert, einen selbst erlebten moralischen Konflikt zu beschreiben, formulierten 55 von 80 (69 %) nordamerikanischen Heranwachsenden und Erwachsenen mit höherem Bildungsgrad sowohl Gerechtigkeits- wie Fürsorgeargumente. Zwei Drittel jedoch (54 von 80) konzentrierten ihre Aufmerksamkeit vor allem auf eine der beiden Perspektiven, wobei eine solche Konzentration als gegeben galt, wenn 75 % oder mehr der angestellten Überlegungen entweder Gerechtigkeit oder Fürsorge betrafen. So war es wahrscheinlicher, daß jemand, der beispielsweise bei der Diskussion eines moralischen Konflikts zwei Fürsorge betreffende Überlegungen anstellte, auch eine dritte, vierte oder fünfte darauf beziehen würde, statt Fürsorge- und Gerechtigkeitskriterien gegeneinander abzuwägen – ein Ergebnis, das mit der Behauptung übereinstimmt, daß Gerechtigkeit und Fürsorge unterschiedliche Perspektiven darstellen, die moralische Entscheidungen organisieren. In dieser Untersuchung zeigten Männer wie Frauen (Universitäts- und College-Studenten, Medizinstudenten sowie erwachsene Angehörige freier Berufe) mit gleicher Wahrscheinlichkeit das Phänomen der Konzentration auf eine Perspektive (bei beiden Geschlechtern zeigten zwei Drittel eine derartige Konzentration). Dabei gab es aber Geschlechtsunterschiede in der inhaltlichen Ausfüllung: Mit einer Ausnahme konzentrierten sich alle Männer, die überhaupt eine Konzentration aufwiesen, auf Gerechtigkeit. Bei den Frauen gab es größere Unterschiede: Jeweils ein Drittel konzentrierte sich auf Gerechtigkeit bzw. auf Fürsorge.

Diese Ergebnisse erhellen das Phänomen der „anderen Stimme" und seine Implikationen für die Moraltheorie wie für die Frauen. Bemerkenswert ist erstens, daß die Möglichkeit der Konzentration auf Fürsorge in moralischen Urteilen zum Verschwinden gebracht würde, wenn keine Frauen in die Untersuchungsstichprobe einbezogen würden. Obwohl eine Dominanz der Fürsorgeperspektive keineswegs für alle Frauen charakteristisch war, war sie doch in dieser Stichprobe von Nordamerikanern mit höherem Bildungsgrad ein nahezu ausschließlich weibliches Phänomen. Zweitens bedeutet die Tatsache, daß es sich um Frauen mit einem höheren Bildungsgrad handelte, daß die Betonung der Fürsorge nicht ohne weiteres einem Mangel an Bildung oder beruflicher Benachteiligung zugeschrieben werden kann – womit Kohlberg und andere

Autoren das Ergebnis erklärten, daß Gerechtigkeitsurteile bei Frauen ein geringeres Niveau aufwiesen. Vielmehr lenkt die Betonung der Fürsorge im moralischen Urteilen von Frauen die Aufmerksamkeit auf die Beschränktheit einer allein auf Gerechtigkeit ausgerichteten Moraltheorie, und sie hebt die Existenz von Fürsorge-Gesichtspunkten im moralischen Denken sowohl der Frauen wie der Männer hervor. In dieser Hinsicht kommt der aus einem Drittel der Frauen und einem Drittel der Männer zusammengesetzten Gruppe, die Fürsorge- und Gerechtigkeitsaspekte thematisieren, besonderes Interesse zu. [...]

Wenn, drittens, der Bereich der Moral zumindest zwei moralische Orientierungen umfaßt, dann legt die Präferenz für eine Perspektive die Vermutung nahe, daß Menschen dazu neigen, die andere Perspektive aus dem Blick zu verlieren, wenn sie zu einer moralischen Entscheidung gelangen – eine Neigung, die von beiden Geschlechtern in gleicher Weise geteilt wird. Die vorliegenden Ergebnisse legen des weiteren die Vermutung nahe, daß Männer und Frauen dazu neigen, unterschiedliche Perspektiven auszublenden. Das eindrucksvollste Ergebnis ist das faktische Fehlen von eindeutig fürsorgedominierten Urteilen bei Männern. Da aber auch die Männer bei der Diskussion moralischer Konflikte Überlegungen zu Fürsorgegesichtspunkten anstellten, und diese sich also auch ihnen als moralisch relevant darstellten, ergibt sich die Frage, warum sie diese Gesichtspunkte nicht in elaborierterer Form zum Thema machten.

Zusammenfassend wird deutlich, warum die Berücksichtigung des moralischen Denkens von Frauen zur Identifizierung einer „anderen Stimme" führte und Fragen zum Gewicht von Gerechtigkeit und Fürsorge in einer umfassenden Moraltheorie aufwarf.

Wenn die Moraltheorie eine kohärentere und begrifflich besser durchgearbeitete Perspektive der Fürsorge zur Verfügung stellen könnte, dann würde sie es den Frauen leichter machen, über ihre Erfahrungen und Wahrnehmungen zu sprechen, und sie könnte andere befähigen, zuzuhören und zu verstehen. Gleichzeitig legt der Nachweis einer im moralischen Denken von Frauen dominanten Fürsorgeperspektive die Erwartung nahe, daß das Studium der weiblichen Entwicklung eine Naturgeschichte der moralischen Entwicklung zu liefern vermag, in der Fürsorge vorherrschend ist, und in der Möglichkeiten deutlich werden, wie die Schaffung und die Erhaltung von verantwortlicher Verbundenheit mit anderen ein zentrales moralisches Interesse werden oder bleiben kann. Die Hoffnung, die sich mit der Verbindung von Frauen und Moraltheorie verknüpft, besteht darin, daß das Überleben der Menschheit im späten 20. Jahrhundert weniger von formaler Übereinstimmung abhängen dürfte als von menschlicher Verbundenheit.

Peter Singer (*1946)

217. Gleichheit für Tiere

Wenn ein Wesen leidet, kann es keine moralische Rechtfertigung dafür geben, sich zu weigern, dieses Leiden in Erwägung zu ziehen. Es kommt nicht auf die Natur des Wesens an – das Gleichheitsprinzip verlangt, daß sein Leiden ebenso zählt wie das gleiche Leiden – soweit sich ein ungefährer Vergleich ziehen läßt – irgendeines anderen Wesens. Ist ein Wesen nicht leidensfähig oder nicht fähig, Freude oder Glück zu erfahren, dann gibt es nichts zu berücksichtigen. Deshalb ist die Grenze der Empfindungsfähigkeit (wir verwenden diesen Terminus als bequeme, wenngleich nicht ganz genaue Abkürzung für die Fähigkeit, Leid oder Freude bzw. Glück zu erfahren) die einzig vertretbare Grenze für die Rücksichtnahme auf die Interessen anderer. Diese Grenze durch irgendwelche anderen Merkmale wie Intelligenz oder Rationalität festsetzen hieße sie auf willkürliche Weise festsetzen. Weshalb dann nicht andere Eigenschaften wie zum Beispiel die Hautfarbe herausgreifen?

Rassisten verletzen das Prinzip der Gleichheit, indem sie bei einer Kollision ihrer eigenen Interessen mit denen einer anderen Rasse den Interessen von Mitgliedern ihrer eigenen Rasse größeres Gewicht beimessen. Weiße Rassisten akzeptieren nicht, daß der Schmerz, den Schwarze verspüren, ebenso schlimm ist wie der, den Weiße verspüren. Ähnlich messen jene, die ich „Speziesisten" nennen möchte, da, wo es zu einer Kollision ihrer Interessen mit denen von Angehörigen einer anderen Spezies kommt, den Interessen der eigenen Spezies größeres Gewicht bei. Menschliche Speziesisten erkennen nicht an, daß der Schmerz, den Schweine oder Mäuse verspüren, ebenso schlimm ist wie der von Menschen verspürte.

Darin besteht wirklich schon das ganze Argument dafür, das Prinzip der Gleichheit auf nichtmenschliche Lebewesen auszudehnen; aber es mögen Zweifel daran geäußert werden, worauf diese Gleichheit in der Praxis hinauslaufen soll. Insbesondere der letzte Satz des vorigen Abschnitts mag manche Leute zu der Erwiderung veranlassen: „Der von einer Maus empfundene Schmerz ist doch wohl nicht genauso schlimm wie der von einem Menschen empfundene Schmerz. Menschen haben ein viel größeres Bewußtsein von dem, was ihnen zustößt, und das macht ihr Leiden schlimmer. Man kann das Leiden eines Menschen, der langsam an Krebs stirbt, nicht mit dem der Maus im Laboratorium vergleichen, die dasselbe Schicksal trifft."

Ich gestehe vollkommen zu, daß in dem eben beschriebenen Fall der krebskranke Mensch normalerweise mehr leidet als das nichtmenschliche Krebsopfer. Aber das widerlegt die Ausdehnung der gleichen Interessenerwägung auf nichtmenschliche Wesen in keiner Weise. Vielmehr bedeutet es, daß wir bei Vergleichen zwischen den Interessen von Angehörigen verschiedener Gattungen Sorgfalt walten lassen müssen. In manchen Situationen wird ein Individuum der einen Gattung mehr leiden als ein Individuum einer anderen. In diesem Fall sollten wir immer noch das Prinzip der gleichen Interessenerwägung anwenden, das heißt aber im Endeffekt: der Linderung des größeren Leidens den Vorrang geben. […]

Normale erwachsene Menschen haben geistige Fähigkeiten, derentwegen sie unter gewissen Umständen mehr leiden als Tiere unter denselben Umständen. Würden wir etwa beschließen, äußerst schmerzhafte oder tödliche wissenschaftliche Experimente an normalen erwachsenen Menschen durchzuführen, die man – wie es der Zufall will – aus öffentlichen Parks zu diesem Zweck entführt, so würden die Erwachsenen, die einen Park betreten, sich vor einer Entführung zu fürchten beginnen. Der daraus resultierende Schrecken wäre eine Form von Leiden, die zu den Schmerzen des Experiments hinzukäme. Dieselben Experimente würden aber bei nichtmenschlichen Lebewesen weniger Qual verursachen, weil die Tiere nicht im voraus befürchten würden, entführt und zu Experimenten mißbraucht zu werden. Das bedeutet natürlich nicht, daß es *richtig* wäre, diese Experimente an Tieren durchzuführen, sondern nur, daß es einen nicht speziesistischen Grund gibt, dafür eher Tiere als normale erwachsene Menschen zu verwenden, wenn die Experimente überhaupt durchgeführt werden müssen. Man sollte allerdings festhalten, daß dieses selbe Argument uns auch Gründe dafür gibt, Kleinkinder – vielleicht Waisen – oder geistig behinderte Kinder eher zu verwenden als Erwachsene, weil Kleinkinder und geistig behinderte Kinder ebenfalls keine Vorstellung davon hätten, was mit ihnen geschehen wird. Was dieses Argument betrifft, so gehören nichtmenschliche Lebewesen, Kleinkinder und geistig behinderte Kinder zur selben Kategorie; und wenn wir uns dieses Arguments bedienen, um Experimente an nichtmenschlichen Lebewesen zu rechtfertigen, so müssen wir uns selbst fragen, ob wir bereit sind, Experimente an Kleinkindern und geistig behinderten Kindern zuzulassen. Wenn wir einen Unterschied zwischen Tieren und diesen Menschen machen, so geschieht das wohl deshalb, weil wir die Angehörigen unserer eigenen Spezies in moralisch unvertretbarer Weise bevorzugen.

Statt eines Nachworts

Otfried Höffe

218. Über die Macht der Moral

Selbsttäuschung der Moderne? Moralische Argumente spielen in der Öffentlichkeit eine so tragende Rolle, daß mancher schon die am Ende eines Jahrhunderts üblichen Schwarmgeister und Bußprediger am Werk sieht. Trotzdem muß mit Widerspruch rechnen, wer der Moral Macht einräumt, ohne sie postwendend als Ohnmacht zu entlarven. Damit erweist sich der Geist der Moderne als gespalten. Von dem, was er seit langem praktiziert, nämlich der Moral zur Macht zu verhelfen, ist er selbst nicht überzeugt, weder als Alltagsverstand noch als sozialwissenschaftliche Theorie.

Nach dem Alltagsverstand liegt unser Jahrhundert vor dem Geld auf den Knien; mächtig sind daher die Banken und die Multis. Der Fall Jugoslawien, die internationale Anerkennung ethnischer Säuberungen, zeigt, wie mächtig noch immer das Schwert ist. Die gewaltsam geschaffenen Fakten müssen allerdings Anerkennung finden, weshalb weitere Macht bei der Macht – sprich: der Politik – und, teils vorlaufend, teils begleitend, bei den Medien liegt. Zusammengesetzt nur aus moralfreien Buchstaben, sieht das Alphabet der Macht die Moral nicht vor. Und für diese gesteigerte Ohnmacht, die schlichte Abwesenheit, nennt die vorherrschende Sozialtheorie vier Gründe.

Erstens sei die Moral an Religion gebunden, weshalb die moderne, säkularisierte Gesellschaft ihr bestenfalls im Privatleben Platz lasse. Zweitens bezeichne sie etwas Unbedingtes, sei folglich von Metaphysik abhängig und ebenso wie diese inzwischen überholt. Weiterhin bestehe die Gesellschaft aus autonomen Teilgesellschaften, die je eigenen Verbindlichkeiten folgen, was dem Begriff der Moral, ihrem Anspruch auf universale Gültigkeit, widerspreche. Nach einem vierten, jetzt gegenläufigen Argument ist die Moral, obwohl lebenswichtig, in liberalen Gesellschaften zur Ohnmacht verurteilt, da sie hier nur abgebaut, nicht aber regeneriert werden könne.

Weil alle vier Argumente nichts mit einer vorübergehenden Stimmungslage, sondern mit Modernisierung zu tun haben, erscheint die zunehmende Indifferenz gegen die Moral als Preis, den moderne Gesellschaften für ihr Modernsein zu entrichten haben. Daß die Öffentlichkeit trotzdem die Moral so gern in Anspruch nimmt, besagt dann mehr, als daß sich wieder einmal Schwarmgeister erheben. Wer in Anspruch noch nimmt, was sein Recht schon verloren hat, treibt entweder Mißbrauch oder erliegt einer Selbsttäuschung, einer Illusion. [...]

Merkwürdigerweise pflegt man die Moderne im Namen der Moral zu kritisieren, obwohl jene vier Bereiche, die sich im Kulturvergleich als besonders typisch erweisen – der Komplex Naturwissenschaft – Medizin – Technik, die Demokratie und die Menschenrechte, das rationale Wirtschaften und der Sozialstaat – von moralischen Antriebskräften wesentlich mitbestimmt sind. Ähnliches gilt für die Philosophie, für die Musik, Literatur und Kunst, für die Geistes- und die Sozialwissenschaften, nicht zuletzt für die Religion, zumindest das westliche Christentum. Weil teils ihre Entstehung, teils ihre Veränderung moralisch beeinflußt ist, hält weder die These der Wirklichkeit stand, in der Moderne sei die Moral überflüssig, gleichwohl wirksam, noch die Gegenthese, sie sei ein knappes und nicht erneuerbares Gut. Eher wäre von einer in der Moderne gewachsenen Macht der Moral zu sprechen. [...]

Eine Kontrollmacht. Wird eine Epoche von moralischen Antriebskräften so vielfältig bestimmt und trotzdem im Namen der Moral kritisiert, so drängt sich der Verdacht auf Fehldiagnose auf; entweder die Moderne oder aber ihre Kritik beruft sich zu Unrecht auf Moral. Weil aber in Wahrheit für beide Seiten gute Argumente, freilich auch Gegenargumente sprechen, heißt die umfassendere Diagnose, in Hegelschen Begriffen gestellt: Dialektik der Moderne. Ein erster Grund der Dialektik liegt in der Art der moralischen Macht. Eine Initialmacht unterwirft den betreffenden Bereich einer Vorgabe und gibt ihn ansonsten den ihm eigentümlichen Sachgesetzlichkeiten frei. Auf diese Weise gewinnt die Moral eine Macht, die die neuere Gesellschaftstheorie bestreitet, ohne deren Einsicht, die relative Autonomie der gesellschaftlichen Systeme, in Frage zu stellen. Eine bloße Initialmacht hat aber die von ihr initiierte Macht nicht voll in der Hand. Der Komplex Wissenschaft – Medizin – Technik zeigt besonders deutlich, daß man der Rolle des Zauberlehrlings nie prinzipiell entkommt. Während Bacon die Naturforschung an humanitäre Zwecke unmittelbar binden will, lassen sich ihre Ergebnisse, selbst wenn man sie aus Nächstenliebe gesucht hat, am Ende unabhängig von der moralischen Antriebskraft einsetzen. Beispielsweise gibt es auf *Neu-Atlantis* keine Forschung zu Zwecken des Zerstörens; gleichwohl lassen sich ihre Entdeckungen destruktiv mißbrauchen.

Es wäre verkehrt, hier ideologiekritisch zu argumentieren und die humanitäre Ausrichtung als falsches Bewußtsein anzusprechen. So grundlegend täuscht sich Bacon nicht. Die Moderne gibt ja das antike Ideal, die Forschung als Selbstzweck, weitgehend auf und stellt sie in den Dienst menschlicher Zwecke. Die Reichweite dieser humanitären Ausrichtung wird aber überschätzt, weshalb die Moral ein weiteres Mal gefragt ist. Gerade weil sie der Macht, die sie auf den Weg bringt, nur die Richtung vorgibt, bedarf die Initialmoral der Ergänzung durch eine Kontrollmoral. [...]

Wer über den Tagesaufgaben nicht die Geschichte und über den Reststreitigkeiten nicht den Grundkonsens vergißt, entdeckt in einem zweiten Bereich der Moderne ebenfalls beides: die Notwendigkeit einer moralischen Kontrolle und ein Wahrnehmen der Notwendigkeit, mithin die Macht der Kontrollmoral: Der Sozialstaatlichkeit gelingt es nicht bloß, die Demokratie materiell und bildungspolitisch abzusichern. Sie tritt auch den Gefahren einer Wirtschaft entgegen, die sich von nichts anderem als dem freien Markt und entmoralisierten Antriebskräften bestimmen läßt.

Mißbrauch und Illusion. Macht pflegt zu korrumpieren, große Macht noch mehr. Bei den deshalb erforderlichen Gegeninstanzen spielt neben der Machtteilung die Moral eine besondere Rolle. Wäre die Welt rein logisch eingerichtet, von Selbstwidersprüchen frei, so müßte bei der Moral die Korruptionsgefahr hinfällig werden. Daß die Moral, zur Kontrolle der Macht an die Macht gekommen, der Versuchung der Macht erliegt, käme nicht vor. Die Wirklichkeit belehrt uns eines Besseren. [...]

Verbreitet ist die Strategie der moralischen Diffamierung; Menschen, deren Ansichten man zutiefst ablehnt, greift man am besten in ihrer moralischen Integrität an. Die bescheidenere Variante: Man wirft dem Gegner fehlende Moral vor, obwohl er „nur" die Faktenlage anders beurteilt. Ähnlich kann man politisch unerwünschte Themen abblocken; wer es versteht, an der moralischen Integrität dessen Zweifel zu säen, der eine mißliebige Debatte anstößt, kann oft die Debatte selbst verhindern.

Die Strategie kann ihre Reichweite ausdehnen. Bei gewöhnlichen Interessen gilt die Grundregel der Demokratie: Jede Person zählt gleich viel. Wem es gelingt, unliebsame Interessen als unmoralisch hinzustellen, drängt sie eo ipso aus dem politischen Wettstreit heraus. Auch in der anderen Richtung läßt sich die Grundregel außer Kraft setzen; Interessen, die sich als einen moralischen Auftrag zu deklarieren verstehen, gewinnen ein Übergewicht. Aus diesem Grund pflegt man Besitzstände nicht als solche, sondern im Namen der sozialen Gerechtigkeit zu verteidigen, obwohl man genau sie anderen, namentlich den künftigen Generationen, vorenthält. Mit der wachsenden Schuldenlast lebt nämlich die Gegenwart auf Kosten der Zukunft. [...]

Weiterhin erspart man sich gern die Arbeit der Urteilskraft. Denn die Moral bietet zwar klare Vorgaben, aber keinen fixfertigen Entscheidungen. In der Biomedizin beispielsweise muß man sich mit einem längst selbstverständlichen Prinzip, dem Lebensschutz, überlegen, ob es Embryonenforschung geben darf; ferner ab welcher Woche ein Fötus, der den Mutterleib verläßt, „alle nur erdenkliche medizinische Hilfe" verdient. Auch spielt der Zeitindex eine Rolle. Anfangs der siebziger Jahre für die Genforschung ein Moratorium zu verlangen, hat mit Moral zu tun, noch in den neunziger Jahren sie lediglich mit Argwohn zu betrachten, mit fehlender Sachkenntnis. Bei derartigen Fragen sonnt sich manch einer in einem guten Gewissen, obwohl er in Wahrheit die schwierige Güterabwägung scheut. [...]

Besonders verbreitet ist die vierte Strategie, die der doppelten Moral: Man lebt nicht nach den Maßstäben, die man an andere anlegt; oder man mißt Unrecht mit verschiedenen Ellen. [...]

Nicht zuletzt gibt es die Wichtigtuerei und das falsche Pathos. Da fordern Wortführer der ökologischen Debatte, ebenso schlicht wie unbescheiden, eine neue Moral. Die Nachprüfung verlangt ein Dementi. Erstens lesen wir Hans Jonas' Gedanken „Heiligkeit des Lebens" zumindest zwei Generationen früher,

bei Albert Schweitzer, hier als „Ehrfurcht vor dem Leben".
Zweitens täuscht sich Schweitzer, wenn er glaubt, die „euro-
päischen Denker" wachten sorgfältig „darüber, daß ihnen kein
Tier in der Ethik herumlaufe". Denn schon Schopenhauer setzt
sich für eine Rücksicht auf Tiere ein, vor ihm Bentham, davor
Hume, noch einmal früher Montaigne; außerdem wollen wir
Franz von Assisi nicht vergessen. Nicht zuletzt führt man die
Umweltkrise auf einen übersteigerten Selbstbezug des Men-
schen zurück: in Wahrheit setzt sie dessen Lebensgrundlage
aufs Spiel; sie verstößt gegen den zweifelsohne nicht neuen
Gesichtspunkt, das Selbstinteresse.

Paradoxerweise bekräftigen derartige Formen des Miß-
brauchs die Macht der Moral; sie bekräftigen sie sogar in drei
Hinsichten, also gründlich. Bestätigt wird als erstes der Rang
der Moral; Interessen zählen, Moral zählt mehr. Wie bei der
Erpressung, so auch beim Mißbrauch – bekräftigt wird zweitens die Anerkennung der Moral; nur weil man ihren überra-
genden Rang voraussetzen darf, kann sich der Mißbrauch dieses Ranges lohnen. Schließlich funktioniert die Kritik am
Mißbrauch nur mittels der moralischen Prämisse, daß der
Mißbrauch, obwohl er dem Selbstinteresse zugute kommt, der
Moral widerspricht. Der beiden ersten Hinsichten wegen ist
die Moral ein mächtiges Mittel für Wettbewerbsverzerrung,
das mit der dritten Hinsicht dagegen Einspruch erhebt und,
sobald die Argumentation überzeugt, den Einspruch schon
gewonnen hat. Einmal erkannt, ist der Mißbrauch auch schon
diskreditiert. [...]

Die Moral ist gewiß keine wehrlose Angelegenheit. Als eine
Instanz, die über die Integrität einer Person, folglich über
Selbst- und Fremdachtung entscheidet, als eine Instanz, die unseren Blick auf die Welt und die Antriebsrichtung prägt, die
überdies Erwartungen schafft, das Recht verändert, dabei die
Grenzen von Kulturen überschreitet und für deren Koexistenz
mit zuständig ist, enthält sie ein großes Machtpotential. In der
Aktualisierung aber, eingespannt zwischen Macht und Ohnmacht, überdies dem Mißbrauch, auch der Illusion ausgesetzt,
bleibt die Macht der Moral stets prekär.

Literaturhinweise

A. Nachschlagewerke

Becker, L. C., Becker, C. B. (Hrsg.), Encyclopedia of Ethics, 2 Bde., Garland: New York/London 1992.

Evangelisches Staatslexikon, 2 Bde., Kreuz: Stuttgart ³1987.

Handbuch der christlichen Ethik, 3 Bde., Herder: Freiburg u. a. ²1993.

Hastings, J. (Hrsg.), Encyclopedia of Religion and Ethics, 12 Bde. und 1 Index-Bd., Clark: Edinburgh ⁴1959 ff.

Höffe, O. (Hrsg.), Lexikon der Ethik, Beck: München ⁵1997.

Mittelstraß, J. (Hrsg.), Enzyklopädie Philosophie und Wissenschaftstheorie, 4 Bde., Bibliographisches Institut: Mannheim u. a. 1980–1997.

Nohlen, D. (Hrsg.), Lexikon der Politik, 7 Bde., Beck: München 1992 ff.

Reich, W. T. (Hrsg.), Encyclopedia of Bioethics, 5. Bde., Macmillian: New York ²1995.

Ritter, J., Gründer, K. (Hrsg.), Historisches Wörterbuch der Philosophie, bisher: 9 Bde. (A–Sp), Schwabe: Basel/Stuttgart 1971 ff.

Staatslexikon, Recht, Wirtschaft, Gesellschaft, hrsg. v. d. Görres-Gesellschaft, 7. Aufl., 7 Bde., Herder: Freiburg i. Br. 1985–1993.

B. Sammelbände

Antes, P. u. a., Ethik in nichtchristlichen Kulturen, Kohlhammer: Stuttgart u. a. 1984.

Birnbacher, D., Hoerster, N. (Hrsg.), Texte zur Ethik, dtv: München ⁸1991.

Grewendorf, G., Meggle, G. (Hrsg.), Sprache und Ethik. Zur Entwicklung der Metaethik, Suhrkamp: Frankfurt/M. 1974.

Höffe, O. (Hrsg.), Einführung in die utilitaristische Ethik. Klassische und zeitgenössische Texte, Francke: Tübingen ²1992.

Laslett, P. u. a. (Hrsg.), Philosophy, Politics and Society, 5 Bde., Blackwell: Oxford 1956 ff.

Nida-Rümelin, J. (Hrsg.), Angewandte Ethik. Die Bereichsethiken und ihre theoretische Fundierung, Kröner: Stuttgart 1996.

Oelmüller, W. (Hrsg.), Materialien zur Normendiskussion, 8 Bde., Schöningh: Paderborn 1978–91.

Raphael, D. D. (Hrsg.), British Moralists. 1650–1800, 2 Bde., Clarendon Press: Oxford 1969.

Riedel, M. (Hrsg.), Rehabilitierung der praktischen Philosophie, 2 Bde., Rombach: Freiburg 1972, 1974.

Singer, P. (Hrsg.), A Companion to Ethics, Blackwell: Oxford/Cambridge, Mass. 1991.

Tomberlin, J. E. (Hrsg.), Ethics, Ridgeview: Atascadero, California 1992.

C. Zur Geschichte der Ethik

Balmer, H.-P., Philosophie der menschlichen Dinge. Die europäische Moralistik. Francke: Bern u. a. 1982.

Derbolav, J., Abriß europäischer Ethik, Würzburg 1983.

Howald, E. u. a., Geschichte der Ethik vom Altertum bis zum Beginn des 20. Jahrhunderts, Oldenburg: München u. a. 1978.

Jodl, F., Geschichte der Ethik, 2 Bde., Magnus: Stuttgart o. J.

MacIntyre, A., Geschichte der Ethik im Überblick, Hain: Meisenheim 1984.

Pfürtner, St. u. a., Ethik in der europäischen Geschichte, Bd. I: Antike und Mittelalter, Bd. II: Reformation und Neuzeit, Kohlhammer: Stuttgart u. a. 1988.

Pieper, A. (Hrsg.), Geschichte der neueren Ethik, 2 Bde., Francke: Tübingen u. a. 1992.

Rohls, J., Geschichte der Ethik, Mohr: Tübingen 1991.

Schleichert, H., Klassische Chinesische Philosophie, Klostermann: Frankfurt/M. ²1988.

Sidgwick, H., Outlines of the History of Ethics, Hackett: Indianapolis 1988.

Wehrli, F., Lathe biosas. Studien zur ältesten Ethik bei den Griechen, Leipzig 1931.

Welzel, H., Naturrecht und materiale Gerechtigkeit, Vandenhoeck u. Ruprecht: Göttingen ⁴1962.

Wundt, M., Geschichte der griechischen Ethik, 2 Bde., Engelmann: Leipzig 1908 und 1922.

D. Zu einzelnen klassischen Autoren

Beck, L. W., Kants „Kritik der praktischen Vernunft". Ein Kommentar, Fink: München 1974.

Broad, C. D., Five Types of Ethical Theory, Routledge & Kegan: London ¹¹1979.

Forschner, M., Die stoische Ethik. Über den Zusammenhang von Natur-, Sprach- und Moralphilosophie im altstoischen System, Wissenschaftliche Buchgesellschaft: Darmstadt ²1995.

Gadamer, H. G., Platos dialektische Ethik und andere Studien zur platonischen Philosophie, Meiner: Hamburg 1968.

Höffe, O., (Hrsg.), Grundlegung zur Metaphysik der Sitten. Ein kooperativer Kommentar, Klostermann: Frankfurt/M. ²1993.

–, (Hrsg.), Aristoteles, Die Nikomachische Ethik, Akademie: Berlin 1995.

–, Immanuel Kant, Beck: München ⁴1996.

–, Aristoteles, Beck: München 1996.

– (Hrsg.), Platon-Politeia, Akademie: Berlin 1997.

Irwin, T., Plato's Ethics. Oxford University Press: New York/Oxford 1995.

Kluxen, W., Philosophische Ethik bei Thomas von Aquin, Meiner: Hamburg ²1996.

Nussbaum, M. C., The Therapy of Desire. Theory and Practice in Hellenistic Ethics. Princeton University Press: Princeton, N. J. 1994.

Rorty, A. D., (Hrsg.), Essays on Aristotle's Ethics, University of California Press: Berkeley u. a. 1980.

Quellenverzeichnis

I. Außereuropäische und vorphilosophische Ethik

A. Altägyptische Weisheitslehren

1. *Habgier,* aus: Lehre des Ptahhotep: um 2350 v. Chr., in: Die Weisheitsbücher der Ägypter, hrsg. u. übers. v. H. Brunner, © 1997 Artemis & Winkler Verlag, Düsseldorf und Zürich, 119 f.
2. *Vergeltung,* aus: Die Lehre für König Merikare: um 2150 v. Chr., in: Die Weisheitsbücher der Ägypter, a.a.O., 152.
3. *Selbstbeherrschung,* aus: Die Loyalistische Lehre, 2. Jahrtausend v. Chr., in: Die Weisheitsbücher der Ägypter, a.a.O., 183.
4. *Großzügigkeit,* aus: Die Lehre des Ani, aus der 18. Dynastie (1554–1305 v. Chr.), in: Die Weisheitsbücher der Ägypter, a.a.O., 208 f.
5. *Hilfsbereitschaft,* aus: Die Lehre des Papyrus Chester Beatty IV, in: Die Weisheitsbücher der Ägypter, a.a.O., 223.
6. *Gottesliebe,* aus: Die Lehre des Papyrus Chester Beatty IV, in: Die Weisheitsbücher der Ägypter, a.a.O., 227 f.
7. *Rechtschaffenheit,* aus: Die Lehre des Amenemope, um 1100 v. Chr., in: Die Weisheitsbücher der Ägypter, a.a.O., 241–244.
8. *Goldene Regel,* aus: Die Spruchsammlung des Anch-Scheschonki, vielleicht 4. Jhd. v. Chr., in: Die Weisheitsbücher der Ägypter, a.a.O., 274.
9. *Selbstbeherrschung,* aus: Die Lehre des Papyrus Insinger, wohl um 300 v. Chr., in: Die Weisheitsbücher der Ägypter, a.a.O., 307 f.
10. *Schicksal,* aus: Die Lehre des Papyrus Insinger, in: Die Weisheitsbücher der Ägypter, a.a.O., 310.
11. *Großzügigkeit statt Geiz,* aus: Die Lehre des Papyrus Insinger, in: Die Weisheitsbücher der Ägypter, a.a.O., 321.
12. *Vergeltung,* aus: Die Lehre des Papyrus Insinger, in: Die Weisheitsbücher der Ägypter, a.a.O., 347 f.
13. *Die Vortrefflichkeit des Herzens,* aus der 18. Dynastie (1554–1305 v. Chr.), in: J. Assmann, Ma'at. Gerechtigkeit und Unsterblichkeit im Alten Ägypten, Beck: München ²1995, 120.

B. Babylon

14. *Aus dem Codex Hammurapi,* aus: Codex Hammurapi (18. Jh. v. Chr.), in: Texte aus der Umwelt des Alten Testaments, Bd. I: Rechtsbücher, hrsg. v. R. Borger u. a., Mohn: Gütersloh 1982, 44 f., 76. Abdruck mit freundlicher Genehmigung des Gütersloher Verlagshauses.
15. *Rat des Schuruppag,* aus: Rat des Schuruppag (aus altbabylonischer Zeit), in: Texte aus der Umwelt des Alten Testaments, Bd. III: Weis-

heitstexte I, hrsg. v. W. H. Ph. Römer u. W. v. Soden, Mohn: Gütersloh 1990, 52 f. Abdruck mit freundlicher Genehmigung des Gütersloher Verlagshauses.

16. *Lebensweisheit*, in: Texte aus der Umwelt des Alten Testaments, Bd. III: Weisheitstexte I, hrsg. v. W. H. Ph. Römer u. W. v. Soden, a.a.O., 164 f.

C. Altes und Neues Testament

17. *Versuchung und Fall*, Genesis 3, alle Texte aus der Bibel werden nach der Übers. M. Luthers zitiert, revidiert 1956/64, Württembergische Bibelanstalt: Stuttgart 1970.
18. *Die zehn Gebote*, Exodus 20, 1–17.
19. *Herrschaft des Messias*, Jesaja 11, 1–9.
20. *Goldene Regel*, Matthäus 7, 12.
21. *Vom barmherzigen Samariter*, Lukas 10, 25–37.
22. *Versöhnende Liebe*, Matthäus 5, 21–26; 38–48.
23. *Das Höchste ist die Liebe*, Der 1. Brief des Paulus an die Korinther, 13.

D. Indische Ethik

Gautama Buddha (ca. 560–480 v. Chr)
24. *Leiden und Erlösung*, aus: Die Predigt von Benares, in: E. Frauwallner: Die Philosophie des Buddhismus, Akademie: Berlin ⁴1994, 10–13. Abdruck mit freundlicher Genehmigung des Akademie Verlags.
25. *Das höchste Glück*, aus: Mahavagga I 3, in: Die vier edlen Wahrheiten. Texte des ursprünglichen Buddhismus, übers. v. K. Mylius, Deutscher Taschenbuch Verlag: München ²1986, 333.

Mahabharata (Epos, 6. Jh. v. Chr.)
26. *Freundschaft*, aus: Sanatsujâta-parvan, in: Vier Philosophische Texte des Mahâbhâratam, übers. v. P. Deussen u. O. Strauss, Brockhaus: Leipzig ²1922, 24. Abdruck mit freundlicher Genehmigung des Heinrich Albert Verlags.
27. *Pflicht*, aus: Adhyâa, in: Vier Philosophische Texte des Mahâbhâratam, übers. v. P. Deussen u. O. Strauss, a.a.O., 413–415.

Bhagavadgita (entstanden 6.–3. Jh. v. Chr.)
28. *Selbstbeherrschung*, aus: Bhagavadgita, hrsg. v. H. v. Glasenapp, Reclam: Stuttgart 1980, 31–33.

E. Chinesische Ethik

Laudse (Lao zi) (Begründer des Daoismus, ca. 6. Jh. v. Chr.)
29. *Der Weise und die Politik*, aus: Daudedsching, übers. v. E. Schwarz, Reclam: Leipzig 1990, 86. Abdruck mit freundlicher Genehmigung von Prof. Ernst Schwarz.

Konfuzius (Kong zi) (551–479 v. Chr.)

30. *Lehren des Konfuzius*, aus: Gespräche (Lun-Yu), II 1; V 20; XIII 3; XV 24, 30, übers. v. R. Moritz, Reclam: Leipzig ⁵1991. Abdruck mit freundlicher Genehmigung von Ralf Moritz.

Mo Ti (Mo zi) (ca. 476– ca. 390 v. Chr.)

31. *Über Menschenliebe*, aus: Von der Liebe des Himmels zu den Menschen, übers. v. H. Schmidt- Glintzer, Diederichs: München 1992, 106–108. Abdruck mit freundlicher Genehmigung des Diederichs Verlags.

Shang Yang (Vertreter des Legismus, ca. 390–338 v. Chr.)

32. *Zwang und Tugend*, aus: Chinesische Geisteswelt, hrsg. v. G. Debon u. W. Speiser, Holle: Baden-Baden 1957, 100f.

Mong Dsi (Meng zi) (Vertreter des Konfuzianismus, ca. 372–289 v. Chr.)

33. *Die menschliche Natur ist gut*, aus: Die Lehrgespräche des Meisters Meng K'o, übers. v. R. Wilhelm, Diederichs: Köln 1982, 163f. Abdruck mit freundlicher Genehmigung des Diederichs Verlags.

Dschuang Dsi (Zhuang zi) (entwickelte die daoistische Lehre weiter, ca. 369–286 v. Chr.)

34. *Über wahre Geschicklichkeit*, aus: Das wahre Buch vom südlichen Blütenland, übers. v. R. Wilhelm, Diederichs: Düsseldorf, Köln 1979, 54f. Abdruck mit freundlicher Genehmigung des Diederichs Verlags.

Yang Zhu (Vertreter der daoistischen Lehre, ca. 4. Jh. v. Chr.)

35. *Carpe Diem*, aus: Das wahre Buch vom quellenden Urgrund, übers. v. R. Wilhelm, Diederichs: Düsseldorf, Köln ²1981, 136f. Abdruck mit freundlicher Genehmigung des Diederichs Verlags.

Hsün-Tzu (Xun zi) (ca. 325–238 v. Chr.)

36. *Die menschliche Natur ist böse*, aus: Hsün-Tzu, übers. v. H. Köster, Steyler: Kaldenkirchen 1967, 301f. Abdruck mit freundlicher Genehmigung des Steyler Verlags.

Daxue (Konfuzianische Schule, 3./2. Jh. v. Chr.)

37. *Der Weg der großen Wissenschaft*, aus: Li-Gi. Das Buch der Riten, Sitten und Gebräuche, übers. v. R. Wilhelm, Diederichs: Düsseldorf, Köln 1981, 46f. Abdruck mit freundlicher Genehmigung des Diederichs Verlags.

Liu An (ca. 179–122 v. Chr.)

38. *Gesetze, Sitten und die wahre Natur*, aus: Das Tao der Politik., hrsg. v. Th. Cleary, übers. v. I. Fischer-Schreiber, Barth: München, 31; 70; 72; 77; 85.

F. Der Koran

39. *Die wahre Frömmigkeit*, aus: Der Koran, 2. Sure, übers. v. M. Henning, Reclam: Stuttgart 1960, 46f. Abdruck mit freundlicher Genehmigung des Reclam Verlags.

40. *Der Tag des Gerichts*, aus: Der Koran, 82. Sure, a.a.O., 572.
41. *Gottesfurcht*, aus: Der Koran, 92. Sure, a.a.O., 583 f.

G. Archaisches Griechenland

Homer (Dichter der „Illias" und der „Odyssee", 8. Jh. v. Chr.)
42. *Die moralische Bedeutung der Scham*, aus: Illias, übers. v. W. Schade-
wald, Insel: Frankfurt/M. 1975, XXII 99–109. © Insel Verlag Frankfurt am Main 1975.

Hesiod (Frühgriechischer Dichter, um 700 v. Chr.)
43. *Recht und Tugend*, aus: Erga, in: Sämtliche Gedichte, übers. v. W.
Marg, Artemis & Winkler Verlag: Düsseldorf und Zürich ²1984, Vers
265–297.

Solon (Griechischer Staatsmann und Dichter, ca. 640–560 v. Chr.)
44. *Menschenlos und Götterwirken*, aus: Griechische Lyrik in einem
Band, hrsg. u. übers. v. D. Ebener, Gondrom: Bayreuth 1985, 68–70.
© Aufbau-Verlag Berlin und Weimar.

Die Sieben Weisen (7./6. Jh. v. Chr.)
45. *Spruchweisheit*, aus: Vorsokratische Denker. Auswahl aus dem Überlieferten, übers. v. W. Kranz, Weidmann: Berlin/Frankfurt/M. 1949,
31–35. Abdruck mit freundlicher Genehmigung der Weidmannschen
Verlagsbuchhandlung.

Aischylos (Griechischer Tragödiendichter, 525–465 v. Chr.)
46. *Gesetz der Vergeltung*, aus: Die Totenspende, Vers 307–315, in: Die
Orestie, übers. v. E. Staiger, Reclam: Stuttgart 1958, 76. Abdruck mit
freundlicher Genehmigung von Sibylle Staiger.
47. *Die Geburt des Gerichts,* aus: Die Eumeniden, Vers 681–710, in: Die
Orestie, a.a.O., 133 f.

Sophokles (Griechischer Tragödiendichter, bekleidete hohe politische
Ämter, um 496–406 v. Chr.)
48. *Ungeheuer ist der Mensch*, aus: Antigone, Vers 332–375, in: Sophokles, Dramen, hrsg. u. übers. v. Wilhelm Willige, überarb. v. Karl
Bayer, © ⁹1995 Artemis & Winkler Verlag, Düsseldorf und Zürich,
215 ff.
49. *Ewige Gesetze*, aus: Antigone, Vers 446–470, a.a.O., 221 f.
50. *Polismoral gegen Familienmoral*, aus: Antigone, Vers 635–676, a.a.O,
233 f.

Euripides (Griechischer Tragödiendichter, ca. 485–406 v. Chr.)
51. *Schuld und Gewissen*, aus: Orestes, Vers 385–398, in: Sämtliche Tra-
gödien Bd. II, Kröner Taschenausgabe Bd. 285, Alfred Kröner: Stuttgart ²1984, 250 f. Abdruck mit freundlicher Genehmigung des Alfred
Kröner Verlags.

Herodot (Vater der Geschichtsschreibung, 485–425 v. Chr.)

52. *Zerbrechlichkeit des Glücks,* aus: Herodot, Geschichten und Geschichte, Bd. 1, übers. v. Walter Marg, © 1973, ²1990 Artemis & Winkler Verlag, Düsseldorf und Zürich.

53. *Verschiedenheit der Sitten,* aus: Herodot: Geschichten und Geschichte, a.a.O.

Thukydides (Begründer der politischen Geschichtsschreibung, ca. 460–400 v. Chr.)

54. *Bürgerkrieg und Sittenverderbnis,* aus: Geschichte des peloponnesischen Krieges, III 82–83, übers. v. G. P. Landmann, © 1993 Artemis & Winkler Verlag, Düsseldorf und Zürich, 445 ff.

Hippokrates (Griechischer Arzt, Begründer einer bedeutenden Ärzteschule, 460–ca. 370 v. Chr.)

55. *Der hippokratische Eid,* aus: Antike Heilkunst. Ausgewählte Texte aus den medizinischen Schriften der Griechen und Römer, hrsg. v. J. Kollesch u. D. Nickel, Reclam: Stuttgart 1994, 53–55. Abdruck mit freundlicher Genehmigung des Reclam Verlags.

II. Griechenland und Rom

Antisthenes (Griechischer Philosoph; Begründer des Kynismus, um 450–365 v. Chr.)

56. *Tugend,* aus: Die Sokratiker, dt. in Auswahl v. W. Nestle, Diederichs: Jena 1923, Nr. 12, 11, 51, 88, 43. Abdruck mit freundlicher Genehmigung des Diederichs Verlags.

Diogenes von Sinope (Griechischer Philosoph, entwickelt den Kynismus zu einer Philosophenschule, ca. 400–325 v. Chr.)

57. *Die wahren Güter und Übel,* aus: Die Sokratiker, a.a.O., Nr. 15, 25, 26, 34, 20, 21, 19, 5139, 58, 61.

Platon (Griechischer Philosoph, Schüler des Sokrates, 427–347 v. Chr.)

58.1 *Moralkritik,* aus: Der Staat. Über das Gerechte, übersetzt und erläutert von Otto Apelt (Philosophische Bibliothek 80), Meiner: Leipzig 1923, 343c–344c. Abdruck mit freundlicher Genehmigung des Meiner Verlags.

58.2 aus: Gorgias, übersetzt und erläutert von Otto Apelt, Meiner: Leipzig 1922, 482e–484b. Abdruck mit freundlicher Genehmigung des Meiner Verlags.

59. *Drei Arten des Guten,* aus: Der Staat, a.a.O., 357a–358a.

60. *Die vier Kardinaltugenden,* aus: Der Staat, a.a.O., 427e–434c.

61. *Kritik aller Vergeltung,* aus: Kriton, übersetzt und erläutert von Otto Apelt, Meiner: Leipzig 1919, 49a–49d. Abdruck mit freundlicher Genehmigung des Meiner Verlags.

Aristoteles (Griechischer Philosoph, Schüler von Platon, 384–322 v. Chr.)

62. *Voraussetzungen der praktischen Philosophie,* aus: Nikomachische Ethik, neu übers. und mit einer Einführung und erklärenden Anmerkungen v. O. Gigon, Artemis: Zürich 1951, I. Buch, 1094 b f. © ²¹1967 Artemis & Winkler Verlag, Düsseldorf und Zürich.

63.1 *Über das Glück,* 1. aus: Rhetorik, I. Buch, 1360b, übers. v. Ch. Rapp. (unv. Ms.)

63.2 aus: Nikomachische Ethik, a.a.O., I. Buch, 1095b f.

63.3 aus: Nikomachische Ethik, a.a.O., I. Buch, 1097a f.

64. *Tugend,* aus: Nikomachische Ethik, a.a.O., II. Buch, 1106b f.

65. *Klugheit,* aus: Nikomachische Ethik, a.a.O., VI. Buch, 1140a ff.

66. *Unbeherrschtheit,* aus: Nikomachische Ethik, a.a.O., VII. Buch, 1150b f.

67. *Freundschaft – Tugend – Eigenliebe,* aus: Nikomachische Ethik, a.a.O., IX. Buch, 1168a f.

68. *Lust,* aus: Nikomachische Ethik, a.a.O., X. Buch, 1174 b.

69. *Theoretisches und praktisches Leben,* aus: Nikomachische Ethik, a.a.O., X. Buch, 1177a–1178b.

70. *Politische Freiheit,* aus: Politik, eingeleitet, übers. u. kommentiert v. O. Gigon, Artemis: Zürich/München 1971, VI. Buch, 1317a f. © 1971, 1997 Artemis & Winkler Verlag, Düsseldorf und Zürich.

Epikur (Griechischer Philosoph, Gründer einer eigenen Philosophenschule, des Epikureismus, 341–270 v. Chr.)

71. *Ataraxie (Erregungsfreiheit, „Seelenruhe") und Lust,* aus: Brief an Menoikeus, in: Epikur. Briefe, Sprüche, Werkfragmente, übers. v. H.-W. Krautz, Reclam: Stuttgart 1985, 45–51. Abdruck mit freundlicher Genehmigung des Reclam Verlags.

Cicero (Römischer Staatsmann und Redner, 106–43 v. Chr.)

72. *Selbstaneignung,* aus: Über das höchste Gut und das größte Übel, übers. u. hrsg. v. H. Merklin, Reclam: Stuttgart 1989, 419–441. Abdruck mit freundlicher Genehmigung des Reclam Verlags.

Seneca (Philosophischer Schriftsteller der späten Stoa, um 4 v. Chr.–65)

73. *Über das glückliche Leben,* aus: Von der Seelenruhe. Philosophische Schriften und Briefe, übers. v. Heinz Berthold, Insel: Frankfurt/M. 1984, 85–87. © Sammlung Dieterich Verlagsgesellschaft mbH, Leipzig 1980, 1992.

74. *Der Weise,* aus: Von der Seelenruhe, a.a.O., 152.

Epiktet (Philosoph der späten Stoa, 50–ca. 120)

75. *Lebensregeln,* aus: Epiktet: Handbüchlein der Moral und Unterredungen, Kröner Taschenausgabe Bd. 2, Alfred Kröner: Stuttgart ¹¹1984, 24, 28, 45, 47. Abdruck mit freundlicher Genehmigung des Alfred Kröner Verlags.

Mark Aurel (Römischer Kaiser, Anhänger der Stoa, 121–180)

76. *Regeln moralisch guten Lebens,* aus: Selbstbetrachtungen, übers. v. A. Wittstock, Reclam: Stuttgart 1974, II 5, IV 7, V 19, VI 6, 23, 39, VII 22, 28, 59, 69, IX 5, X 8, 14.

Sextus Empiricus (Griechischer Philosoph, trägt die Grundsätze der antiken („pyrrhonischen") Skepsis zusammen, ca. 2. Hälfte des 2. Jh. n. Chr.)

77. *Ist etwas von Natur gut oder übel?,* aus: Grundriß der pyrrhonischen Skepsis, hrsg. u. übers. v. M. Hossenfelder, Suhrkamp: Frankfurt /M. 1985, 281–287. © Suhrkamp Verlag Frankfurt am Main 1985.

78. *Skepsis und Glück,* aus: Grundriß der pyrrhonischen Skepsis, a.a.O., 99–101.

Plotin (Begründer und Hauptvertreter des Neuplatonismus, 204–270)

79. *„Gottähnlichkeit" als oberstes Ziel,* aus: Die Tugenden (Enneade I 2), in: Plotins Schriften. Griechisch-deutsch, übersetzt von Richard Harder, Bd. I: Neubearbeitung mit griechischem Lesetext und Anmerkungen von Richard Harder (Philosophische Bibliothek 211a/b), Meiner: Hamburg 1956, 337–345 (leicht überarbeitet). Abdruck mit freundlicher Genehmigung des Meiner Verlags.

III. Patristik und Mittelalter

Clemens von Alexandria (Griechischer Kirchenvater; christlicher Platoniker, ca. 150–vor 215)

80. *Der göttliche Logos als Wegweiser zum einfachen Leben,* aus: Paidagogos I 12, 98–100, in: Mahnrede an die Heiden. Der Erzieher, übers. v. O. Stählin, Bd. I, Kösel und Pustet: München 1934, 291–294. Abdruck mit freundlicher Genehmigung des Kösel Verlags.

Augustinus (Nordafrikanischer Bischof und wichtigster lateinischer Kirchenvater, 354–430)

81. *Willensschwäche als Krankheit des Geistes,* aus: Bekenntnisse (VIII 8, 20–10, 24), übers. u. hrsg. v. K. Flasch u. B. Mojsisch, Reclam: Stuttgart 1989, 213–216. Abdruck mit freundlicher Genehmigung des Reclam Verlags.

82. *Der Wille als Ursprung des Bösen,* aus: Vom Gottesstaat, übers. v. W. Thimme, komm. v. C. Andresen, Band II, Buch 11–22, © ²1978, 1977 Artemis & Winkler Verlag, Düsseldorf und Zürich.

83. *Die umfassende Friedensordnung als Ziel des Universums,* aus: Vom Gottesstaat, a.a.O.

Boethius (Christlicher Philosoph und römischer Politiker am Hof des Ostgotenkönigs Theoderich, 480–524)

84. *Das Glück als höchstes Gut,* aus: Trost der Philosophie, Buch III, 2. Prosastück, übers. v. E. Gothein, Artemis: Zürich 1949, 129–135.

(Neuauflage hrsg. u. übers. v. Ernst Gegenschatz u. Olof Gigon, © 1990 Artemis & Winkler Verlag, Düsseldorf und Zürich, 2 ff.)

Johannes Scotus Eriugena (Philosoph am Hof Karls des Kahlen und maßgeblicher Platoniker des frühen Mittelalters, 810–877)
85. *Die Rückkehr zu Gott als Lebensziel*, aus: Über die Einteilung der Natur, Nachdruck der Ausgabe von 1870 in der Übersetzung von Ludwig Noack. Mit einer Vorbemerkung und neuer Bibliographie von Werner Beierwaltes (Philosophische Bibliothek 433), Meiner: Hamburg ³1994, 186–188. Abdruck mit freundlicher Genehmigung des Meiner Verlags.

Die Lauteren Brüder von Basra (Nicht näher bestimmbare Verfasser einer Enzyklopädie der zeitgenössischen Wissenschaften, 10. Jahrhundert)
86. *Von den Rechten der Tiere*, aus: Mensch und Tier vor dem König der Dschinnen. Aus den Schriften der Lauteren Brüder von Basra, übersetzt und herausgegeben von Alma Giese (Philosophische Bibliothek 433), Meiner: Hamburg 1990, 8–16. Abdruck mit freundlicher Genehmigung des Meiner Verlags.

Avicenna (Ibn Sina) (Islamischer Philosoph, vom Neuplatonismus beeinflußt, 980–1037)
87. *Von der sozialen Notwendigkeit einer göttlichen Offenbarung*, aus: Buch der Genesung (Kitab as-Sifa), X 2, in: Die Metaphysik Avicennas, übers. v. M. Horten, Minerva: Frankfurt/M. ²1960, 661–666.

Anselm von Canterbury (Philosoph und Theologe; „Vater der Scholastik", 1033–1109)
88. *Über das Böse*, aus: Anselm von Canterbury, Wahrheit und Freiheit, übers. v. H. Verweyen, Einsiedeln Verlag: Einsiedeln 1982, 114–120. Abdruck mit freundlicher Genehmigung des Johannes Verlags Einsiedeln.

Hildegard von Bingen (Deutsche Mystikerin und Gelehrte, 1098–1179)
89. *Vom Wesen der Liebe*, aus: Briefwechsel, übers. v. A. Führkötter, Müller: Salzburg 1965, 140–142. © Otto Müller Verlag, Salzburg 1965.

Bernhard von Clairvaux (Christlicher Prediger, Mystiker und Ordensreformer, 1091–1153)
90. *Die vier Stufen des Aufstiegs zu Gott*, aus: Schriften, Bd. 4, übers. v. A. Wolters, Georg Fischer: Wittlich 1936, 293–296.
91. *Vom Besitz eines freien und guten Willens*, aus: De gratia et libero arbitrio (IV 10), in: Sämtliche Werke, Bd. 1, hg. V. G.B. Winkler, Tyrolia: Innsbruck 1990, 189. Abdruck mit freundlicher Genehmigung der Verlagsanstalt Tyrolia.

Peter Abaelard (Philosoph; frühscholastischer Logiker und Dialektiker, 1079–1142)

92. *Über gute und böse Absicht,* aus: Nosce te ipsum (I 11–13), übers. v. F. Hommel, Metopen: Wiesbaden 1947, 92–95.

Averroes (Ibn Ruschd) (Islamischer Philosoph; bedeutender Aristoteles-Kommentator, 1126–1198)

93. *Die Gebote Gottes sind zugleich vernünftige ethische Prinzipien,* aus: Philosophie und Theologie des Averroes (5. Abschnitt, 4. Thema), Akademie: Weinheim/New York 1991, 120 f. Abdruck mit freundlicher Genehmigung des Akademie Verlags.

Maimonides (Mose ben Maimon) (Wichtigster jüdischer Philosoph des Mittelalters, Religionsgelehrter, 1135–1204)

94. *Die Pflicht des Menschen zur Selbstvervollkommnung,* aus: Führer der Unschlüssigen (More nebukim) (III 54), übersetzt und herausgegeben von Adolf Weiss, Bd. II (Philosophische Bibliothek 184a–c), Meiner: Hamburg 1972, 361–366. Abdruck mit freundlicher Genehmigung des Meiner Verlags.

Bonaventura (Von Augustinus geprägter christlicher Philosoph, 1221–1274)

95. *Heidnische und christliche Tugendlehre,* aus: Collationes in Hexaemeron (Collatio VII), übers. v. W. Nyssen, Kösel: München 1964, 273–287 (leicht überarbeitet). Abdruck mit freundlicher Genehmigung des Kösel Verlags.

Thomas von Aquin (Philosoph und Theologe; Hauptvertreter der Hochscholastik, 1225–1274)

96. *Das natürliche Gesetz als Grundlage der Ethik,* aus: R. Heinzmann, Thomas von Aquin, Kohlhammer: Stuttgart 1994, 153–159. Abdruck mit freundlicher Genehmigung des W. Kohlhammer Verlags.

97. *Alles Seiende strebt nach dem Guten,* aus: R. Heinzmann, Thomas von Aquin, a.a.O., 181–185.

98. *Über den Unterschied von menschlichem und göttlichem Willen,* aus: Über die Sittlichkeit der Handlung (S.th. I–II q. 18–21), übers. v. R. Schönberger, Akademie: Berlin 1990, 113–119. Abdruck mit freundlicher Genehmigung des Akademie Verlags.

Meister Eckhart (Vom neuplatonischen Einheitsdenken geprägter Mystiker, 1260–ca. 1328)

99. *Vom edlen Menschen,* aus: Deutsche Predigten und Traktate, hrsg. u. übers. v. J. Quint, Diogenes: Zürich ²1979, 140–149. © 1955/1995 Carl Hanser Verlag, München Wien.

Dante Alighieri (Italienischer Dichter, 1265–1321)

100. *Irdische und ewige Glückseligkeit,* aus: Monarchia (III 16), übers. v. R. Imbach u. Ch. Flüeler, Reclam: Stuttgart 1989, 241–245. Abdruck mit freundlicher Genehmigung des Reclam Verlags.

IV. Renaissance, Humanismus, Aufklärung

Francesco Petrarca (Italienischer Gelehrter und Dichter; erster Humanist, 1304–1374)

101. *Vorrang des Guten vor dem Wahren,* aus: Von seiner und vieler Leute Unwissenheit, übers. v. H. Hefele, zit. nach K. Vorländer, Geschichte der Philosophie, Bd. 2, Rowohlt: Hamburg 1990, 462.

Marsilio Ficino (Italienischer Arzt und Philosoph, unterrichtete an der platonischen Akademie in Florenz, 1433–1499)

102. *Über das Glück,* aus: Briefe des Mediceerkreises, übers. v. K. Markgraf v. Montoriola, zit. nach K. Vorländer, a.a.O., 476–78.

Niccolò Machiavelli (Italienischer Politiker, Geschichtsschreiber, Politischer Philosoph, 1469–1527)

103. *Über Tugenden des Herrschers,* aus: Machiavelli: Der Fürst, Kröner Taschenausgabe Bd. 235, Alfred Kröner: Stuttgart [6]1978, 62 ff.

Erasmus von Rotterdam (Gelehrter und Humanist, 1469–1536)

104. *Lob der Torheit,* aus: Das Lob der Torheit, übers. v. A. J. Gail, Reclam: Stuttgart 1964, 17 f., 26 f., 33. Abdruck mit freundlicher Genehmigung des Reclam Verlags.

Thomas Morus (Englischer Staatsmann und Humanist, nach seiner Schrift „Utopia" ist die literarische Gattung der Utopie benannt, 1478–1535)

105. *Lob des utopischen Staates – Kritik der bestehenden Staaten,* aus: Utopia, in: Der utopische Staat, hrsg. u. übers. v. K. Heinisch, Rowohlt: Hamburg 1960, 106–108.

Martin Luther (Deutscher Theologe, Reformator, 1483–1546)

106. *Von der Freiheit eines Christenmenschen,* aus: Von der Freiheit eines Christenmenschen, in: Ausgew. Werke, hrsg. v. H. H. Borchart u. G. Merz, Kaiser: München [3]1948, 269 ff.

Francisco de Vitoria (Spanischer Theologe und Philosoph, Begründer des modernen Völkerrechts, um 1490–1546)

107. *Über den gerechten Krieg,* aus: Über die staatliche Gewalt, übers. v. R. Schnepf, Akademie: Berlin 1992, 73–75. Abdruck mit freundlicher Genehmigung des Akademie Verlags.

Johannes Calvin (Theologe und Reformator, wirkte in Genf und Straßburg, 1509–1564)

108. *Unser Unvermögen ist Schuld,* aus: Unterricht in der christlichen Religion, Institutio Christianae religionis, übers. v. O. Weber, Erziehungsverein Neukirchen: Neukirchen-Vluyn 1955, 19. Abdruck mit freundlicher Genehmigung des Neukirchener Verlags.

Michel de Montaigne (Philosoph und Skeptiker, Bürgermeister von Bordeaux, Beginn der französischen Moralistik, 1533–1592)

109. *Die Verschiedenheit der Sitten,* aus: Über die Gewohnheit und daß ein in Brauch stehendes Gesetz nicht leichterdings geändert werden sollte, in: Essais, I 23, übers. v. H. Lüthy, Manesse: Zürich 1953, 158–163. Abdruck mit freundlicher Genehmigung des Manesse Verlags.

110.1 *Über Tierschutz,* aus: Über die Grausamkeit, in: Essais, II 11, a.a.O., 419f. Abdruck mit freundlicher Genehmigung des Manesse Verlags.

110.2 aus: Apologie des Raimund Sebundus, in: Essais, II 12, a.a.O., 432f.

Francis Bacon (Englischer Philosoph und Staatsmann, „Prophet der wissenschaftlich-technischen Zivilisation", 1561–1626)

111. *Über die Eigennützigkeit,* aus: Essays, übers. v. Elisabeth Schücking, Reclam: Stuttgart 1970, 80–82. © Sammlung Dieterich Verlagsgesellschaft mbH, Leipzig 1940, 1992.

Johann Valentin Andreae (Protestantischer Theologe, 1586–1654)

112. *Über vollkommenes Menschentum,* aus: Christianopolis, übers. v. W. Biesterfeld, Reclam: Stuttgart 1975, 102f.

Thomas Hobbes (Englischer Philosoph, 1588–1679)

113.1 *Über das Gute,* aus: Leviathan, übers. v. W. Euchner, Suhrkamp: Frankfurt/M. 51992, 75. © Suhrkamp Verlag Frankfurt am Main 1992.

113.2 aus: Vom Menschen. Vom Bürger (Elemente der Philosophie II und III), eingeleitet und auf der Grundlage der Übersetzung von Max Frischeisen-Köhler, die nach dem lateinischen Original berichtigt wurde, herausgegeben von Günter Gawlick (Philosophische Bibliothek 158), Meiner: Hamburg 21966, 22–24. Abdruck mit freundlicher Genehmigung des Meiner Verlags.

114. *Tugend und Laster,* aus: Vom Menschen, a.a.O., 41–43.

115. *Der Krieg aller gegen alle,* aus: Vom Bürger, in: Vom Menschen. Vom Bürger, a.a.O., 82–84.

René Descartes (Französischer Mathematiker, Physiker und Philosoph 1596–1650)

116. *Provisorische Moral,* aus: Discours de la Méthode (Von der Methode des richtigen Vernunftgebrauchs und der wissenschaftlichen Forschung) Französisch-deutsch. Übersetzt und herausgegeben von Lüder Gäbe (Philosophische Bibliothek 261), Meiner: Hamburg 1960, 37–47. Abdruck mit freundlicher Genehmigung des Meiner Verlags.

117. *Humanitäre Wissenschaft,* aus: Discours de la Méthode, a.a.O., 99–101.

Balthasar Gracian (Spanischer Philosoph, Theologe und Prediger, 1601–1658)

118. *Kunst der Weltklugheit,* aus: Handorakel und Kunst der Weltklugheit, übers. v. A. Schopenhauer, Reclam: Stuttgart 1986, Nr. 8, 21, 50, 90, 107, 111, 181, 300.

La Rochefoucauld (Französischer Moralist, 1613–1680)
119. *Maximen und Reflexionen*, aus: Maximen und Reflexionen, übers. v. K. Nussbächer, Reclam: Stuttgart 1965, 3–40.

Blaise Pascal (Französischer Mathematiker, Physiker und Philosoph, 1623–1662)
120. *Gedanken*, aus: Über die Religion und einige andere Gegenstände (Pensées), übertr. u. hrsg. v. Ewald Wasmuth, Verlag Lambert Schneider: Gerlingen ⁹1994. (Druckvorlage von Insel: Frankfurt/M. 1987, 64–93).

Baruch de Spinoza (Niederländischer Philosoph, Rationalist, 1632–1677)
121. *Ist der Wille frei?*, aus: Ethik, rev. Übers. v. J. Stern, Reclam: Stuttgart, 227–231.
122. *Tugend und Glückseligkeit:* aus: Ethik, a.a.O., 699–701.

Samuel Pufendorf (Deutscher Jurist und Staatsphilosoph, 1632–1694)
123. *Über das Naturrecht*, aus: Über die Pflicht des Menschen und des Bürgers nach dem Gesetz der Natur, übers. v. K. Luig, Insel: Frankfurt/M., Leipzig 1994, 45–50. © Insel Verlag 1994.

John Locke (Englischer Philosoph, 1632–1704)
124. *Ist der Wille frei?*, aus: Über den menschlichen Verstand, Nachdruck der Neubearbeitung der C. Winklerschen Ausgabe (1911–113). In vier Büchern, übers. v. C. Winckler (Philosophische Bibliothek 75 und 76) Meiner: Hamburg ³1976, 285–288, 324. Abdruck mit freundlicher Genehmigung des Meiner Verlags.

Gottfried Wilhelm Leibniz (Universalgelehrter und Philosoph, der „Fürst der Aufklärung", 1646–1716)
125. *Theodizee,* aus: Die Theodizee. Von der Güte Gottes, der Freiheit des Menschen und dem Ursprung des Übels, in: Philosophische Schriften, Bd. II, 1, hrsg. u. übers. v. H. Herring, Wissenschaftliche Buchgesellschaft: Darmstadt 1985, 219f., 293, 385f. Abdruck mit freundlicher Genehmigung der Wissenschaftlichen Buchgesellschaft.

Bernard de Mandeville (Niederländischer Nervenarzt und Sozialphilosoph, 1670–1733)
126. *Private Laster – öffentlicher Nutzen*, aus: Die Bienenfabel, hrsg. v. W. Euchner, übers. v. D. u. F. Bassenge, Suhrkamp: Frankfurt/M. 1968, 133f. © Suhrkamp Verlag Frankfurt am Main 1968.

François Marie Aronet Voltaire (Französischer Aufklärer, 1694–1778)
127. *Toleranz,* aus: Über die Toleranz, in: ders. Recht und Politik , hrsg. v. G. Mensching, Europäische Verlagsanstalt: Frankfurt/M. 1986, 233–235. Abdruck mit freundlicher Genehmigung der Europäischen Verlagsanstalt.

David Hume (Schottischer Philosoph, 1711–1776)

128. *Über das moralische Gefühl*, aus: Eine Untersuchung über die Prinzipien der Moral, übers. v. G. Streminger, Reclam: Stuttgart 1984, 215–226. Abdruck mit freundlicher Genehmigung des Reclam Verlags.

Jean-Jacques Rousseau (Französischer Philosoph, Kritiker der Aufklärung, 1712–1778)

129. *Wissenschaft und Moralverfall*, aus: Schriften zur Kulturkritik: Über Kunst und Wissenschaft (1750), Über den Ursprung der Ungleichheit unter den Menschen (1755), (Discours sur les Sciences et les Arts) – (Discours sur L' Origine de l' Inégalité parmi les Hommes). Französisch-deutsch. Übersetzt und herausgegeben von Kurt Weigand (Philosophische Bibliothek 243). Meiner: Hamburg 1958, 15, 41, 47 f., 57 f. Abdruck mit freundlicher Genehmigung des Meiner Verlags.

130. *Freiheit und Gewissen*, aus: Emil oder über die Erziehung, übers. v. L. Schmidts, Schöningh: Paderborn 1972, 289–301. Abdruck mit freundlicher Genehmigung des Ferdinand Schöningh Verlags.

Claude Adrien Helvétius (Französischer Philosoph, 1715–1771)

131. *Über das Gute*, aus: Vom Menschen, seinen geistigen Fähigkeiten und seiner Erziehung, hrsg. u. übers. v. G. Mensching, Suhrkamp: Frankfurt/ M. 1972, 136 f. © Suhrkamp Verlag Frankfurt am Main 1972.

Paul Henry Thiry Baron d' Holbach (Französischer Philosoph, 1723–1789)

132. *Über Glück und Tugend*, aus: System der Natur oder von den Gesetzen der physischen und der moralischen Welt, übers. v. F.-G. Voigt, Suhrkamp: Frankfurt/M. 1978, 255 f. © Suhrkamp Verlag Frankfurt am Main 1978.

Adam Smith (Schottischer Moralphilosoph und Wirtschaftstheoretiker, 1723–1790)

133. *Über Gerechtigkeit und Wohltätigkeit*, aus: Theorie der ethischen Gefühle, Nach der Auflage letzter Hand übersetzt mit Einleitung, Anmerkung und Registern herausgegeben von Walther Eckstein (Philosophische Bibliothek 200a/b), Meiner: Hamburg 1977, 115–122. Abdruck mit freundlicher Genehmigung des Meiner Verlags.

Gotthold Ephraim Lessing (Kritiker, Dichter, Philosoph, 1729–1781)

134. *Über Toleranz: die Ringparabel*, aus: Nathan der Weise, in: Werke, Bd. I, Insel: Frankfurt/M. 1967, 531 f.

Georg Christoph Lichtenberg (Physiker und Aufklärer, 1742–1799)

135. *Aphorismen*, aus: Schriften und Briefe, hrsg. v. W. Promies, Hanser: München 1968, Bd. 1: 23, 694 f., 790, 852, Bd. 2: 144, 201, 416 f., 426.

Jeremy Bentham (Englischer Rechtsgelehrter und Sozialreformer, 1748–1832)

136. *Utilitarismus*, aus: Eine Einführung in die Prinzipien der Moral und Gesetzgebung, in: O. Höffe (Hrsg.): Einführung in die utilitaristische

Ethik, Francke: Tübingen ²1992, 55–58, 79–81. Abdruck mit freundlicher Genehmigung des A. Francke Verlags.

Adolph Freiherr von Knigge (Deutscher Schriftsteller, Aufklärer, 1751–1796)

137. *Eine goldene Regel*, aus: Über den Umgang mit Menschen, Insel: Frankfurt/M. 1977, 44.

Olympe Marie de Gouges (Französische Schriftstellerin; unter Robespierre hingerichtet, 1755–1793)

138. *Erklärung der Rechte der Frau und Bürgerin*, aus: H. Schröder (Hrsg.), Die Frau ist frei geboren, Bd. 1, Beck: München 1979, 36–40.

V. Kant und der Deutsche Idealismus

Immanuel Kant (Deutscher Philosoph, 1724–1804)

139. *Was ist Aufklärung?*, aus: Beantwortung der Frage: Was ist Aufklärung?, in: Was ist Aufkärung?, hrsg. v. J. Zehbe, Vandenhoeck & Ruprecht: Göttingen 1967, 56 f.

140. *Eine reine Moral*, aus: Grundlegung zur Metaphysik der Sitten, hrsg. v. K. Vorländer, Meiner: Leipzig ³1945, 5 f.

141. *Bestirnter Himmel und moralisches Gesetz*, aus: Kritik der praktischen Vernunft, hrsg. v. K. Vorländer, Meiner: Hamburg 1974, 186.

142. *Der gute Wille*, aus: Grundlegung zur Metaphysik der Sitten, a.a.O., 10 f.

143. *Der kategorische Imperativ*, aus: Grundlegung zur Metaphysik der Sitten, a.a.O., 20–22.

144. *Freiheit und Naturnotwendigkeit*, aus: Grundlegung zur Metaphysik der Sitten, a.a.O., 85 f.

145. *Selbsterkenntnis und Freiheit*, aus: Kritik der praktischen Vernunft, a.a.O., 35.

146. *Vom höchsten Gut*, aus: Kritik der reinen Vernunft, hrsg. v. R. Schmidt, Meiner: Hamburg 1976, 729–735.

147. *Vom Gewissen*, aus: Metaphysik der Sitten, hrsg. v. K. Vorländer, Meiner: Hamburg 1966, 242 f.

148. *Über das radikal Böse:* aus: Die Religion innerhalb der Grenzen der bloßen Vernunft, herausgegeben von Karl Vorländer, 9., durchges. Auflage, mit einer Einleitung: „Die Religionsphilosophie im Gesamtwerk Kants" von Hermann Noack und neuer Bibliographie von Heiner Klemme. (Philosophische Bibliothek 45) Meiner: Hamburg ⁹1990, 37–41. Abdruck mit freundlicher Genehmigung des Meiner Verlags.

149. *Zum ewigen Frieden*, aus: Zum ewigen Frieden, in: Über den Gemeinspruch: Das mag in der Theorie richtig sein, taugt aber nicht für die Praxis – Zum ewigen Frieden, mit einer Einleitung und herausgegeben von Heiner Klemme (Philosophische Bibliothek 443), Meiner: Hamburg 1992, 66 ff. Abdruck mit freundlicher Genehmigung des Meiner Verlags.

150. *Geselligkeit,* aus: Anthropologie in pragmatischer Hinsicht, hrsg. v. K. Vorländer, Meiner: Hamburg [7]1980, 221–224.

Matthias Claudius (Deutscher Dichter, 1740–1815)
151. *Scheue niemand soviel als Dich selbst,* aus: An meinen Sohn Johannes, in: Sämtliche Werke des Wandsbecker Bothen I. und II. Teil, Winkler: München 1968, 546.

Johann Gottfried Herder (Deutscher Dichter und Theologe, 1744–1803)
152. *Über Gesetze,* aus: Ideen zur Philosophie der Geschichte der Menschheit, in:. Werke, hrsg. v. M. Bollacher u. a., Bd. 6, Deutscher Klassiker Verlag: Frankfurt/M. 1989, 162. Abdruck mit freundlicher Genehmigung des Deutschen Klassiker Verlags.
153. *Die Erziehung des Menschengeschlechts,* aus: Ideen zur Philosophie der Geschichte der Menschheit, a.a.O., 336–338.
154. *Das Evangelium zur Glückseligkeit,* aus: Briefe zu Beförderung der Humanität, in: Werke, Bd. 7, a.a.O., 752.

Johann Wolfgang von Goethe (Deutscher Dichter, 1749–1832)
155. *Maximen und Reflexionen,* aus: Maximen und Reflexionen, in: Werke, Hamburger Ausgabe in 14 Bänden, Bd. 12, Deutscher Taschenbuch Verlag: München 1988, Nr. 107–109, 112–114, 1082, 1088–1093.

Friedrich von Schiller (Deutscher Dichter, Philosoph und Historiker, 1759–1805)
156. *Die schöne Seele:* aus: Über Anmuth und Würde, in: Werke, Nationalausgabe, Bd. 20, Böhlau Nachf.: Weimar 1962, 286–288.

Johann Gottlieb Fichte (Deutscher Philosoph, 1762–1814)
157. *Über die Bestimmung des Menschen,* aus: Die Bestimmung des Menschen, Meiner: Hamburg 1962, 100–114.

Wilhelm von Humboldt (Deutscher Philosoph und Bildungsreformer, 1767–1835)
158. *Der Zweck des Menschen,* aus: Ideen zu einem Versuch, die Grenzen der Wirksamkeit des Staats zu bestimmen, in: Werke, hrsg. v. A. Leitzmann, Bd. 1, Behr: Berlin 1968, 106–108.

Friedrich Hölderlin (Deutscher Dichter, 1770–1843)
159. *Pros Heauton,* aus: Gedichte 1798–1800, in: Sämtliche Werke, hrsg. v. F. Beissner, Bd. 1, 1, Cotta: Stuttgart 1946, 305.
160. *Über Bescheidenheit,* aus: Stammbuchblätter, in: Sämtliche Werke, a.a.O., Bd. 2, 2, 351.

Georg Wilhelm Friedrich Hegel (Deutscher Philosoph, 1770–1831)
161. *Natur- und Rechtsgesetze,* aus: Grundlinien der Philosophie des Rechts, in: Werke in 20 Bänden, Bd. 7, Suhrkamp: Frankfurt/M. 1970, 15–17.

162. *Das Gewissen,* aus: Grundlinien der Philosophie des Rechts, a.a.O., § 137.
163. *Die Sittlichkeit,* aus: Grundlinien der Philosophie des Rechts, a.a.O., §§ 150–155, 260, 274.

Friedrich von Schlegel (Deutscher Dichter und Philosoph, 1772–1829)
164. *Über Bildung und Ehre,* aus: Transcendentalphilosophie, Meiner: Hamburg 1991, 48–57.

Friedrich Wilhelm Joseph Schelling (Deutscher Philosoph, 1775–1854)
165. *Über Freiheit und das Böse,* aus: Philosophische Untersuchung über das Wesen der menschlichen Freiheit, Suhrkamp: Frankfurt/M. 1975, 47 f., 58–62, 74, 82.

VI. Neunzehntes Jahrhundert

Arthur Schopenhauer (Deutscher Philosoph, 1788–1860)
166. *Mitleid als einzige moralische Triebfeder,* aus: Preisschrift über die Grundlage der Moral, in: Sämtliche Werke, hrsg. v. A. Hübscher, Bd. 4, Brockhaus: Wiesbaden 1972, 205–208.
167. *Lebensweisheit,* aus: Paränesen und Maximen, in: Sämtliche Werke, hrsg. v. A. Hübscher, Bd. 5, Brockhaus: Wiesbaden 1966, 444, 473 f., 498.

Auguste Comte (Französischer Philosoph und Soziologe; Begründer des Positivismus, 1798–1857)
168. *Von der individualistischen zur kollektivistischen Moral,* aus: Rede über den Geist des Positivismus, übersetzt und herausgegeben von Iring Fetscher (Philosophische Bibliothek 468) Meiner: Hamburg 1994, 75, 79–81. Abdruck mit freundlicher Genehmigung des Meiner Verlags.

Ludwig Feuerbach (Deutscher Philosoph und Religionskritiker, 1804–1872)
169. *Glück – Gewissen – Mitleid,* aus: Zur Ethik: Der Eudämonismus, in: Sämtliche Werke, hrsg. v. W. Bolin u. F. Jodl, Bd. 10, Frommann: Stuttgart 1911, 278–280.

John Stuart Mill (Englischer Philosoph, Nationalökonom, Sozialreformer, 1806–1873)
170. *Über Lust als Grundlage der Moral,* aus: Utilitarismus (Auszüge), in: O. Höffe, Einführung in die utilitaristische Ethik, Francke: Tübingen ²1992, 85–89. Abdruck mit freundlicher Genehmigung des A. Francke Verlags.
171. *Über den Wert von Individualität,* aus: Über die Freiheit, Reclam: Stuttgart 1974, 16–21. Abdruck mit freundlicher Genehmigung des Reclam Verlags.

Charles Darwin (Englischer Privatgelehrter; Begründer der Evolutionstheorie, 1809–1882)

172. *Zur Evolution der Moral*, aus: Charles Darwin: Die Abstammung des Menschen, Kröner Taschenausgabe Bd. 28, Alfred Kröner: Stuttgart, ⁴1982, 147f., 155f., 169–172.

Søren Kierkegaard (Dänischer Philosoph, Schriftsteller und Theologe, 1813–1855)

173. *Das Ethische als Wahl*, aus: Entweder-Oder, hrsg. v. H. Diem u. W. Rest, Hegner: Köln/Olten ²1960, 711–729.

Jakob Burckhardt (Basler Historiker, 1818–1897)

174. *Über Glück und das Böse in der Weltgeschichte*, aus: Weltgeschichtliche Betrachtungen, Ullstein: Frankfurt/M., Berlin 1963, 194–197.

Karl Marx (Deutscher Sozialphilosoph; Kritiker der politischen Ökonomie, 1818–1883)

175. *Die Waffe der Kritik*, aus: Zur Kritik der Hegelschen Rechtsphilosophie, in: Marx-Engels-Werke, Bd. 1, Berlin 1974, 378–385.

176. *Kritik der Menschenrechte*, aus: Zur Judenfrage, in: Marx-Engels-Werke, Bd. 1, a.a.O., 362–370.

Henry Sidgwick (Englischer Philosoph, 1838–1900)

177. *Utilitarismus und Wahrhaftigkeit*, aus: Die Methoden der Ethik, Bd. 2, Klinkhardt: Leipzig 1909, 226–228.

Friedrich Nietzsche (Deutscher Philosoph, 1844–1900)

178. *Sitte und Sittlichkeit*, aus: Morgenröte, in: Sämtliche Werke, Kritische Studienausgabe, Bd. 3, Deutscher Taschenbuch Verlag/de Gruyter: München/Berlin/New York 1988, 21–24.

179. *Moral als Notlüge*, aus: Menschliches, Allzumenschliches, in: Sämtliche Werke, Bd. 2, a.a.O., 64f.

180. *Über Moralität*, aus: Menschliches, Allzumenschliches, in: Sämtliche Werke, Bd. 2, a.a.O., 89, 91.

181. *Ursprung der Gerechtigkeit*, aus: Menschliches, Allzumenschliches, in: Sämtliche Werke, Bd. 2, a.a.O., 89–90.

182. *Gerechtigkeit als höchste Meisterschaft*, aus: Zur Genealogie der Moral, in: Sämtliche Werke, Bd. 5, a.a.O., 310f.

183. *Unser Mitleid*, aus: Jenseits von Gut und Böse, in: Sämtliche Werke, Bd. 5, a.a.O., 160–161.

184. *Herren- und Sklavenmoral*, aus: Jenseits von Gut und Böse, in: Sämtliche Werke, Bd. 5, a.a.O, 208–212.

185. *Sprüche und Pfeile*, aus: Götzen-Dämmerung, in: Sämtliche Werke, Bd. 6, a.a.O., 60–65.

186. *Wille zur Macht*, aus: Die fröhliche Wissenschaft, in: Sämtliche Werke, Bd. 3, a.a.O., 208–212.

VII. Zwanzigstes Jahrhundert

Sigmund Freud (Österreichischer Nervenarzt und Kulturtheoretiker; Begründer der Psychoanalyse, 1856–1939)
187. *Grenzen des Glücks und die Entstehung des Gewissens,* aus: Das Unbehagen in der Kultur, in: Studienausgabe, Bd. 9, S. Fischer: Frankfurt/M. 1974, 207–209, 250–254. Abdruck mit freundlicher Genehmigung des S. Fischer Verlags.

Eduard Westermarck (Finnischer Philosoph und Ethnologe, 1862–1939)
188. *Relativismus und Universalismus,* aus: Ethical Relativity, dt. (Auszüge) in: Rudolf Ginters (Hrsg.), Relativismus in der Ethik, Patmos: Düsseldorf 1978, 63 f., 72–74, 80. Abdruck mit freundlicher Genehmigung von Rudolf Ginters.

George Herbert Mead (Amerikanischer Philosoph; Vertreter des Pragmatismus, 1869–1931)
189. *Über Mitgefühl,* aus: Geist, Identität und Gesellschaft, Suhrkamp: Frankfurt/M. 1968, 346–348. © Suhrkamp Verlag Frankfurt am Main 1968.

Max Weber (Deutscher Soziologe; Theoretiker der Moderne, 1864–1920)
190. *Gesinnungs- und Verantwortungsethik,* aus: Politik als Beruf, in: Gesammelte politische Schriften, Mohr: Tübingen 1958, 551–559.

Max Scheler (Deutscher Philosoph, 1874–1928)
191. *Über die sittliche Person,* aus: Der Formalismus in der Ethik und die materiale Wertethik, Francke: Berlin/München 1966, 469–472.

George Edward Moore (Englischer Philosoph, 1873–1958)
192. *„gut" ist nicht definierbar,* aus: Principia Ethica, Reclam: Stuttgart 1970, 34–41. Abdruck mit freundlicher Genehmigung des Reclam Verlags.

Albert Schweitzer (Evangelischer Theologe, Arzt („Urwalddoktor von Lambarene") und Musiker, 1875–1965)
193. *Ehrfurcht vor dem Leben,* aus: Kultur und Ethik, Beck: München 1960, 230–232. Abdruck mit freundlicher Genehmigung von Rhena Schweitzer-Müller.

Gustav Radbruch (Jurist, Rechtsphilosoph, Rechtspolitiker, 1878–1949)
194. *Recht und Gerechtigkeit,* aus: Fünf Minuten Rechtsphilosophie, in: Gustav Radbruch Gesamtausgabe, Bd. 3, Müller: Heidelberg 1990, 79. Abdruck mit freundlicher Genehmigung des C. F. Müller Verlags.

Nicolai Hartmann (Deutscher Philosoph, 1882–1950)

195. *Selbstbeherrschung – Besonnenheit*, aus: Ethik, de Gruyter: Berlin 1949, 435–439. Abdruck mit freundlicher Genehmigung des de Gruyter Verlags.

Karl Jaspers (Deutscher Philosoph und Psychiater, 1883–1969)

196. *Gut und Böse*, aus: Einführung in die Philosophie, Piper: München 1971, 47–49. © Piper Verlag GmbH, München 1953.

Ernst Bloch (Deutscher Philosoph, 1885–1977)

197. *Vom Frieden der Brüderlichkeit*: aus: Naturrecht und menschliche Würde, Suhrkamp: Frankfurt/M. 1972, 192–194. © Suhrkamp Verlag Frankfurt am Main 1972.

Ludwig Wittgenstein (Österreichischer Philosoph, 1889–1951)

198. *Die Ethik ist transzendental*, aus: Tractatus logico-philosophicus, in: Werkausgabe, Bd. 1, Suhrkamp: Frankfurt/M. 1989, 82 f. © Suhrkamp Verlag Frankfurt am Main 1989.

Martin Heidegger (Deutscher Philosoph, 1889–1976)

199. *Technik und Gelassenheit*, aus: Gelassenheit, 1959 (10. Aufl. 1993), Verlag Günter Neske: Stuttgart, 19–25.

Max Horkheimer (Deutscher Sozialphilosoph; Begründer der kritischen Theorie („Frankfurter Schule"), 1895–1973)

200. *Materialismus und Moral*, aus: Materialismus und Moral, in: Gesammelte Schriften, Bd. 3, S. Fischer: Frankfurt/M. 1988, 116–122. Abdruck mit freundlicher Genehmigung des S. Fischer Verlags.

Bertolt Brecht (Deutscher Schriftsteller, 1898–1955)

201. *Was nützt die Güte?*, aus: Gesammelte Werke, Bd. 9, Suhrkamp: Frankfurt/M. 1967, 553. © Suhrkamp Verlag Frankfurt am Main 1967.

Hans Jonas (Deutsch-amerikanischer Philosoph, 1903–1993)

202. *Furcht, Hoffnung und Verantwortung*, aus: Das Prinzip Verantwortung, Insel: Frankfurt/M. 1979, 391 f. © Insel Verlag Frankfurt am Main 1979.

Theodor W. Adorno (Deutscher Sozialphilosoph, Literatur- und Musiktheoretiker, 1903–1969)

203. *Das Ziel der emanzipierten Gesellschaft*, aus: Minima Moralia, in: Gesammelte Schriften, Bd. 4, Suhrkamp: Frankfurt/M. 1980, 175–177. © Suhrkamp Verlag Frankfurt am Main 1980.

Arnold Gehlen (Deutscher Philosoph und Soziologe, 1904–1976)

204. *Anthropologische Wurzeln sittlichen Verhaltens*: aus: Anthropologische Forschung, re 138, Rowohlt: Reinbek 1961, 137 f. Copyright © 1961 by Rowohlt Taschenbuch Verlag GmbH, Reinbek.

Jean-Paul Sartre (Französischer Philosoph und Schriftsteller, „Existenzialist", 1905–1980)

205. *Der Mensch ist Freiheit*, aus: Der Existentialismus ist ein Humanismus, in: Gesammelte Werke, Philosophische Schriften I, Bd. 4, übers. v. Vincent von Wroblewsky, Rowohlt: Reinbek 1994, 120 f., 122, 124 f., 138 f. Copyright © 1994 by Rowohlt Taschenbuch Verlag GmbH, Reinbeck.

William K. Frankena (Amerikanischer Moralphilosoph, 1908–1994)

206. *Warum moralisch sein?*, aus: William K. Frankena: Analytische Ethik – Eine Einführung. Herausgegeben und übersetzt von Norbert Hoerster. © 1972 Deutscher Taschenbuch Verlag, München, 138–141.

Albert Camus (Französischer Schriftsteller und Philosoph, „Existenzialist", 1913–1960)

207. *Der Mythos von Sisyphos*, aus: Der Mythos des Sisyphos, übers. v. Uli Aumüller, Rowohlt: Hamburg 1971, 98–101. Copyright © by Rowohlt Verlag GmbH, Reinbek.

Richard M. Hare (Englischer Moralphilosoph, *1919)

208. *Moralisches Denken*, aus: Universeller Präskripivismus, in: Ch. Fehige/G. Meggle (Hrsg.), Zum moralischen Denken, Bd. 1, Suhrkamp: Frankfurt/M. 1995, 47–50. © Suhrkamp Verlag Frankfurt am Main 1995.

John Rawls (Amerikanischer Moral- und Sozialphilosoph, *1921)

209. *Gerechtigkeit als Fairneß*, aus: Eine Theorie der Gerechtigkeit, Suhrkamp: Frankfurt/M. 1975, 19 f., 27–29, 336 f. © Suhrkamp Verlag Frankfurt am Main 1975.

Hermann Lübbe (Politischer Philosoph, *1926)

210. *Über Entscheidung*, aus: Zur Theorie der Entscheidung, in: Theorie und Entscheidung, Rombach: Freiburg 1971, 17–22.

Robert Spaemann (Philosoph, *1927)

211. *Wohlwollen*, aus: Glück und Wohlwollen, Suhrkamp: Frankfurt/M. 1989, 129–131. © Suhrkamp Verlag Frankfurt am Main 1989.

Niklas Luhmann (Soziologe; Systemtheoretiker, *1927)

212. *Zur Gesellschaftstheorie der Moral*, aus: Paradigm Lost, Enke: Stuttgart 1988, 4–8. Abdruck mit freundlicher Genehmigung des Verlags Ferdinand Enke.

Jürgen Habermas (Philosoph und Soziologe, *1928)

213. *Was heißt Diskursethik?*, aus: Erläuterungen zur Diskursethik, Suhrkamp: Frankfurt/M. 1991, 11–14. © Suhrkamp Verlag Frankfurt am Main 1991.

Alasdair MacIntyre (Irisch-amerikanischer Philosoph; Kritiker der Aufklärung, *1929)
214. *Die Moral des Patriotismus*, aus: Ist Patriotismus eine Tugend?, in: A. Honneth (Hrsg.), Kommunitarismus, Campus: Frankfurt/M./New York 1993, 99–101. Abdruck mit freundlicher Genehmigung des Campus Verlags.

Edward O. Wilson (Amerikanischer Zoologe; Vertreter der Soziobiologie *1929)
215. *Über Altruismus*, aus: Altruismus, in: K. Bayertz (Hrsg.), Evolution und Ethik, Reclam: Stuttgart 1993, 147–150.

Carol Gilligan (Amerikanische Entwicklungspsychologin, *1936)
216. *Gerechtigkeit und Fürsorge*, aus: Moralische Orientierung und moralische Entwicklung, in: G. Nunner-Winkler (Hrsg.), Weibliche Moral, Campus: Frankfurt/M./New York 1991, 80f., 88–90, 99f. Abdruck mit freundlicher Genehmigung des Campus Verlags.

Peter Singer (Australischer Philosoph, *1946)
217. *Gleichheit für Tiere*, aus: Praktische Ethik, Reclam: Stuttgart 1984, 73–76. Abdruck mit freundlicher Genehmigung des Reclam Verlags.

Statt eines Nachworts
Otfried Höffe
218. *Über die Macht der Moral*, aus: O. Höffe, Über die Macht der Moral, in: Merkur 50 (1996), 747–760.

Es war dem Verlag C.H.Beck nicht in allen Fällen möglich, die Inhaber des Copyrights ausfindig zu machen. Der Verlag ist selbstverständlich bereit, berechtigte Ansprüche abzugelten.

Ethik in der modernen Welt

Otfried Höffe (Hrsg.)
Lexikon der Ethik
In Zusammenarbeit mit Maximilian Forschner,
Alfred Schöpf und Wilhelm Vossenkuhl
5., neubearbeitete und erweiterte Auflage. 1997. 364 Seiten. Paperback
Beck'sche Reihe Band 152

Vittorio Hösle
Moral und Politik
Grundlagen einer politischen Ethik für das 21. Jahrhundert
1997. 1216 Seiten. Leinen

Klaus M. Leisinger
Unternehmensethik
Globale Verantwortung und modernes Management
1997. 250 Seiten. Leinen
Ethik im technischen Zeitalter (EtZ)

Annemarie Pieper
Gut und Böse
1997. 128 Seiten. Paperback
Beck'sche Reihe Band 2077
C.H.Beck Wissen

Robert Spaemann
Moralische Grundbegriffe
5. Auflage. 1994. 109 Seiten. Paperback
Beck'sche Reihe Band 256

Albert Schweitzer
Kultur und Ethik
1996. 372 Seiten. Leinen
Beck'sche Sonderausgabe

Verlag C.H. Beck München

Reihe „Denker" in der Beck'schen Reihe
Herausgegeben von Otfried Höffe

Verlag C.H. Beck München